Georges Bernage

Gold, Juno, Sword

HEIMDAL

– Ouvrage conçu par Georges Bernage.

– Ecrit par Georges Bernage.

– Traduction : Anthony Kemp, John Lee.

– Cartes : Bernard Paich.

– Maquette : Erik Groult.

– Composition et mise en pages : Christel Lebret.

– Photogravure : Christian Caïra, Philippe Gazagne.

– Infographie : Philippe Gazagne.

– Iconographie : Bundesarchiv, Koblenz, IWM.

Editions Heimdal
Château de Damigny - BP 61350 - 14406 BAYEUX Cedex
Tél. : 02.31.51.68.68 - Fax : 02.31.51.68.60 - E-mail : Editions.Heimdal@wanadoo.fr

ISBN 2 84048 168 5

Introduction
Foreword

Le débarquement allié du 6 juin 1944 reste un événement considérable dans l'Histoire, et il le restera longtemps, ayant pris une dimension épique qui lui gardera une place de choix dans la mémoire humaine. C'est tout d'abord le début réel de la Libération de l'Europe, à côté des opérations menées en Italie et à côté de celles menées par les Soviétiques sur le front de l'Est. Mais c'est aussi la plus grande opération amphibie de tous les temps, conduite avec une remarquable organisation et des moyens très novateurs, comme les chars spéciaux et les ports préfabriqués. Mais c'est aussi, grâce au livre de Cornelius Ryan et au film « Le jour le plus long » qui en est tiré, une véritable épopée devenue familière à ces centaines de millions d'êtres humains.

Le secteur de *Sword* à *Gold* est assurément le plus intéressant à cause de l'utilisation novatrice des chars spéciaux de la *79th Armoured Division*. Dans le « Jour le plus long », trois passages ont été choisis pour illustrer ce secteur : la prise de *Pegasus Bridge* par le *Major* Howard et ses hommes, la prise du casino d'Ouistreham par les commandos français du commandant Kieffer et le débarquement de Lord Lovat et de Bill Millin. Rien sur les secteurs de *Juno Beach* et de *Gold Beach*. Les reportages photographiques et les documents d'époque reproduits dans ce livre sont un peu à l'image de ces proportions. La plupart des photos disponibles dans les archives britanniques ont été prises dans le secteur de *Sword Beach*, surtout les plus nombreuses celles du *Sergeant* Mapham parti en suivant une unité du *13th/18th Hussars* et qui a largement couvert le secteur d'Hermanville. Pour les Commandos de la *1st S.S. Brigade*, nous avons le *Captain* Evans. Le secteur de *Juno Beach* est plus faiblement couvert, avec le complément des photos du lieutenant Handford pour le *48th RM Commando*, unité d'élite. Par contre, la couverture photographique du secteur de *Gold Beach* est très faible. Les sources publiées sont nombreuses, grâce surtout aux historiques régimentaires, aux témoignages des vétérans. Mais là encore *Sword Beach* se taille la part du lion à cause de deux objectifs essentiels : la tête de pont aéroportée, la prise de Caen. Tout ceci a permis ce récit, heure par heure, sur un terrain que nous connaissons bien et pour lequel nous avons rencontré de nombreux témoins et présente des éléments inédits. L'histoire de cette bataille décisive nous montre que l'histoire se reproduit, avec ses échecs et ses succès mais aussi ses tragédies humaines.

Georges Bernage

The Allied landing of 6 June 1944 remains a major event in history, and long will it remain so, having taken on an epic dimension which guarantees it a special place in human memory. First of all, D-Day marked the real beginning of the Liberation of Europe, alongside the operations in Italy and those carried out by the Soviets on the Eastern front. But it was also the greatest amphibious operation of all time, conducted with remarkable organization and such highly innovative methods as the Funnies and the prefabricated harbors. But, thanks to Cornelius Ryan's book "The Longest Day", and the film of the book, it is also a true epic tale now familiar to hundreds of millions of human beings.

The Sword to Gold sector is undoubtedly the most interesting because of the innovative use of the special tanks of the 79th Armoured Division. In "The Longest Day", three passages were selected to illustrate this sector: the capture of Pegasus Bridge by Major Howard and his men, the capture of the casino at Ouistreham by French commandos under Commandant Kieffer, and the landing of Lord Lovat and Bill Millin; meanwhile there

was nothing at all on the Juno and Gold Beach sectors. The illustrated reportages and contemporary documents reproduced in this book are in a rather similar ratio. Most of the photographs available in the British archives were taken in the Sword Beach sector, particularly the many taken by Sergeant Mapham who set off to follow a unit of 13th/18th Hussars and who provides extensive coverage of the Hermanville sector. For the Commandos of 1st S.S. Brigade, we have Captain Evans. The Juno Beach sector gets less coverage, with the complement of photographs taken by Lieutenant Handford for the crack 48th RM Commando unit. Conversely, there were very few photographs taken of the Gold Beach sector. There are many published sources, thanks especially to the regimental histories, and veterans' eye-witness accounts. But here again, Sword Beach takes the lion's share, owing to two vital objectives: the airborne bridgehead, the capture of Caen. All this has made possible this hour by hour account, on what is for us very familiar ground, and for it we have spoken to many eye-witnesses, and present some new elements. The history of this decisive battle shows us how history repeats itself, with its failures and successes, but also with its human tragedies.

Georges Bernage

Le débarquement de la *Second British Army* sera confronté à des défenses allemandes diversifiées et bien conçues. Dans la plupart des cas, les bombardements massifs de l'aviation et de la marine, quoique réconfortants pour les troupes de débarquement, auront peu d'effet sur les casemates en béton restées quasiment intactes. Les pertes seront très lourdes sur les plages, près d'un millier de pertes en secteur canadien. Nous voyons ici un barrage antichar, des rails dressés près de Colleville, dans le secteur de *Sword Beach*. (IWM.)

The Second British Army landed in the face of a variety of well-conceived German defenses. In most cases, although a comfort to the landing troops, the massive aerial and naval bombardments had little effect on the concrete casemates, which came through more or less intact. Losses were very heavy on the beaches, with nearly a thousand casualties in the Canadian sector. Here we see an antitank barrier, rails set erect near Colleville, in the Sword Beach sector. (IWM.)

1. Mais le débarquement c'est aussi un formidable matériel et une formidable organisation. Nous voyons ici ce matériel se déployer en secteur canadien, sur *Juno Beach* où les navires sont alignés face à la plage, débarquant des troupes, tandis que chars et matériels ont débarqué. On aperçoit un bulldozer blindé tout à fait à droite. (APC.)

2. Nous voici dans le troisième secteur, *Gold Beach*, peu après le débarquement alors qu'arrive un flux incessant de matériel. Nous voyons ici un Rhino Ferry chargé de nombreux véhicules. On aperçoit Ver-sur-mer, dominée par son phare (et la position Wn 34) dans la partie boisée à gauche. A droite, la villa précède de la batterie du Mont Fleury, l'ancien Wn 35a. Les deux pages suivantes nous montrerons l'extrémité occidentale du secteur de débarquement de *Gold Beach*, Saint-Côme-de-Fresné. (IWM.)

1. But the landing also involved some formidable matériel and tremendous organization. Here we see this matériel being deployed in the Canadian sector, on Juno Beach where the ships are lined up facing the beach, landing troops, while tanks and equipment have already been unloaded. An armored bulldozer can be seen on the far right. (APC.)

2. Here we are in the third sector, Gold Beach, shortly after the landing, as an endless stream of equipment is brought in. Here we see a Rhino Ferry loaded with numerous vehicles. We can see Ver-sur-Mer, overlooked by the lighthouse (and strongpoint Wn 34) in the wooded area on the left. On the right, the villa is in front of the Mont Fleury battery, formerly Wn 35a. The next two pages show the far western section of the Gold Beach landing sector, at Saint-Côme-de-Fresné. (IWM.)

A l'est du secteur de débarquement se trouve le Wn 39 (Saint-Côme de Fresné) disposant de deux casemates munies de 7,5 cm. On en voit une ici depuis le plateau en regardant vers l'est et Asnelles (« 1 », en 1945 et « 2 » en 2003), et son embrasure vide (3, 4 et 5. Vestiges actuels). Depuis la vallée, vers l'ouest en 1945 (6) et maintenant (7). Un mur anti-char barrant la vallée entre Asnelles et Saint-Côme (8), on le voit sur cette photo (9) renseignée de la RAF. (1, 3, 6, 8 : CP via Ph. Wirton, 2, 4, 5, 7 : E.G./Heimdal.)

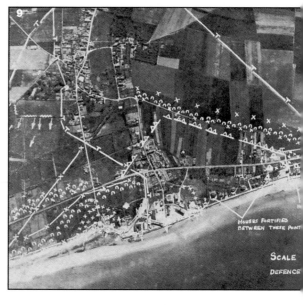

To the east of the landing sector stood strongpoint Wn 39 (Saint-Côme de Fresné) which had two casemates housing 7.5 cm guns. One can be seen here from the flat ground facing east towards Asnelles (« 1 », in 1945 and « 2 » in 2003), and its empty embrasure (3, 4 and 5. What remains to this day). From the valley, looking west in 1945 (6) and now (7). An antitank wall barring the valley from Asnelles to Saint-Côme (8), it can be seen on this photo (9) with details by the RAF. (1, 3, 6, 8 : CP via Ph. Wirton, 2, 4, 5, 7 : E.G./Heimdal.)

Table des matières
Contents

Bernières, Micheline Grave entourée de soldats canadiens. (APC.)

Bernières, Micheline Grave surrounded by Canadian soldiers. (APC.)

Entre Asnelles, à l'ouest, et l'estuaire de l'Orne à Ouistreham, à l'est, la côte normande est basse, particulièrement favorable à un débarquement, l'un des meilleurs secteurs avec l'est de la presqu'île du Cotentin.

Opération spéciale de reconnaissance

Mais une côte basse n'est pas exempte de pièges. Ici, comme dans le futur secteur d'*Utah Beach*, le cordon dunaire précède une zone basse souvent marécageuse. En outre, une plage sableuse est un terrain meuble pour les chars et lourds engins qui doivent être débarqués. En cette fin d'année 1943, le commandement allié chargé de l'opération *Overlord* s'inquiète de l'évolution d'un secteur de tourbe signalé devant Ver-sur-Mer. La plage s'étendant devant cette localité est l'une de celles qui ont été choisies, ce sera *Gold Beach*. Rien ne doit être laissé au hasard. Une reconnaissance devra être opérée pour ramener des échantillons géologiques de cette plage.

Cette mission est confiée au COPP, le *Combined Operations Assault Pilotage Party*, unité placée sous le commandement du *Lieutenant Commander* Nigel Clogstoun Wilmott, depuis la fin de l'été de 1942 (1).

(1) Lire à ce sujet l'excellent article d'Anthony Kemp, *The secret Invaders*, publié dans le n° 1 de *39/45 Magazine*.

Between Asnelles to the west and the estuary of the Orne at Ouistreham to the east, the Normandy coastline is low-lying, particularly suitable for a landing – one of the best sectors to the east of the Cotentin peninsula.

Special reconnaissance operations.

A low-lying coastline, however, is not entirely free of traps. There, in common with the future Utah Beach sector a chain of dunes fronts a low and often marshy zone. In addition, a sandy beach can present difficulties to tanks and other heavy vehicles coming ashore. Towards the end of 1943, the Allied high command responsible for planning Operation Overlord became worried by a section of what appeared to be peat indicated in front of Ver-sur-Mer. The beach in front of that village was one of the landing sites chosen for what was to become Gold Beach. Nothing could be left to chance and a reconnaissance had to be mounted to determine the geographic characteristics of that beach.

The mission was entrusted to COPP, Combined Operations Pilotage Parties, which had been commanded by Lt. Cdr. Nigel Clogstoun-Wilmott since the late summer of 1942 (1). Before that, in March 1941, the same naval officer had carried out a clandestine

(1) For this subject, see the excellent article by Anthony Kemp, The Secret Invaders, in issue no. 1 of « 39/45 Magazine ».

Entre Asnelles, à l'ouest, et l'estuaire de l'Orne à Ouistreham, à l'est, la côte normande est basse, particulièrement favorable à un débarquement. Nous voyons ici la côte entre Hermanville et Ouistreham avec l'estuaire de l'Orne et la côte du Pays d'Auge dans le fond. (E.G./Heimdal.)

Between Asnelles to the west and the estuary of the Orne to the east, the Normandy coastline is low-lying, particularly suitable for a landing. We see here the line between Hermanville and Ouistreham, the Orne estuary and the coast of the Pays d'Auge in the background. (E.G/ Heimdal.)

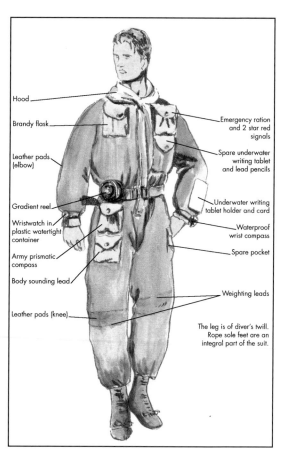

Tenue spéciale des hommes du COPP.

Special clothing of the men from COPP.

Labels on image 2:
Hood
Brandy flask
Leather pads (elbow)
Gradient reel
Wristwatch in plastic watertight container
Army prismatic compass
Body sounding lead
Leather pads (knee)
Emergency ration and 2 star red signals
Spare underwater writing tablet and lead pencils
Underwater writing tablet holder and card
Waterproof wrist compass
Spare pocket
Weighting leads
The leg is of diver's twill. Rope sole feet are an integral part of the suit.

1. Ce *Davis Submer-ged Escape Appara-tus* (DSEA) est un matériel de respira-tion artificielle et de remontée en surface. Celui que nous vo-yons est l'un des trois seuls appareils sub-sistant actuellement. Il a été prêté par le *Royal Submarine Mu-seum* de Gosport, Ro-yaume Uni, au *Musée Gold Beach* de Ver-sur-Mer. Nous voyons ici le cylindre d'acier, qui contenait 56 litres d'oxygène comprimés à 120 atmosphères. Ce matériel a été uti-lisé par Scott-Bowden et Ogden Smith pen-dant la nuit de la Saint Sylvestre 1943/1944 sur la plage de Ver-sur-Mer, il sera mas-sivement utilisé pour les équipages des *D-D Tanks*. (Musée Gold Beach - Photo E.G./ Heimdal.)

Déjà au mois de mars 1941, cet officier de marine avait mené une action de reconnaissance clandes-tine sur la côte de l'île de Rhodes, démontrant ainsi la qualité de sa technique et la valeur de ses rensei-gnements. A cette époque, les combinaisons de plongée n'existent pas encore et le *Lieutenant Com-mander* Clogstoun Wilmott et ses nageurs « espions » sont équipés de pull-overs et de longs caleçons enduits de graisse ! Cette petite section de com-mandos est amenée à proximité de la côte puis s'approche du rivage avec un canoë, de nuit en ramant le plus silencieusement possible. L'un des « espions » reste ensuite dans la frêle embarcation tandis que l'autre rejoint le rivage à la nage pour effec-tuer sa reconnaissance. Secondé par le lieutenant « Jumbo » Courtney, Clogstoun Wilmott fait subir à ses hommes un entraînement particulièrement dur, par toutes les conditions, même quand l'élément marin est déchaîné. Le commando est constitué de dix équipes de deux hommes : un navigateur de la *Royal Navy* et un spécialiste des *Royal Engineers*.

Le remarquable travail d'espionnage effectué par Clogstoun Wilmott et ses hommes a abouti à la créa-tion du COPP pendant l'été 1942, huit semaines avant le débarquement en Afrique du Nord. Cette nouvel-le unité sera engagée avec succès lors des débar-quements en Méditerranée et lors des raids sur les côtes de l'Europe occidentale, de la France. Elle par-ticipera aux préparatifs d'*Overlord*.

reconnaissance mission on the coastline of Rhodes, demonstrating his understanding of the technique as well as the value of the information gained. At that time the flexible rubberised diving suit did not exist, so Clogstoun-Wilmott and his swimming « spies » wore pullovers and long johns impregnated with grea-se. This small section of commandos were brought near the coast from where they could approach the shore by canoe at night paddling as silently as pos-sible. One of the « spies » stayed with the frail ves-sel while the other swam ashore to gather informa-tion. Assisted by Lieut « Jumbo » Courtney, Clogstoun-Wilmott subjected his men to a particu-larly rigorous training regime under all possible wea-ther conditions. The commando was subdivided into ten two-man teams – one a Royal Navy navigator and the other a specialist from the Royal Engineers.

The remarkable espionage carried out by Clogstoun-Wilmott and his men culminated in the establishment of COPP during the summer of 1942, eight weeks before the Torch landings in North Africa. The new unit was successfully employed during the various landings in the Mediterranean and on raids along the western coasts of France. It also became involved in the preparations for Overlord.

Thus on 31 December 1943, two specially equipped landing craft (LCN's) were towed across the Chan-nel by motor gun boats (MGB's). Two hundred metres out to sea off the beach at Ver-sur-Mer, two swim-ming spies, Major Scott-Bowden and Sergeant Ogden Smith prepared to set off for their two hour swim to the shore. Since 1941 the swimmers' equip-ment has been considerably improved. They wore voluminous one-piece suits, plastic coated and lined

1. The Davis Submerged Escape Apparatus was a system of artificial respiration enabling an ascent to the surface and the one shown here is one of only three surviving examples, on loan from the Submarine Museum at Gosport to Gold Beach Museum at Ver-sur-Mer. One can see the steel cylinder in the breathing bag with 56 litres of oxygen compressed to 120 atmospheres. Similar equipment was used by Scott-Bowden and Ogden on New Year's Eve 1943/44 on the beach at Ver-sur-Mer and was latter issued in large quantities to the crews of the DD tanks. (Gold Beach Museum – photo E.G/ Heimdal.)

Ainsi, en ce 31 décembre 1943, deux LCN spécialement équipés sont remorqués par des MGB. A deux cents mètres de la côte, devant la plage de la Rivière à Ver-sur-mer, deux nageurs espions, le *Major* Scott-Bowden et le sergent Ogden Smith, s'apprêtent à rejoindre le rivage en nageant deux heures durant. Mais, depuis 1941, l'équipement des nageurs a quelque peu évolué. Ils portent de volumineuses combinaisons plastifiées doublées de kapok, pour assurer la flottabilité. Des bandes élastiques assurent l'étanchéité au cou et aux poignets. Ils ont aux pieds des sortes d'espadrilles. Ils nagent sans appareils respiratoires mais disposent de montres et lampes torches étanches, de crayons, compas et tableau pour écrire sous l'eau mais aussi de rations de secours, de signaux d'alarme et d'une petite bouteille de Cognac. Les deux nageurs sont maintenant à proximité du rivage et aperçoivent les lumières des maisons proches, sans éveiller l'attention. A minuit, le sergent se permet de souhaiter la bonne année au *Major* et les deux hommes rejoignent leur embarcation avec leurs précieux échantillons. Nous retrouverons les hommes du COPP le 6 juin 1944 à l'aube…

La plage de Ver-sur-Mer à l'aube. (E.G./Heimdal.)
The beach at Ver-Sur-Mer at dawn. (E.G/Heimdal.)

Plaque d'argile sur la plage de Ver-sur-Mer. Leur présence à beaucoup inquiété le commandement allié, ce qui a justifié l'envoi d'une équipe du COPP, dans la dernière nuit de 1943, pour faire des prélèvements. Photo prise par les Alliés en juin 1944. (Coll. Ph. B.)
Area of clay on the Ver-sur-Mer beach, the presence of which greatly worried the Allid high command and which justified the sending of a COPP team in the last night of 1943 to collect samples. Photo taken by the Allies in June 1944. (Coll Ph. B.)

with kapok to ease flotation. Elasticated cuffs sealed their necks, wrists and ankles. On their feet they wore a type of espadrilles. They swan without breathing apparatus but were equipped with watches, waterproof torches, pencils, a compass, a tablet on which to write underwater, as wells as emergency rations, an alarm signal and a small bottle of brandy. As the two swimmers approached the shoreline they saw the lights in the houses but did not attract any attention. At midnight the sergeant wished the major a happy new year, and the two man swam back to their boats with their precious samples of the beach. We will men the men again at dawn on the 6 June 1944.

<table>
<tr><td>

1

</td><td>

Les défenses allemandes
The German defences

</td></tr>
</table>

Le *Generalleutnant* Wilhelm Richter commande la *716. Infanterie-Division*. Son PC souterrain est installé au nord de Caen, à la Folie-Couvrechef, à l'emplacement actuel du « Musée Mémorial pour la Paix ». (Coll. Heimdal.)

Lt-Gen Wilhelm Richter was in command of the 716th Inf. Div.. His underground HQ was located at La Folie-Couvrechef to the north of Caen underneath what is now the Musée Mémorial pour la Paix. (Coll. Heimdal.)

Emblème de la *716. Infanterie-Division* arboré en Normandie. Il montre deux feuilles de chêne. (Heimdal.)
Insignia of the 716th Div. as worn in Normandy featured two oak leaves. (Coll Heimdal.)

Mais, alors que des Anglais viennent recueillir des échantillons sur le rivage, derrière le front de mer, les troupes allemandes se préparent à un débarquement éventuel. Mais ce sont là des troupes de second ordre dépendant d'une division statique à effectifs insuffisants.

La **716. Infanterie-Division** ne compte que 7 771 hommes le 1er mai 1944, soit environ la moitié seulement des effectifs théoriques. Et, de plus, elle s'étale tout au long de la moitié occidentale de la côte du Calvados, entre l'estuaire de la Vire, à l'ouest, et celui de l'Orne, à l'est. Lorsque la *352. Infanterie-Division* (2) est venue l'épauler dans la partie occidentale de ce long secteur, entre Isigny-sur-Mer et Bayeux, certains des bataillons de la *716. Infanterie-Division* y sont restés, dont la plus grande partie de son *Grenadier-Regiment 726*, ainsi qu'un groupe d'artillerie.

Cette division a été mise sur pied au début du mois de mai 1941, avec le 15e échelon de mobilisation, dans le *Wehrkreis VI* (région militaire de Münster, Rhénanie), comme division d'occupation ; elle est composée de soldats âgés, originaires surtout de Rhénanie, de la Ruhr, personnel de l'armée territoriale *(Landesschützen)*. Elle est alors envoyée en Normandie, dans la région de Rouen, en juillet 1941. Puis, de décembre 1941 à mai 1942, elle stationne dans la région de Soissons et en Belgique. Elle revient en Normandie, dans la région de Caen, en juin 1942. Elle y restera deux ans, jusqu'au débarquement. Elle est commandée, le mois d'avril 1943, par le *Generalleutnant* Wilhelm Richter, âgé de 52 ans ; il est né en 1892. Il succède au *Generalmajor* Otto Matterstock qui commandait la division depuis juin 1941.

Wilhelm **Richter** est né le 17 septembre 1892 à Hirschberg, en Silésie. Le 7 mars 1913, jeune cadet (élève officier), il rejoint l'Armée Impériale où il est incorporé au 55e régiment d'artillerie de campagne avec le grade de sous-lieutenant le 18 juin 1914, trente ans avant le débarquement de Normandie. Il participe à toute la Première Guerre mondiale et reste dans l'armée pendant la République de Weimar. En 1933, il a le grade de commandant *(Major)*. Avec le développement de la Wehrmacht, il va connaître une rapide promotion ; il est lieutenant-colonel dès le 1er octobre 1936. Le 1er avril 1939, il prend le commandement du 30e régiment d'artillerie basé à Rendsburg, dans le Schleswig. Ce régiment est l'une des composantes de la *30. Infanterie-Division* qui participe aux campagnes de Pologne (où elle prendra le nom de « *Division Briesen* »), de Belgique et de France avant de défiler dans Paris ! En 1941, toujours avec la *30. ID*, le colonel Richter participe à l'opération « Barbarossa » au sein du Groupe d'Armées « Nord » et marche sur Leningrad. Le 1er octobre 1941, Richter prend le commandement de l'*Arko 35* (l'artillerie du *XLI. Armee-Korps (mot.)*). Avec son unité d'artillerie lourde, il participe alors à l'avance sur Moscou puis au repli de l'hiver 1941-42 avec les batailles défensives sur le saillant de Rzhev, sur Briansk et Orel, jusqu'à la fin de l'année 1942. En janvier 1943, Wilhelm Richter suit une formation au commandement d'une division et il commandera une *Luftwaf-*

(2) G. Bernage, *Omaha Beach*, Editions Heimdal.

*While the British were collecting their samples on the beach, the Germans further inland were preparing to meet a possible landing. All they had however, were second grade troops belonging to an understrength static division. The **716th Infantry Division** had a strength of only 7,771 men on 1 May 1944, roughly half its theoretical number of effectives. In addition, it was stretched out along half the west coast of Calvados, between the Vire estuary to the west and the Orne to the east. It was flanked by the 352nd Infantry Division (2) on the western sector of this long front between Isigny-sur-Mer and Bayeux. Some of the battalions of the 716th were also stationed there including the major part of the 726th Grenadier Regiment and an artillery battalion.*

This division had been formed on early May 1941, as part of the 15th echelon of mobilisation, in Military District VI (Muenster in the Rhineland) as an occupation division. It was composed of elderly soldiers mostly from the Rhineland and the Ruhr as well as territorials (Landesschuetzen). Thus it was sent to the Rouen area of Normandy in July 1941. After that in December until May 1942, it was transferred to the Soissons area and then Belgium. It returned to Normandy in June 1942, to the Caen area where it stayed until the landings. It was under the command since April 1943 of Major-General Wilhelm Richter, born in 1892 and thus 52 years old. He succeeded Major-General Otto Matterstock who had been in command since June 1941.

***Wilhelm Richter** was born on 17 September 1892 at Hirschberg in Silesia. On 1 March 1913 as a young officer cadet, he joined the Imperial Army and was posted to the 55th Field Artillery Regiment and was promoted to the rank of second lieutenant on 18 June 1914, thirty years before the Normandy landings. He took part in the whole of WWI and stayed on in the army during the Weimar Republic, reaching the rank of major by 1933. With the expansion of the Wehrmacht he enjoyed rapid promotion, making it to Lt. Col. on 1 October 1936. On 1 April 1939 he took command of the 30th Artillery Regt. based at Rendsburg in Schleswig. That regiment was a part of the 30th Infantry Division, with which he participated in the Polish campaign where the division gained the name « Division Briesen ». then fought in Belgium and France, finally parading through Paris. Still with the 30th Division, Richter took part in 1941, in Operation Barbarossa as a part of the Northern Army Group which marched on Leningrad. On 1 October 1943, Richter took command of Arko 35, the artillery of the XLI Corps (motorised), and with this heavy artillery unit, took part in the advance to Moscow and then the retreats in the winter of 1941/2 including the defensive battles in the Rzhev salient, at Briansk and Orel until the end of 1942. In January of the following year, Wilhelm Richter took the divisional commanders' course and from 1 February to 30 March 1943, was in command of a Luftwaffe field division. He was promoted to Major General. On 1 March and took command of the 716th Infantry Division the following*

(2) Bernage. G. Omaha beach. Editions Heimdal.

1

4. *Wn 17.* Nous voyons ici un abri protégé à son sommet par un petit encuvement circulaire *(Ringstand)* pour mitrailleuse. Ce site, où était installé le PC du *Grenadier-Regiment 736,* est maintenant ouvert à la visite. (E.G./Heimdal.)

1. An aerial view taken by the Allies on 30 May 1944 distinctly showing the two positions established by the Germans on either side of Colleville. The artillery position (Wn16) called « Morris » by the Allies to the west of the village and Wn17, « Hillman ». On can clearly distinguish the mine-fields and trenches surrounding the latter.

2. Plan of « Hillman » Wn17. (Heimdal.)

3. Stützpunkt Hoehe (Stp 17) known as Hillman to the Allies. This area of high ground with fine views of the coastline housed the HQ of the 736th Grenadier Regt. in two shelters of type H608, one of which was modified by the addition of an armoured observation dome which can be seen here. (DR.)

4. WN17. This shows a shelter bunker protected on top by a small circular emplacement (Ringstand) for a machine-gun. This site, which housed the HQ of the 736th Regt. is now open for public viewing. (E.G/Heimdal.)

2

3

1. Vue aérienne prise par les Alliés le 30 mai 1944 montrant distinctement deux positions établies par les Allemands de part et d'autre du village de Colleville-sur-Orne. La position d'artillerie *(Wn 16)* appelée « Morris » par les Alliés à l'ouest de la localité et le *Wn 17* appelé « Hillman » par les Alliés. On distingue nettement les champs de mines et les tranchées entourant cette dernière.

2. Plan du *Wn 17,* « Hillman ». (BP./Heimdal.)

3. *Stützpunkt Höhe (Stp 17),* appelé « Hillman » par les Alliés. Ce point haut qui dispose de vues dégagées vers la mer abrite le PC du *Grenadier- Regiment 736* dans deux abris PC H 608 dont l'un est modifié par l'apport d'une cloche blindée d'observation que nous voyons ici. (DR.)

4

fen-Feld-Division, du 1er février au 30 mars 1943. Il est nommé au grade de *Generalmajor* le 1er mars et prend le commandement de la *716. Infanterie-Division* le 1er avril 1943. Il est promu au grade de *Generalleutnant* le 1er avril 1944. Considéré par Berlin comme pas assez efficace, Richter sera relevé de son commandement en septembre 1944. Il sera ensuite rappelé comme officier adjoint d'une division d'infanterie puis retiré du service actif le 25 décembre. Finalement, on lui confiera le commandement de la *14. Luftwaffen-Feld-Division* le 1er février 1945, unité de défense côtière dans un secteur calme, la Norvège centrale ! Il y terminera la guerre. Après deux ans de captivité, Richter rejoindra Rendsburg et décédera le 4 février 1971.

Dans le secteur situé entre Bayeux et l'estuaire de l'Orne nous trouvons le **Grenadier-Regiment 736**, placé sous les ordres de l'*Oberst* Ludwig Krug, âgé alors de cinquante ans. Son PC est installé dans une importante position retranchée, le **Wn 17**, que les Alliés appelleront « *Hillman* », situé sur la commune de Colleville-sur-Orne (actuellement Colleville-Montgomery). Ce site est bien choisi car il est implanté sur un éperon du plateau, qui culmine ici à une cinquantaine de mètres d'altitude et dispose d'un bon panorama sur la mer. Ce puissant retranchement, protégé par un réseau de champs de mines et de barbelés, de tranchées en zigzag et de tobrouks, dispose d'une demi-douzaine d'abris en béton. Deux d'entre eux sont directement affectés au PC du régiment, ce sont des abris PC H 608 modifiés par le rajout d'une cloche blindée d'observation. Près de la route qui longe la position, on trouve aussi un abri garage type H 605 pour deux canons antichars. A proximité a été implantée une petite casemate pour mitrailleuse. La puissance de cette position démontrera son efficacité.

Le Ier bataillon *(I./736)* a son PC à l'est de Colleville. Ce bataillon dispose de quatre compagnies de combat dont l'armement total est de 48 mitrailleuses (douze par compagnie), cinq mortiers de 5 cm et sept mortiers de 8 cm. La première compagnie est cycliste. Les compagnies de ce bataillon sont disposées près de l'estuaire de l'Orne, la 3e est à l'est de l'estuaire, près de Franceville.

Le IIe bataillon *(II./736)* à son PC implanté au château de Tailleville dont le mur du parc a été aménagé avec des postes d'observation et des embrasures de tir. Situé à une quarantaine de mètres d'altitude, il dispose aussi d'un bon panorama sur la zone côtière. Ses quatre compagnies de combat, installées dans le secteur de Ver-sur-Mer à Bernières, disposent aussi de 48 mitrailleuses mais de six mortiers de 5 cm (un de plus) et de six mortiers de 8 cm. La 4e compagnie du bataillon est cycliste.

Le IIIe bataillon *(III./736)* a son PC à Cresserons, il est implanté entre le Ier et le IIe bataillons, avec ses compagnies dans le secteur allant de Langrune à Hermanville. Ses quatre compagnies de combat disposent aussi de 48 mitrailleuses et de seulement quatre mortiers de 5 cm mais de sept mortiers de 8 cm. Sa 3e compagnie est cycliste.

Plus à l'ouest, est implanté un *bataillon* de « Volontaires de l'Est », l'**Ost-Bataillon 441**, des soldats russes recrutés sur le front de l'Est. Ce bataillon arrive dans le secteur le 19 mars 1944. Il stationne entre

1, 2, 3. Le IIe Bataillon du *Grenadier-Regiment 736* avait son PC implanté au château de Tailleville dont le mur du parc a été fortifié comme nous le voyons sur ces trois photos. Le mur, percé d'embrasures de tir, a été renforcé par des encuvements en béton pour mitrailleuses. Bien plus, un observatoire (toujours visible - troisième photo) a été installé dans un arbre. (E.G./Heimdal.)

1, 2, 3. The 2nd Bn. of the 736th Regt. had its HQ at the Chateau de Tailleville, the park wall of which had been fortified as can be seen in these three photos. The wall had embrasures broken through it and was strengthened with concrete MG emplacements. In addition, an observation post (still visible – photo 3) was installed in a tree. (E.G/Heimdal.)

month. Exactly a year later he was promoted to Lieut. Gen. Considered by Berlin as insufficiently effective he was relieved of his command in September 1944. Appointed as a deputy commanders of another infantry division, he was then retired on 25 December. Finally Richter was given another command, the 14th Luftwaffe Field Division in 1 February 1945, a coast defence unit stationed in a quiet sector in central Norway, where he finished the war. After two years as a prisoner of war, he returned to Rendsburg where he died in 4 February 1971.

Between Bayeux and the Orne estuary was the **736th Grenadier Regiment** commanded by Colonel Ludwig Krug, likewise around 50. His headquarters was installed in a strong-point known to the Germans as **WN17** but codenamed « Hillman » by the Allies, located in the district of Colleville-sur-Orne (nowadays Colleville-Montgomery). The site was well-chosen and was situated on high ground which rose to 50m. in altitude and gave an excellent view out to sea. This powerful strong-point protected by a network of minefields, barbed wire, zig-zag trenches and tobruk stands also featured some half a dozen concrete shelters. Two of the latter housed the regimental headquarters – they were of the PC H 608 type modified by the fitment of an armoured observation dome. Near the road which ran beside the position was a type H 605 garage shelter to house two anti-tank guns and nearby was a small machine-gun casemate. The strength of this position was to be adequately demonstrated.

The Ist Battalion (I./736) had its headquarters to the east of Colleville. The Battalion had four rifle companies armed with 48 machine-guns (12 per company), five 50mm mortars and seven 80mm mortars. The 1st Company was equipped with bicycles. The various companies were stationed around the Orne estuary with the 3rd to the east of the river near Franceville.

The HQ of the IInd Battalion (II./736) was installed in the Chateau de Tailleville where the wall around the park had been augmented by observation posts and firing slits. Situated at an altitude of 40m. it also enjoyed a wide panorama over the coast line. Its four rifle companies were positioned between Ver-sur- Mer and Bernières also had 48 machine-guns plus six 50mm mortars (one extra) and the similarly six 80mm mortars. The cyclist company of the battalion was the 4th.

The IIIrd Battalion (III./736) had its headquarters at Cresserons between the Ist and IInd Battalions with the companies positioned in the sector between Hermanville and Langrune. The four rifle companies also had available 48 machine-guns, only four 50mm mortars but seven 80mm's. The 3rd company were the cyclists.

Further west a battalion of « volunteers from the East » was stationed, **Ost-Bataillon 441** made up of Russian soldiers recruited on the Eastern front. That battalion had arrived in the sector on 19 March 1944 to take up positions between Arromanches and Courseulles. Its armament was greatly reduced : only 28 machine-guns and five mortars. The battalion remained independent although attached to the 736th Grenadier Regt. There was, however, another « East » Battalion, the **642nd** attached to the 736th Grenadiers. It had arrived at the Normandy front in May 1944, and a month later in June, it became completely integrated into the regiment, becoming its IVth Battalion (IV./736), and took up positions east of the Orne. It fielded 45 machine-guns and nine mortars.

The IInd Battalion of the **726th Regt** (II./726), however, had been placed in corps reserve and positioned to the north of Creully in the general area of Crépon, Sainte-Croix-sur-Mer and Banville. It formed a reserve capable of intervening with its four companies in both the Gold and Juno Beach sectors.

Groupe de sous-officiers de l'*Artillerie-Regiment 1716* lors d'un exercice. Comme le montre bien cette photo, ce régiment était hippomobile. (Photo W. Leist/Coll. Heimdal.)

A group of nco's from the 1716th Arty. Regt. during an exercise. As this photo demonstrates, the regiment was horse-drawn. (Photo W Leist/Heimdal.)

716. Infanterie-Division

Division-Stab (état-major div./HQ, Caen)
- *Kommandeur* : Generalmajor Wilhelm Richter (1892) (1).
- *Ia* : Major i.G. Karl Bachus (1911)
- *Kdt des Stab-Quartiers* : Hauptmann Karl Maciejewski (1899).
- *Stabsoffiziere* :
      Leutnant d.R. Herbert Ohlhaver (1901).
      Hauptmann Walter Neuhaus (1894).
      Oberleutnant Ferdinand Fischer (1892).

Grenadier-Regiment 726
- *Kommandeur* : Oberst Walter Korfes (1896). (PC : château de Sully)
- *I./Grenadier-Regiment 726* (Bayeux/Maisons) (2).
- *II./Grenadier-Regiment 726* : Major Lehmann. (PC Bazenville).
- *III./Grenadier-Regiment 726* (Grandcamp, PC : château de Jucoville) (2).
- *Ost-Bataillon 439* (Isigny) (2).
- *Ost-Bataillon 441*.

Grenadier-Regiment 736
- *Kommandeur* : Oberst Ludwig Krug (1894). (PC : Hillman)
- *I./Grenadier-Regiment 736*.
- *II./Grenadier-Regiment 736*. (PC : Tailleville)
- *III./Grenadier-Regiment 736*. (PC : Cresserons)
- *Ost-Bataillon 642*. (PC : Amfreville)

Artillerie-Regiment 1716
- *Kommandeur* : Oberstleutnant Helmut Knupe (1896).
- *I./Artillerie-Regiment 1716*. (PC : Colomby)
- *II./Artillerie-Regiment 1716*. (PC : Crépon)
- *III./Artillerie-Regiment 1716*. (PC : Maisy) (2)

Panzerjäger-Abteilung 716

Pionier-Bataillon 716

Nachrichten-Abteilung 716

H.669

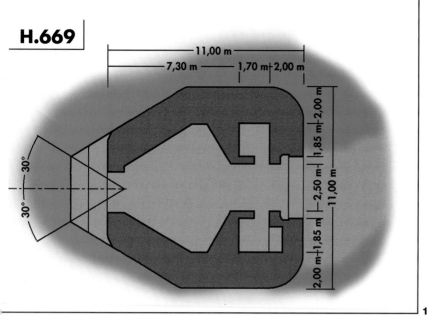

çoit l'une des pièces tchèques de 10 cm sortie d'une casemate, au premier plan. (IWM.)

3. La batterie du château d'eau *(Wn 12)*, au sud d'Ouistreham abrite les quatre obusiers de *15,5 cm s.FH 414 (f)* de la *4./AR 1716*. (Heimdal.)

1. The type H669 casemate was a classic design for the Army batteries. It housed the Czech 10cm guns of the 2./AR 1716 at Colleville and 6./AR 1716 at La Mare Fontaine. (Heimdal.)

2. Colleville (Wn16). A four gun battery of 10cm FH 14/19 (t) of 2./AR 1716 being moved into their H669 casemates, but as can be seen on this photo taken just after the fighting, the work was far from finished. In the foreground can be seen one of the guns outside its casemate. (IWM.)

3. The « Water Tower » battery (Wn12) at Ouistreham housed four 15.5cm howitzers sFH 414 (f) of the 4th Battery of the 1716th Arty. (Heimdal.)

1. La casemate type H 669 est un modèle classique pour les batteries d'artillerie de l'Armée de Terre. Elle abrite des pièces tchèques de 10 cm à Colleville *(2./AR 1716)* et à La Mare-Fontaine *(6./AR 1716)*. (Heimdal.)

2. Colleville *(Wn 16)*. Une batterie de quatre pièces de *10 cm le FH 14/19 (t)*, la *2./AR 1716*, vient d'être placée sous des casemates du type H 669. Mais, comme on le voit sur cette photo prise après les combats, le chantier ne sera pas achevé. On aper-

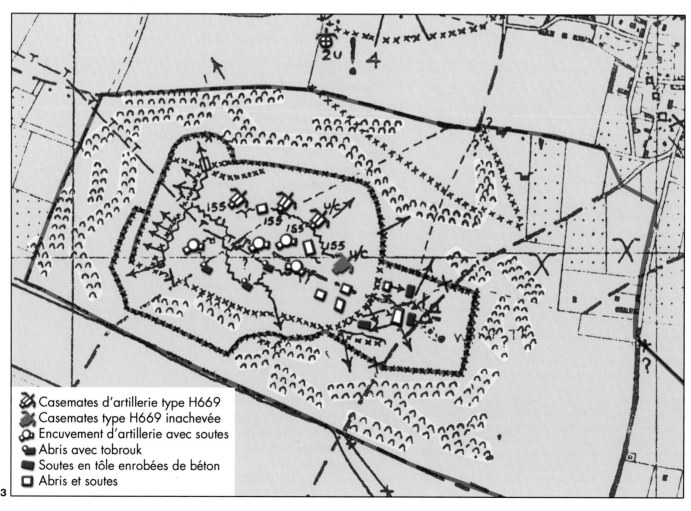

- ⚒ Casemates d'artillerie type H669
- ⚒ Casemates type H669 inachevée
- ⚙ Encuvement d'artillerie avec soutes
- ⬛ Abris avec tobrouk
- ⬛ Soutes en tôle enrobées de béton
- ▢ Abris et soutes

Arromanches et Courseulles. Son armement est plus faible : 28 mitrailleuses et cinq mortiers seulement. Ce bataillon restera indépendant, quoique rattaché au *GR 736*. Mais un autre bataillon de « Volontaires de l'Est », l'**Ost-Bataillon 642**, sera rattaché, quant à lui, au *Grenadier-Regiment 736*. Il arrive dans le secteur au mois de mai 1944 et, un mois plus tard, en juin, il sera intégré complètement au régiment, il formera son IVe bataillon, le *IV./736*. Il est installé à l'est de l'estuaire de l'Orne avec son PC à Amfreville. Il dispose de 45 mitrailleuses et neuf mortiers. Nous retrouverons ces diverses compagnies d'infanterie en étudiant les positions du « Mur de l'Atlantique ».

Le **Grenadier-Regiment 726**, fort aussi de trois bataillons, a son PC du château de Sully, au nord de Bayeux. Deux de ses bataillons sont engagés plus à l'ouest, dans la zone couverte maintenant par la *352. Infanterie-Division* et ne sont donc pas concernés par le thème de cet ouvrage. Cependant, le IIe bataillon **(II./726)** a été constitué en réserve de corps d'armée et a été placé au nord de Creully, dans le secteur de Crépon, Sainte-Croix-sur-mer et Banville. Il constitue donc un élément d'intervention contre les futurs secteurs de *Gold Beach* et *Juno Beach*, avec ses quatre compagnies de combat.

La troisième grande unité de la division, l'**Artillerie-Regiment 1716**, est commandée par le lieutenant-colonel Helmut Knupe, âgé de 48 ans. Il est fort de trois groupes dont le Ier dispose d'une batterie supplémentaire. Le Ier groupe *(I./1716)*, dont le PC est à Colomby-sur-Thaon, aligne quatre pièces tchèques de 100 mm, des *10 cm LFH 14/19 (t)* dans ses deux premières batteries ; la troisième dispose encore de *7,5 cm FK 16 n.A.*, en attente de ses 10 cm *LFH 14/18 (t)*. La 4e batterie *(4./AR 1716)* est équipée de quatre obusiers français de 155 mm, des *15 cm sFH 414 (f)* (batterie du château d'eau à Ouistreham). Le IIe groupe *(II./AR 1716)*, dont le PC est à Crépon, est fort de trois batteries (les *5., 6.* et *7./AR 1716*) disposant chacune de quatre obusiers tchèques de *10 cm LFH 14/19 (t)*. Le IIIe groupe *(III./AR 1716)* se trouve dans la région de Maisy, au nord-est d'Isigny, dans l'ouest du secteur de la *352. Infanterie-Division* et ne concerne pas notre sujet. Il est fort de trois batteries. Les 8e et 9e sont elles aussi équipées chacune de quatre obusiers tchèques de *10 cm LFH 14/19 (t)*. La **10./AR 1716**, appelée « *Graf Waldersee* », est commandée par l'*Oberleutnant* Rudolf Schaaf. Ses quatre *15,5 cm s.FH 414 (f)*, puissantes pièces françaises, sont installées en rase campagne à quatre kilomètres au nord-est de Bayeux et seront ainsi en mesure d'intervenir sur le secteur « *Gold Beach* ».

Ainsi le régiment n'aligne que sept batteries dans le secteur situé entre Bayeux et l'estuaire de l'Orne. En ce qui concerne le Ier groupe, la **2./AR 1716** est en position à Colleville ouest, dans le **Wn 16** (au nord-ouest de la position « Hillman »). Cette batterie, hippomobile à l'origine, a placé ses quatre *10 cm LFH 14/19 (t)* sous quatre casemates type H 669. La **3./AR 1716**, commandée au printemps de 1944 par le lieutenant Karl Heyde, qui deviendra officier adjoint du régiment, et sera remplacé par le *Hauptmann* Schimpf, est restée hippomobile et ses quatre obusiers de *7,5 cm FK 16 n.A.* resteront en position sous les pommiers près de Bréville, au nord-est de Caen. La **4./AR 1716** constitue le **Wn 12** avec ses quatre obusiers de *15,5 cm s.FH 414 (f)* dont trois d'entre eux sont placés sous des casemates type H 669. Cette batterie était hippomobile à l'origine avant la construction de quatre encuvements et soutes attenantes puis des trois casemates. Cette position, ceinturée par un important champ de mines type *Mf 96* est aussi renforcée par divers abris, une soute H 607, une tranchée couverte, une mitrailleuse lourde et cinq légères, un mortier de 5 cm et deux pièces de 2 cm

*The regiment's third major component was the **1716th Artillery Regiment**, commanded by Lieutenant Colonel Helmut Knupe, aged 48. It consisted of three battalions, of which the Ist (I./1716) had an extra battery. The Ist Battalion, with headquarters at Colomby-sur-Thaon, had four 100mm Czech guns, 10cm LFH 14/19 (t) equipping each of the first and second batteries. The third battery was equipped with four 75mm guns. The fourth battery (4./AR 1716) was equipped with four French 155mm howitzers, the 15cm SFH 414 (f) (the « water-tower » battery at Ouistreham). The IInd Battalion with headquarters at Crépon, had three batteries (the 5., 6., and 7./AR 1716) each equipped with four of the 100mm Czech howitzers. The IIIrd Battalion was positioned in the Maisy area north of Isigny to the west of the 352nd Inf. Div. sector and does no feature in thus study. It had three batteries, the 8th and 9th also equipped with the 100mm Czech guns. The 10th Battery of the 1716 Arty. Regt. known as « Graf Waldersee », was commanded by Lt. Rudolf Schaaf. His four 15.5 cm sFH 414 (f), powerful French pieces, were installed in the open countryside four km. north-east of Bayeux and thus able to intervene against the Gold Beach sector.*

Thus the regiment only fielded seven of its batteries in the sector between Bayeux and the Orne estuary. As far as the Ist Battalion was concerned its second battery (2./AR 1716) was positioned at Colleville in the WN 16 strongpoint, north-west of « Hillman ». The battery, originally horse-drawn, had its four Czech guns under type 669 casemates. The 3rd Battery (3./AR 1716), was commanded in the spring of 1944 by Lieut. Karl Heyde, who became the deputy regimental commander, remained horse-drawn, and its four Czech howitzers remained beneath the apple trees at Briéville, north-east of Caen. The 4th Battery (4./AR 1716) constituted WN 12 with its four 155mm French howitzers, three of which were under type H607 casemates. The battery was also originally horse-drawn before the four gun-pits and attendant bunkers were built, followed by the three casemates. The position was surrounded by a strong minefield of type Mf96 and reinforced by a type H607 bunker, various concrete shelters, a covered trench, one heavy

L'un des obusiers de 10 cm leFH 14/19 (t) de la batterie de Colleville (2./AR 1716). Cette pièce d'artillerie tchèque de prise équipait quatre batteries du régiment d'artillerie de la 716. ID dans le secteur. Photo prise par les Anglais après les combats sur le site de la batterie. (IWM.)

One of the 10cm leFH 14/19 (t) howitzers of the Colleville Battery (3/AR 1716). This Czech booty gun equipped four batteries of the 716th Inf. Divisional artillery in the area. Photo taken by the British after the fighting in the battery site. (IWM.)

1. Ver-sur-Mer *(Wn 32)*, batterie de la Mare-Fontaine. On voit ici l'une des casemates type H 669 de *6./AR 1716* qui abritait une pièce de *10 cm leFH 14/19 (t)*. C'est une casemate d'artillerie typique de l'Armée de Terre. (E.G./Heimdal.)

2. L'arrière des casemates.

3. L'entrée.

1. La Mare Fontaine battery at Ver-sur-mer (Wn26). One of the type 669 casemates can be seen which housed a 10 cm leFH 14/19 (t) belonging to 6/1716. This was a typical land army casemate. (E.G/Heimdal.)

2. The rear.

3. The entrance.

Flak 30. Placée près d'un château d'eau (qui existe toujours), cette « batterie du château d'eau » est une puissante position, appelée *Daimler* par les Alliés. La **1./AR H16**, la batterie de Merville, commandée par le *Leutnant* Raimund Steiner, est située à l'est de l'Orne (3) et ne concerne pas cette étude.

Plus à l'ouest, les trois batteries de *10 cm LFH 14/19 (t)* du IIᵉ groupe s'étagent entre Ver-sur-Mer et Bayeux. La **5./AR 1716**, commandée par l'*Oberleutnant* Theimer, est installée à l'ouest du village de Crépon, au **Wn 35b**, avec quatre pièces de 10 cm hippomobiles, à proximité du PC du groupe. Le 6 juin 1944, quatre casemates de type H 669 seraient en cours de construction. En avant, sur le plateau situé entre Crépon et Ver-sur-mer, a été installée la **6./AR 1716** dont les quatre pièces de 10 cm ont été placées sous des casemates type H 669. Cette « batterie de Mare Fontaine » constitue le **Wn 32.** En arrière, la **7./AR 1716,** commandée par le *Hauptmann* Wilhelm Franke, a installé ses quatre pièces hippomobiles de 10 cm au Moulin à Bény-sur-mer, au **Wn 28a.** Ici, une seule des trois batteries du groupe a

(3) Voir G. Bernage, *Diables rouges en Normandie,* Heimdal.

(4) Voir G. Bernage, *Diables rouges en Normandie,* pages 20 et 21.

été placée sous des casemates en béton du type H 669, comme les batteries du Iᵉʳ groupe placées sous casemates (à l'exception de deux des quatre casemates de Merville, *1./AR 1716*, qui sont de type H 611 (4).

La division dispose de trois bataillons spécialisés. Il s'agit tout d'abord de la **Panzerjäger-Abteilung 716**. Ce groupe de chasseurs de chars dispose de trois compagnies. La 1ʳᵉ aligne dix canons antichars lourds sur châssis chenillés, probablement des 7,5 cm Pak 40. Elle est en position près de Biéville.La 2ᵉ compagnie aligne onze pièces antichars, probablement neuf 7,5 cm Pak 40 et deux 8,8 cm Pak 43/41. Mais ces pièces sont tractées. Enfin la 3ᵉ compagnie disposerait de deux pièces de 2 cm Flak automoteurs, cette dernière unité est en place à l'est de l'estuaire de l'Orne. Telle est la situation fournie par la *Gliederung* du 24 mai 1944 et divers documents. Le bataillon du Génie, le **Pionier-Bataillon 716** ne dispose que de deux compagnies. La 2ᵉ est détachée auprès de la *352. Infanterie-Division*. La division dispose aussi de deux compagnies de transmissions (une radio et une autre téléphonique), d'un bataillon médical à deux compagnies, d'une compagnie vétérinaire, d'une unité de Feldgendarmes, et d'un bataillon de transport et des services.

Une artillerie très diversifiée

Outre l'artillerie de la *716. Infanterie-Division*, un groupe d'artillerie côtière, la **Heeres-Küsten-Artillerie-Abteilung 1260**, sous le commandement du *Major* Paul Friedrichs (PC à Arromanches), a réparti ses pièces, plus puissantes, entre Ouistreham et la pointe du Hoc. Les quatre batteries se répartissent ainsi :

- la **1./HKAA 1260** à Ouistreham avec six pièces de 155 mm françaises, des *15,5 cm K 420 (f)* ;
- la **2./HKAA 1260** à la Pointe du Hoc avec quatre pièces de *15,5 cm K 420 (f)*, identiques à celles en position à Ouistreham ;
- la **3./HKAA 1260** au Mont-Fleury (ouest de Ver-sur-Mer) avec quatre puissantes pièces russes de 122 mm, des *12,2 cm K 390 (r)* ;
- la **4./HKAA 1260** à Longues avec quatre pièces de marine, des *15 cm TbtsK C/36*.

Mais deux batteries seulement concernent notre secteur, ou trois avec celle de Longues à l'extrémité occidentale de celui-ci. La première, la **1./HKAA 1260**, a été installée sur la frange côtière d'Ouistreham appelée « Riva Bella ». Elle est chargée de ver-

machine-gun and five light ones, a 50mm mortar as well as two 20mm anti-aircraft guns. Positioned near a water –tower, which still exists today, this water-tower battery was a powerful position. The 1st Battery of the 1716th Artrillery Regt. was at Merville to the east of the Orne and outside the scope of this study. Thus three of the regiment's batteries, two of which were casemated, controlled what was to become Sword Beach. (3)

*Further west the three batteries of 10cm. LFH 14/19 (t) of the IInd Battalion were spread out between Ver-sur-Mer and Bayeux. The 5th Battery (5./AR 1716) was commanded by Lt. Theimer and positioned to the west of the village of Crépon at **WN 35b** with four horse-drawn 100mm guns, near the battalion HQ. On 6 June 1944, four type H669 casemates were in process of construction. Further forward, on the plateau between Crépon and Ver-sur-Mer was positioned with its four 100mm guns under type 669 casemates. This « Battery de Mare Fontaine » constituted **WN32**. To the rear, the 7th Battery (7./AR 1716), under the command of Capt. Franke, had positioned its four horse-drawn 100mm guns at the mill at Bény-sur-Mer to form **WN28a**. This only one of the batteries of the battalion was protected by type 669 concrete casemates, like the batteries of the Ist Battalion under casemates (with the exception of two of the four casemates at Merville of the 1st Battery which were of type H611 (4).*

*The division had three specialist battalions available, one of which was the 716th Anti-tank Bn. (**Panzerjäger-Abteilung 716)** which was divided into three companies. The 1st Company was armed with ten heavy anti-tank guns mounted on tracked chassis, probably 75mm Pak 40's. It was positioned near Biéville. The 2nd Company had eleven towed guns, probable nines 75mm Pak 40, and two 88mm. Pak 43/41. Finally, the 3rd Company fielded two 20mm self-propelled Flak guns which were positioned to the east of the Orne. This was the situation outlined in the Gliederung (field establishment) document dated 24 May 1944 and various other documents. The engineer battalion, the **Pionier-Battalion 716** consisted of only two companies, the second of which was detached to the 352nd Inf. Div. The 716th Div also had two signals companies, one radio and the other telephonic, a medical battalion with two companies, a veterinary company, a MP unit and a service and transport battalion.*

(3) Bernage. G. Red Devils in Normandy. Editions Heimdal.
(4) Bernage. G. Red Devils in Normandy. Editions Heimdal, p. 20 & 21.

Riva Bella. Vue générale de la plage en regardant vers l'est (on aperçoit l'estuaire de l'Orne et, plus loin, la côte du Pays d'Auge). Cette photo est prise en 1942. Ce bastion avancé à l'estuaire de l'Orne est alors constitué de six grands encuvements abritant des pièces de 15,5 cm. (BA.)

Riva Bella. General view of the beach (one can se the Orne estuary and beyond, the coastline of Pays d'Auge). Photo taken in 1942. This advanced strongpoint covering the Orne estuary consisted of 6 large emplacements mounting 15.5cm guns. (BA.)

A very diversified artillery.

Other than the artillery of the 716th Infantry Division, there was another artillery battalion , the 1260th Army Coast Artillery Bn. commanded by Major Paul Friedrichs with his HQ at Arromanches, wits more powerful guns spread out between Ouistreham and the Pointe du Hoc.

- The 1st Battery at Ouistreham with six French A55 mm guns (15.5 cm K 420 [f]).

- The 2nd Battery at the Pointe du Hoc with four of the same guns identical to those at Ouistreham.

- The 3rd Battery of the 1260th Army Coast Artillery Battalion (HKAA 1260) at Mont Fleury to the west of Ver-sur-Mer with four powerful 122mm Russian pieces (12.2 cm K 390 [r]).

- The 4th Battery at Longues armed with four 15 cm. Naval guns (15cm TbtsK C/36.)

*Only two batteries concern us in this study, or three if we include the one at Longues, to the extreme west of the sector. The 1st Battery of the 1260th Battalion (1./HKAA 1260) was positioned on the extreme edge of the coast at Ouistreham called « Riva Bella ». Its mission was to control and block off the Orne estuary. Its six 15.5 cm K 420 (f) guns had been mounted in large pits inserted in a huge position since 1942 and had originally been manned by the 1st Battery of the 832nd Army Coast Artillery Battalion but was then transferred to the 1260th Battalion. The six guns were emplaced close to the shore line behind barbed wire and a mine field, surrounded by entrenchments, given the code name StP 08 at the end of 1943. It occupied the coastal strip 120m long starting from the estuary and was 200m deep. Four type H679 casemates were under construction at the end of May 1943, but while waiting for the building work to be completed the six guns had been positioned in the open to the east of St. Aubin-d'Arquenay to the south of Ouistreham, where they were on 6 June. Other than by the six gun pits the site was overlooked by a particularly high **fire control position** which had not been built according to any standard pattern and was unique of its type. It was a Sonderkonstruktion (special construction) and still exists today, 17m high and divided up into six levels. The **first** level was a semi-basement housed the entrance air-lock which sealed the doorway, a caponnier mounting a machine-gun to control the entrance and an ventilation room which housed three HES 1.2m fans. A staircase situated in the south-west corner led up to the **second** level where there were three rooms : one for an officer, one for an nco and one for other ranks, as*

*well as an ammunition store. On the **third** level was a vast room (30m square) for the personnel and a small store room. On the **fourth** level there was the map room for calculating fire orders and three adjacent rooms, the telephone switchboard, the radio room and a small magazine. The range-finder was located on the **fifth** level which offered a magnificent view of the seascape and behind which was a small room for the officer of the watch. A trapdoor gave access to the **6th** (roof) level which housed an emplacement for a 20mm anti-aircraft gun. This fire-control tower has an exceptional amplitude and is preserved an managed as the Atlantic Wall Museum, a visit to which enables the visitor to gain an impression of the daily life of the guns at the dawn of D Day, thanks to the interior lay-out which has been restored. One can see the ventilation plant with its fans and reserve filters, the sleeping rooms fitted with beds, stoves and various items of equipment, an armoury, the telephone switchboard, the radio room, the sick bay. Even a range-finder has been installed.*

1

1. Riva Bella. L'un des grands encuvements abritant une pièce de 15,5 cm en 1942. A cette époque il n'y a encore aucune défense de plage, seulement une batterie d'artillerie face à la mer, derrière un écran de barbelés. Au printemps 1942, la première batterie installée ici est servie par des artilleurs de la *1./HKAA 832*. A la fin de l'année 1943, elle devient la *1./HKAA 1260*. (BA.)

2. Riva Bella. L'une des pièces françaises de 155 mm GPF récupérées par l'armée allemande sous la désignation de *15,5 cm K 418 (f)*. Mais la batterie est ainsi très exposée aux bombardements et quatre casemates type H 679 sont prévues pour les abriter. Au mois de mai 1944, le chantier est peu avancé ; les casemates resteraient au niveau de la fouille ou du piédroit. Et, en mai 1944, face à l'intensification des raids aériens, ces pièces de 15,5 cm sont enlevées de cette position et placées au sud d'Ouistreham, à Saint-Aubin-d'Arquenay où elles doivent échapper à l'observation de l'aviation alliée. (BA.)

2

rouiller l'estuaire de l'Orne. Ses six pièces de *15,5 cm K 420 (f)* ont été placées dans six grands encuvements implantés dans une vaste position, dès 1942. Elle a été servie à l'origine par la *1./HKAA 832* avant de l'être par la *1./HKAA 1260*. Les six pièces mises en position près du littoral derrière des barbelés et des champs de mines vont être bientôt protégées par un large retranchement, codé *StP 08* à la fin de l'année 1943. Il occupe une bande littorale

3

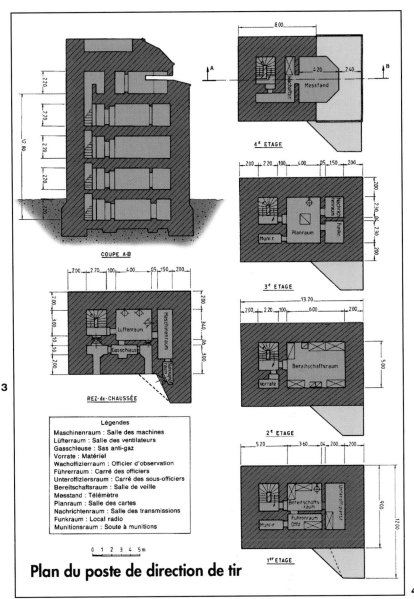

COUPE A-B

REZ-de-CHAUSSÉE

Légendes
Maschinenraum : Salle des machines
Lüfterraum : Salle des ventilateurs
Gasschleuse : Sas anti-gaz
Vorrate : Matériel
Wachoffizierraum : Officier d'observation
Führerraum : Carré des officiers
Unteroffiziersraum : Carré des sous-officiers
Bereitschaftsraum : Salle de veille
Messtand : Télémètre
Planraum : Salle des cartes
Nachrichtenraum : Salle des transmissions
Funkraum : Local radio
Munitionsraum : Soute à munitions

0 1 2 3 4 5m

Plan du poste de direction de tir

4e ETAGE

3e ETAGE

2e ETAGE

1er ETAGE

4

longue de 120 mètres, à partir de l'estuaire, et profonde de 200 mètres. Quatre casemates du type H 679 sont en cours de construction, au mois de mai 1944. Et, en attendant la fin des travaux, les six pièces ont été installées en rase campagne à l'est de Saint-Aubin d'Arquenay (au sud de Ouistreham) où elles se trouveront le 6 juin 1944. Outre les six encuvements, le site est dominé par un poste de direction de tir particulièrement élevé (qui existe toujours). Ce **PDT** n'a pas été édifié selon un plan régulateur, il est unique en son genre, SK *(Sonderkonstruktion)*. Haut de 17 mètres, il se répartit sur six niveaux. Le **1er** niveau, semi enterré, abrite le sas d'entrée avec sa caponnière pour mitrailleuse, pour la protection rapprochée de l'entrée, et la salle des filtres à air *(Lüfteraum)* avec trois ventilateurs HES 1,2 m³. Un escalier situé dans l'angle sud-ouest, mène au **2e** niveau (1er étage) où se trouvent trois chambres - une pour officier, une pour sous-officier, une pour la troupe *(Bereitschatsraum)* et un local pour les munitions. Au **3e** niveau (2e étage) se trouve un vaste local (30 m²) pour la troupe et un petit local pour le matériel. Au **4e** niveau (3e étage) se trouve la salle des plans *(Planraum)* pour l'exploitation des informations de tir avec trois locaux adjacents : le standard téléphonique *(Nachrichtenraum)*, le local radio *(Funkraum)* et une petite réserve pour les munitions *(Munitionsraum)*. Au **5e** niveau se trouve le local pour le télémètre *(Mess-Stand)*, qui offre une vue magnifique sur l'espace marin, derrière lequel se trouve un petit local pour l'officier de veille *(Wachoffizier)*. Enfin, une trappe mène au **6e** niveau : un encuvement pour pièce de 2 cm Flak. Ce PDT a une envergure exceptionnelle. Il est conservé et aménagé en « Musée du Mur de l'Atlantique ». Plus qu'un long exposé, sa visite permet, grâce aux aménagements intérieurs remis en place, d'imaginer ce qu'était la vie quotidienne des artilleurs à la veille du débarquement. On pourra ainsi examiner : la salle de ventilation avec ses ventilateurs 1 ML 4 HES munis de filtres de réserve, des chambres avec leur matériel (lits, poële, matériel divers), une armurerie, un standard téléphonique, un local radio, une infirmerie. Un télémètre a même été mis en place.

3. Le PDT de Riva Bella est un modèle SK, unique en son genre. Cette tour en béton, édifiée sur cinq niveaux et surmontée par une cuve pour pièce de Flak fournit un point de vue exceptionnel aux observateurs d'artillerie qui ont installé leur télémètre au cinquième niveau dans l'embrasure qu'on aperçoit ici. Un remarquable musée du Mur de l'Atlantique y est maintenant installé. (A.D.)

4. Ce poste de direction de tir de Riva Bella est d'un modèle particulier et domine la position de la 1./HKAA 1260 dont il doit diriger le tir. Deux PDT de ce groupe d'artillerie, celui-ci et celui de la batterie de Longues, sont remarquablement conservés. (B.P./Heimdal.)

3. The fire control position at Riva Bella was a type SK, unique of its sort. This concrete tower spread over six storeys with an emplacement on the roof for an AA gun furnished an exceptional view for the observers who had installed their range-finder on the fifth level, the embrasure of which can be seen here. A remarkable Atlantic Wall museum has now been installed there. (A.D.)

4. The fire control position at Riva Bella was a one-off design and dominated the position of 1./HKAA 1716 for which it controlled the firing. Two such control positions were built for the battalion, this one and the one at Longues Battery both of which are remarkably well preserved. (B.P/Heimdal.)

Nous étudierons les défenses du **Stp 08** lorsque nous passerons en revue les positions côtières. Pour l'instant, nous rejoignons une autre batterie de la *HKAA 1260*, la **batterie du Mont-Fleury**, la *3./HKAA 1260*, à Ver-sur-mer, codée **Wn 35A**. A l'origine ses quatre pièces d'origine soviétique, des 122 cm *(12,2 cm K 390/1 (r))* étaient placées en rase campagne sur le plateau dominant la bande littorale. Mais la construction de quatre casemates d'un type spécial dérivé du H 679, *Sonderkonstruktion*, avait été mise en route. L'organisation Todt avait alors mis au point au nouveau mode de construction beaucoup plus rapide : une semelle en béton était coulée sur laquelle étaient construits deux murs en parpaings, un extérieur et un autre intérieur. Un ferraillage était mis en place entre ces deux murs qui servaient alors de coffrage perdu dans lequel le béton était finalement coulé. Le résultat était moins fiable mais plus rapide. Mais, au début du mois de juin 1944, le chantier est encore en cours d'avancement et deux bunkers sont quasiment terminés, un canon en place dans l'un d'eux, tandis que les deux autres ne montrent encore que leurs murs de parpaings, état dans lequel ils se trouvent encore de nos jours.

Citons encore la **4./HKAA 1260**, commandée l'*Oberleutnant MA* Kurt Weil. Bien que située en extrême limite du secteur étudié, elle y est aussi impliquée. C'est une batterie de marine intégrée à ce groupe d'artillerie de l'armée de Terre *(Heer)*. Elle dispose de quatre pièces de 150 mm sous tourelles blindées pour des torpilleurs *(Torpedobootskanonen)*, des 15 cm TbtsK C/36 fabriqués chez Skoda à Pilsen. Ces pièces sous tourelles ont été placées sous des casemates de marine type M 272. En avant, sur le rebord de la falaise, un PDT type M 262a dirige le tir de la batterie qui est protégée par des barbelés et champs de mines, des tranchées et tobrouks. Cette position est codée **Wn 48**.

---

*The defences of **Stp 08** will be examined when we come to discuss the various coastal positions but will now continue with another battery of the 1260th Battalion, the 3rd. known as the **Mont Fleury battery** at Ver-sur-Mer, code-named **WN35a**. Originally its four 122mm Russian guns (12.2cm K 390/1 [r]) were in open emplacements on the plateau overlooking the coast line, but the construction of four casemates of a special type H 679 had been undertaken. The Todt organisation had come up with a more rapid method of construction : a concrete foundation was poured, on which built two breeze-block walls, one interior and one exterior. Metal reinforcing was placed between the two walls which served as shuttering until which concrete was finally poured producing a result that was faster. At the beginning of June, however, the site was still in progress and two bunkers had been more or less finished, one of which housed its gun, while the other two only had their breeze-block shuttering, the state in which they can still be seen today.*

*We also need to mention the 4th Battery **(4./HKAA 1260)**, under the command of the Naval Artillery Lieutenant Kurt Weil. Situated at the extreme limit of the sector under discussion, it was nevertheless involved and was a naval battery integrated into the army artillery; It was armed with four 150mm guns mounted in armoured open-backed turrets which were designed to be fitted to destroyers, the 15cm TbtsK C/36, made by Skoda in Pilsen. These turreted guns were fitted into naval casemated of type M272. In front of them on the cliff edge there was a fire control centre of type M 262a which directed the fire of the*

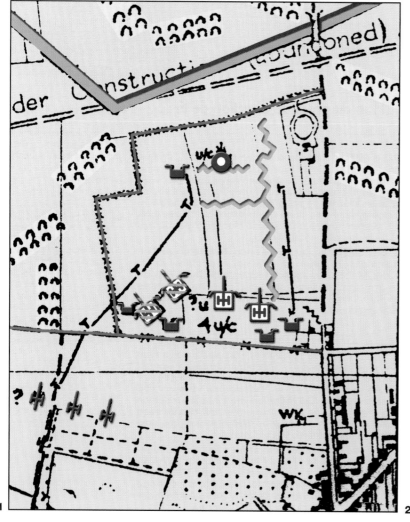

1. **Plan de la batterie du Mont Fleury.** Deux de ses casemates, à l'ouest (à gauche sur le plan) sont encore en cours de construction. (Heimdal.)

2. **Batterie du Mont Fleury.** Deux des casemates inachevées du modèle H 679 sont arrêtées au niveau des murs de parpaings qui devaient servir de coffrage perdu au béton qui n'a jamais été coulé. Ces murs sont encore en place actuellement, comme le montre cette photo. (G.B./Heimdal.)

3. **Ver-sur-Mer. Batterie du Mont Fleury.** Cette nouvelle batterie de la *Heeres-Küsten-Artillerie-Abteilung 1260*, la *3./HKAA 1260*, est équipée de pièces russes de prise, des *12,2 cm K 390/1 (r)*, dont on voit ici un exemplaire. Pour les protéger des bombardements alliés, il avait été prévu, là aussi de les protéger avec des casemates en béton. Deux d'entre elles, du modèle H 679, seront achevées. Nous en voyons une ici, endommagée par le bombardement. Les deux autres ne seront qu'ébauchées. (SHM.)

4. **Ver-sur-Mer. Batterie du Mont-Fleury.** L'une des deux casemates (SK dérivé du modèle H 679) qui ont été terminées. En fait, ce site se nomme les Roquettes, le « Mont Fleury » est un peu plus à l'est, là où se trouve le phare. Mais depuis que les Alliés, par erreur, ont nommé Mont Fleury le site des Roquettes, l'usage prévaut : c'est la « batterie du Mont Fleury ». (G.B./Heimdal.)

5. **Vue générale d'une casemate.** (E.G./Heimdal.)

1. Plan of the Mont Fleury Battery. Two of its casemates to the west (left on the plan) were still under construction. (Heimdal)

2. Mont Fleury Battery. Two of the unfinished type H679 casemates had only got as far as their breeze block shuttering walls between which concrete should have been poured. These walls are still in place today as can be seen in this photo. (E.G/Heimdal).

3. The « Mont-Fleury » Battery at Ver-sur-mer. This new battery for the Army Coast Artillery Battalion 1260 was armed with captured Russian guns, 12.2cm K 390/1 (r), one of which can be seen here. To protect them from aerial bombardment it was also proposed to house the battery in concrete casemates,

only two of which were actually completes. One can be seen here damaged by bombing. The other two were only as breeze block outlines. (SHM.)

4. The Mont Fleury Battery as Ver-sur-Mer. One of the two casemates, a derivation of the type H679 which was finished. In fact, this site was actually called Les Roquettes, the Mont Fleury being slightly to the east where the lighthouse was situated. It was the Allies, however, who mistakenly labelled the site of Les Roquettes as Mont Fleury and the name stuck. (G.B/Heimdal.)

5. General view of an unfinished casemate. (E.G./Heimdal.)

La défense du secteur dispose aussi d'un groupe d'artillerie « lourde », la **schwere Artillerie-Abteilung 989**, dont le PC est à Reviers. Chacune des trois batteries est équipée de quatre pièces de 122 mm d'origine soviétique, des *12,2 cm sFH 396 (r)*. La *1./989* est en position à Basly, la *2./989* à Amblie et la *3./989* à Creully.

Ainsi, de Longues, au nord de Bayeux, à l'estuaire de l'Orne, treize batteries protégeant le secteur, et une quatorzième en comptant celle de Merville située à l'est de l'estuaire de l'Orne. On trouve tout d'abord une batterie *(15,5 cm K 418 (f))* de canons de 155 mm GPF (la *1./1260*), d'origine française qui ont une portée maximale de 19,5 kilomètres. Puis, avec le même calibre mais avec une puissance inférieure, ce sont deux batteries de l'*AR 1716* (la 4ᵉ et la 10ᵉ) qui sont équipées d'obusiers au canon plus court, des « canons de 155 C modèle 1917 Schneider » d'origine française eux aussi *(15,5 cm sFH 414 (f)* dans la désignation allemande), qui ont une portée maximale 11,3 kilomètres seulement. On trouve ensuite une batterie (la *4./1260*) équipée de canons de marine allemands de 150 mm (149,1 mm plus exactement), des *15 cm TbtsK C/36*. Ce sont ensuite deux modèles différents de pièces de prise d'origine soviétique, des *12,2 cm K 39 & 1 (r)* tout d'abord *(122 mm Pushka obr. 1931* dans la dénomination d'origine) équipant une seule batterie, la *3./1260* (Mont Fleury), avec une portée maximale de près de 21 kilomètres. Mais il y a aussi douze obusiers répartis dans trois batteries (les *1./*, *2./* et *3./989*), des *122 m Gaubitza obr. 1938 g (12,2 cm sFH 396 (r)* dans la dénomination allemande. Bien que faisant partie d'un groupe « lourd », ces obusiers au canon plus court ont une portée maximale de 12,1 kilomètres. Le gros des pièces d'artillerie est constitué ensuite par des obusiers de prise d'origine tchèque, des *10 cm houfnice V3 14/1 (10 cm LFH 14/19 (t)* dans la dénomination allemande). Ils équipent quatre batteries du secteur, les *2., 5., 6.* et *7./1716*. Ils ont une portée maximale de 9,8 kilomètres. Enfin, la *3./1716* est encore équipée de pièces de 75 mm allemandes, des *7,5 cm FK 16 n.A* qui, malgré leur moindre calibre, ont une portée maximale de près de 13 kilomètres. Ainsi cinquante-quatre pièces d'artillerie, du 75 au 155 mm sont pointées vers le large dans ce secteur côtier. C'est la plus forte réponse dont les Allemands disposent ici face à une tentative de débarquement, force conséquente mais qui ne fait pas le poids face aux très puissantes pièces de l'artillerie de marine alliées, comme nous le verrons plus loin. Par ailleurs, pour ces cinquante-quatre pièces, les Allemands alignent six modèles différents de canons et d'obusiers.

---

*battery which was protected by barbed wire, mines, trenches and « Tobruk » stands. Code-named **WN48**.*

*The defences of the sector also had available a battalion of « heavy » artillery, the **schwere Artillerie-Abteilung 989**, with headquarters at Reviers. Each of its three batteries was equipped with four 122mm guns of Soviet origin, the 12.2cm sFH 386 [r]. The 1st Battery was located at Basly, the 2nd at Amblie and the 3rd at Creully.*

Thus from Longues, north of Bayeux, to the Orne estuary, 13 batteries defended the sector, fourteen if one includes the Merville Battery situated to the east of the river. There was everything from a battery of 155cm guns of French origin, the 1./1760, with a maximum range of 19.5km. Then, with the same calibre but with less range, were the 4th and 10th Batteries of the 1716th, equipped with shorter barrelled French howitzers, 155 C model 1917 made by Schneider, known to the Germans as 15.5 cm sFH 414 (f), with a range of only 11.3km. Next came a battery, the 4th of the 1260th Battalion equipped with 150mm German naval guns (more precisely 149.1 mm,) the 15cm TbtsK C/36. These were followed by two models of 122mm Soviet booty guns, the 12.2 cm K39 & 1 [r], known to the Soviets as the 122mm Pushka obr. 193, which equipped a sole battery, the 3rd of the 1260th, (Mont Fleury) with a maximum range of nearly 21km. But there were also twelve howitzers spread among three batteries, the 1st, 2nd and 3rd of the 989th Battalion which were the 122mm Gaubitza obr. 1938 G, known to the Germans as the 12.2cm sFH 396 [r]. Even though they belonged to a « heavy » battalion, these short-barrelled howitzers had a maximum range of 12.1km. The bulk if the remaining artillery consisted of Czech booty howitzers, the 10cm houfnice V3 14/1 (German designation 10cm LFH 14/19 (t), arming four batteries, the 2nd, 5th, 6th and 7th of the 1716th Bn. Finally, the 3rd battery was equipped with German 75mm pieces, the 7.5cm FK 16 n.A, which in spite of their small calibre had a range of almost 13km. Thus 54 guns, ranging in calibre from 75mm to 155mm pointed out to sea in the sector under consideration. This was the strongest response the Germans could muster to face a possible landing attempt, a strong force, but which was insignificant in the face of the Allies' ultra heavy naval artillery, as we shall see further on. On the other hand, of the 54 pieces fielded by the Germans, there were such different models of guns and howitzers.

Wn 48 Longues-sur-Mer 4./1260 HKAA

La batterie de Longues aligne quatre pièces de marine de 15,5 cm de la *4./HKAA 1260* placées sous des casemates en béton. (Doc. Heimdal.)

The Longues Battery mounted the four 15.5cm naval guns of the 4th Battery of HKAA 1260 under concrete casemates. (Doc Heimdal.)

1. Longues-sur-Mer *(Wn 48)*. Actuellement, trois casemates M 272, intactes, abritent encore leurs pièces de marine de 15 cm, fabriquées chez Skoda à Pilsen, sous leurs tourelles blindées de *Torpedoboot*. (E.G./Heimdal.)

2. L'une des pièces de marine de *15 cm TBtsK C/36* de la batterie de marine rattachée à un groupe de l'Armée de Terre, la *4./HKAA 1260*, peu après le débarquement. Les bombardements et les tirs de l'artillerie navale ont détruit l'une des casemates et retourné le terrain alentour, comme on le voit sur cette photo. Mais trois pièces, sous des casemates du modèle M 272, sont restées intactes. (IWM.)

1. *Longues sur Mer (Wn48). Actually three type M272 casemates remain intact still housing their 15cm naval guns made by Skoda in Pilsen, inside their destroyer type armoured shields. (E.G/Heimdal.)*

2. *One of the two 15cm naval guns TBtsK C/36 of the navy battery attached to an army artillery battalion, the 4/HKAA 1260, shortly after the landing. The aerial bombardment and naval gunfire destroyed one of the casemates and churned up the ground around it as can be seen in this photo. Three guns in their M 272 casemates remained intact. (IWM.)*

3. *Longues. General view showing the casemates. (E.G./Heimdal.)*

3. Vue générale des casemates de la batterie de Longues. (E.G./Heimdal.)

1. Longues-sur-Mer *(Wn 48)*. Depuis l'intérieur d'une des casemates, on peut observer l'une des pièces de 15 cm sous tourelle blindée. Ici, les ferrailleurs avaient commencé leur travail et découpé la protection latérale (le côté gauche de la tourelle), ce qui permet d'examiner le mécanisme de la pièce encore peu corrodé malgré l'air salin. Il y a quelques années, l'une d'elles pouvait encore être remontée avec l'un des systèmes de pointage non encore gripé... (E.G./Heimdal.)

2. L'arrière des casemates M 262 est protégé par cet épais mur pare-éclats ménageant ainsi deux entrées latérales (on voit ici l'une d'elles) au lieu d'une seule entrée dans l'axe de la pièce, plus vulnérable, comme c'est le cas pour la plupart des casemates de l'Armée de Terre. La conception et la réalisation des casemates de la marine sont plus soignées. (E.G./Heimdal.)

3. Le poste de direction de tir de la batterie de Longues-sur-Mer est à deux étages. Intact, il domine toujours la mer en haut de la falaise. (Doc. Heimdal.)

4. Nous voyons ici de remarquable poste de direction de tir à deux étages, type M 262a, encore en place, intact, sur le rebord de la falaise argileuse. Il

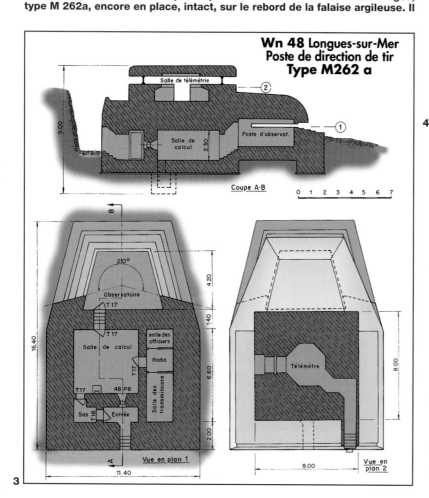

Wn 48 Longues-sur-Mer
Poste de direction de tir
Type M262 a

a été rendu célèbre en servant de cadre à des scènes du film « Le Jour le plus long », ainsi que les casemates de la batterie. (E.G./Heimdal.)

1. View from inside of one of the casemates showing one of the 15cm guns under its armour-plated shield. On this one the scrap metal dealers started work and cut of the side protection plate (left hand side) of the shield allowing us to see the mechanism of the gun, little corroded in spite of the salt atmosphere. A few years ago one of the guns was able to be refitted with its elevating mechanism which had not totally seized up. (E.G/Heimdal.)

2. The rear of the M262 casemates was protected by a thick anti-blast wall with two lateral entry ways instead of a sole entrance on the axis of the casemate which was far more vulnerable as was the case with most of the army structures. The design and construction of the naval casemates was far more sophisticated. (E.G/Heimdal.)

3. The Longues Battery's fire control position was built on two storeys, and still intact it dominates the sea from the top of the cliffs. (Doc/Heimdal.)

4. We see here the remarkable two storey type M262a fire control position, still in place and intact on the edge of the clay cliff. It became famous when it was used as the setting for scenes for the film, « The Longest Day » as were the casemates of the battery. (E.G/Heimdal.)

Les positions côtières

Retrouvons maintenant les fantassins du *Grenadier-Regiment 736* dans leurs positions.

Le futur secteur Sword Beach

Nous sommes ici dans le futur secteur de débarquement *Sword Beach*, avec un cordon littoral où se suivent, sans interruption, trois localités balnéaires. D'est en ouest, nous avons Riva Bella, près de l'estuaire puis Colleville-plage et La Brèche d'Hermanville. En arrière de cette bande littorale s'étend une zone basse, mal drainée et passablement marécageuse, traversée par quelques routes reliant l'arrière pays à la mer. Derrière cette zone humide, un plateau monte rapidement jusqu'à une cinquantaine de mètres d'altitude à deux kilomètres de la côte. Entre cette ligne de crête et la zone humide, sur le flanc de ce plateau, se répartissent plusieurs villages. A l'est, sa pente rejoint la zone littorale ; le vieux village de Ouistreham, autrefois légèrement fortifié et dominé par son église romane, jouxte Riva Bella. En arrière, sur une belle plaine agricole, on trouve Saint-Aubin-d'Arquenay. Plus loin, en arrière de Colleville-plage, le vieux village de Colleville s'étend en longueur, du nord au sud. Puis, en arrière de la Brèche, on trouve le vieux village d'Hermanville.

A l'ouest de l'estuaire de l'Orne, en avant d'Ouistreham nous rejoignons la puissante position du **Stützpunkt 08** à Riva Bella, dominée par les 17 mètres de son PDT. Ce secteur est tenu par le *I./736*, comme nous l'avions signalé. Cette position est tenue par la

---

The Coastal Positions

Let us now return to the infantrymen of the 736th Grenadier Regiment in their positions.

The Sword Beach sector

On what was to become the landing sites on Sword Beach, along the coastal strip, three seaside resorts followed one another without interruption. From east to west there is Riva Bella close to the estuary, then Colleville-Plage and La Brèche de Hermanville. Inland from this coastal strip there is a poorly drained often marshy low-lying area traversed by a few roads linking the hinterland with the coast. Beyond the swampy area, a plateau climbs steeply up to a height of fifty metres, two kilometres from the coast. Along this ridge line there are a number of villages. To the east where the ridge rejoins the coast is the ancient village of Ouistreham, once lightly fortified and dominates by its Norman church, joining onto Riva Bella. Further inland on a fine farming plain, lies St Aubin-d'Arquenay. Further along, to the tear of Colleville Plage the ancient village of Colleville stretches out from north to south, and then behind La Brèche is Hermanville.

*To the west of the Orne estuary and in advance of Ouistreham was the powerful **strongpoint 08** at Riva Bella overlooked by its 17m high fire control tower. That position was held by the 2nd Compagny of the 736th Regt. (**2./736**). To the west of that position, as **WN10** were two casemates, type 626, flanking the beach each housing a 7.5cm FK 38, but neither of the casemates had received its planned armour-plated roof. Still further to the west came a type H644 casemate with an armoured dome for a MG34, still in place. After that came the casino of which only the foundations remain in which was installed an anti-*

Compagnies d'infanterie de la *716. Infanterie-Division* entre l'estuaire de l'Orne et Asnelles

Grenadier-Regiment 736 : (PC Colleville)
- *Oberst* Ludwig Krug
- *Adj.* : Josef Grüne
● **I./736** (PC : Colleville)
2./736 (Stp 02 - Riva Bella)
    - *Hauptmann* Leo Mabhoffer
    - *Adj. Oberleutnant* Paul Thauwald
4./736 (Ouistreham-Val : *Reserve*)
    - *Hauptmann* Wil Luke
    - *Adj.* Esser
● **II./736** (PC : Tailleville)
    - *Hauptmann* Deptolla
    - *Lt* Heinz Rix, Karl Rub.
5./736 (Bernières - Saint-Aubin)
    - *Hauptmann* Rudolf Gruter
    - *Oberleutnant* Gustav Pflocksch
6./736 (Courseulles)
    - *Hauptmann* Grote
    - *Oberleutnant* Herbert Hallbaur
7./736 (Graye-Ver, La Rivière)
    - *Hauptmann* Gustav-Adolf Lutz
    - *Oberleutnant* Hans-Gerhard Lilloch
8./736 (Tailleville-Tombette - *Reserve* en arrière de Bernières)
    - *Hauptmann* Johann Grzeski
    - *Oberleutnant* Erich Schulz
● **III./736** (PC : Cresserons)
    - *Major* Pipor
    - *Adj. Oberleutnant* Kersting
9./736 (Langrune-Luc)
    - *Hauptmann* Kurt Mickisch
    - *Oberleutnant* Herbert Wlost
10./736 (Lion-Hermanville)
    - *Hauptmann* Heinrich Kuhtz
    - *Oberleutnant* Karl-Wilhelm Heine
11./736 (en réserve derrière Luc-sur-mer)
    - *Hauptmann* Hans Gutsche
    - *Oberleutnant* Heinrich Korzilius
12./736 (en réserve à Douvres-la-Délivrande)
    - *Hauptmann* Hans Gutsche
    - *Oberleutnant* Johannes Waterkamp
● **II./726** (PC Bazenville)
    - *Major* Lehmann
    - *Adj. Hauptmann* Kurt Seiffert
6./726 (Bazenville)
    - *Hauptmann* Adolf Kukenhoner
    - *Oberleutnant* Alfred Schreiner.
7./726 (Sainte-Croix-sur-mer)
    - *Hauptmann* Helmut Holtappelst.

(Les *1./736* et *3./736*, basées à l'est de l'estuaire de l'Orne, stationnent respectivement à Franceville Ouest et Franceville plage).

2./736. A l'ouest de la position, sur le **Wn 10**, se trouvent deux casemates de flanquement 626, disposant d'une pièce de *7,5 cm FK 38.* Mais ces deux casemates n'ont pas encore reçu le toit de protection blindé prévu. Toujours à l'ouest, a été édifiée une casemate H 644 avec cloche pour sMG 34 (encore en place), puis on trouve le casino, dont il ne reste que les fondations dans lesquelles une pièce antichar a été installée. Toute cette partie occidentale de la position est codée **Wn 10.** A l'est, vers l'estuaire, on trouve une casemate H 120, une autre casemate H 644 avec cloche blindée, un type H 624 et, près de l'estuaire, une casemate abritant une pièce de 5 cm KwK. On dénombre une demi-douzaine de ces pièces sur la position, ainsi que des emplacements pour MG, des tranchées. En arrière, à côté du fossé antichar, une cuve de Flak (toujours existante) pour pièce de 2 cm a été édifiée. Cette position est puissante, c'est un point d'appui, un *Stützpunkt*, doublé du *Wn 10.*

En arrière, se trouve, en seconde ligne la batterie du château d'eau déjà évoquée, formant le **Wn 12**, avec un mortier de 5 cm, six mitrailleuses dont une lourde et pièce de Flak de 2 cm. Légèrement plus en arrière, le village de **Saint-Aubin-d'Arquenay** abrite des cantonnements, codés **Wn 15** et **15d.** Les pièces de la *1./1260* ont été repliées là. Légèrement dans les terres, entre Ouistreham et Hermanville, on trouve un petit abri pour mitrailleuse contrôlant la route menant à **Colleville-plage** et à **La Brèche** *(Stp 20).* En arrière, à l'ouest de Colleville, nous trouvons la position d'artillerie du **Wn 16**, déjà signalée, une petite position vers l'entrée nord du village, le **Wn 19** puis le point d'appui « *Hillman* » **(Wn 17)**, au sud du village.

———————

tank gun. All this western portion of the position was cone-named WN10. To the east, towards the estuary was a type H120 casemate, a casemate H644 with armoured dome, another of type H 625 and close to the estuary, one housing a 5cm KwK. There were half a dozen such weapons in the position, as well as machine-gun nests and trenches. To the rear, beside the anti-tank ditch was a gun pit for a 2cm anti-aircraft gun still existing. The position was a strong one, a veritable Stützpunkt, supporting WN10.

*To the rear, forming a second line, same the water-tower battery already mentioned which formed **WN12**, mounting a 5cm mortar and six machine-guns, one of which was a heavy, plus another 2cm Flak piece. Slightly further back the village of **St-Aubin-d'Arquenay** provided billets, code-names **WN15** and **15a**. The guns of the 1st Battery of the 1260th Bn. **(1./1260)** were parked here. In the countryside between Ouistreham and Hermanville there was a small bunker for a machine-gun controlling the road that led down to **Colleville-Plage** and at la Brèche, Stützpunkt 20, bordered by WN10. Further to the rear and to the west of Colleville was the artillery position **WN16**, already outlined, a small position towards the northern entry to the village, **WN19**, and then the « Hillman » strong-point, **WN17**, south of the village.*

*Along the coast shortly after Ouistreman and Colleville-Plage, **came strong-point 18**, built on the beach at Hermanville la Brèche which was held by the 10th Company of the 356th Regt. **(10./736)** which had its headquarters there. On the seafront was a type H677 casemate housing a powerful 88mm gun, model 43/41, two casemates for 5cm KwK L/42, one of which had its back to the sea in order to be able to fire inland. To the rear of the main street there was a gun pit (Ringstand) for another 5cm KwK and a Vf 69*

Cette carte allemande établie par la *7. Armee*, du *Küsten-Verteidigungs-Abschnitt H* (secteur de défense côtière H), sous secteur de Caen (*Küsten-Verteidigungs-Gruppe Caen*, K.V. Gruppe Caen en abrégé), nous montre ici les positions de défense côtière, de Franceville et Merville, à l'est, à « Courseulles est », à l'ouest. Nous remarquerons plus particulièrement le *Stp 8* (Riva Bella), le *Stp Höhe* (codé 17) appelé *Hillman* par les Alliés, le *Wn 16 (2./AR 1716* à Colleville), les *Wn 10* (Riva Bella ouest), *18 à 20* (Hermanville), *21* (Lion), *24 et 25* (Luc), *26* (Langrune), *27* (St Aubin), *28* (Bernières), *29 et 30* (Courseulles ouest), *31* (Courseulles est), les deux *Stp* de la station radar de Douvres. (BA.)

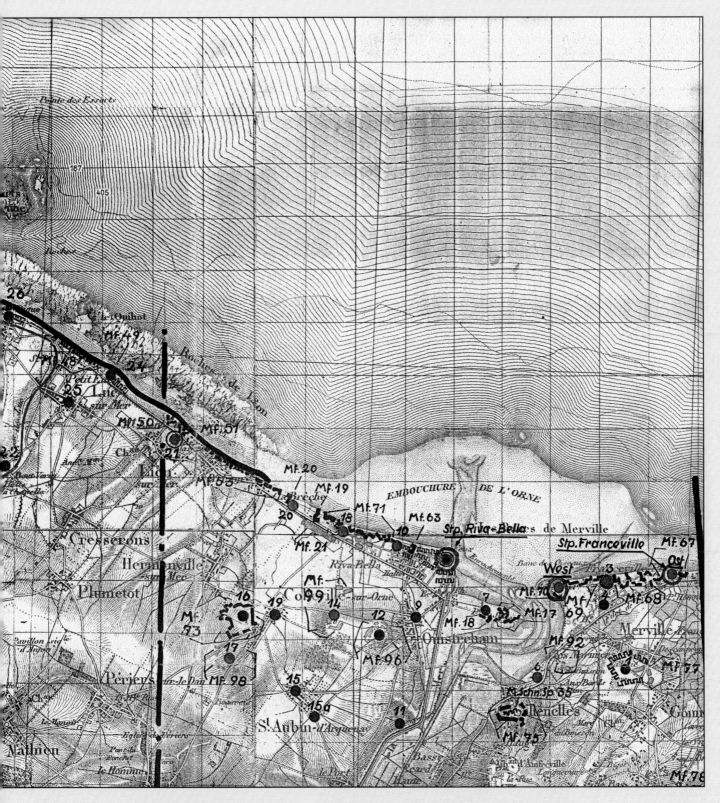

German map prepared by the Seventh Army of the coast defence sector H, Caen sub-sector, showing the coast defences from Franceville and Merville in the east to Courseulles East in the west. Particularly noteworthy are the Stp 08 (Riva Bella), Stp Hoehe code 17, code-named Hillman by the Allies, Wn16 (2./AR1716) at Colleville, WN10 (Riva Bella west), 18-20 (Hermanville), 21 (Lion), 24 & 25 (Luc), 26 (Langrune), 27 (St. Aubin), 28 (Bernières), 29 & 30 (Courseulles east), 31 (Courseulles west) and the two strong-points of the Douvres radar station. (BA.)

emplacement for a 8, 14 GrW 34 mortar, a machine-gun and various troop shelter bunkers.

An intermediate sector.

Further west not far from Hermanville-la-Brèche, the plateau comes right down to the coast, eliminating the marshy area. We come then to the small coastal ville of **Lion-sur-Mer** overlooked by the high tower of the Norman church. There was a resistance position there, **WN21**, crewed by the 9th Company of the 356th **(9./736)**. It only had two 5cm KwK L/42 pieces and a pit for a mortar, two auxiliary artillery observation posts for the battery at Colleville plus various

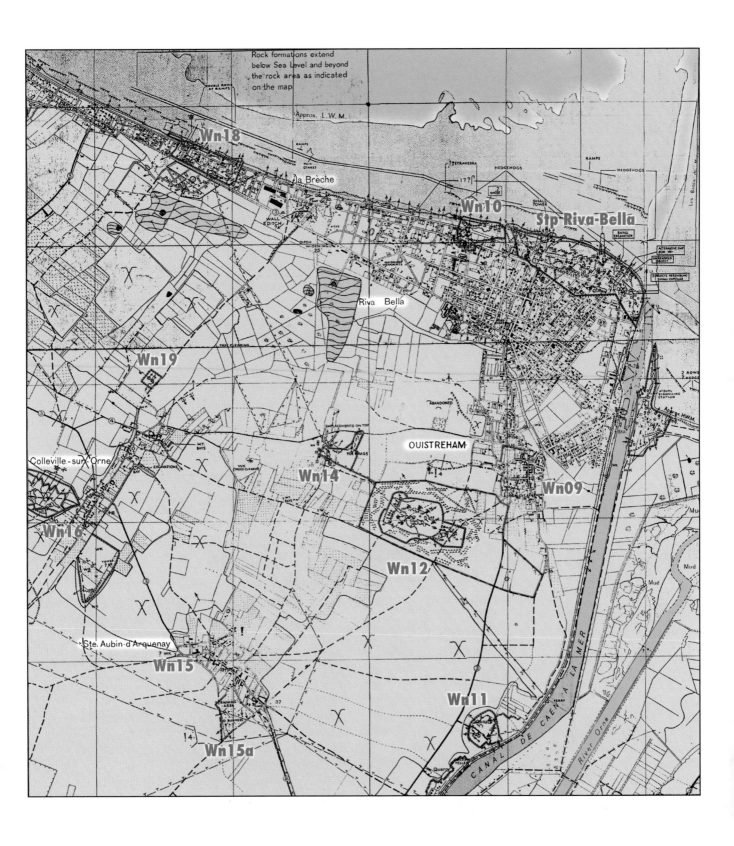

Positions allemandes entre l'estuaire de l'Orne et Hermanville. Sur fond de carte Bigot établie pour les Alliés en mai 1944 avec une étonnante précision, nous avons ajouté les numéros de code allemands des positions. On notera que, derrière les positions côtières, les Allemands avaient établi là des positions secondaires dans l'intérieur. (Heimdal.)

German positions between the Orne estuary and Hermanville. Map based on a Bigot one prepared by he Allies in May 1944 with astonishing accuracy onto which we have added the German code numbers of the positions. Note that inland from the coast the Germans established secondary positions. (Heimdal.)

Sur la côte, peu après Ouistreham et Colleville-plage, le **Stützpunkt 18** a été constitué sur la plage d'**Hermanville la Brèche**, position tenue par la **10./736.** Le PC de cette compagnie y a été établi. Sur le front de mer ont été édifiées une casemate H 677 abritant un puissant canon de *8,8 cm Pak 43/41,* deux casemates pour 5 cm KwK L/42 (l'une est adossée à la mer pour un tir vers les terres). En arrière de la rue principale, on trouve un encuvement *(Ringstand)* pour 5 cm KwK, un emplacement (Vf 69) pour mortier de *8,14 GrW 34* et mitrailleuse, et divers abris pour personnel.

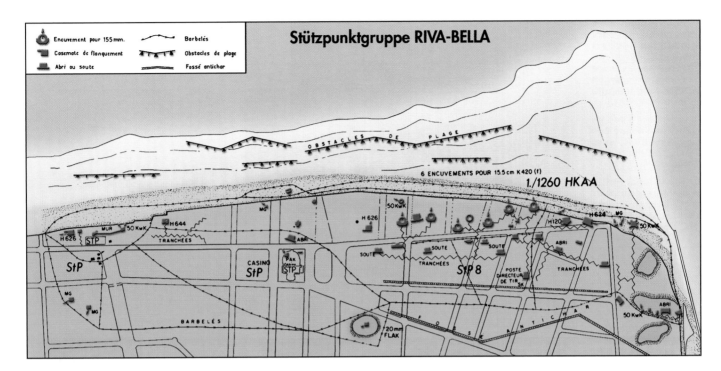

Stützpunktgruppe RIVA-BELLA

Encuvement pour 155mm.   Barbelés
Casemate de flanquement   Obstacles de plage
Abri ou soute   Fossé antichar

OBSTACLES DE PLAGE

6 ENCUVEMENTS POUR 15.5cm K 420 (f)

1./1260 HKAA

50 KwK
H 626
H 644
MUR   50 KwK
STP   H 626
TRANCHÉES
StP
MG
MG
BARBELÉS

CASINO
StP
PAK
Casino
StP

20mm
FLAK

ABRI
SOUTE
SOUTE   SOUTE
TRANCHÉES
StP 8
POSTE
DIRECTEUR
DE TIR

H 624   MG
H120
50 KwK
ABRI
TRANCHÉES
FOSSÉ ANTICHAR
ABRI
50 KwK

A l'est, le *Stp 08*, outre son PDT à plusieurs niveaux et ses six encuvements, abris et soutes pour la batterie d'artillerie, comporte une casemate à double embrasure pour pièce de 5 cm KwK, un encuvement pour une pièce identique, un encuvement pour tourelle de char, une casemate H 624, un abri H 626 pour pièce de flanquement de 7,5 cm et une cuve pour pièce de Flak de 2 cm. Une autre pièce de 2 cm Flak est installée au sommet du PDT. Des emplacements pour mitrailleuses (MG), obstacles et barbelés ainsi qu'un fossé antichar vers l'arrière protègent cette position. Une pièce antichar est installée dans les caves de l'ancien casino. A l'ouest, le *WN 10* dispose d'une casemate H 644 avec cloche blindée, d'un abri H 626 pour pièce de flanquement de 7,5 cm et d'encuvements pour mitrailleuse. (Heimdal.)

To the east, Stp08 apart from its multi level fire control tower, its six emplacements and the shelters and magazines for its battery, also included a double embrasure casemate for a 5cm KwK gun, a mounting for a similar one, a mounting for a tank turret, an H624 casemate, a H626 for a 7.5cm flanking gun and a mounting for a 2cm AA. A further 2cm AA was mounted on top of the fire control tower. MG positions, obstacles, barbed wire and an anti-tank ditch to the rear protected the entire position. An anti-tank gun was installed in the cellars of the old casino building. Further to the west, Wn10 was provided with a H644 casemate with armoured observation dome, a H626 bunker for a 7.5cm flanking gun and various MG emplacements. (Heimdal.)

L'estuaire de l'Orne à Riva Bella défendu ici par un encuvement pour mitrailleuse à l'ouest (au premier plan) et par une casemate à double embrasure pour 50 cm KwK de l'autre côté de l'estuaire. Photo prise après les combats. (CP via Ph. Wirton.)

The Orne estuary at Riva Bella defended here by an MG emplacement to the west (foreground) and by a double-embrasure casemate for a 5cm KwK on the other side of the estuary. Photo taken after the end of the fighting. (CP via Ph. Wirton.)

1. Encuvement avec une tourelle de char montée en *Panzerstellung* à l'est du *Stp 08*, près de l'estuaire de l'Orne. On aperçoit dans le fond la haute tour du PDT. (DR.)

2. Casemate à double embrasure pour pièce de *5 cm KwK*, vers l'ouest de l'estuaire. (SHM.)

3. Riva Bella. Petits encuvements pour mitrailleuses encore visibles sur la plage. (E.G./Heimdal.)

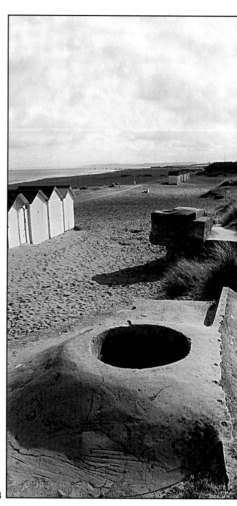

1. *Emplacement for mounting a tank turret to the east of Stp near the Orne estuary. One can see in the background the high tower of the fire control position. (DR).*

2. *Double embrasure casemate for 5cm gun to the west of the estuary. (SHM).*

3. *Riva Bella. Small MG emplacements still visible on the beach (E.G/Heimdal).*

4. Depuis l'encuvement se trouvant au sommet du PDT (actuel « Grand Bunker »), on aperçoit des obstacles en béton et des casemates - abris et soutes. (CP via Ph. Wirton.)

5. Cette photo prise après la guerre depuis la plage de Riva Bella en regardant vers l'est, nous montre l'énorme masse du PDT avec son importante visière protégeant l'emplacement du télémètre. On aperçoit aussi l'une des soutes ou abri de la batterie d'artillerie. (Photo Lesage, Grand Bunker.)

4. *From the emplacement on top of the fire control tower (known today as the « Grand Bunker ») one can see the concrete obstacles and the various shelter bunkers and magazines. (CP via Ph Wirton.)*

5. *This photo taken after the war from the beach at Riva Bella looking east, shows us the enormous mass of the fire control tower with its prominent shield protecting the range-finder embrasure. One can also see one of the shelters or magazines of the battery. (Photo Lesage, Grand Bunker.)*

6

7

8

9

6. Les rangées d'obstacles en béton qu'on a aperçu depuis le sommet du PDT. Ils doivent bloquer la progression des chars vers l'intérieur de la position défendue en arrière par le fossé antichar. (CP via Ph. Wirton.)

7. Le fossé antichar situé à l'arrière de la position de Riva Bella. Les flancs du fossé sont bétonnés et le fond est tapissé d'un zig-zag de barbelés, semblable au fossé de Bernières. (Photo Jean Lesage, Musée du Mur de l'Atlantique.)

8. Encuvement pour pièce de 5 cm KwK vers le milieu du *Stp 08*. (SHM.)

9. Cet abri défensif H 626 est armé d'un *7,5 cm FK 38*. Il y avait un abri de ce type dans le *Stp 08* et un autre dans le *Wn 10*. (SHM.)

10. Contrairement à ce que montrait le film « *Le Jour le plus long* », le bâtiment de style néo-normand du casino d'Ouistreham avait été rasé et les Allemands n'avaient conservé que les fondations dans lesquelles ils avaient installé une pièce antichar comme nous le voyons ici. Au premier plan, on aperçoit des obstacles en béton. Photo prise après les combats. (CP via Ph. Wirton.)

6. The ranges of concrete obstacles which could be seen from the top of the tower. Their job was to stop tanks getting inside the defensive position and from the rear via the anti-tank ditch. (CP via Ph Wirton.)

7. The anti-tank ditch located at the rear of the Riva Bella position. The flanks have been revetted in concrete and the bottom was filled with a zig-zag of barbed wire. (Photo Jean Lesage, Atlantic Wall Museaum.)

8. Emplacement for a 5cm KwK toward the centre of Stp O8. (SHM.)

9. This H626 defensive bunker was armed with a 7.5cm FK38. There was a bunker of this type at Stp08 and another at WN10. (SHM.)

10. As opposed to what was shown in the film « The Longest Day », the neo-Norman style building of the casino at Ouistreham had been demolished and the Germans had only kept the foundations in which they has installed an anti-tank gun which can be seen here. In the foreground the concrete obstacles can be seen. Photo taken after the battle. (CP via Ph. Wirton.)

10

1

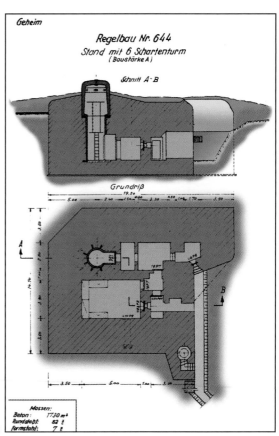

2

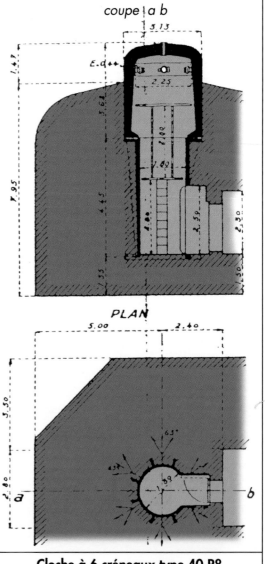

Cloche à 6 créneaux type 40 P8
pour 2 mitrailleuses

3

1. Obstacles partiellement conservés à l'ouest du *Wn 10* en avant de la casemate à tourelle blindée type H 644 signalée par le monument placé à son sommet, qu'on distingue dans le fond. (E.G./Heimdal.)

2. Plan et coupe d'une casemate modèle H 644 avec tourelle blindée à six créneaux. Il y en avait deux : une à l'est, dans le Stp 08 et une à l'ouest dans le Wn 10. Cette dernière existe toujours, un peu à l'ouest de la thalasso, et sert de support à un monument.

3. Coupe et plan de la tourelle blindée équipant une casemate à tourelle blindée. (Heimdal.)

4. Hermanville la Brèche *(Stp 20)*. Pièce de 5 cm KwK dans un encuvement à proximité de ce que les Anglais appeleront les « villas jumelles » *(Twin villas)*. Deux autres pièces similaires de cette position ont été placées sous les casemates en béton, sur le front de mer. Photo prise après les combats. (DR.)

5. Plan du *Stützpunkt 20* d'Hermanville-la-Brèche. (Heimdal.)

1. Partially preserved obstacles to the west of Wn10 in front of the H644 type casemate with armoured OP identified by its monument on top which one can distinguish in the background. (EG./Heimdal.)

2. Plan and cross-section of a type 644 casemate with six embrasure armoured turret. There were two of these at Stp08, one of them to the west in WN10. The latter is still in existence slightly to the west of the hydrotherapy centre and serves as support for a monument. (Heimdal.)

3. Cross-section and plan view of a turret as fitted to a casemate of that type. (Heimdal.)

4. Hermanville-la-Brèche (Stp20). 5cm KwK gun in its emplacement close to what the Allies called the « twin villas ». Two similar guns in this position were in concrete casemates on the sea front. Photo taken after the battle. (DR.)

5. Map of the Strongpoint 20 of Hermanville-la-Brèche. (Heimdal.)

4

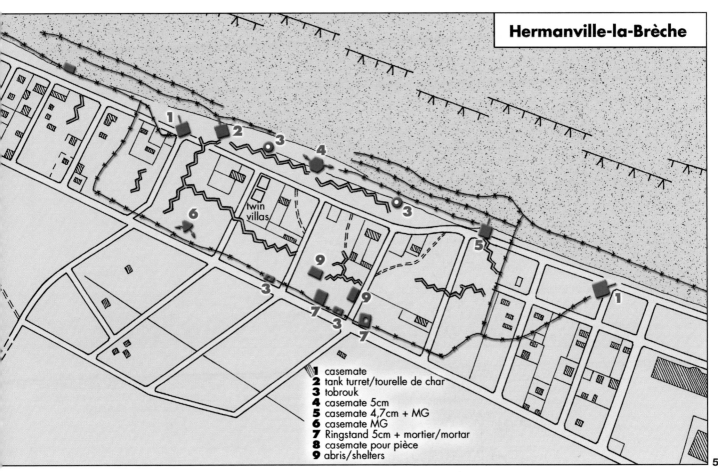

twin villas

1 casemate
2 tank turret/tourelle de char
3 tobrouk
4 casemate 5cm
5 casemate 4,7cm + MG
6 casemate MG
7 Ringstand 5cm + mortier/mortar
8 casemate pour pièce
9 abris/shelters

5

Langrune-sur-Mer

Wn26

Petit Enfer

Luc-sur-Mer

Wn25

Wn24

Wn22

la Délivrande

Wn23a

Bout Varin

Ht. Lic

De Lion à Langrune, les Wn 21 à 26 sont établis sur une petite falaise et n'auront pas à affronter le débarquement. On remarquera encore les précisions portées par les Alliés sur cette carte Bigot datée du mois de mai 1944. (Heimdal.)

From Lion to Langrune, Wn's 21 to 26 were established on a low cliff and did not confront the landings. Again note the accuracy of the Allies in this Bigot map laid down during May 1944. (Heimdal.)

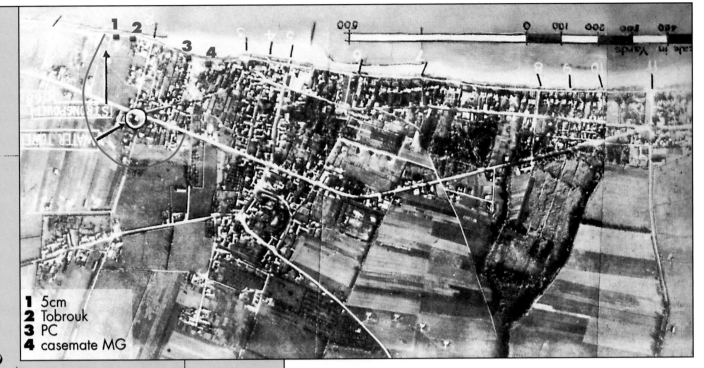

1 5cm
2 Tobrouk
3 PC
4 casemate MG

Vue aérienne de Lion-sur-mer prise par les Alliés vers le 30 mai 1944 ; avec indication des éléments défensifs du *Wn 21* : 1. Encuvement pour pièce de 5 cm. 2. Tobrouk. 3. Abris et soutes. 4. Deux PC de tir. 5. Postes d'observation. 6. Abri-mitrailleuse. 7. Encuvement mortier.

Aerial view of Lion-sur-mer taken by the Allies on 30 May 1944 indicating the defensive elements of WN21: 1. Emplacement for a 5cm gun. 2. Tobruk stand. 3. Shelters and magazines. 4. 2 HQ's. 5. OP's. 6. MG shelter. 7. Mortar pit.

pe la *10. Werfer Kompanie* du *Pz-Grenadier-Regiment 192* ainsi que celle du *Pz-Gren.Rgt. 125*. Nous voyons ici un de ses engins en exercice sur la côte entre Lion et Riva Bella. (BA 493-3358/18a.)

A 8 cm Raketen-Vielfachwerfer on a french vehicle Somua MCL 5 Mittler Gepanzerter Zugkraftwagen S 303 (f). This weapon could send rockets and equipped the 10. Werfer-Kompanie of the Pz.Gren.Regt. 192 and 125. This picture was taken on the coast between Lion and Riva Bella. (BA.)

La *10./155*, l'une des batteries du régiment de la *716. Infanterie-Division* est équipée de deux engins Somua que nous verrons à la page suivante en exercice près du château de Lion. Cet autre engin est un *8cm Raketen-Vielfachwerfer* monté sur *Somua MCL5 Mitterer Gepanzerter Zugkraftwagen S 303 (f)*. Ce type de véhicule utilise des roquettes Wurfgranate 38, et ressemble à des « orgues de Staline ». Il équi-

Près du château de Lion-sur-mer qu'on aperçoit dans le fond, a lieu le 11 mai 1944 un exercice de tir d'engins spéciaux devant le maréchal Rommel. On voit ici l'un des deux modèles de *Somua MCL 5 Mitter Gepanzerter Zugkraftwagen 5303 (f) mit 8 cm Raketen-Vielfachwerfer 20 Rohre* affecté à la *10./155.* (BA.)

Near the chateau at Lion-sur-mer which can be seen in the background, a demonstration of special weapons took place in front of FM Rommel on 11 May 1944. Seen here is one of the two models of French Somua tank adapted to mount a multi-barrel rocket launcher, which was issued to the 10th Battery of the 155th Regt. (BA)

Détail de cet engin montrant le châssis français Somua. Ce matériel est constitué de seize tubes de *8,14 cm (f)* alignés en deux râteliers de huit tubes. (BA.)

Detail of that device showing the French Somua chassis. The launcher consisted of sixteen barrels (8.14 (f) aligned in two racks of eight. (BA)

Un secteur intermédiaire

A l'ouest, à petite distance de La Brèche, le plateau s'avance jusqu'à la mer, faisant disparaître la zone marécageuse. Nous arrivons au petit village côtier de **Lion-sur-Mer** dominé par le haut clocher roman de son église. On y trouve un « nid de résistance », le **Wn 21**, occupé par la *9./736*. Il est fort seulement de deux pièces de 5 cm KwK L/42, d'un encuvement pour mortier, de deux observatoires auxiliaires d'artillerie pour la batterie de Colleville, de soutes et d'abris. Ce « nid de résistance » n'est pas dans la future zone de débarquement de *Sword Beach*. Il formera une sorte de *no man's land* entre celle-ci et le futur secteur de *Juno Beach,* de même que les localités côtières suivantes, Luc et Langrune.

Tout ce secteur intermédiaire est différent du précédent, comme à Lion, le plateau arrive jusqu'au rivage, bien plus, il domine la mer d'une dizaine de mètres, rendant ici un débarquement plus difficile, d'autant plus que la plage est précédée d'affleurements rocheux.

A **Luc-sur-mer**, localité côtière, a été constitué le **Wn 24**, au Petit Enfer, face à la mer, disposant de deux pièces de 5cm KwK, l'une des deux étant sous casemate, de quelques mortiers et mitrailleuses, d'une dizaine d'abris et de soutes. Au centre de la localité, on trouve aussi le **Wn 25**. De l'autre côté du ruisseau La Capricieuse, nous trouvons une autre localité côtière un peu moins importante, **Langrune** où a été constitué le **Wn 26**, disposant d'une seule pièce de *7,5 cm KF 231 (f)*, hippomobile, pointée face au large. Tout ce secteur est défendu par la **9./736**. Au sud de Luc, prés de Cresserons où se trouve le PC du *III./736*, la **11./736** a établi ses positions.

En arrière de ces deux localités, de part et d'autre du ruisseau La Capricieuse, s'étend le bourg de **Douvres-la-Délivrande** où sont installés deux petits « nids de résistance », le **Wn 22** au nord de la localité et le **Wn 23a** au sud de celle-ci. Ici, la **12./736** se tient en réserve. Et, au sud-ouest de Douvres, s'étend

ammunition bunkers and shelters. This « resistance position » was not in the planned area of the landings on Sword Beach and the area formed a sort of no-mans' land between Sword and Juno beaches as well as the next two villages, Luc and Langrune.

This intermediate sector was different from the previous one, and like at Lion, the plateau came right down to the coast overlooking it to a height of circa 12m, making a landing more difficult, and in addition to which the beach was preceded by rocky outcrops.

At the seaside village of **Luc-sur-Mer**, WN24 was located at Petit Enfer, facing the sea, armed with two 5cm KwK's, one of which was in a casemate, various mortars and machine-guns as well as magazines and troop bunkers. In the village centre was **WN25**. On the other side of the stream La Capricieuse was another less important seaside village, **Langrune**, where WN26 was located armed with a single 7.5cm KF 231 (f), horse-drawn, positioned to face out to sea. This whole sector was defended by the 9th Company **(9./736)**. To the south of Luc, close to Cresserons where the HQ of the IIIrd Battalion of the 736th Rgt. was to be found, the 11th Company **(11./736)** had its positions.

To the rear of those two places on either side of La Capriceuse, stretched the town of **Douvres-la-Délivrande** where there were two small resistance positions – **WN22** north of the place and **WN23a** to the south. Here the 12th Company **(12./736)** was held in reserve. South-west of Douvres was a powerful double position housing an important Luftwaffe radar station known as Distelfink, (gold finch). This had been constructed in the autumn of 1943 equipped with a Wassermann radar, two giant Wuerzburg radars and two Freyas. These were manned by 230 men of the 8th Company of the 53rd Luftwaffe Signals Regiment under the command of Lieut. Kurt Egle. The station was split into two distinct defended areas. North of the road from Bény-sur-Mer to Douvres as StP II equipped with a Wassermann FuMG 42 radar set

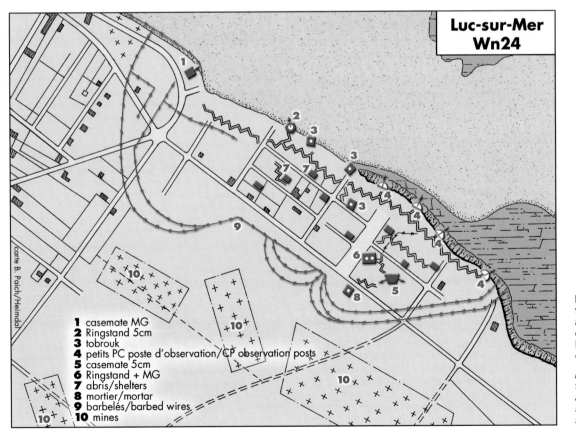

1 casemate MG
2 Ringstand 5cm
3 tobrouk
4 petits PC poste d'observation/CP observation posts
5 casemate 5cm
6 Ringstand + MG
7 abris/shelters
8 mortier/mortar
9 barbelés/barbed wires
10 mines

carte B. Paich/Heimdal

Plan du *Wn 24* position côtière implantée au « Petit Enfer », quartier balnéaire de Luc-sur-mer. (Heimdal.)

Plan of Wn34, a coastal position installed at « Petit Enfer », the seaside resort of Luc-sur-mer. (Heimdal.)

Luc-sur-mer *(Wn 24)*, l'un des petits PC encore existant. (E.G./Heimdal.)

Luc-sur-mer (WN21). One of the small command post bunkers still existing. (E.G/Heimdal)

munitions et une cuve à eau. Au sud de la route est installé le centre principal, le **StP I**. Derrière ses réseaux de barbelés, il abrite, aux deux extrémités ouest et est, les deux radars *Würzburg Riese FuSE 65*. Au centre se dressent les deux radars *Freya FuMG 80*. Ils sont alimentés en électricité par un abri usine L486 disposant de groupes électrogènes. A proximité se trouve le PC de la chasse *Anton* type L479 comportant deux niveaux enterrés. Ce PC dispose de deux tables *Seeburg* permettant de signaler les positions des avions alliés sur une carte placée au sommet de la table, sous forme de points lumineux, et de suivre leur direction. Ce PC contacte alors directement les PC d'escadrilles de chasse qui vont intercepter les avions alliés. Cette vaste position est défendue par cinq pièces de *5 cm KwK L/39* en encuvements, une plate-forme pour pièce de campagne de 7,5 cm, un garage léger pour pièces antichar, deux petites casemates SK pour mitrailleuse (contrôlant la route départementale et la partie sud du site), une demi-douzaine d'encuvements *(Ringstand)* pour armes légères, un autre pour mortier de 5 cm, un abri H 622, trois pièces de Flak (section sud) sur deux abris L 409a et un abri PC L410a (comme au nord). On trouve aussi divers abris (dont un H 668 pour le personnel), des soutes. Le tout est couvert d'un dense réseau de tranchées. Cette puissante position est apte à résister à un assaut, comme nous le verrons plus tard.

---

une puissante position double abritant une importante base radar de la *Luftwaffe*, baptisée *Distelfink* (ce qui signifie « chardonneret »). Cette base a été achevée à l'automne de 1943 avec un radar *Wasemann*, deux radars *Würzburg Riese* et deux radars *Freya*. Ils sont servis par 230 hommes de la 8ᵉ compagnie du *Luftnarichten-Regiment 53* placés sous le commandement de l'*Oberleutnant* Kurt Egle. Cette base se répartit en deux retranchements distincts. Au nord de la route reliant Bény-sur-mer à Douvres, est établi le **StP II**. Il abrite un radar *Wasserman FuMG 42* de la firme allemande Siemens placé sur un abri en béton L 480 abritant sa colonne d'embase. Ce radar semble être du type léger (MI, II, III ou IV) car l'orifice cylindrique percé dans la dalle, actuellement visible, est plus petit qu'à l'habitude. Ce radar est protégé par un solide retranchement : barbelés, tranchées en zigzag, quatre encuvements H 58c, aux quatre angles, pour mitrailleuse, trois pièces de 2 cm Flak montées en encuvement sur abris L 409a (avec chambre pour les servants et soute à munitions) et L 410a pour le troisième (servant de PC de section de Flak). On trouve aussi sur ce site des soutes à

made by Siemens, located inside a concrete shelter type L480, into which was inserted the column upon which the antenna pivoted. This radar seems to have been a lighter type MI, II III, or IV, as the cylindrical opening in the ceiling of the bunker which can still be seen, is smaller than usual. That radar was protected by a solid field fortification consisting of barbed-wire, zig-zag trenches, four mounts type H58c for machine-guns at each angle as well as three 20mm flak guns in emplacements on top of bunkers, type L 409a (with a room for the gun crew and ammunition magazines). The third was a type L410a which served as the command post for the Flak detachment. Also on the site was a magazine and a water cistern. To the south of the road was the main StP I position. Inside a barbed-wire entanglement, it housed at the eastern and western extremities the two Giant Wuerzburgs, type FuSE 65, and located in the centre were the two Freyas, type FuMG 80. The radars were powered by electricity generated in a bunker, type L486. Nearby was a two-storey underground L 479 fighter-control headquarters which featured two Seeburg tables which enabled the position of Allied aircraft to be plotted as points of light on a map overlooking the tables. This headquarters was directly connected to the fighter squadrons whose mission it was to intercept Allied aircraft. The huge position was defended by five 5cm KwK L/39 guns in pits, an open emplacement for a 75mm field gun, a light garage for anti-tank guns, two small type SK casemates for machine-guns to control the local road and the southern portion of the site, half a dozen Ringstand positions for small arms and another for a 5cm mortar, an H622 type shelter, three anti-aircraft guns (southern section), in two type L409a shelters, and a command post bunker L410a (as in the northern portion of the site). There were also various troop shelters, one of which was an accommodation bunker type H668, ammunition stores and the whole site was criss-crossed by a dense network of trenches. As we shall see, this powerful position was capable of resisting a serious attack.

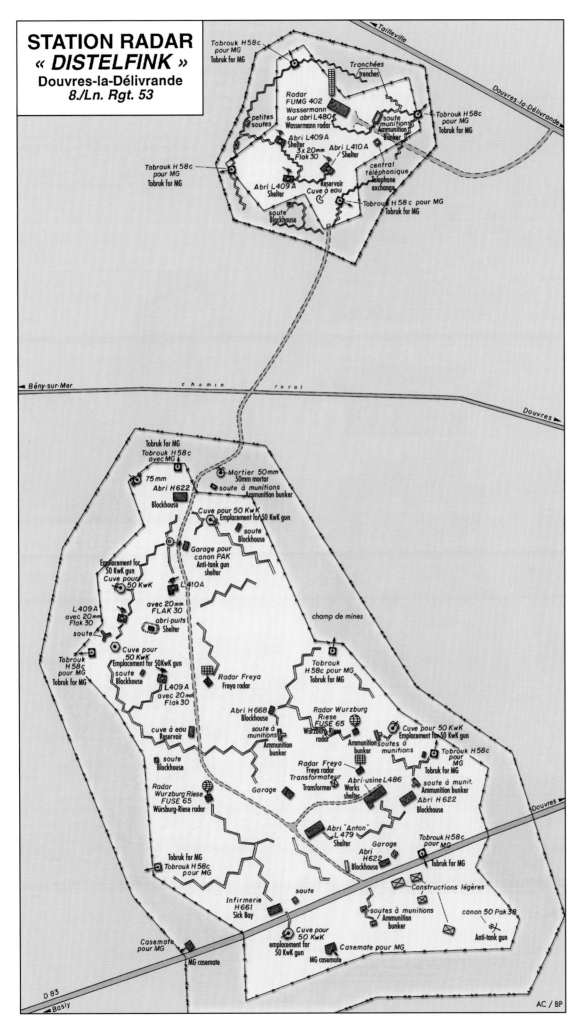

(Plan Heimdal.)

**STATION RADAR
« *DISTELFINK* »**
Douvres-la-Délivrande
8./Ln. Rgt. 53

Tailleville

Douvres-la-Délivrande

Tobrouk H58c
pour MG
Tobruk for MG

Tranchées
trenches

Radar
FUMG 402
Wassermann
sur abri L480
Wassermann radar

petites
soutes

soute
munitions
Ammunition
Bunker

Tobrouk H58c
pour MG
Tobruk for MG

Abri L409A
Shelter
3x 20mm
Flak 30

Abri L410A
Shelter

Tobrouk H58c
pour MG
Tobruk for MG

central
téléphonique
Telephone
exchange

Abri L409A
Shelter

Reservoir
Cuve à eau

Tobrouk H58c pour MG
Tobruk for MG

soute
Blockhouse

Bény-sur-Mer

c h e m i n   r u r a l

Douvres

Tobruk for MG
Tobrouk H58c
avec MG

Mortier 50mm
50mm mortar

75mm
Abri H622

soute à munitions
Ammunition bunker

Blockhouse

Cuve pour 50 KwK
Emplacement for 50 KwK gun

soute
Blockhouse

Emplacement for
50 KwK gun
Cuve pour
50 KwK

Garage pour
canon PAK
Anti-tank gun
shelter

L410A

L409A
avec 20mm
Flak 30

avec 20mm
FLAK 30

abri-puits
Shelter

champ de mines

soute

Cuve pour
50 KwK
Emplacement for 50KwK gun
soute
Blockhouse

Tobrouk
H58c
pour MG
Tobruk for MG

L409A
avec 20mm
Flak 30

Radar Freya
Freya radar

Tobrouk
H58c pour MG
Tobruk for MG

Abri H668
Blockhouse

Radar Wurzburg
Riese
FUSE 65
Würzburg-Riese
radar

soute à
munitions
Ammunition
bunker

cuve à eau
Reservoir

soute à
munitions

Cuve pour 50 KwK
Emplacement for 50 KwK gun

Tobrouk H58c
pour
MG
Tobruk for MG

Ammunition
bunker

soutes à
munitions

soute
Blockhouse

Radar
Wurzburg Riese
FUSE 65
Würsburg-Riese radar

Radar Freya
Freya radar
Transformateur
Transformer

Garage

Abri-usine L486
Works
shelter

soute à munit.
Ammunition bunker

Abri H622
Blockhouse

Abri "Anton"
L479
Shelter

Garage
Abri
H622
Blockhouse

Tobrouk H58c
pour MG

Tobruk for MG

Tobruk for MG
Tobrouk H58c
pour MG

Constructions légères

soute

Infirmerie
H661
Sick Bay

soutes à munitions
Ammunition
bunker

canon 50 Pak 38
Anti-tank gun

Casemate
pour MG

Cuve pour
50 KwK
emplacement for
50 KwK gun

Casemate pour MG
MG casemate

MG casemate

D 83

Basly

AC / BP

33

1. Station radar de Douvres. Au centre de la position *Stp I* a été bâti l'abri PC de chasse « *Anton* » à deux étages servant à calculer la trajectoire et à prendre en chasse les formations alliées. (Coll. A.C.)

2. Plans des deux niveaux et coupe de l'abri PC de chasse *Anton* type L 479. (Plan B.P./Heimdal.)

3. Plan d'un abri usine L 486 alimentant en électricité le site. Il est implanté dans le *Stp I.* (Plan B.P./Heimdal.)

4. Un radar *Würzburg Riese FuSE 65* a été remonté sur le site de la station de Douvres. Il y avait deux radars de ce type sur le *Stp I.* (Coll. A.C.)

5. De Saint-Aubin à Courseulles, les défenses côtières affronteront le débarquement sur le secteur *Juno Beach.*

Abri de commandement
de la chasse de nuit
« ANTON » type **L 479**

Coupe A-B

Vue en plan du sous sol

Vue en plan du R.d.C.

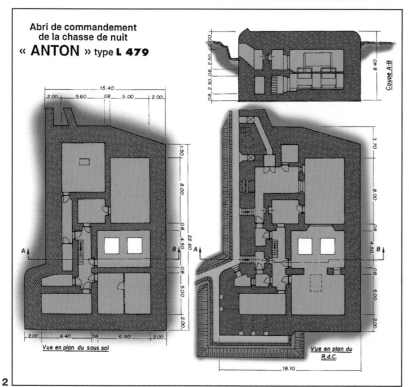

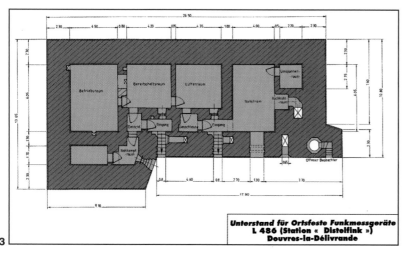

Unterstand für Ortsfeste Funkmessgeräte
L 486 (Station « Distelfink »)
Douvres-la-Délivrande

Futur secteur de Juno Beach

A partir de Langrune, la côte s'abaisse doucement et est plus facilement accessible. Nous arrivons alors à **Saint-Aubin-sur-mer** où est établi le **Wn 27** doté d'une seule petite casemate en béton armée d'un *5cm KwK L/42* flanquant les deux extrémités de la grève. A quelques dizaines de mètres à l'ouest de cette petite casemate, on trouve un abri circulaire en béton pour mitrailleuses. Par ailleurs, les positions allemandes sont reliées par un réseau de communication souterrain, efficace pour la défense. Cette localité est défendue par une partie de la **5./736**, sous les ordres du lieutenant Gustav Pflocksch.

Jouxtant cette localité à l'ouest, on trouve **Bernières** défendu par la **5./736** qui y a son PC. La position, codée **Wn 28** est forte d'un abri H 604 pour canon antichar, d'une casemate pour *5cm KwK*, d'encuvements pour mitrailleuses (dont une MG 08/15 sur un ouvrage en béton faisant saillie sur le front de mer), d'une douzaine d'abris divers et de soutes. Bernières, dominée par la flèche gothique de son église est facile à repérer depuis le large. Une zone marécageuse borde cette localité à l'ouest, avant d'arriver à l'importante position double de Courseulles.

Le bourg côtier de **Courseulles** se répartit de part et d'autre de son port situé à l'estuaire de la Seulles. Le centre du bourg s'étale sur la rive orientale. A l'est, les Allemands ont établi deux nids de résistance. Le **Wn 30** est dans le cœur du bourg. Le **Wn 29** est établi sur le front de mer. Il dispose d'un puissant *8,8 cm Pak 43/41* placé dans une casemate type H 677 (vers l'entrée du port), d'un *7,5 cm FK 16 n. Art* placé sous une casemate H 612 d'un *7,5 cm FK 231 (f)* placé aussi sous une casemate H 612, d'un *5cm KwK L/42* dans un encuvement surveillant l'entrée du port (la pièce est toujours là actuellement) et d'une demi-douzaine de tobrouks pour mortiers et mitrailleuses. A l'ouest de l'estuaire, sur le cordon

dunaire contre lequel vient buter le cours sinueux de la Seulles, est établi le **Wn 31**. Il dispose d'une casemate de flanquement type H 612 abritant un *7,5 cm*

1. The Douvres radar station. In the centre of the position (Stp I) was built the two storey fighter control centre « Anton » which plotted the courses and scrambled fighters to intercept Allied formations. (Coll A.C.)

2. Plans of the two levels and a cross section of the control bunker « Anton » type L479. (Plan B.P/Heimdal.)

3. Plan of the bunker that housed the generating station that supplied electricity to the site. Located at Stp I. (Plan B.P/Heimdal.)

4. A Giant Wuerzburg radar (FuSE 65) has been re-installed at the site if the Douvres radar station. There were originally two of these at Stp I. (Coll A.C.)

5. From St. Aubin to Courseulles the coast defences opposed the landings on Juno Beach.

The Juno Beach sector.

*Onwards from Langrune the coast slopes gently downwards making it more easily accessible. The first village is **St-Aubin-sur-Mer** where **WN27** was located, equipped with a single small concrete casemate armed with a 5cm KwK L/42 flanking both extremities of the beach. A few metres to the west of this small casemate there was a circular concrete shelter for machine-guns In addition, the German positions were linked by underground communication passages, effective for the defence which was further strengthened by trenches and obstacles such as barricades of tree trunks blocking off the streets. Lt. Gustav Pfloksch garrisoned here with a part of the 5th Company.*

(suite page 40)

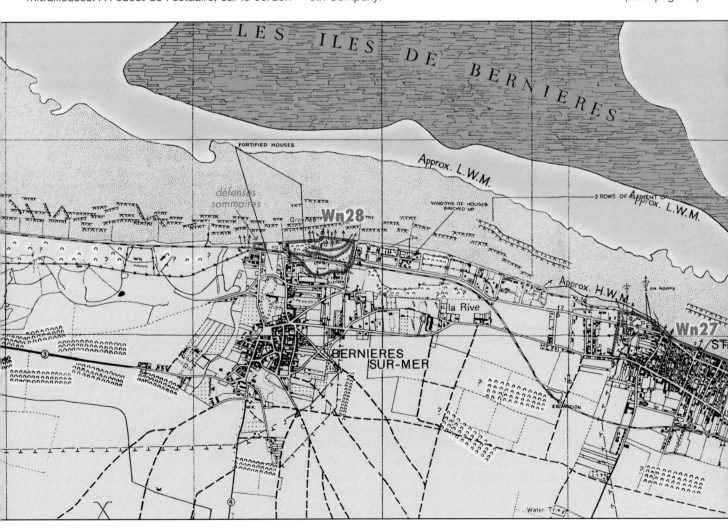

1

2

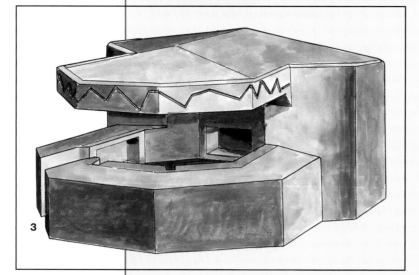

3

Tout d'abord, comme nous pouvons le remarquer, les casemates de défense côtière abritant des pièces allant du 5 cm au 8,8 cm ont leurs embrasures placées perpendiculairement au large afin de prendre les plages en enfilade. Les tubes de leurs canons ne sont pas dirigés vers la flotte alliée mais vers les troupes débarquées qui seront ainsi prises de flanc avant d'escalader les défenses du haut de la plage ou bordant le front de mer. A divers intervalles, des casemates se font face et les tirs d'enfilade deviennent des tirs croisés. Face à la mer, ces casemates disposent de la meilleure protection : un épais mur en béton aveugle encadré de solides épaulements.

A l'image de ces casemates, les ingénieurs locaux vont concevoir des petites casemates SK ou plutôt des protections des encuvements pour pièces de 5 cm. Face à la mer, les encuvements disposent là aussi de la meilleure protection : un épais mur en béton aveugle encadré de solides épaulements. Et, en prolongement de ce mur, une dalle de protection vient protéger la pièce des tirs plongeants. Il existe déjà des casemates classiques à double embrasure, type H 667, dans le secteur, comme à Riva Bella (voir pages 23 et 24) à Courseulles ouest et en bien d'autres endroit de la côte. Mais leur construction est complexe et elles ne permettent que le tir d'enfilade vers l'ouest et l'est mais pas vers l'arrière (le sud). Les petites casemates SK permettent aussi de balayer plus facilement sur un angle de 180° et défendre aussi la position sur ses arrières, alors que le type courant à deux embrasures ne pouvait le faire. Ce procédé SK démontrera son efficacité à **Saint-Aubin** où le canon de 5 cm KwK causera bien des soucis aux troupes canadiennes qui tenteront de prendre la position à revers.

Trois de ces petites casemates sont actuellement conservées : une à **Saint-Aubin** (Wn 26) avec son canon encore en place, une à **Bernières** (Wn 28) et la troisième à **Asnelles** (Wn 37). Une quatrième est visible sur une photo prise par un correspondant de guerre britannique, différente par quelques détails des trois précédentes et n'a pu être identifiée mais se trouvait, de toute évidence dans le secteur de *Gold Beach*. Le reportage accompagnant cette photo a été réalisé à **Ver-sur-mer** (Wn 30). Mais il y avait une autre casemate de ce type à **Saint-Côme-de-Fresné** (Wn 38).

1. La casemate SK de Saint-Aubin **(Wn 26)** a conservé sa pièce de 5 cm KwK. (E.G/Heimdal.)

2. La même peu après la guerre. Le mur de l'encuvement en béton est actuellement presqu'au niveau de la rue. (DR.)

3. Vue axonométrique de ce type de casemate, d'après l'exemple de Saint-Aubin. (Dessin B. Paich/Heimdal.)

4. Détail de la pièce de 5 cm de Saint-Aubin sur son affût rotatif. (E.G./Heimdal.)

5. Détail des niches à munitions. (E.G./Heimdal.)

6. Asnelles **(Wn 37)** - Le Hamel. La petite casemate pour 5 cm KwK borde encore l'angle nord-ouest de la position. Cette photo actuelle prise en regardant vers l'est montre bien l'originalité de ce petit bunker. Face à la mer, un puissant mur en béton protège l'encuvement des tirs de l'artillerie navale. Un large toit en béton protège l'encuvement des projectiles arrivant par le haut. La très large embrasure permet de balayer la plage vers l'ouest mais aussi vers l'est, et vers les terres. (Photo E.G./Heimdal.)

7. Casemate non localisée dans le secteur de *Gold Beach*, probablement Ver-sur-mer ou Saint-Côme-de-Fresné. (IWM.)

Petite casemate pour 5 cm KwK

Les pièces de 5 cm KwK L/42, si nombreuses sur ce secteur de côte sont tout d'abord placées dans des encuvements avec couloir d'accès et niches intérieures pour le stockage des munitions. Ces pièces proviennent de chars obsolètes. La dénomination officielle est *Sockellafette für 5 cm Kampfwagenkanonen*. Le canon de 5 cm court est protégé par un double bouclier en acier et monté sur un affût pivotant dans l'encuvement. Sa portée maximum est de 6,5 kilomètres et il peut tirer 15 à 20 coups à la minute. C'est donc une pièce idéale pour la défense de plage. Mais, dans son encuvement en béton et avec son bouclier de protection en acier, cette pièce reste très vulnérable. C'est ainsi que des ingénieurs affectés à la construction de défenses côtières de ce secteur ont trouvé une solution locale et réalisé une *Sonderkonstruktion* (SK construction particulière) bien conçue.

Small casemate for a 5cm KwK.

The 5cm KwK L/42 guns, taken from obsolete tanks, which were quite numerous along this sector of the coast were generally mounted in open emplacements with an access corridor and niches for storage of ready-use ammunition. The official denomination was Socckellafette (socket carriage) fuer 5cm Kampfwagenkanonen (fighting vehicle guns). The short barrel 5cm gun was protected by a steel double shield on a carriage pivoting on a socket in the emplacement. Its max. range was 6.5 km and it had a rate of fire of 15-20 round per minute making it ideal for defending a beach.. In its concrete emplacement and with a steel shield the gun was extremely vulnerable. As a result the engineers occupied with the coast defences in the sector came up with a solution and produced a well designed Sonderkonstruktion (SK = Special Construction)

Generally, as we have seen the coastal defence casemates housing 5cm to 8.8cm guns had their embrasures placed perpendicular to the open sea in order to enfilade the beaches. Their gun barrels were not pointed at the Allied fleet but rather at the troops already ashore who could be enfiladed before getting across the defences at the top of the beach or along the sea front. At various places the casemates were facing each other, transforming the enfilade into cross-fire. On their seaward side the casemates were well protected – a thick blank wall supported by solid shoulders.

Basing their ideas on these casemates the local engineers came up with the small SK casemates as a protection for the open emplacements for the 5cm guns. Facing the sea the emplacements had the best protection – a thick blank concrete wall supported by solid shoulders which was prolonged overhead to provide a solid roof to protect against plunging fire. Already in existence were the classic type H667 double embrasure casemates in the sector which we have already seen at Riva Bella (pages 23 & 24) and Courseulles East. Their construction, however, was complicated and they only allowed enfilade fire to east and west, but not to the landward side (south). The small SK casemates made it easier to fire through a 180° angle to defend the rear of a position whereas the current double embrasure type could not. This ability was ably demonstrated at St-Aubin where the 5cm KwK caused a lot of problems for the Canadians who tried to take the position from the rear.

Three of the small casemates are still in existence – one at **St-Aubin** (Wn26) with its gun still in place, one at **Bernières** (Wn28) and a third at **Asnelles** (Wn37). A fourth one is visible in a photo taken by a British war correspondent , differing in a number of details from the three previous ones, but its precise location has not been identified although presumed to be in the Gold Beach sector. The report accompanying the photo was made at Ver-sur-mer (Wn30), but there was another casemate of this type at **St-Come-de-Fresné** (Wn38).

1. The SK casemate at St-Aubin (Wn26) still has its 5cm gun. (E.G/Heimdal.)

2. The same shortly after the war. The wall around the emplacement is almost at street level today. (DR.)

3. Isometric view of this type of casemate based on the one at St-Aubin. (Design B. Paich/Heimdal.)

4. Detail of the St-Aubin 5cm gun in its pivoting carriage. (E.G/Heimdal.)

5. Detail of the ready-use ammunition niches. (E.G/Heimdal.)

6. Asnelles (Wn37) – Le Hamel. The small casemate for a 5cm gun still covers the north-eastern corner of the position. This recent photo was taken facing to the east, shows the originality of this type of small bunker. Towards the sea a strong concrete wall protected the emplacement from naval gunfire and a wide concrete roof gave protection from plunging fire. The very wide embrasure allowed sweeping fire westwards along the beach but also to the east and inland. (E.G/Heimdal.)

7. Casemate (not located) in the Gold beach sector, probably at Ver-sur-mer or St-Come-de-Fresné.

1. Bernières, plan du *Wn 28* protégé par plusieurs rangs de barbelés et vers l'arrière par un fossé antichar. (Carte B. Paich/Heimdal.)

2. Bernières-sur-mer *(Wn 28)*. Encuvement en béton pour tourelle de char, ici celle d'un FT 17 totalement obsolète, armée seulement d'une mitrailleuse. Celui-ci est placé à l'est de la position. Il est entouré de barbelés, comme l'encuvement pour la mitrailleuse 08/15, afin d'empêcher son escalade par l'infanterie adverse. Il est surmonté d'un camouflage sommaire. Photo prise en juin 1944 par les Alliés. (Photo Ph. B.)

3. Bernières, encuvement pour mortier, entre la casemate pour 5 cm KwK et l'encuvement pour tourelle de char. (E.G./Heimdal.)

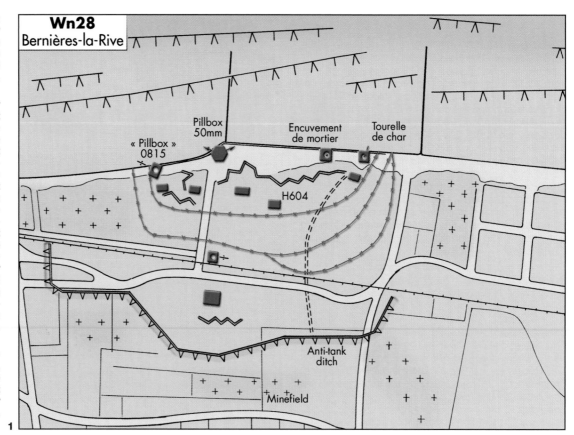

Wn28
Bernières-la-Rive

Pillbox 50mm

« Pillbox » 0815

Encuvement de mortier

Tourelle de char

H604

Anti-tank ditch

Minefield

1

2

3

4. Bernières-sur-mer *(Wn 28)*. Ce tobrouk à entrée latérale a été camouflé sur le dessus avec des branchages bloqués par des pierres. Cette position causera de lourdes pertes aux *Queen's Own Rifles*. Le mobilier et le matériel qu'on voit à l'intérieur a dû être installé par des soldats alliés ; les soldats allemands ne séjournaient pas dans de telles positions. Le monument dédié au Régiment de La Chaudière est maintenant installé sur ce tobrouk. Photo prise par le Génie à l'été de 1944. (Coll. Ph. B.)

5. Bernières *(Wn 28)*. La petite casemate abritant un encuvement pour 5 cm KwK, entre le tobrouk, à l'est, et l'encuvement pour mitrailleuse 08/15 (qu'on aperçoit au fond), à l'ouest. (E.G./Heimdal.)

6. Bernières *(Wn 28)*. Cet encuvement en béton saillant sur le front de mer abrite une mitrailleuse 08/15 qu'on aperçoit encore après les combats. On remarquera les planches rudimentairement assemblées pour protéger le dessus de cet encuvement qui n'avait pas été protégé par du béton. (PAC.)

7. Le même endroit actuellement. L'encuvement pour mitrailleuse sert maintenant de support à un monument commémoratif. Le brise-lames en béton n'est pas une défense allemande mais une construction expérimentale réalisée avant guerre pour briser les vagues. (E.G./Heimdal.)

1. Plan of Wn28 at Bernières protected by several strands of barbed wire and towards the rear by an anti-tank ditch. (B. Paich/Heimdal.)

2. Bernières-sur-mer Wn28. Concrete emplacement for a tank turret, in this case a totally obsolete FT 17, fitted only with a machine-gun. This was placed to the east of the position and surrounded entirely by barbed wire like the emplacement for a 08/15 MG, in order to stop enemy infantry from climbing on top of it. (Photo Ph. B.)

3. A mortar pit at Bernières between the 5cm KwK casemate and the mounting for the tank turret. (E.G./Heimdal.)

4. WN28 at Bernières-sur-Mer. The Tobruk stand with side entrance was camouflaged on top with branches weighed down with stones. This position caused heavy losses to the Queen's Own Rifles. The furni-

38

shings and equipment visible inside were put there by Allied soldiers – the Germans did not live in such positions. The monument dedicated to the Régiment de la Chaudière has now been placed on this Tobruk. Photo taken in summer '44 by the Engineers. (Coll. Ph. B.)

5. Bernières WN 28. The slam casemate housing an emplacement for a 5cm KwK between the Tobruk to the east and the emplacement for a 08/15 MG which can be seen at the bottom, to the west. (E.G/Heimdal.)

6. Bernières Wn28. This concrete emplacement jutting from the sea front housed a 08/15 MG which could still be seen after the battle. Note the rudimentary collection of planks placed on top to protect the position which did not have a concrete roof. (PAC.)

7. The same place today. The emplacement acts as a support for a commemorative monument. The concrete breakwaters were not built by the Germans but were part of a pre-war experiment to reduce the force of the waves (E.G/Heimdal.)

FK 16 n. Art, d'un 5cm KwK sous casemate à l'entrée du port, d'un autre 5cm KwK, d'encuvements pour mitrailleuses ou mortiers de 8,1 cm GrW34 type Vf 69, d'une casemate pour mitrailleuse, mais aussi d'un abri PC pour la **6./736** qui tient la position, d'une casemate type H 666 avec poste d'observation sous cloche, et de divers abris. Ainsi cette position double est puissante ; elle protège l'entrée d'un port et sera donc difficile à prendre.

A partir de Bernières, nous sommes à nouveau dans une zone basse et marécageuse avec, au centre, l'estuaire de la Seulles. Au sud-ouest de Courseulles, le village de Graye est précédé d'une zone marécageuse près du cordon dunaire où se trouvent les dernières casemates du Wn 31.

*Joined onto St-Aubin to the west is **Bernières**, garrisoned by the 5th Company of the 736th Regt. **(5./736)** which had its headquarters there. The position code-named **WN28** had a type H604 shelter for an anti-tank gun, a casemate for a 5cm KwK, machine-gun nests including one for a MG 08/15 in a concrete housing covering the seafront and a dozen assorted troop bunkers and magazines. Bernières, which is dominated by the Gothic spire of its church could easily be recognised from out to sea. The town was bordered to the west by an area of swamp which stretched as far as the double strong-point of Courseulles.*

*The coastal town of **Courseulles** is split into two parts with its harbour on either side of the Seulles estuary, the town centre being on the eastern side. To the east the Germans had constructed two resistance positions. **WN30** was in the heart of the town and **WN29** was on the seafront, armed with a powerful 8.8cm anti-tank gun model 43/41 housed in a type H677 casemate. Towards the entrance to the harbour was a 7.5cm FK 16 n Art in a H612 casemate and in another of the same type was a 7.5cm FK 231 (f). A 5cm KwK L/42 was emplaced in an open pit, guarding the harbour entrance and is still there today, reinforced with half a dozen Tobruk stands for mortars and machine-guns. To the west of the estuary in the chain of sand dunes which abut onto the winding course of the Seulles was **WN31**. This was armed with a 7.5cm FK 16 n. Art in a flanking type H612, and 5cm KwK, likewise under a casemate overlooking the harbour mouth, as well as pits for 8.1cm GrW34 type Vf 69 mortars and a machine-gun casemate as well as a command bunker for the 6th Company of the 736th Regt. **(6./736)**. which garrisoned the position, a type H677 casemate with armoured observation dome and various troop shelters. This double position was a strong one which protected the port and was difficult to capture.*

From Courseulles westwards there is again a low-lying marshy area with the Seulles estuary in the centre. South-west of Courseulles lies the village of Graye, and between it and the dunes along the shore where the defences were located, is an area of marshy terrain.

1. Bernières (Wn 28). Vue du fossé antichar maçonné défendant le sud de la position, vers les terres. Il est précédé d'un réseau de barbelés et défendu depuis l'intérieur de la position (à droite) par des lance-flammes automatiques dont on voit ici un exemplaire. Photo prise en juin 1944. (Coll. Ph. B.)

2. Autre vue en gros plan de ce fossé montrant que des fils de fer barbelés croisés, après le réseau externe de barbelés, sont là pour empêcher son franchissement par des fantassins adverses. (Coll. Ph. B.)

3. Canon antichar *(7,5 cm Pak 40)* abandonné dans une position de campagne sommairement aménagée à l'ouest de Bernières, en limite d'une zone marécageuse, entre Bernières et Courseulles qu'on aperçoit dans le fond. Le béton était loin d'être omniprésent... (Coll. Ph. B.)

4. Entre Bernières et Courseulles, un encuvement pour mitrailleuse a été sommairement constitué avec une porte récupérée et des planches. On est loin du béton exhibé par la propagande. (Coll. Ph. B.)

5. Toujours entre Bernières et Courseulles, une position a été improvisée avec des rondins pour abriter une pièce antichar, un *5cm Pak 38.* (Coll. Ph. B.)

6. Autre vue de cet abri protégeant le canon antichar dont seul le frein de bouche du canon émerge. Photo prise entre le 6 et 8 juin 1944. (Coll. Ph. B.)

1. Bernières Wn28. View of the stonework revetted anti-tank ditch defending the south flank of the position on the land side. It was preceded by a barbed wire entanglement and protected from the interior of the position (to the right) by automatic flame-throwers of which one can see an example here. Photo taken in June 1944. (Coll Ph. B.)

2. A different view in close-up of the ditch showing how the interlaced strands of barbed wire after the external entanglement, were there to stop enemy infantry crossing it. (Coll Ph. B.)

3. A 7.5 cm Pak 40 anti-tank gun abandoned in a hastily excavated field position to the west of Bernières at the edge of the marshy zone which stretched as far as Courseulles which can be seen in the background. (coll Ph. B.)

4. Between Bernières and Courseulles, a hastily excavated position for MG. (Coll Ph. B.)

5. Still between Bernières and Courseulles, a position was improvised with logs to house a 5cm Pak 38 anti-tank gun. (Coll Ph. B.)

6. A different view of the same shelter – only the muzzle-brake of the gun sticks out. Photo taken between thee 6 and 8 June 1944. (Coll Ph. B.)

4

5

6

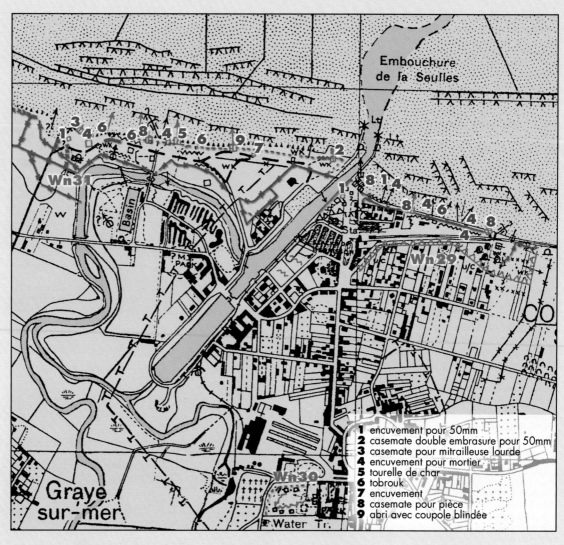

1 encuvement pour 50mm
2 casemate double embrasure pour 50mm
3 casemate pour mitrailleuse lourde
4 encuvement pour mortier
5 tourelle de char
6 tobrouk
7 encuvement
8 casemate pour pièce
9 abri avec coupole blindée

Plan des positions de Courseulles ouest et Courseulles est. (Heimdal.)

Plan of the positions of Courseulles West and Courseulles East. (Heimdal.)

Vue générale de la plage de Courseulles après le débarquement. Au premier plan, à Courseulles est *(Wn 29)*, **nous voyons une casemate pour arme automatique puis la casemate type H 677 abritant la pièce de** *8,8 cm Pak 43/41.* **De l'autre côté de l'estuaire, inclinée, on distingue une casemate à double embrasure pour 5 cm KwK. (Lesage.)**

General view of the beach at Courseulles after the landing. In the foreground at Courseulles East we can see a casemate for an automatic weapon then a type 677 casemate housing an 8.8cm Pak 43/41. On the other side of the estuary one can see a double embrasure casemate for a 5cm KwK. (Lesage.)

1. **Casemate de type H 612 pour pièce de 7,5 cm.** On trouve des casemates de ce type à Courseulles est, à Courseulles ouest et à Arromanches.

2. **Courseulles est** *(Wn 29).* Cette position présente deux casemates H 612 abritant chacune une pièce de 75 mm : un *7,5 cm Fk 16 n. Art* et un *7,5 cm Fk 231 (f),* une pièce d'origine française que nous voyons ici recouverte d'une peinture de camouflage. (Coll. Ph. B.)

3. **Vue générale de la casemate H 612 abritant cette pièce de** *7,5 cm FK 231 (f).* La casemate a son embrasure dirigée vers l'est, vers Bernières et Saint-Aubin, comme toutes celles de Courseulles est. Cette embrasure a été réduite en hauteur par un coffrage en bois. Le tir sera en effet rasant. (Coll. Ph. B.)

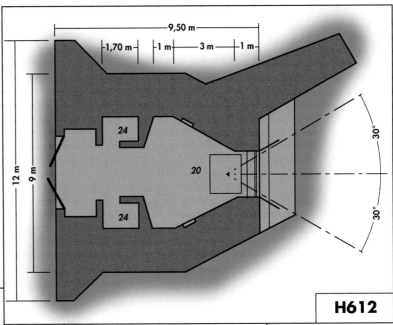

H612   1

1. *Type H612 for a 7.5cm gun. One could find casemates of this type both at Courseulles East and West as well as at Arromanches.*

2. *Courseulles East (Wn29). This position had two type 612 casemates for 75mm guns – one a 7.5cm Fk 16n Art. and the other a 7.5cm Fk 231 (f), a French weapon seen here in camouflage paint (Coll Ph. B.)*

3. *A general view of the H612 casemate housing the French 75mm. Its embrasure faces east towards Bernières and St. Aubin in common with all those in Courseulles East. The height of the embrasure has been reduced by wooden shuttering. (Coll Ph. B.)*

2

3   43

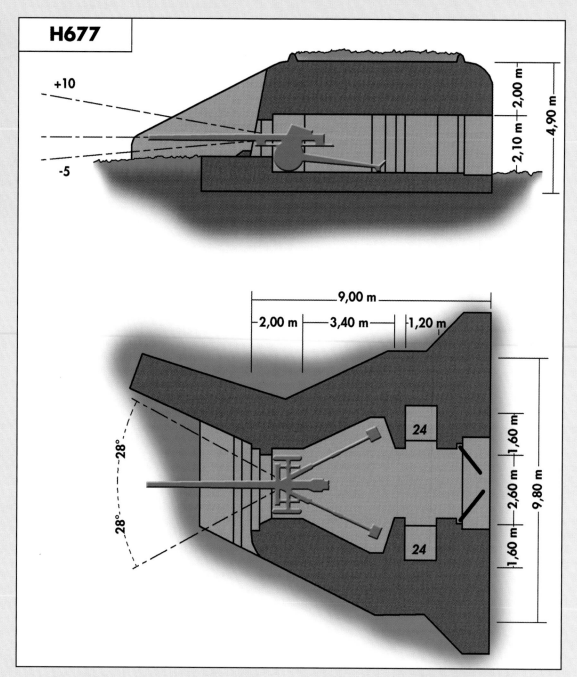

Plan et coupe d'une casemate type H 677 pour pièce de 8,8 cm. (Heimdal.)

Plan and cross-section of type 677 casemate for an 8.8cm. (Heimdal.)

H677

+10

-5

2,00 m

2,10 m

4,90 m

9,00 m

2,00 m

3,40 m

1,20 m

28°

28°

24

24

1,60 m

1,60 m

2,60 m

9,80 m

Courseulles est *(Wn 29)*. Cette casemate type H 677, aperçue sur la photo précédente, contrôle l'entrée du port et abrite une redoutable pièce de *8,8 cm Pak 43/41*. Photo prise après les combats. Ultérieurement les Alliés installeront une position de DCA sur son toit. (Coll. Ph. B.)

Wn29 at Courseulles East. This type H677 casemate seen in the previous photo controlled the entrance to the port and housed a formidable 8.8cm Pak 43/41. Photo taken after the fighting. Later the Allies installed an anti-aircraft gun on the top. (coll Ph. B.)

1

2

3

4

5

ce de l'honneur », et celle de droite « Notre foi est la victoire ». (Coll. Ph. B.)

4. Courseulles ouest *(Wn 31)*. A l'extrémité occidentale de la position cette casemate type H 612 pour pièce de campagne de *7,5 cm FK 16 n. Art* causera de lourdes pertes au *Royal Winnipeg Rifles (B Company* sur *Mike Red)* avant d'être atteinte par un coup direct comme on le voit sur cette photo prise après les combats, en juillet 1944, lorsqu'elle sera utilisée par les chefs de plage de la *Royal Canadian Navy*. (PAC.)

5. La même casemate aujourd'hui, qui a glissé lentement dans le sable alors que sa face sud s'appuie encore sur la dune plus ferme. (A. Destouches.)

1. The same some time later with the anti-aircraft gun in position. The 88 has been spruced up and appears more threatening. (PAC.)

2. View from inside the H677 casemate with its 88mm gun. One can see the beach obstacles, mainly « Czech hedgehogs ». (PAC.)

3. The interior of the German officers' mess close to the harbour at Courseulles, a photo taken after the battle. Below the hatch the swastika encompasses the globe. The left hand inscription says « Faith is the essential of honour » and the one on the right, « Our faith is the victory ». (Coll Ph. B.)

4. Courseulles West (Wn31). At the western extremity of the position this type H612 casemate for a 7.5cm FK 16n Art. Field gun casued severe losses among the Royal Winnipeg Rifles (B Company on Mike Rad), before receiving a direct hit as one can see in this photo taken after the fighting in July 1944. When hit it was being used by the Royal Canadian Navy Beachmasters. (PAC.)

5. The same casemate today which has slowly slid into the sand while its southern face is still attached to the dune. (A. Destouches.)

1. La même un peu plus tard, surmontée par une pièce antiaérienne. Le canon de 8,8 cm a été redressé et paraît plus menaçant. (PAC.)

2. Vue prise depuis l'intérieur de la casemate H 677 avec sa pièce de *8,8 cm Pak 43/41*. On aperçoit les obstacles de plages, principalement des hérissons tchèques. (PAC.)

3. L'intérieur du mess des officiers allemands installé sur le port de Courseulles, photo prise après les combats. Au-dessus du guichet, sans complexe, la croix gammée étreint le globe terrestre. L'inscription de gauche signifie : « La fidélité est l'essen-

Futur secteur de Gold Beach

Nous arrivons maintenant à **Ver-sur-Mer**. A nouveau, le plateau se rapproche de la mer qu'il domine du haut de ses 35 mètres d'altitude. Le vieux village de Ver-sur-mer s'étire sur ce plateau du nord au sud avec un réseau assez complexe de ruelles bordées de maisons et de grands murs. Au pied de ce plateau, la bande littorale est couverte par une petite localité balnéaire. Deux batteries d'artillerie sont installées sur le plateau. Nous les avons déjà décrites, ce sont la *batterie de Mare Fontaine* **Wn 32** au sud-est du village avec ses quatre pièces de 10 cm sous casemates et la *batterie du Mont Fleury* **Wn 35a** et ses quatre pièces de 12,2 cm avec leurs casemates en chantier. Rappelons aussi la présence d'une autre batterie un peu en arrière, à Crépon **Wn 35b**, la *5./1716*. Toujours sur le plateau, près du phare, au nord-est du village, on trouve le **Wn 34** disposant d'un canon de *5cm KwK L/42* et de quelques abris. Au pied du plateau, sur la plage, a été établi le **Wn 33** disposant d'une puissante pièce de *8,8 cm Pak 43/41* placée sous une casemate H 677 en flanquement de la plage, deux emplacements pour pièces de *5cm KwK* et quelques abris passifs. La position *Wn 33* et *34* est tenue par la **7./736**.

A partir de là, la côte est tenue par une autre unité rattachée à la *716. Infanterie-Division*, l'**Ost-Bataillon 441** formé de volontaires de « l'armée russe de libération ». Les quatre compagnies de combat de ce bataillon sont réparties de Graye-sur-Mer jusqu'à Saint-Côme-de-Fresné. Nous retrouverons les Russes à Ver-sur-Mer et Asnelles. Au sud-ouest du plateau, une vaste zone marécageuse s'étend derrière le cordon dunaire jusqu'à Asnelles. Un chemin descend de ce plateau, traverse cette zone inondée jusqu'à la dune où se trouve le **Wn 35**, au lieu-dit Le Hable de Heurtot, un nom de lieu hérité des Vikings. Il est maintenant tenu par une compagnie de soldats russes, des hommes de la **3./441**.

En arrivant vers **Asnelles**, le plateau disparaît faisant place à une plaine basse et, à la fin de la zone marécageuse, nous arrivons au **Wn 36**, au lieu-dit la Cabane des douanes, disposant d'un *5cm KwK L/42* en encuvement et d'une casemate pour mitrailleuse à plusieurs créneaux. Plus loin, le front de mer d'Asnelles est défendu par le **Wn 37** (le Hamel) disposant d'un *7,5 cm FK* sous casemate H 612 et, à l'ouest, d'un *5cm KwK L/42* sous casemate de flanquement (toujours en place) battant la plage d'Asnelles à l'est et celle de Saint-Côme à l'ouest.

Après Asnelles, nous arrivons à **Saint-Côme-de-Fresné**. C'est encore une plaine basse mais qui remonte brutalement à l'ouest de la localité. Pour barrer cette petite plaine, les Allemands ont disposé un large mur antichar barrant l'accès de l'intérieur des terres depuis la plage. Celle-ci est par ailleurs défendue par le **Wn 38** disposant de deux pièces de *5cm KwK* sous casemates, d'un mortier de *5cm* et d'un abri pour personnel. A l'ouest du village, près de l'église et sur la pente menant au plateau, a été établi le **Wn 39** disposant de deux casemates de flanquement, dirigées vers l'est et armées chacune d'un *7,5 cm FK 38* pointé en direction de Ver-sur-mer avec une portée maximum de 11,5 kilomètres.

La pente raide mène à l'ouest à un plateau dominant la mer par une falaise. La Kriegsmarine y a établi un retranchement, le **Stützpunkt 42**. Il s'agit d'une station de repérage sur but naval servie par la *2./Funk-mess-Abteilung*. Elle dispose d'un radar *Seeriese FuMO 214* installé sur une assise octogonale, d'un radar *Seetakt FuMO 2*, d'un emplacement pour une pièce de *7,5 cm KF 235 (b)*, de trois pièces de *2cm Flak 28 Oerlikon* et de divers logements.

Cette falaise se poursuivra maintenant jusqu'à la Pointe du Hoc avec quelques petites vallées côtières permettant l'accès à la mer, quelques ports. Nous trouvons l'une de ces petites vallées à l'ouest de cette position,à **Arromanches**. Cette station côtière est défendue à l'est, à flanc de coteau, par le **Wn 43** flanquant la plage et le port avec un canon de *10,5 cm LeGebH 332 (f)* sous une casemate H 667 (casemate et canon sont toujours là). Plus loin, ce sont le **Wn 44** à Tracy, avant d'arriver à la batterie de Longues **(Wn 48)** déjà décrite. En arrière de Saint-Côme-de-Fresné et d'Arromanches, les positions d'artillerie du Puits d'Hérode *(Wn 40)* et du Petit Fontaine *(Wn 41* et *Wn 45)* ont été abandonnées au début de l'année 1944.

The Gold Beach sector.

Arriving at **Ver-sur-Mer** *the plateau once again comes down close to the beach which it overlooks from a height of some 35 metres. The ancient village of Ver-sur-Mer stretches from north to south along the plateau and features a dense network of narrow streets edged by houses and high walls. At the foot of the plateau the coastal strip is occupied by a small seaside resort. Two artillery batteries were located up on the high ground and have already been described : the Mare Fontaine Battery* **(WN32)** *to the south-east of the village with its four 100mm guns in casemates and the Mont Fleury Battery* **(WN35a)** *with four 122mm guns for which the casemates were still under construction. Remember that there was another battery somewhat to the rear, at Crépon,* **(WN35b**, *the 5th Batt. of the 1716 Regiment. Still up on the plateau, near the lighthouse,* **WN34** *was situated, mounting a 5cm KwK L/42 as well as several concrete shelters. At the foot of the cliff on the beach was a powerful 8.8cm Pak 43/41 housed in a type 677 casemate and able to flank the shoreline. This was* **WN 33** *which had in addition two emplacements for 5cm KwK guns and several passive shelters. WN 33 and 34 ware garrisoned by the 7th Company of the 736th Regt.* **(7./736)**.

From there on the coast was guarded by another battalion attached to the 716th Inf. Div., the 441st « East » Battalion **(Ost-Bataillon 441)** *composed of volunteers from the « Russian Liberation Army ». Its four rifle companies were spread out between Graye-sur-Mer as far as St.-Come-de-Fresné and there were also Russians at Asnelles and Ver-sur-Mer. To the south-west of the plateau a vast area of marshland stretched out behind the dunes as far as Asnelles A lane ran down from the plateau and crossed this area liable to flooding to reach the dunes were* **WN 35** *was located at a place known as Hable de Heurtot, a named derived from the Vikings. This was held by a company of Russian soldiers, the 3rd of the 441st Battalion.*

On arriving at **Asnelles**, *the plateau disappears, giving way to a low-lying plain where, at the end of the swampy area,* **WN 36** *was sited at the place known as Cabane des douanes (the customs hut) . This was armed with a 5cm KwK L/42 in an open emplacement and a machine-gun casemate with several embrasures. Further along the seafront at Asnelles was defended by* **WN37** *(le Hamel) which was equipped with a 7.5cm FK housed in a type 612 casemate and to the west a 5cm KwK L/42 in a casemate which can still be seen; able to fire along the beach. From Asnelles in the east to St.-Come in the west.*

Afrer Asnelles we come to **St-Come-de-Fresné**, *still on the low-lying plain but which climbs steeply to the*

2

1

3

4

west of that place. To block off that plain, the Germans built a wide anti-tank wall to bar access to the interior from the actual beach. This in itself was defended by **WN38** equipped with two 5cm KwK's housed in casemates, a 5cm mortar and a troop bunker. To the west of the village near the church and on the slope leading up to the plateau, **WN39** was sited, equipped with two flanking casemates pointing towards the east, each armed with 7.5cm FK 38 directed towards Ver-sur-Mer and with a maximum range of 11.5km.

The steep slope to the west gives onto a plateau overlooking the sea above a cliff, on which the Kriegsmarine had established a retrenchment, the **Stützpunkt 42**. This was a radar location station for naval purposes operated by 2nd Company of the Funkmess-Abteilung. It was fitted with a Seeriese FuMO 214 radar mounted on an octagonal plinth, a Seetakt FuMO 2 radar, an emplacement for a 7.5cm KF235 (b) gun, three 2cm Flak 28 Oerlikon guns and various troop accommodation bunkers.

The cliffs continue on as far as the Pointe du Hoc, cut through by several small valleys permitting access to the sea, as well as several ports. To the west of the radar site is one of these, **Arromanches**, a small coastal resort which was defended by **WN43** which could flank both the port and the beach with a 10.5cm LeGbh 332 (f) housed in a type H667 casemate. Both gun and casemate can still be soon. Further on there was **WN44** at Tracy before one came to the Longues battery already described **(WN48)**. To the rear of St.-Come and Arromanches, the artillery positions at Puits d'Hérode and Petit Fontaine (WN41 and 45) had been abandoned since early 1944.

1. Ver-sur-mer. Cette exceptionnelle photo, prise peu après le débarquement, nous montre les obstacles de plage. Depuis le large, ce sont tout d'abord des pieux en bois surmontés de mines ou d'obus, puis des pieux d'arrêt et enfin des hérissons tchèques en acier. Ces derniers sont dispersés, beaucoup moins nombreux que les différents modèles de pieux. (Coll. Ph. B.)

2. Ver-sur-mer *(Wn 33)*. Cette casemate type H 677, armée d'une pièce de 8,8 cm 43/41 flanque l'angle nord-est de la position, près du hameau de la Rivière, avec une pièce de 50 mm, deux positions pour mitrailleuse, une position pour fusil-mitrailleur, deux encuvements pour mortiers. La pièce est tournée vers l'ouest, vers Asnelles, vers les *Wn 35, 36* et *37*. Photo prise après les combats. (National Archives.)

1. Ver-sur-mer. This exceptional photo taken shortly after the landing shows the beach obstacles. Starting from seaward they consist mainly of tree trunks crowned with mines and then the trunks designed to stop landing craft then finally the steel Czech hedgehogs - the latter were dispersed far less numerously than the various types of tree trunk. (Coll Ph. B.)

2. Ver-sur-Mer (Wn 33). This type H677 casemate was armed with an 8.8cm 43/41 gun flanking the north east angle of the position near the hamlet of Rivière, together with a 50mm gun, two MG positions, a position for a LMG and two mortar pits. The gun was pointing to the west towards Asnelles and Wn's 35, 36 and 37. Photo taken after the battle by the Allies. (National Archives.)

3. La même casemate actuellement. On aperçoit dans le fond l'encuvement transformé en observatoire. (E.G./Heimdal.)

4. Ver-sur-mer, cet ancien encuvement pour pièce de 5 cm KwK a été transformé en poste d'observation pour la sécurité des plages. (E.G./Heimdal.)

3. The same casemate today with the emplacement used as a lifeguard post in the background. (E.G/Heimdal.)

4. At Ver-sur-mer this ancient emplacement for a 5cm KwK gun has been transformed into an observation post for the beach life-guards. (E.G/Heimdal.)

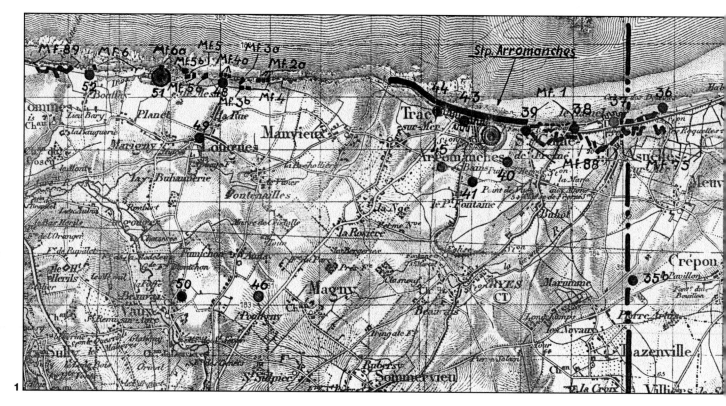

1

1. **Les positions allemandes entre la Seulles (Graye-sur-mer) et Longues. Ce sont les positions du futur secteur *Gold Beach* avec Ver-sur-mer et ses *Wn 32* (batterie de Mare Fontaine), *Wn 33* (front de mer), *Wn 34* (phare), *Wn 35* (Hable de Heurtot), *Wn 35a* (batterie du Mont Fleury), Asnelles et ses *Wn 36* (cabane des Douanes), *Wn 37* (Le Hamel), Saint-Côme-de-Fresné et ses *Wn 38* et *Wn 39*, Arromanches ses Stp 42 (station radar) et *Wn 43* (plage), Tracy et son *Wn 44.* On aperçoit ensuite la position de la batterie de Longues, le *Wn 48.* (BA.)**

2. **Le phare de Ver-sur-mer domine l'ancienne position du Wn 34 sur le rebord du plateau surplombant la position côtière *Wn 33*. (E.G./Heimdal.)**

3. **Les positions fortifiées du futur secteur de *Gold Beach,* de Ver-sur-mer à Asnelles. (Heimdal.)**

1. The German positions between the Seulles (Graye-sur-mer) and Longues. These were the positions facing what was to become Gold Beach, with Ver-sur-mer and Wn32 (Mare Fontaine Battery), WN33 (sea front), Wn34 (lighthouse), WN35 (Hable de Heurtot), WN35a (Mont Fleury Battery), Asnelles and WN36 (Cabane des Douanes), Wn37 (Le Hamel), Saint-Côme de Fresné (Wn's 38 & 39), Arromanches, radar station Stp 42, and Wn43 (beach), Tracy and Wn44. After that one can see Wn48 Longues Battery. (BA.)

2. The Ver-sur-Mer lighthouse overlooks the ancient position Wn34 on the edge of the plateau above WN33 down on the shore. (E.G/Heimdal.)

3. The fortified positions of the future Gold Beach between Ver-sur-Mer and Asnelles. (Heimdal.)

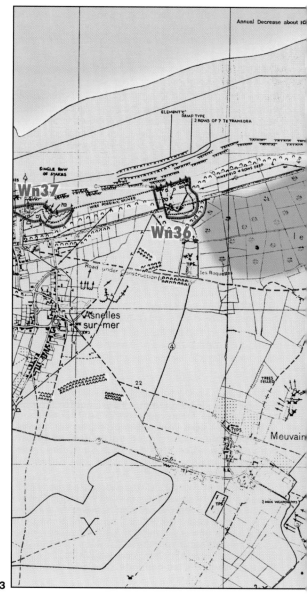

3

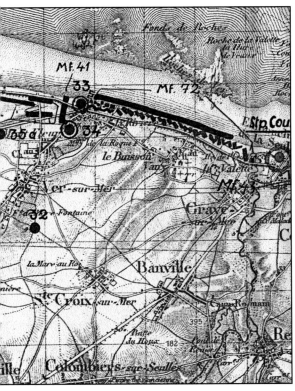

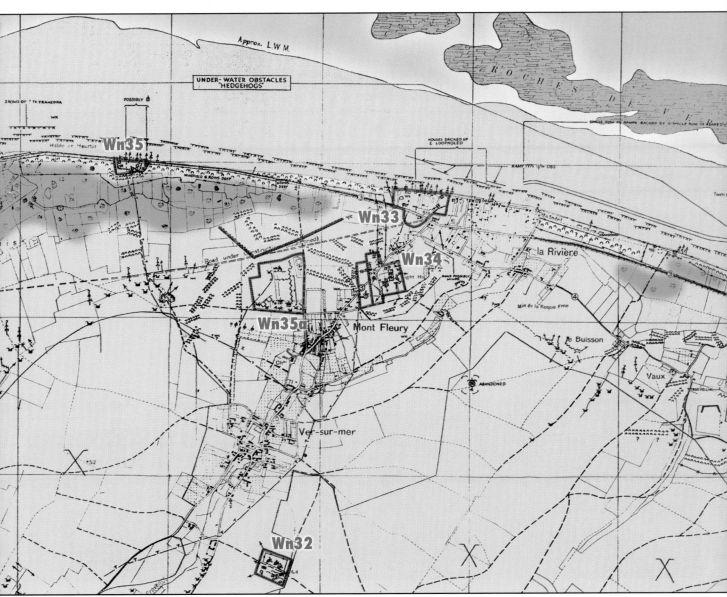

Ver-sur-mer. Tobrouk sur la pente située en dessous de la batterie du Mont Fleury. On aperçoit le fossé antichar puis la mer sur la droite. Photo prise après les combats. (Coll. Ph. B.)

Ver-sur-mer. Tobruk on the slope below Mont Fleury Battery. One can see the anti-tank ditch and then the sea to the right. Photo taken after the battle. (Coll Ph. B.)

Ver-sur-mer. Canon antichar sommairement protégé, au Mont Fleury. (Coll. Ph. B.)
Ver-sur-mer. Anti-tank gun scantily protected. (coll Ph. B.)

Cette remarquable photo aérienne, prise par l'aviation alliée en juin 1944, nous montre le le gros village de Ver-sur-mer s'étirant derrière de hauts murs sur le plateau à une trentaine de mètres d'altitude, entouré par une plaine agricole. Il est flanqué ici de deux batteries d'artillerie. On voit bien au sud (en bas) les quatre casemates de la batterie de la Mare Fontaine *(Wn 32 - 6./AR 1716)* et, au nord (en haut) la batterie du Mont Fleury *(Wn 35a - 3./HKAA 1260)* avec ses deux casemates terminées à l'est (à droite) et les deux en construction à l'ouest. Ces deux casemates ont été bombardées et d'autres tapis de bombes sont tombées n'importe où, en plein champ. Au sud, la route mène à Crépon. (Coll. Ph. B.)

This remarkable aerial photo, taken by an Allied aircraft in June 1944 show the large village of Ver-sur-Mer stretching out behind high walls on the plateau some 30m in height surrounded by its agricultural plain, flanked by its two batteries. One can see to the south the four casemates of the Mare Fontaine Battery (Wn32 – 6./AR 1716) and to the north (top) the Mont Fleury Battery (Wn35a – 3./HKAA 1260) with its two finished casemates to the right and the two still under construction to the left. Those two batteries were bombarded and other bombs fell all over the place in the open countryside. The road to the south led to Crépon. (coll Ph. B.)

Pièce de Flak de 2 cm en position dans un encuvement en béton sur le plateau de Meuvaines, entre Asnelles (à gauche) et Ver-sur-mer (à droite). Photo prise après le débarquement par des hommes de la RAF intéressés par le fonctionnement de cette pièce antiaérienne. (IWM.)

2 cm Flak in position in a concrete emplacement on the high ground at Meuvaines, between Asnelles (lt) and Ver-sur-mer (right). Photo taken after the landing by RAF men interested in how this anti-aircraft gun functioned. (IWM.)

A l'est d'Asnelles, l'ancien *Wn 36* de la cabane des Douanes qui a causé tant de soucis aux troupes de la 50th Division, a été balayé par la puissance de la mer et nous apercevons ici, renversés au milieu de la plage, l'encuvement *(Ringstand)* pour une pièce de 5 cm KwK L/42 et les restes de la casemate pour mitrailleuse à plusieurs créneaux. (E.G./Heimdal.)

To the east of Asnelles the one time Wn 36 at the Cabane des Douanes which gave so much trouble to the 50th Division has been defeated by the power of the sea and as can be seen here, a Ringstand for a 5cm KwK and the remains of a multi-embrasure casemate for MG has been has been swept into the middle of the beach. (E.G/Heimdal.)

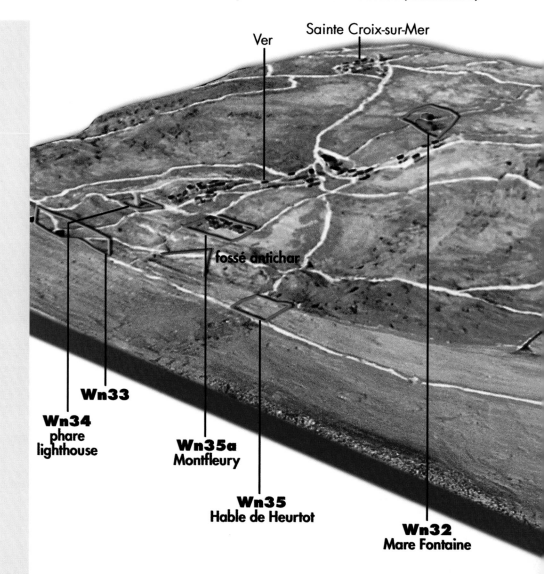

Vue aérienne de la côte entre Ver-sur-mer et Asnelles montrant le relief du plateau et les zones marécageuses. (Maquette E. Groult.)

Aerial view of the coast between Ver-sur-mer and Asnelles showing the plateau and the swampy area. (E. Groult/Heimdal.)

Ver

Sainte Croix-sur-Mer

fossé antichar

Wn33

Wn34
phare
lighthouse

Wn35a
Montfleury

Wn35
Hable de Heurtot

Wn32
Mare Fontaine

Asnelles *(Wn 37)*, cette casemate modèle H 612 abritait la seule pièce de 7,5 cm FK. Nous voyons ici l'embrasure maintenant bouchée de cette casemate. On remarquera les puissants épaulements en béton, face au large, pour protéger l'embrasure et l'arrière des tirs directs. (E.G./Heimdal.)

Asnelles Wn37. This type H612 casemate housed the sole 7.5 cm FK gun. We see here the blocked-off embrasure. Note the massive concrete shoulder walls facing the sea to protect the gun from naval shells. (E.G/Heimdal.)

Saint-Côme-de-Fresné *(Wn 39)*. L'arrière d'une des deux casemates de flanquement dirigées vers l'est, vers Courseulles, et armées chacune d'un 7,5 cm FK 38. (E.G./Heimdal.)

St-Come-de-Fresné (Wn39). The rear of one of the two flanking casemates pointing east towards Courseulles, each armed with a 7.5 cm FK 38. (E.G./Heimdal.)

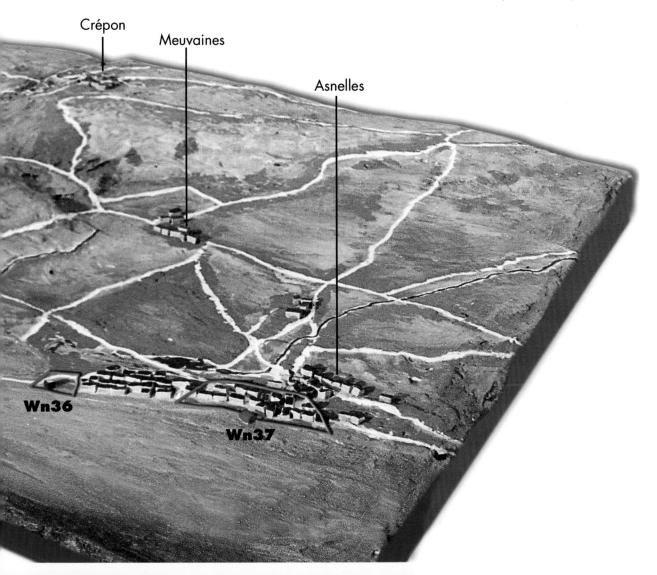

Crépon

Meuvaines

Asnelles

Wn36

Wn37

Arromanches, *Stützpunkt 42*, occupé par un détachement de la *2./Funkmess-Abteilung*. Nous voyons ici un radar *Seeriese FuMO 214* monté sur une embase octogonale. Photo prise après les combats par l'armée américaine. (National Archives.)

Strong-point 42 at Arromanches, occupied by a detachment of the 2./Funkmess-Abteilung. We see here a Seeriese FuMO214 radar mounted on a concrete octagonal base. Photo taken by the US Army after the battle. (National Archives.)

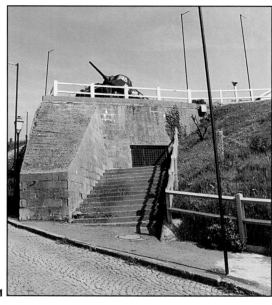

1

Arromanches, *Stützpunkt 42*. Base octogonale en béton pour radar Seeriese *FuMO 214*, actuellement. (E.G/Heimdal.)

Strong-point 42 at Arromanches. The octagonal base for the radar as it is today. (E.G/Heimdal.)

2

1. Arromanches. La casemate du *Wn 43* actuellement. (E.G./Heimdal.)

2. Arromanches, *Wn 34*. Au bas de la pente, à l'est de la localité, une casemate H 612 est équipée d'un canon de montagne, un *10,5 cm le. GebH 332 (f)*. On voit ici l'affût basculé après les combats. La casemate et le canon sont actuellement conservés. (National Archives.)

3. Arromanches, *Stützpunkt 42*. La station radar est protégée contre une attaque de l'aviation alliée par trois positions abritant chacune un *2cm Flak 28 Oerlikon*. Photo prise après les combats. (Lesage.)

1. Arromanches. The Wn34 casemate as it is today (E.G/Heimdal.)

2. Wn34 at Arromanches. At the foot of the slope to the east of the village, a H612 casemate was equipped with a mountain gun, a 10.5cm le GebH 332 (f). One can see here that it was tipped over during the fighting. Both the casemate and the gun have been preserved. (National Archives.)

3. Strong-point 42 was protected from Allied air attack by three positions each mounting a 2cm Flak 28 Oerlikon. Photo taken after the fighting. (Lesage.)

3

La Kriegsmarine

La marine de guerre allemande est peu présente dans le secteur. Entre l'estuaire de l'Orne et le Cap Fréhel, elle dépend du *Seekommandant Normandie* dont le PC est situé à Cherbourg, dans l'arsenal. Le *Seeko Normandie* dirige l'artillerie de marine, les commanderies et les capitaineries portuaires ainsi que les services en place dans son secteur. En ce qui concerne l'artillerie de marine, la seule batterie du secteur, celle de Longues, a été rattachée à l'Armée de Terre. Par contre, la flottille de garde portuaire de Cherbourg *(Hafenschutz-Flottille Cherbourg)* aligne des groupes à Saint-Malo, Granville, Cherbourg et **Ouistreham**. Cette flottille a été constituée le 20 septembre 1940 à l'aide de navires de pêche français réquisitionnés. Dans ce port d'Ouistreham est basée une flottille de vedettes-dragueurs, la **10./Räumbootsflottille.** Elle a été constituée le 1er mars 1942 à Cuxhaven où elle est restée jusqu'à la fin de ce mois de mars, quand elle rejoint le port d'Ouistreham. Elle reçoit alors comme mission de draguer les champs de mines dans l'estuaire de la Seine. Au mois de mai 1944, sous les ordres du *Kapitänleutnant* Herbert Nau, elle dispose du bâtiment d'escorte *Von der Lippe* (ex M 546) et des vedettes dragueurs *R 175* à *R 184, R 190, R 213, R 214, R 217* à *R 219, R 221, R 222, R 224* et *R 234* soit vingt-et-une unités navales. Mais ce ne sont là que des dragueurs de mines dépourvus d'un rôle offensif. Ceux-ci sont à Cherbourg *(E-Boote)* et au Havre *(5. T.-Flottille).*

The Kriegsmarine (German navy).

The German navy did not have much of a presence in the area. Between the Orne estuary and Cape Fréhel it came under the *Seekommandant Normandie* (Naval Commander Normandy) whose HQ was at Cherbourg in the arsenal. He was responsible for the naval artillery, local commanders and the port captains as well as any naval activity in his area. As far as the naval artillery was concerned, the only battery in the area was the one at Longues which was attached to the army. On the other hand, the flotilla responsible for guarding the harbour of Cherbourg included detachments at St. Malo, Granville, Cherbourg and **Ouistreham**. This flotilla had been set up on 20 September 1940 based on requisitioned French fishing boats. Based at Ouistreham was a flotilla of mine-sweepers, the **10th Räumbootsflottille** which had been constituted on 10 March 1942 at Cuxhaven, where it stayed until the end of that month after which it sailed to Ouistreham harbour. Its mission was thus to sweep on the area of the Seine estuary. In May 1944 it was commanded by *Kapitänleutnant* Herbert Nau and comprised the escort vessel *Von der Lippe* (ex M 546) and the mine-sweepers *R175 to 184, R190, R213, R214, R217 to R219, R221, R222, R224* and *R234*, a total of twenty one vessels. They were, however, only mine-sweepers incapable of an offensive role which was left to those at Cherbourg (E boats) and the 5th T-Flottille at Le Havre.

Emblème de la *10. Räumboots-Flottille.* (Heimdal.)
The insignia of the 10th Minesweeping (Räumboot) Flotilla. (Heimdal.)

Des marins de la *10. Räumboots-Flottille* posent fièrement devant une villa de Riva Bella. (J. Lesage/Musée du Mur de l'Atlantique.)
Sailors of the 10th Minesweeping flotilla proudly posing in front of a villa at Riva Bella. (J. Lesage/Atlantic Wall Museum)

Modèle d'un *Geleit-Räumboot*, type de navire équipant la *10. Räumboots-Flottille.*
Model of the type of minesweeper that equipped the flotilla.

Geleit – Räumboot
Typ G-R 301 -312
~ 1:200

Le V.P. Boot 212 de la 10. Räumboots-Flottille sera détruit le 6 juin 1944 près de Blainville. (Coll. P. Dalzel-Job.)

The V.P. Boot 212 of the 10th Minesweeping Flotilla sunk on 6 June 1944 near Blainville. (coll. P. Dalzel/Job.)

Mais aussi la 21. Panzer-Division...

Mais, outre les unités côtières de la *716. Infanterie-Division*, les unités d'artillerie de la *HKAA 1260* et de la *s.A.A. 989*, les forces du secteur ont reçu un appréciable renfort. Du 26 au 30 avril 1944, la **21. Panzer-Division** (5) a quitté la région de Rennes pour rejoindre le secteur autour de Caen. Le 30 avril, elle a reçu les ordres de la *Heeresgruppe B* (GFM Rommel) transmis par la *Panzergruppe West* (*General der Panzertruppen* Geyr von Schweppenburg), lui donnant ses missions dans ce secteur, exposé aux débarquements aériens. Cette division se répartit entre Thury-Harcourt et Saint-Pierre-sur-Dives (où se trouve son PC) et la côte. Dans ce dernier secteur, on trouve tout d'abord quelques compagnies d'un de ces régiments de grenadiers (l'infanterie motorisée), en particulier de son IIᵉ bataillon (**II./Panzergrenadier-Regiment 192**) commandé par le *Hauptmann* Zippe, dont le PC est au Mesnil (commune de Cambes-en-Plaine) avec sa compagnie de commandement à Villons-les-Buissons, au nord de Caen. La **5./192** stationne au château de La Londe (nord-est de d'Epron), la **7./192**, commandée par l'*Oberleutnant* Walter, stationne au nord de Périers-sur-le-Dan (ses positions dominent Hermanville). La 8ᵉ compagnie lourde (**8.(Schwere) Kp./192**), commandée par l'*Oberleutnant* Braatz, stationne à Cairon. Cette compagnie lourde dispose d'une section de Pak (commandée par le *Leutnant* Höller) forte de trois pièces de *7,5 cm Pak 40* sur affûts automoteurs semi-chenillés français Somua avec une structure blindée (ces trois engins sont remisés dans les garages du château de Cairon), d'une section de 2cm Flak, d'une section de mortiers, montées aussi toutes deux sur affûts semi-chenillés français de prise modifiés.

Le Iᵉʳ groupe du régiment d'artillerie de cette division, la **I./Panzer-Artillerie-Regiment 155**, commandée par le *Hauptmann* Feckler, stationne aussi dans ce secteur, à Mathieu. La 1ʳᵉ batterie, la **1./155,** est en position à Beuville, à sept kilomètres au nord de Caen. La **2./155** est en position à Périers-sur-le-Dan. La **3./155** est en position à Colomby-sur-Thaon à huit kilomètres au nord-ouest de Caen. La 1ʳᵉ batterie est dotée de 4 pièces de *10 cm K 18*, les deux autres de 4 pièces russes de *12,2 cm FH 3396 (r)*. C'est le seul groupe du régiment qui ne possède pas de pièces blindées automotrices *(sfl)*, très efficaces en contre-attaque. C'est de l'artillerie classique.

Signalons aussi la **10./155**. Cette batterie dispose de quatre châssis français « Unic » portant chacun 24 rampes lance-fusées russes type « Katioucha » (Orgues de Staline). Cette batterie est basée près de Bourguébus, à l'est de Caen mais, le 30 mai à 10

(5) Voir l'ouvrage de J.C. Perrigault consacré à cette division aux Editions Heimdal.

The 21st Panzer Division.

*In addition to the coast defence units of the 716th Infantry Division, the army coast gunners of the 1260th Battalion (HKAA 1260). and the heavy artillery of the 969th Battalion (A.A. 989), the sector had received a considerable reinforcement. From the 26 to 30 April 1944, the **21st Panzer Division** (5) had left the Rennes area for the sector around Caen. On 30 April it received orders from Army Group B (Field Marshal Rommel) via Panzergruppe West (Gen. Geyr von Schweppenburg) assigning its missions in that sector exposed aerial landings. The division was spread out between Thury-Harcourt and St-Pierre-sur-Dives where its HQ was located, and the coast. In the latter area were several companies from one of its mechanised infantry grenadier regiments, in particular the IInd Battalion of the 192nd Panzer Grenadier Regt (II./192) commanded by Capt. Zippe whose command post was situated at Mesnil in the commune of Cambes-en-Plaine and the HQ company at Villons-les-Buissons, north of Caen. The 5th Company (5./192) was stationed at the Chateau de la Londe, north-east of Epron and the 7th (7./192), commanded by Lieut. Walter was to the north of Périers-sur-le-Dan, from where its positions overlooked Hermanville. The 8th heavy (8./192) weapons company under the command of Lieut. Braatz was based at Cairon. This company included an anti-tank platoon commanded by 2nd Lieut. Hoeller and could field three 7.5cm Pak 40 guns on self-propelled French Somua half-track chassis with an armoured superstructure which were parked in the garages at the Chateau de Cairon. On addition there was a platoon of 2cm anti-aircraft guns and a mortar platoon, both of which were likewise mounted on modified French booty half-track chassis.*

The Ist Battalion of the division's integral artillery regiment (I./Pz.Art.Regt. 155) was also present in the sector at Mathieu, commanded by Capt. Feckler. Its 1st Battery (1./155) was at Beuville, seven km north of Caen and the 2nd (2./155) at Périers-sur-le-Dan, while the 3rd Battery (3./155) was at Colomby-sur-Thaon, 8km north-west of Caen. The 1st Battery was equipped with 4 K18 10cm guns and the other two batteries with 4 each Russian 12.2cm FHH 396 (r). This was the only battalion in the regiment which did not have any armoured SP guns, very effective in a counter-attack. This was rather classic artillery.

Also worth noting was the 10th Battery of the 155th Regt. (10./155) which was equipped with four French Unic chassis, on each of which 24 Russian

(5) *See the book by J.C.Perrigault dedicated to this division, published by Editions Heimdal.*

Le colonel Hermann von Oppeln-Bronikowski commande le seul régiment de chars disponible dans le secteur, le *Panzer-Regiment 22*, force blindée de la 21. Panzer-Division. (Coll. Charita.)

Col. Hermann von Oppeln-Bronikowski commanded the sole tank regiment available in the sector, the 22nd Pz. Regt., of the 21st Pz. Div. (coll Charita.)

heures du matin, ces quatre engins ont été disposés entre Lion-sur-mer et Riva Bella pour une présentation à l'occasion d'une visite du maréchal Rommel. Déjà, le 11 mai, le correspondant de guerre Hans Ertl avait assisté à une démonstration très spectaculaire de ces engins atteignant une portée de 5 000 mètres. Elle avait déjà eu lieu en présence de Rommel qui avait alors dit : « *Je souhaiterais avoir quelques centaines de ces choses et les munitions qui en font partie* ». Mais, pour l'instant, les quatre engins ne peuvent faire partir qu'une petite centaine de projectiles simultanément.

Mais il y a encore d'autres unités redoutables pour une contre-attaque. La **Panzerjäger-Abteilung 200**, commandée par le *Hauptmann* von Lynker, a établi ses trois compagnies, fortes chacune de huit redoutables pièces antichars de 8,8 cm, au sud de Creully. La **1./200** est en position à proximité de la RN 13 (route Bayeux-Caen) vers Martragny et Sainte-Croix-Grand-Tonne. La **2./200** est à la même hauteur mais un peu plus à l'est, répartissant ses sections entre Putot-en-Bessin et Le Fresne-Camilly. La **3./200** est plus proche de la côte, vers Basly (à l'est de Creully). Ces vingt-quatre pièces antichars pourront former des bouchons de résistance face au futur secteur canadien de *Juno Beach* ; nous les retrouverons en action dans quelques jours…

On trouve encore quelques unités de la *21. Pz-Div.* dans ce secteur, entre autres la 3ᵉ compagnie, stationnée à Creully du *Panzer-Pionier-Bataillon 220*. Mais le plus redoutable pour un débarquement allié reste le régiment de chars de cette division, le **Panzer-Regiment 22**. Il se trouve en réserve au sud-est de Caen, dans le secteur de Saint-Pierre-sur-Dives. Mais, très mobile, il peut rejoindre la côte rapidement et mettre en grave péril une fragile tête de pont. En

rocket launcher tubes were mounted of the Katoucha (Stalin Organ) type. This battery was based at Bourguebus, east of Caen but at 1000 hrs. On the morning of 30 May 1944, the four launcher vehicles were positioned between Lion-sur-Mer and Riva Bella for a demonstration during a visit by Field Marshal Rommel. Earlier on 11 May, the war correspondent Hans Ertl had witnessed a spectacular demonstration at which the rockets achieved a range of 5000m. They had already been demonstrated to Rommel, who said, « I wish I had several hundred of these devices as well as the ammunition to go with them ». Those four devices, however, only had a hundred off rockets between them at that time.

There were, however, some other formidable units available for a counter-attack. The 200th Anti-tank-Battalion **(Panzerjäger-Abteilung 200)** commanded by Capt. von Lynker, who had spread out his three companies, each equipped with eight powerful 88mm guns, to the south of Creully. The 1st Company **(1./200)** was in position close to the N13 highway between Bayeux and Caen, around Martragny and Sainte-Croix-Grand-Tonne. The 2nd Company **(2./200)** was on the same line but further to the east, its platoons spread out between Putot-en-Bessin and Le Fresne-Camilly. The 3rd Company **(3./200)** was nearer the coast near Basly (to the east of Creully). Those twenty four anti-tank guns were capable of forming strong blocking position against any landing on Gold Beach and were due to go into action within a matter of days.

There were other units of the 21st Panzer Division in the area, including the 3rd Company of the 220th Panzer Engineer Battalion. The most serious threat, however, to an Allied landing remained the organic tank regiment of the division, the **22nd Panzer Regiment**.

Le *Panzer-Regiment 22* est la seule force blindée dont les Allemands disposent pour la contre-attaque. Nous voyons ici quelques éléments de son régiment, dont un Panzer IV, au sud-est de Caen. Mais ce régiment est moins puissant que les autres régiments de panzers. En particulier, son bataillon de chars Panther est remplacé par un bataillon disposant de chars moins puissants. (BA 493/3355/24.)

The 22nd Panzer Regiment was the only armoured unit available to the Germans for a counter-attack. Here we can see a few elements of the regiment including a Panzer Mk.IV to the south-east of Caen. This unit, however, was less powerful than the other Panzer regiments – its Panther battalion had been replaced by a battalion of less powerful tanks. (BA.)

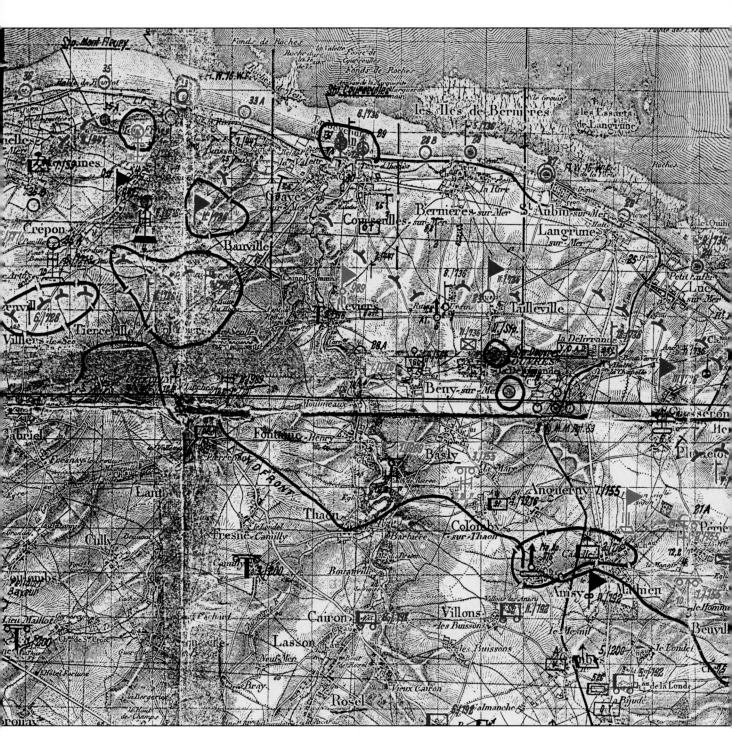

Les forces allemandes entre Arromanches et l'estuaire de l'Orne

Cette carte établie d'après un document réalisé peu de temps avant le débarquement *(Anl. 3 zu Okdo. d. H. Gr. Bla Nr 3050/44 geh.)* nous permet de voir que les défenses s'étageaient sur trois lignes : les points d'appui ou nids de résistance sur la côte, les réserves côtières en arrière du front de mer et les réserves d'intervention (principalement celles de la *21. Panzer-Division*) en arrière du « front terrestre » *(Landfront)*.

L'infanterie côtière :

Cette défense des deux premières lignes est assurée par des bataillons d'infanterie de la *716. Infanterie-Division*, principalement du *Grenadier-Regiment 736* dont le PC est au point fort « Hillman » *(Wn 17)*, appelé *Stp Höhe* (point d'appui hauteur) au sud de Colleville-sur-Mer. L'état-major de ce régiment étant installé au château de Beuville, un peu plus au sud. D'est en ouest, nous trouvons le Ier bataillon (I./736) à l'est de Colleville. Sa 1re compagnie est en position à l'est de l'Orne, à Franceville, mais la 2./736 défend le puissant *Stp Riva-Bella*

doublé du *Wn 10*. La *4./736* est en réserve derrière cette position, en arrière de Ouistreham devant Colleville. Le secteur est ensuite pris en charge par le *III./736* dont le PC est à Cresserons. Sa *10./736* défend le *Stp La Brèche (Stp 20)* mais aussi le *Wn 21* à Lion. En renfort sur Hermanville se trouve une compagnie russe d'un bataillon « *Ost* » implanté à l'est de l'Orne, la *3./642*. Puis, en arrière de Lion, la *11./736* est en réserve. La *9./736* défend le *Wn 24* à Luc, le Petit Enfer, mais aussi le *Wn 28* (Langrune). La *12./736* est en réserve, à la Délivrande, à l'arrière de ces deux localités côtières. Le secteur est ensuite pris en charge par le *II./736* dont le PC est au château de Tailleville. La compagnie d'état-major *(Stab)* est à Douvres. Sa *5./736* défend les *Wn 28* et *Wn 28a* à Bernières mais aussi le *Wn 27* à Saint-Aubin. En arrière, à l'ouest de Tailleville, la *8./736* est en réserve. La *6./736* défend le puissant le *Stp Courseulles (Wn 29, 30 et 31)*. Nous quittons ensuite le secteur tenu par le *GR 736* pour entrer dans celui qui est tenu par l'*Ost-Bataillon 441* dont le PC est au sud de Ver-sur-Mer. La *2./441* est en réserve au sud de Courseulles. La *1./441* défend la côte et le *Wn 33A* devant Graye. La *3./441* défend les positions de Ver-sur-Mer jusqu'à Asnelles.

Les réserves et l'infanterie du « Landfront »

Derrière le secteur de l'*Ost-Bataillon 441*, le IIe bataillon du *Grenadier-Bataillon 726* (resté avec la *352. Infanterie-Division*, plus à ouest, face au futur secteur d'*Omaha Beach*), est en réserve. Ce II./726 a son PC à Sainte-Croix-sur-Mer avec ses compagnies dans ce secteur situé au nord de Creully, sauf la 6./726 un peu plus à l'ouest entre Crépon et Tierceville. L'un des bataillons des régiments de « grenadiers » de la *21. Panzer-Division*, le II./192, est aussi en réserve offensive (il est motorisé et en partie blindé) dans le secteur du *Landfront*. Son PC est à Anisy avec son état-major à Villons-les-Buissons.

La 5./192 est au château de la Londe, entre Cambes et Biéville. La 6./192 est à Buron. La 7./192, la 8./192, disposant de véhicules blindés, est à l'est de Plumetot est à Cairon.

L'artillerie

La 1./1260 est en rase campagne au sud d'Ouistreham, à Saint-Aubin d'Arquenay. On trouve ensuite la 4./1716 (sud d'Ouistreham), la 2./1716 (à Colleville). La 1./1716 (Merville) et la 3./1716 (Biéville) sont à l'est de l'Orne. Le PC de la I./1716 étant à

« Hillman » *(Stützpunkt Höhne)*. On trouve ensuite le Ier groupe du régiment d'artillerie de la *21. Pz.Div.*, le I./155 avec sa 2./155 à Périers-sur-le-Dan, et sa 3./155 à Colomby. Puis ce sont les pièces de 12,2 cm de la *S.A.A 989*, la 1./989 entre Fontaine-Henry et Basly et les deux autres batteries (2./989) à Amblie et 3./989 à l'est de Creully. Puis au nord-ouest, on retrouve l'*AR 1716* avec la 6./1716 à Ver-sur-Mer (Mare Fontaine), la 5./1716 à Crépon, la 7./1716 près de Vaux-sur-Aure puis la 10./1716 (« Graf Waldersee »). Enfin, les deux dernières batteries de la *HKAA 1260* se trouvent à Ver-sur-Mer (« Mont Fleury ») avec la 3./1260 et à Longues avec la 4./1260.

Les moyens offensifs

En arrière, les moyens offensifs pour une contre-attaque sont principalement la *Sturmgeschütz-Abteilung 200* avec la 3./200 au Fresne-Camilly, la 2./200 au sud de Putot-en-Bessin (près du château du Mesnil-Patry) et la 1./200 à Sainte-Croix-Grand-Tonne, sans oublier des éléments de la *Panzerjäger-Abteilung 716* à Biéville au nord de Caen.

German forces between Arromanches and the Orne estuary

This map, based on one dating from before the landings prepared by Army Group B, allows us to see how the German defences were echeloned in three lines : the strong-points and resistance positions on the coast, the coastal reserves behind the sea front and the main reserved capable of intervening (principally the 21st Panzer Div.) behind the land front.

The coastal infantry.

The defence of the first tow lines was taken care of by 716th Inf. Div., mainly the 736th Grenadier Regt., the HQ of which was at the strongpoint known as "Hillman (WN17) and known to the Germans as Stp Hoehe (The Height), south of Colleville-sur-Mer. The regimental staff was housed in the Chateau de Beuville slightly further to the south. From east to west, there was the Ist Battalion (I./736) to the east of Colleville, with its 1st Company to the east of the Orne at Franceville and its second defending the powerful Riva Bella strongpoint with Wn10. The 4th Company (4./736) was in reserve to the rear of the latter position, behind Ouistreham and in front of Colleville. After that the sector was taken over by the IIIrd Battalion (III./736) with its HQ at Cresserons. Its 10th Company was defending Stp20 at La Brèche as well as WN 21 at Lion. As a reinforcement at Hermannville there was a Russian company from an « East » battalion (3./642). Then, to the rear of Lion there was the 11th Company of the 736th in reserve, while the 9th defended WN24 at Luc, Le Petit Enfer, but also WN28 at Langrune. The 12th Company (12./736) was in reserve at Delivrande, to the rear of the two coastal localities. The sector then became the responsibility of the IInd Battalion of the 736th with its HQ in the Chateau de Tailleville and its HQ Company was at Douvres. The 5th Company was defending Wn28 and 28a at Bernières and also WN27 at St Aubin. The 6th Company (6./736) was responsible for WN29, 30 and 31 which together formed the Courseulles strongpoint. That was the end of the sector held by the 736th Grenadiers and coast defence was taken over by 441st East Battalion with its HQ to the south of Ver-sur-Mer. The 2nd Company was (2./441) in reserve to the south of Courseulles while the 1st defended (1./441) the coast and WN33a in front of Graye. The 3rd Company (3./441) defended the positions between Ver-sur-mer and Asnelles.

The infantry reserves of the Land Front.

In reserve to the rear of the sector held by the 441st East Battalion was the IInd Battalion of the 736th Grenadier Regt. (II./736), the remainder of which was with the 352nd Inf. Div. facing the future Omaha beach sector further west. The battalion had its HQ at St-Croix-sur-Mer with its companies in the area to the north of Creully, except the 6th (6./736) which further west between Crépon and Tierceville. One of the grenadier battalions of the 21st Panzer Div., the 2nd of the 192nd Regt. was also in offensive reserve and was motorised and partly with armour. Its HQ was at Anisy with its HQ staff billeted at Villons-les-Buissons.

The 5th Company (5./192) was at the Chateau de la Londe between Cambes and Biéville while the 7th (7./192) and 8th (8./192) with armoured vehicles was to the east of Plumetot east of Cairon.

The artillery

The 1./1260 was in open country south of Ouistreham at St-Aubin-d'Arquenay. And further along the 4th Battery was south of Ouistreham, the 2./1760 at Colleville. The 1./1716 (Merville), and the 3./1716 at Biéville were to the east of the Orne. I./1716 had its HQ at « Hillman », and then came the Ist Battalion of the 21 Pz.Div. artillery – the 1./155 and 2./155 at Périers sur Dan and 3./155 at Colomby. After that came the 12.2cm guns of the 5AA 989, the 1st Battery between Fontaine-Henry and Basly, the 2nd Battery at Ambile and the 3rd to the east of Creully. Located to the north west was the rest of the 1716th Arty. Regt. with its 6th Battery (6./1716) at Ver-sur-mer (Mare Fontaine) the 5th at Crépon, the 7th near Vaux-sur-Aure followed by the 10th (Graf Waldersee). Finally there were the last two batteries of the 1260th Army Coast Arty. Regt , the 3rd at Ver-sur-Mer (Mont Fleury) with the 4th at Longues.

Resources for a counter-attack

To the rear the troops available to mount a counter-attack were principally the 200th Assault Gun Battalion with its 3rd Company at Fresne-Camilly, the 2nd to the south of Putot-en-Bessin close to the Chateau de Mesnil-Patry and the 1st at Saint-Croix-Grand-Tonne not to forget the elements of the 716th Anti-Tank Battalion at Biéville, north of Caen.

Mais la *21. Panzer-Division* dispose aussi d'un groupe de canons d'assaut, la *Sturmgeschütz-Abteilung 200* dont voici l'un des engins, un châssis de char français Hotchkiss sur lequel est monté un puissant obusier allemand de 105 mm. L'une des compagnies de ce groupe, la *5./200*, est disponible au nord de Caen, à Epron, face au futur secteur de *Sword Beach*. (BA.)

The 21st Pz. Div., however, also had a battalion of assault guns 200th Sturmgeschütz-Abteilung, and one of its guns is shown here, a Hotchkiss chassis on which a German 105mm howitzer has been mounted. One of the battalion's companies was available to the north of Caen at Epron, the 5/200, facing what was to be Sword Beach. (BA.)

outre, la **Sturmgeschütz-Abteilung 200**, commandée par le *Major* Becker, et dont les batteries stationnent au sud-est de Caen, aligne l'une d'elles, la **5./200**, au nord de Caen, à Epron. Elle est équipée de redoutables canons automoteurs. Ces éléments de la *21. Panzer-Division* constituant donc une réelle menace pour des troupes débarquées à laquelle s'ajoute celle d'une autre division de panzers, la **12. SS-Panzer-Division** répartie entre le Pays d'Auge et Evreux, à quelques heures seulement de cette zone côtière. Tout dépend donc de sa rapidité d'intervention. Sa présence quelques heures après un débarquement, aux côtés de la *21. Panzer-Division*, serait une réelle menace. Les autres divisions de panzers, *Panzer-Lehr-Division* (dans l'Eure-et-Loir) et *116. Panzer-Division* (au nord de la Seine) ne pourront rejoindre la côte avant au moins une journée, d'autant plus que les Alliés disposent d'une suprématie aérienne absolue.

Une longue attente

Les troupes allemandes en place au nord de Caen se doutent-elles alors de ce qui les attend ? Vivent-elles alors « comme Dieu en France », selon l'expression allemande bien connue, ou redoutent-elles un proche affrontement qui les jetterait à nouveau dans la guerre tandis que leurs camarades vivent l'apocalypse à l'Est, face à l'Armée Rouge ?

Le tout premier d'entre eux, le prestigieux *Generalfeldmarschall* Erwin Rommel, chef de la *Heeresgruppe B* et inspecteur général des défenses côtières, redoute cet affrontement, sur les plages de Normandie ! Et il n'est pas le seul. Alors que tout l'état-major allemand est persuadé de l'imminence d'un débarquement allié dans le Pas-de-Calais, attitude confortée par l'intoxication des services alliés (Opération *Fortitude*), Hitler a prévu qu'il aura lieu en Normandie. Et, pour cette raison, il a fait renforcer le secteur avec l'envoi de divisions supplémentaires : la *91. Luftlande-Division* dans le Cotentin, la *352. Infanterie-Division* dans l'ouest du Calvados (face au futur

It was held in reserve to the south-east of Caen in the Saint-Pierre-sur-Dives area. Extremely mobile, it was capable of reaching the coast rapidly and posed a serious threat to a fragile bridgehead. In addition, there was the 200th Assault Gun Battalion (Sturmgeschütz-Abteilung 200), under the command of Major Becker and equipped with powerful SP guns. Its batteries were positioned to the south of Caen, except for the 5th (5./200) which was at Epron, north of Caen. These formations belonging to the 21st Panzer Division were a serious threat to the troops who came ashore, to which must be added a further armoured division, the 12th SS-Panzer-Div. located between the Pays d'Auge and Evreux, only a few hours away from the coastal sector. Everything depended upon the speed at which it could intervene and its presence only a few hours after a landing beside the 21st Panzer Div. was a very real threat. Other armoured divisions, Panzer-Lehr (in the Eure et Loire Department) and 116th Panzer (north of the Seine) were unable to arrive on the scene for at least a day, rendered difficult in view of Allied air superiority

A Long Wait

Did the German troops positioned to the north of Caen have any idea of what was coming their way? Did they think they would carry on living « like God in France » according to the popular German expression or were they expecting a confrontation that would throw them back into combat like their comrades in the East experiencing the onslaught of the Red Army?

The most important one of them, the prestigious Field Marshal Erwin Rommel, commander of Army Group B and Inspector General of coast defences, feared a confrontation on the Normandy beaches, and he was not the only one. While the entire German High Command expected an imminent attack in the Pas de Calais area, an attitude reinforced by Allied deception operations (Operate Fortitude). Hitler, however, had foreseen that the attack would be mounted in Normandy and for that reason had reinforced the sec-

secteur d'*Omaha Beach*) pour soulager la *716. ID.* Et, surtout, la *21. Panzer-Division* avait quitté la région de Rennes pour le secteur de Caen, du 26 au 30 avril 1944, six semaines seulement avant le débarquement dont elle constituera la principale menace le Jour J ! Par ailleurs, la *12. SS-Panzer-Division « Hitlerjugend »* avait quitté les Flandres en avril 1944 pour rejoindre un secteur situé en Normandie dans le département de l'Eure et à l'est du Calvados et de l'Orne.

Ainsi à la fin de l'année 1943, la côte du Calvados n'était tenue que par deux divisions d'infanterie statiques. A la fin du mois d'avril 1944, une nouvelle division d'infanterie, plus puissante, une division blindée et une autre à proximité étaient placées en renfort. En effet, dès la mi-février 1944, Hitler a porté de plus en plus son regard sur la Bretagne et la Normandie, à cause des ports de Brest et de Cherbourg. Il s'est alors intéressé à la zone de défense de la *7. Armée* qu'il a considérée comme fortement menacée. Dès le 16 février, il a ordonné la mise sur pied des *3.* et *5. Fallschirmjäger-Division* pour la Bretagne et l'acheminement de la *91. Luftlande-Division* pour le Cotentin. La *352. ID* avait reçu l'ordre de quitter le secteur situé au sud de Saint-Lô pour des positions côtières dès le 11 février. Et, comme nous l'avons vu, le *12. SS-Panzer-Division* a rejoint la Normandie en avril et la *21. Panzer-Division* est arrivée quelques semaines plus tard. Au début du mois de mai, Hitler dira : « *Les Alliés débarqueront entre l'Orne et la Vire.* »

Mais si, contrairement à la plupart de ses généraux, Hitler a bien cerné le lieu possible du débarquement allié, il est suivi dans cette analyse par le maréchal Rommel. Au début de l'année 1943, lors de ses premières inspections du Mur de l'Atlantique, il est effaré de l'insuffisance flagrante des positions côtières. Il fait accélérer rapidement les travaux, installer des obstacles, sur les plages et dans l'intérieur, contre un débarquement aérien. Il demande à ce que les réserves en unités blindées soient rapprochées de la côte, à ce que la *12. SS-Panzer-Division* soit placée dans la Manche, dans la région de Lessay-Coutances, et que la *Panzer-Lehr-Division* soit placée dans le Calvados, au sud de Bayeux. Les Alliés auraient eu ainsi trois divisions blindées face à eux lors du débarquement. Le 11 mai, au PC de la *21. Panzerdivision*, Rommel insiste encore sur l'importance de la ville de Caen comme nœud de communication. Il fait rapprocher de la côte la *Panzer-Abteilung 200* (désormais placée entre Bayeux et Caen) et la *7./Pz. Gren.Rgt. 192* renforcée (désormais placée au nord de Caen, au nord de Périers-sur-le-Dan). Le **30 mai**, il rend visite aux hommes de la *716. ID* et leur annonce, prophétiquement : « *Messieurs, je connais les Anglais depuis l'Afrique et l'Italie. Et je vous dis qu'ils se choisiront un endroit pour débarquer où ils supposent que nous n'y attendons pas le débarquement. Et cela sera ici, à cet endroit, pas avant deux à trois semaines.* » Il se trompe seulement de quelques jours, fatale erreur car il ne sera pas sur place le Jour J...

Les forces sont-elles suffisantes ?

En fait, à la fin de l'année 1943, la situation des forces allemandes dans l'ouest du Calvados était désespérément faible. Les défenses côtières, à part quelques points d'appui bétonnés, se réduisent souvent à des positions de campagne protégées par de simples rondins (6). La plupart des pièces d'artillerie sont enco-

(6) Voir à ce sujet : G. Bernage, *Omaha Beach*, éditions Heimdal.

tor by sending additional divisions : the 91st Airlanding Division to the Cotentin and the 352nd Infantry Division to western Calvados in the area of what was to become Omaha Beach, to bolster the 716th Infantry Division. Most importantly though, the 21st Panzer Division had been moved from the Rennes area between the 26 and 30 April 1944 to positions in the Caen area, only six weeks before the landings, to which it formed the main threat. In addition, the 12th SS Panzer Division Hitlerjugend (Hitler Youth) had left Flanders during April 1944 to take up new quarters in the Normandy region, in the Eure Department and to the east of Calvados and the Orne.

Thus at the end of 1943, the Calvados coastline was held by only two static infantry divisions, but by the end of April 1944 a new and more powerful infantry division plus an armoured division with another in the vicinity had been positioned as reinforcements. In effect, by mid-February, Hitler's gaze became more and more concentrated on Brittany and Normandy because of the ports of Brest and Cherbourg. He was mainly interested in the area defended by the Seventh Army which he considered was seriously under threat. On 18 February he had ordered the 3rd and 5th Airborne Divisions to move to Brittany and the 91st Airlanding to the Cotentin. The 352nd Inf. Div. had received its orders on 11 February to quit its positions to the south of St. Lo and move closer to the coast. As we have seen, the 12th SS Panzer Div. had reached Normandy during April and 21st Pz. Div. had arrived a few weeks later. At the beginning of May, Hitler said – « The Allies will land between the Orne and the Vire ».

Even so, in spite of the opposition of most of his generals, Hitler had discerned the landing area, and his intuition was shared by Field Marshal Rommel. At the beginning of 1944, during his initial inspections of the Atlantic Wall, he was shocked by the flagrant weakness of the defences. He immediately hastened the work in progress, had obstacles installed on the beaches and inland to guard against airborne landings. He demanded that the reserve units and the armour should be in position closer to the coast. He asked, the 12th SS Panzer was moved to the Manche in the area of Lessay – Coutances and the Panzer-Lehr-Division in Calvados, south of Bayeux. Thus the Allies would be confronted by three armoured divisions when they landed. On 11 May at the headquarters of the 21st Pz. Div., Rommel again insisted on the importance of Caen as a communications hub. It was necessary to move the 200th Antitank Battalion closer to the coast (at the time positioned between Bayeux and Caen) as well as the 7th (reinforced) Company of the 192nd Panzer Grenadier Regt positioned north of Caen (to the north of Périers-sur-le-Dan). On 30 May he visited the men of the 716th Infantry Div. and told them prophetically – « Gentlemen, I have known the English since Africa and Italy. I can tell you that they will choose a place to land where they are convinced we are not expecting them. It will be here in this area, but not before two or three weeks. » He was only a few days out in his estimation, a fatal error because he was absent on D-Day.

Are the forces sufficient?

At the end of 1943, in fact, the German forces in western Calvados were desperately weak. The coastal defences, apart from a few concreted strong-points, were nothing more that field fortifications protected by simple baulks of timber (6). Most of the artillery

(6) Consult re. this subject, G.Bernage, Omaha Beach. Editions Heimdal.

re sans protection, les obstacles de plage sont plus que dispersés. Dans le Calvados, le « Mur de l'Atlantique » est une illusion. C'est l'arrivée de Rommel qui bouleverse tout et accélère radicalement les travaux qui seront loin d'être achevés, le 6 juin 1944. Les casemates ébauchées du Mont Fleury à Ver-sur-Mer en sont un témoignage parmi d'autres.

Quant aux troupes affectées à la défense de ce « Mur », la *716. Infanterie-Division* n'aligne alors que 7 771 hommes, soit moins de la moitié de l'effectif théorique. Alors que son effectif était de 17 000 hommes, lorsque cette division est arrivée en Normandie, en novembre 1942, les ponctions permanentes pour le front de l'Est l'ont réduite à un tel niveau. L'âge moyen des soldats est élevé, il est de 35 ans. Certains sont âgés car il y a aussi de très jeunes recrues (7) avec une faible expérience militaire. Bien plus, comme nous l'avons vu, pour obtenir ce faible niveau d'effectifs, il a fallu incorporer trois bataillons de « volontaires » *Ost*, des soldats russes dont la motivation et le niveau militaire sont encore inférieurs à celui des soldats allemands trop jeunes ou trop âgés de cette division !...

Bien plus, face au futur secteur de débarquement de la *2nd British Army*, entre Arromanches et Ouistreham, cette faible division n'aligne qu'une partie de ses effectifs, deux bataillons d'infanterie et un groupe d'artillerie sont restés plus à l'ouest dans le secteur tenu maintenant par la *352. Infanterie-Division*. Elle ne dispose ici que de cinq bataillons d'infanterie : les trois bataillons du *Grenadier-Regiment 736*, le IIe bataillon du *Grenadier-Regiment 726*, et l'*Ost-Bataillon 441*. Il faut ajouter le IIe bataillon du *Panzergrenadier-Regiment 192*, qui est motorisé et mécanisé,et une compagnie russe. Cela fait un total de six bataillons dont la force est presque équivalente à celle de deux brigades britanniques d'infanterie alors que la *2nd British Army* en alignera une dizaine dans ce secteur le Jour J (dont la brigade de commandos, une unité d'élite). Le rapport sera d'au moins 5 contre 1 en faveur des Alliés pour l'infanterie en ce qui concerne les effectifs, il sera encore supérieur si on tient compte de la qualité des troupes, dont le bataillon russe du côté allemand.

En ce qui concerne l'artillerie, comme nous l'avons vu, une douzaine de batteries n'aligne qu'une cinquantaine de pièces dont beaucoup de canons tchèques de 100 mm qui ne feront pas le poids sous les coups de l'aviation tactique alliée et surtout des puissantes pièces lourdes de l'artillerie navale aux effets dévastateurs.

Les blindés de la *21. Panzer-Division* seront la menace la plus dangereuse pour les troupes débarquées. Mais chacune des trois divisions blindées qui vont débarquer dans ce secteur dispose d'une brigade de chars en renfort, comme nous le verrons. Ce seront donc l'équivalent de trois divisions blindées à trois brigades d'infanterie chacune, qui débarqueront, plus les chars spéciaux de la *79th Armoured Division* (à quatre brigades de chars !). Les Alliés aligneront ainsi sept brigades de chars. Le rapport de forces en ce qui concerne les blindés est donc de 7 contre 1 en faveur des Alliés. Les seuls atouts dont disposent encore les Allemands sont les défenses côtières, les obstacles de plage tout d'abord mais surtout les casemates qui balaieront les plages des tirs croisés d'enfilade des canons et mitrailleuses. Ainsi, Rommel avait totalement raison de dire que le sort de la bataille se jouerait sur la plage. Le rapport de force très favorable aux Alliés sur les plans terrestre mais surtout aérien et naval donnerait peu de

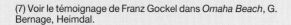

(7) Voir le témoignage de Franz Gockel dans *Omaha Beach*, G. Bernage, Heimdal.

was still unprotected and the beach obstacles were widely dispersed. In Calvados, the Atlantic Wall was illusory. It was the arrival of Rommel that turned everything around and enormously speeded up the work which was still far from finished on 6 June 1944. The incomplete casemates of Mont Fleury and Ver-sur-Mer are an example of this.

As far as the troops tasked to defend this « wall » were concerned, the 716th Inf. Div. had a strength of 7,771 men, roughly half of its theoretical effectives. Although it numbered 17,000 when it had arrived in Normandy in November 1942, it was whittled down by the need to send reinforcements to the Eastern Front. Also the average age of its soldiers had risen to 35. Some of the men were quite old but there were also very young recruits (7) with limited military experience. As we have seen, even to muster that feeble number of effectives it was necessary to draft in three battalions of « East » volunteers – Russian soldiers whose morale and level of training were inferior to that of the too old or too young soldiers of the division.

Moreover, facing the future landing beaches of the Second British Army between Ouistreham and Arromanches, this weak division could only field part of its strength – two battalions had been positioned further west on the sector being held by the 352nd Inf. Div.. The 716th could only field five infantry battalions to defend the threatened sector, the three battalions of the 736th Grenadier Regiment, the IInd Battalion of the 726th Gren. Regt. and the 441st « Ost» Battalion. To these should be added the IInd Battalion of the 192nd Panzer Grenadier Regt which was motorised, and a company of Russians. That gave a total of six battalions, the strength of which was only equivalent to two British brigades, whereas the Second British Army could field a dozen for its sector on D-Day, one of which was an elite Commando brigade. The ratio was at least five to one in favour of the Allies in respect of infantry but could be increased if one took into account the quality of the troops including the battalion of Russians on the German side.

As far as the artillery was concerned, we have seen that a dozen batteries which could only field fifty odd guns, most of which were 100mm's of Czech origin which could not resist the blows from the Allied fighter-bombers and even more so from the heavy naval artillery which had a devastating effect.

The tanks of the 21st Pz.Div. posed the greatest threat to the troops landing. Each of the three armoured divisions due to land in the sector, however, was reinforced by an extra tank brigade as we shall see. This was equivalent to three armoured divisions each with three brigades of infantry which were due to land, as well as the special tanks of the 79th Armoured Division with four brigades of tanks. Thus the Allies fielded seven tank brigades. As far as tanks were concerned the ratio was seven to one in favour of the Allies. The only advantage on the German side lay in the coast defences, the widely dispersed beach obstacles and most importantly the casemates which could sweep the beaches with enfilading fire from guns and machine-guns. Rommel was entirely correct in saying that the outcome of the battle would be decided on the beaches. The favourable balance of ground forces in the Allies' favour, but even more so in the air and at sea gave little chance of a German counter-attack succeeding. The Allies, moreover knew practically everything about the German defences that they would confront. With total air superiority, aerial photos had shown them the works undertaken by the Germans. They had followed the progress of the works and had thus been able to pre-

(7) See the eyewitness account by Franz Gockel in the above.

chance à une contre-attaque allemande. Mais les Alliés connaissent alors pratiquement tout des défenses allemandes qu'ils vont affronter. Maîtres du ciel, les photos aériennes leur ont montré les chantiers entrepris par les Allemands. Ils ont suivi l'état d'avancement des travaux et ont ainsi pu établir des plans des positions allemandes. Ces informations ont pu être précisées par les renseignements transmis par la Résistance française. Un témoignage allemand est, à ce sujet, particulièrement éclairant.

Le *Leutnant* Höller commande la Ire section de la *8./192*, basée dans le petit village de Cairon. Il exprime sa surprise quant au secret militaire très aléatoire concernant les positions : « *Notre 8e compagnie toute entière est mise en place autour de Cairon pour des missions défensives. Des positions en hérisson sont aménagées pour les armes lourdes, chacun de mes 7,5 cm Pak Sfl (canons antichars automoteurs de 75 mm) peut rentrer dans des positions enterrées et préparées à la limite de la localité. Mais nous exprimons notre mécontentement parce que nous ne comprenons pas que tant de monde connaisse l'ensemble de notre programme de défense. Chaque position, toutes les armes, les champs de mines (ceux-ci sont en outre entourés de fils de fer barbelé et dotés de panneaux de signalisation), points d'appui, installations camouflées, etc. sont dévoilés et ainsi connus de l'ennemi. Il y a beaucoup de discussions à ce sujet et nous éprouvons un sentiment désagréable.* » Puis un avion de reconnaissance allié vient tranquillement photographier les positions de la 8e compagnie, sans être perturbé par la *Luftwaffe*. Le *Leutnant* Höller le déplore : « *Nos avions aussi sont absents. Nous sommes très surpris et déprimés à propos de la découverte de nos installations défensives devant la population civile et aussi maintenant de cette démonstration aérienne. Le fait que l'ennemi possédera de meilleures cartes détaillées que nous, sera sûrement un handicap pour nous lors de l'invasion. Une incursion d'avions de reconnaissance de ce type, derrière les fortifications côtières, sans une réaction immédiate de notre aviation, est impensable pour nous. (...) Cet incident est un coup au moral* » (8). Mais rejoignons maintenant la côte pour y voir quel est le moral des troupes en ce mois de mai 1944.

A Saint-Aubin...

Le lieutenant Gustav Pfloksch, de la *5./736*, commandait alors la garnison défendant le *Wn 27* à Saint-Aubin-sur-Mer. L'historien Anthony Kemp l'avait rencontré en 1984 pour la réalisation d'un documentaire, « *Nan Red* », consacré au débarquement à Saint-Aubin. Les questions qu'il lui avait alors posé sont un intéressant exemple du climat régnant alors dans les positions côtières. En voici la substance. Pour le lieutenant Pfloksch, il n'était pas agréable d'être dans un pays étranger en tant que soldat d'une troupe d'occupation. Mais, il pense alors que les Français sont habitués à une telle situation. Eux-mêmes ont bien envahi l'Allemagne à plusieurs reprises dans les siècles passés (la Guerre de Trente Ans, Louis XIV dans le Palatinat, Napoléon et, plus récemment, l'occupation de la Ruhr). Au début, les Français refusaient tout contact puis leur attitude a évolué avec le temps, face au comportement correct des soldats allemands (9). Les civils voulurent alors savoir pour-

pare plans of the enemy defences and their knowledge was strengthened by intelligence transmitted by the Resistance. A German account on this subject is particularly enlightening.

Lieut. Hoeller was in command of the 1st Platoon of the 8th Company of the 192nd Regt, stationed in the small village of Cairon. He expressed himself very explicitly regarding military secrecy. « Our entire 8th Company was positioned all around Cairon with the mission to defend it. The heavy weapon positions were arranged in a mutually supporting pattern, each armed with a 75mm self-propelled anti-tank gun which could drive into hull-down emplacements previously dug around the perimeter of the place. But we did express our anger with the fact that everyone seemed to know all the details of our defensive programme. Every position, our weapons, the mine-fields (which were surrounded with barbed wire and marked with notices, strong-points, camouflaged installations etc., were revealed and thus known to the enemy. There was a lot of discussion about this and we were all very annoyed. » Then an Allied photo reconnaissance aircraft flew over and undisturbed, photographed the positions of the 8th Company without any interference from the Luftwaffe. Lieut. Hoeller complained – « Our aircraft were completely absent. We were astonished and depressed when we found that our defences were known to the local civilians and then to this aerial observation. The fact that the Allies possessed better detailed maps than we did was going to be a great handicap for us during the invasion. An incursion by a reconnaissance aircraft of this sort behind the coastal defences without an immediate reaction by our air force was unthinkable for us (...) This incident was a blow to our morale (8) ». But let us now return to the coast to consider the morale of the troops there in May 1944.

At Saint-Aubin

Lieut. Gustav Pfloksch commanding a part of the 5th Company of the 736th Infantry which formed the garrison responsible for the defence of WN27 at St-Aubin-sur-Mer. The British historian Anthony Kemp met him in 1984 and conducted an interview for a documentary programme entitled « Nan Red » concerned with the landing at St. Aubin. The questions he asked are an interesting illustration of the atmosphere in the coast defences at that time. What follows is a summary. As far as Pfloksch was concerned, it was not pleasant to be in a foreign country as a soldier in an occupying force. But he thought that the French were used to such a situation having themselves invaded Germany on a number of occasions – the Thirty Years War, the invasion of the palatinate by Louis XIV, Napoleon of course and more recently, the occupation of the Ruhr. At the beginning the local French refused all contact but in the course of time this changed, influenced by the correct behaviour of the German soldiers (9). « The civilians wanted to know why we had invaded their country » and Pfloksch told them that the soldiers had their orders which they could not disobey. Finally he was happy to be there, in spite of everything, as their lives as soldiers was peaceful, with good order and discipline different from that which prevailed in the East. St. Aubin was a pleasant place, a clean village with an

---

(8) Témoignage publié dans J.C. Perrigault, *La 21. Panzerdivision*, Heimdal, p. 233.

(9) A ce sujet, il faut rappeler le témoignage de Franz Gockel, soldat de cette même division (voir l'ouvrage de G. Bernage sur *Omaha Beach*) qui rappelait qu'en arrivant en Normandie les soldats transitaient par la caserne du château de Caen où on leur recommandait de ne pas se comporter en « vainqueur » vis-à-vis de la population civile.

(8) Account published in J.C. Perrigault, The 21st Panzerdivision, Heimdal. P. 233

(9) On this subject it should be noted that in the above account, that Gockel, from the same division, states that when the soldiers arrived in Normandy and in transit through the barracks at the castle of Caen, they were told not to behave like « conquerors » on front of the local population.

quoi ils avaient été envahis, le lieutenant Pfloksch leur répondit qu'ils en avaient reçu l'ordre et qu'ils ne pouvaient désobéir. Et, finalement, Gustav Pfloksch était heureux d'être là malgré tout car leur vie de soldat y était tranquille, une vie d'ordre et de discipline bien différente de celle subie à l'Est. Saint-Aubin est alors un lieu paisible, un village propre avec une population sans complication. Les soldats finirent par être invités à boire un verre de vin ou de bière, à manger. Les relations s'améliorèrent et conduisirent même à des discussions sur l'économie ou la politique qui ne suscitèrent pas d'agressivité. Le service se faisait sans s'immiscer dans le quotidien de la population avec laquelle le simple soldat avait des relations encore plus étroites, « *car les simples soldats étaient jeunes pour la plupart et les jeunes gens ont des relations faciles. C'est naturel. Ils avaient leurs jeunes filles et ils jouaient de la musique chez elles. Je crois que les soldats étaient heureux de vivre aussi à Saint-Aubin.* » Ces relations étaient tolérées par les supérieurs du lieutenant Pfloksch. Ses soldats étaient très libres sur ce sujet. Et, en dehors des travaux de défense, ils pouvaient pratiquer leurs hobbies pendant leurs quartiers libres. Celui de Gustav Pfloksch était l'astronomie. Des soldats pratiquèrent même l'archéologie ; ils dégagèrent une fontaine, et un caporal-chef, qui avait étudié l'archéologie à l'université de Freiburg in Breisgau, établit son origine romaine - une « déesse » et une monnaie d'argent sont découvertes. Un rapport est fait au bataillon et, deux jours plus tard, le général et quelques personnalités d'un musée local arrivent sur place, 25 personnes au total s'extasient de la trouvaille qui comporte aussi une tombe de cette époque.

Ces bonnes relations, cette qualité de vie, et cette tranquillité, en contraste avec l'horreur du front de l'Est conduisent même alors à une curieuse osmose. En partant en permission, les « hôtes » de Gustav Pfloksch lui offrent des spécialités normandes, crème et fromages. De retour, il leur ramène des spécialités allemandes de la Ruhr industrielle, des fourchettes et des couteaux. Il apprend même le français et son professeur lui propose la célèbre chanson régionale, « Ma Normandie ». Bien plus, lui-même et ses soldats se rendent souvent à Caen, ville culturelle de haut niveau », où il y a des musées, des églises et des restaurants de grande qualité. A Caen, le lieutenant Pfloksch fréquente régulièrement une famille qui a cinq enfants, l'un d'eux fait partie de la Résistance, le lieutenant allemand ne l'a jamais rencontré. Mais, dans les premiers jours du mois de juin, ils le mettent en garde : « *Fais attention à toi, ils vont venir le 5 juin !* » Naturellement, le lieutenant Pfloksch transmettra cette information au PC de son bataillon, à Tailleville, mais il ne saura jamais s'il a été prise en compte. En ce qui le concerne, il sait alors que c'est une information de Radio Londres et il va la prendre au sérieux. Il ne sera pas surpris le Jour J. Il en tirera des conclusions surprenantes, car Gustav Pfloksch en a assez de la guerre, même s'il a accompli son devoir avec diligence.

Tout cela nous montre que la population normande, calme et pondérée par nature, entretenait de bonnes relations avec les Allemands qui s'efforçaient d'être corrects. Mais les civils n'en pensaient pas moins et attendaient le Jour J, pour être « maîtres chez eux ». Ce bon voisinage, cette osmose curieuse favorisaient naturellement le travail de la Résistance dont les membres pouvaient circuler dans les positions allemandes, tout observer et tout transmettre, d'autant plus que sur les chantiers de construction des bunkers, nombreux sont les ouvriers français (d'entreprises françaises travaillant pour l'Organisation Todt) et les requis qui peuvent tout décrire, quand ils n'ont pas saboté le travail. Effectivement, les fameuses

uncomplicated population and the soldiers ended up being invited to drink a glass of wine or beer, or for a meal. Relations improved and even led to discussion of political or economic issues, without becoming overheated. « Military duties were carried out without us getting too entangled with the daily life of the civilians with whom the simple soldiers enjoyed close relationships – because for the most part they were young and young people make friends easily. As was natural they had their girl friends at whose houses they played music and I believe they were happy to live at St.Aubin. » Such friendships were tolerated by Pfloksch's superiors and the men were given a lot of freedom. Outside of their work on the defences they were able to pursue their hobbies in their free times, and that of Lieut Pfloksch as astronomy. Some of the soldiers also practiced archaeology – they excavated a fountain and a corporal who had studied the subject at University of Freiburg in Breisgau, identified as Roman, discovering in the process the figurine of a goddess and various coins. A report was sent to the battalion, and two days later, the commanding general and various personalities from a local museum arrived to examine the finds. A total of 25 persons in total arrived to visit the site, which also included a burial of the same epoch.

The good friendships, the quality of life and the peaceful life were in direct contrast with the savagery of the war in the East, which in turn developed as a strange dichotomy. When leaving on leave, his « hosts » gave Pfloksch a present of local cheese to take home and in return, he made them a present of cutlery from the industrial area of the Ruhr. He even learned French and his teacher taught him the famous regional song « My Normandy ». Naturally, both he and his soldiers often visited Caen, very much a cultural centre – « where their were museums, churches and high quality restaurant ». At Caen the lieutenant used to frequently visit a family who had five children, one of whom he never met who was a member of the Resistance. During the early days of June, however, he received a warning - « look out for yourself, they are coming on the 5th ». Naturally the officer reported to this to his battalion at Tailleville but he never discovered whether or not they took any notice of the warning. All he knew was that the warning came via the BBC in London and he could not ignore it – he was not taken unawares of D-Day. In the meanwhile, Gustav Pfloksch had come to an astonishing conclusion that he was fed up with the war, which did not stop from doing his duty diligently.

All the foregoing demonstrates that the peaceful and stolid Norman population had good relations with the German, who for their part, did their best to behave correctly. That did not hinder the civilians, however, from longing for D-Day when they would again be masters in their own house. This good neighbour attitude and strange dichotomy of interests naturally simplified the work of the Resistance, the members of which could move about among the German positions observing and reporting everything. Moreover there were numerous French workmen from French companies who were employed by the Organisation Todt to build bunkers, who while not directly sabotaging the work, noted everything down. In effect the famous Bigot maps printed by the Allies, existed to prove the effective nature of the intelligence gathered. Lieut. Pfloksch added that he was perfectly well aware that in certain families the son could well be a member of the resistance which he found quite natural. He went on to comments that had his country been occupied, he too would have joined the Resistance. To underline this, a civilian, André James, who lived in the sector at time, in Langrune to be precise, stated that passages through the beach obstacles

cartes Bigot, imprimées par les Alliés seront là pour démontrer la précision du renseignement. Et le lieutenant Pfloksch ajoute que tous savaient que, dans quelques familles, leur fils pouvait faire partie de la Résistance et ils trouvaient cela naturel. Le lieutenant Pfloksch souligne même que si son pays avait été occupé, il serait, lui aussi entré dans la Résistance. Et, comme le souligne un civil, André James, qui vivait à l'époque dans ce secteur, plus précisément à Langrune, des passages avaient été ménagés sur les plages pour permettre à la population locale d'aller pêcher ; il fallait bien vivre et manger. André James passait ainsi au milieu des obstacles de plage et examinait les témoignages de drames maritimes rejetés sur la grève : fouillis de caisses, épaves diverses, canots pneumatiques, mais aussi cadavres en décomposition.

L'un des jeunes soldats du lieutenant Pfloksch échappera au combat qui s'annonce. Bruno Skupski avait été incorporé dans l'infanterie après deux mois de classes à Aix-la-Chapelle. Il avait ensuite passé quatre mois à Paris avant de rejoindre la caserne du château de Caen vers la fin de 1941. Le soldat Bruno Skupski résidait alors à Caen mais aussi dans la zone côtière de Franceville à Luc-sur-Mer. Il était chargé de tous les canons du secteur, « de nombreuses armes de récupération, des canons antichars de 5 cm courts remplacés ensuite par des 5 cm longs et installés sur de petits blockhaus. » A partir de 1942, il rencontre Pauline… Celle-ci, survie oblige, était passée de l'enseignement à l'épicerie, où elle rencontrera Bruno. Elle parle un peu allemand, il parle un peu français. Un fils naîtra. Mais, le mardi précédant d'une semaine le Jour J, Bruno Skupski part pour Offenburg, muté à l'école de maître-armurier où il doit effectuer un stage de six mois, écourté au bout de quatre mois pour un départ pour le front. Finalement, après s'être installée chaque jour au bord de la route pour voir défiler les prisonniers de guerre dans l'espoir secret de le revoir, avec, à ses côtés, une amie dont le mari avait été déporté à Mauthausen, elle recevra le 6 juin 1945 (!) une carte postale d'Ayen dans la Corrèze où Bruno Skupski lui apprend que, prisonnier, il travaille dans une menuiserie. Ils se marieront et Bruno Skupski, après avoir travaillé aux « Courriers normands », aura monté son garage de carrossier dans la région (10). Mais tous ses camarades n'auront pas sa chance…

(10) On pourra trouver le texte de Gustav Pfloksch et l'article sur Bruno Skupski dans le n° 4 de 39/45 Magazine.

were left open to enable the local population to go fishing – one had to go on living and eating! André James was able to pass through the middle of the obstacles.

One of Pflocksh's young soldiers was able to avoid the awaited battle. Bruno Skupski had been posted to the infantry after attending classes for two months at Aachen. After that he had spent four months in Paris before arriving at the barracks in the castle at Caen towards the end of 1941. Thus Skupski lived in Caen but also in the coastal region between Franceville and Luc-sur-Mer. He was in charge of all the guns in the sector – « the numerous booty weapons, the 5cm short barrel anti-tank guns later replaced by long barrel 5cm mounted in small bunkers. » In 1942 he met Pauline, who, obliged to survive, had passed an apprenticeship in a grocery shop which was where she encountered Bruno Skupski. She spoke a bit of German and he a bit of French. A son was born. But, on the Tuesday a week before D-Day, he was posted to the school for master-armourers at Offenburg to follow a six month course, subsequently shorted to four months before being sent to the front. Finally after positioning herself beside the road every day watching the columns of prisoners passing by, secretly hoping to see her Bruno, Pauline received a postcard on 6 June 1945 from Ayen in the Corrèze. From it she discovered that Bruno was a prisoner working for a carpenter. On his release they married, and he subsequently founded his own garage and bodyshop in the region (10). Not all his comrades, however, had the same luck.

(10) One can find the text by Gustav Pfloksch and an article about Bruno Skupski in Issue No. 4 of 39/45 Magazine.

1. Pauline et Bruno Skupski à Saint-Aubin-sur-mer en 1984. (Coll. Heimdal.)

2. Bruno Skupski, soldat de la 716. Infanterie-Division à Caen en 1943. (Coll. Heimdal.)

3. Pauline en 1944, avec leur premier fils. (Coll. Heimdal.)

1. Pauline and Bruno Skupski at St-Aubin-sur-mer in 1984. (Coll Heimdal.)

2. Bruno Skupski, a soldier in the 716th Inf.Div. at Caen in 1943... (Coll Heimdal.)

3. Pauline in 1944 with her first son. (Coll. Heimdal.)

Les forces alliées
The Allied Forces

1

1. A Gosport, le 3 juin 1944, les forces alliées se préparent à embarquer pour la Normandie au milieu d'une rue ruinée par le « blitz ». Des chars Sherman du *C Squadron* du *13/18th Hussars* attendent leur tour pour embarquer. On notera les gros chiffres peints sur les tourelles de ces chars. Leur régiment fait partie de la *27th Armoured Brigade*, rattachée à la *3rd Infantry Division* pour l'assaut initial ; il débarquera sur *Sword Beach*. (IWM.)

En décembre 1943, à la conférence de Téhéran, les Russes avaient exigé un débarquement des Alliés occidentaux en France pour les soulager dans leur combat face aux troupes de l'Axe, et principalement face à l'armée allemande. Par ailleurs, Staline redoutait un débarquement allié dans les Balkans, débarquement souhaité par Winston Churchill, ce qui aurait conduit les Alliés occidentaux au cœur de l'Europe Centrale et aurait contrarié son plan de contrôle total de l'Europe orientale par l'Union Soviétique. Deux débarquements en France sont alors prévus - *Overlord* en Normandie et *Anvil* en Provence. Mais, en raison du nombre insuffisant de navires de transport, les deux opérations ne pourront être menées simultanément. Les plages de Normandie avaient été choisies en mai 1943 à la conférence Trident, à Washington, de préférence à celles du Pas-de-Calais, plus difficiles et bien mieux défendues. On débarquera entre les estuaires de l'Orne et de la Vire avec une première vague de cinq divisions : deux américaines (dont une aéroportée) et trois britanniques (dont une aéroportée). Mais cela est jugé insuffisant, d'autant plus qu'en raison des moyens de transport aérien limités, une seule brigade de la division aéroportée britannique serait engagée en première vague (1).

(1) Voir G. Bernage, *Diables Rouges en Normandie*, Heimdal.

Finalement, à la fin du mois de janvier 1944, Eisenhower décide d'augmenter les moyens attribués à l'opération, trois autres divisions seront engagées et le secteur de débarquement est étendu aux plages de l'est de la prequ'île du Cotentin.

Overlord

Les opérations terrestres d'*Overlord* et de la campagne de Normandie seront placées sous l'autorité du *21st Army Group*. Ce groupe d'armées avait été constitué en juillet 1943 et placé sous le commandement du *General* Bernard Paget qui avait été auparavant le commandant en chef de l'armée territoriale britannique *(Home Forces)*. Ce groupe d'armées n'avait à l'origine que des divisions britanniques et canadiennes sous son commandement. Mais, lors de la préparation d'*Overlord*, le plan de débarquement en Normandie, les forces terrestres de la Première Armée américaine *(US First Army)* passent sous son commandement et le commandant en chef de ce groupe d'armées est aussi « conjointement responsable » *(« jointly responsible »)* des forces navales et aériennes impliquées dans l'opération *Overlord*. Mais le *General* Paget, inconnu du public, doit être remplacé par une « vedette » et, à sa grande déception, Paget est envoyé au Moyen Orient, comme

général en chef, à la fin de l'année 1943. Il est remplacé par un chef qui s'est illustré dans la guerre du désert, le *General* Montgomery.

Ainsi, le **21st Army Group** du *General* Bernard L. Montgomery aura sous son commandement la *US First Army* du *Lieutenant General* Omar Bradley, forte de deux divisions d'infanterie et deux divisions aéroportées en première vague, et la *British Second Army* impliquée dans le secteur qui nous intéresse ici.

La Seconde Armée Britannique

Toute la partie orientale des plages de Normandie, entre Port-en-Bessin, à l'ouest, et l'estuaire de la Dives et Cabourg, à l'est, constitue l'objectif de la

At the Teheran Conference in December 1943, the Russians demanded a landing by the Western Allies in France to relieve the pressure on their struggle with the Axis troops, principally the German Army. On the Other hand, Stalin was not keen on a landing on the Balkans as proposed by Winston Churchill which would have had the effect of inserting troops of the Western Allies directly into the heart of Western Europe, which was contrary to the plans of the Soviet Union to exercise total control over that area. Two landings in France were proposed – Overlord in Normandy and Anvil in Provence, but because of a shortage of landing craft, the two operations could not be carried out simultaneously. The Normandy beaches had been chosen in May 1943 at the Trident Conference in Washington, in preference to those in

British Second Army
(Lieutenant General Sir Miles Dempsey)

British I Corps
(Lieutenant General J.T. Crocker)

3rd Infantry Division
(Major General G.T. Rennie)
- Sword Beach
6th Airborne Division
(Major General R.N. Gale)
Canadian 3rd Infantry Division
(Major General R.F.L. Keller)
- Juno Beach
51st (Highland) Infantry Division
(Major General D.C. Bullen Smith)
- Sword Beach : débarquement à partir du Jour J/*landed from evening of D-Day*

British XXX Corps
(Lieutenant General G.C. Bucknall)

50th (Northumbrian) Infantry Division
(Major General D.A.H. Graham)
- Gold Beach
49th (West Riding) Infantry Division
(Major General E.H. Barker)
- Gold Beach : débarquement après le Jour J/*landed after D-Day*
7th Armoured Division
(Major General G.W.E. Erskine)
- Gold Beach : débarquement après le jour J/*landed after D-Day*

British Second Army regroupant deux corps d'armée pour le Jour J, le *I Corps* à l'est *(Sword Beach* et *Juno Beach)* et le *XXX Corps* à l'ouest *(Gold Beach)*. Cette armée est placée sous le commandement du *Lieutenant General* **Miles C. Dempsey**. Né en 1896, il avait rejoint le *Royal Berkshire Regiment* en 1916. Il n'a que dix-neuf ans lorsqu'il est décoré de la *Military Cross*, pour son courage, sur le front de l'Ouest. Il commande le *1st Berkshire Regiment* en 1939 puis une brigade lors de la bataille de la poche de Dunkerque où il gagnera le *Distinguished Service Order*. En Angleterre, il commande successivement les *46th Infantry Division* et *42nd Armoured Division* et, en 1942, il est placé à la tête du *XIII Corps*, en Egypte. Il participe à la préparation du débarquement en Sicile. Puis son corps d'armée débarque en Italie et joue un rôle important dans la bataille de Cassino et la prise de Rome. Au vu de cette expérience, le *General* B.L. Montgomery insistera pour qu'il prenne le commandement de la *Second British Army*, avec le *XXX Corps* et le *I Corps*, à l'est.

the Pas de Calais, more difficult and vastly better defended. The initial plan was to land a first wave of five divisions between the Orne and Vire estuaries - two American including one airborne and three British, one of which would also be airborne (1). This, however, was judged insufficient especially in view of the limited amount of transport aircraft available. Finally at the end of January 1944, Eisenhower decided to increase the forces allotted to the operation – three other divisions were to be engaged in the landing area which was extended to include the beaches to the east of the Cotentin Peninsular.

Overlord

Responsibility for the ground operations of Overlord and the campaign in Normandy was vested in 21st Army Group, This had been formed in July 1943 and placed under the command of Sir Bernard Paget who

(1) G Bernage. Red Devils in Normandy. Heimdal

1. At Gosport on 3 June 1944, the Allied forces were getting ready to embark for Normandy. The Sherman tanks of C Squadron of the 13/18th Hussars waiting in a bomb damaged street waiting their turn to be loaded. Note the large numbers painted on the turrets. Their regiment formed part of the 27th Armoured Brigade attached to the 3nd Inf. Div. for the initial assault landing on Sword Beach. (IWM.)

Lieutenant General Sir Miles Dempsey.

Second British Army.

Le *Lieutenant General* John Tredinnick Crocker a pris le commandement du *I Corps* en août 1943, en remplacement du *Lt. Gen.* Bucknall qui prendra le commandement du *XXX Corps*. (IWM.)

Lt-Gen. John Tredinnick Crocker took command of I Corps in August 1943, replacing Lt-Gen. Bucknall who took over XXX Corps. (IWM.)

I Corps.

Badge d'épaule en tissu de la *3rd (British) Infantry Division*.

3rd (British) Infantry Division shoulder flash.

Le I Corps

Il est placé sous le commandement du *Lieutenant General* **J.T. Crocker**. Issu d'une famille pauvre de l'ouest de l'Angleterre, John Tredinnick Crocker s'était porté volontaire comme simple soldat lors de la Première Guerre mondiale et il est incorporé au *28th London Regiment* en novembre 1915, avant de rejoindre le corps des mitrailleuses en 1917, sur le front occidental où il sera décoré de la *Military Cross* et du *Distinguished Service Order*. Il quitte l'armée en 1919 pour la rejoindre un an plus tard. Il est incorporé dans les blindés en 1922. Il sera ainsi le plus haut gradé de l'armée britannique, ayant un commandement lors de la Seconde Guerre mondiale à avoir fait sa carrière de temps de paix dans le *Royal Tank Regiment*. Peu avant le début de la guerre, il devient chef d'état-major (GS01) de la nouvelle *Mobile Division*. En mai 1940, il commande la *3rd Armoured Brigade* pendant la bataille de France. Ses qualités lui permettent de devenir *Lieutenant General* deux ans plus tard et de commander le *IX Corps* en Tunisie, de mars à avril 1943. De retour en Angleterre, il succède au *Lt. Gen.* Bucknall à la tête du *I Corps*, en août 1943, afin de le préparer au débarquement en France. On lui a confié cette mission car il a la réputation d'être un chef compétent qui a une bonne expérience du travail d'état-major et de l'utilisation des unités blindées. Crocker va d'ailleurs vivement soutenir l'utilisation des blindés spéciaux de la *79th Armoured Division*. Le *Lieutenant General* Crocker est une personnalité discrète et modeste, travaillant bien mais sans tapage. Il ne se fera pas remarquer bien qu'il ait une position importante. Et, lorsque des critiques seront émises après l'échec de la prise de Caen par son corps, on l'oubliera et celles-ci seront plus spécialement dirigées contre Montgomery… Il ne sera qu'un discret rouage de la grande machine.

Pour le Jour J, ce corps engagera trois divisions, la *3rd British Division* et ses unités rattachées sur *Sword Beach*, la *3rd Canadian Division* et ses unités rattachées pour *Gold Beach* et la *6th Airborne Division* à l'est de l'Orne.

La *3rd British Infantry Division*

En mai 1944, cette division a déjà derrière elle un important vécu historique. C'est une division de l'armée régulière qui existait déjà en temps de paix et est engagée depuis le début de la guerre. Elle reste division d'infanterie jusqu'en juin 1942 pour devenir une division mixte ; l'une de ses brigades est alors remplacée par une brigade de chars. Mais, au mois d'avril 1943, elle redevient une division d'infanterie à trois brigades. Au début de la guerre, elle est commandée par le *Major General* B.L. Montgomery et comporte la *7th Infantry Brigade (Guards)*, la *8th Infantry Brigade* et la *9th Infantry Brigade*. Elle devient l'une des composantes de la BEF et rejoint la France le 30 septembre 1939. Elle combat à Ypres et Comines, en Belgique, puis rejoint la poche de Dunkerque et est évacuée sur l'Angleterre le 31 mai 1940. Elle y restera jusqu'à l'opération *Overlord*. Elle y passe sous le commandement successif du grand quartier général de l'armée territoriale (*Home Forces*) puis du *XI Corps* et, finalement, du *I Corps* le 23 mars 1943. Elle sera successivement commandée par le *Major General* Montgomery, le *Brigadier* A.N. Anderson (à partir du 30 mai 1940), de nouveau Montgomery (à partir du 3 juin 1940), le *Brigadier* J. A.C. Whitaker (à partir du 22 juillet 1940), le *Major General* J.A.H. Gammell (à partir du 25 juillet 1940), le *Major General* E.C. Hayers (à partir du 20 novembre 1941), le *Major General* W.H.C. Ramsden (à partir du 15 décembre 1942). Finalement, le *Major General* **Rennie** prend le commandement de la division le 12 décembre 1943.

had previously been in charge of Home Forces in Great Britain. Originally this army group only had British and Canadian units under command. During the preparations for Operation Overlord, however, the ground forces of the First American Army were placed under its command and the commander-in-chief was also given joint responsibility for the air and naval forced engaged in Operation Overlord. Paget, however was unknown to the public and had to be replaced by a « star », and to his great disappointment, he was sent to the Middle East as General in Charge at the end of 1943. He was replaced by General Montgomery who had made his name in the Desert War.

Thus Sir Bernard Law Montgomery's **21st Army Group** had Lt-Gen. Omar Bradley's First US Army under its command which fielded two infantry divisions plus two airborne in the first wave, and the British Second Army which was involved with the sector under discussion here.

Second British Army.

The objective of Second Army was the western part of the Normandy Beaches between Port-en-Bessin to the west and the Dives estuary and Cabourg to the east. The Army fielded two Corps for the actual landings – I Corps to the east on Sword and Juno beaches and XXX Corps to the west to land on Gold Beach. The army was under the command of Lt-Gen. Sir **Miles Dempsey** who was born in 1896 and joined the Royal Berkshire Regt. in 1916. Aged only 19 he was awarded the Military Cross for his bravery on the Western Front. In 1939 he was commanding the Berkshires and then a brigade during the Dunkirk battles where he won the Distinguished Service Order. Back in England he commanded the 46th Infantry Division and then the 42nd Armoured Div. In 1942 he took command of XIII Corps in Egypt and later he took part on the planning and execution of the Sicily landings. After that his corps landed in Italy and played an important part in the battle for Monte Cassino and the capture of Rome. In view of his wide experience, General Montgomery insisted on having him as army commander with XXX Corps and I Corps in the east.

I Corps

This was commanded by Lt-Gen. **J.T.Crocker** who came from an impoverished family in the west of England. John Tredinnick Crocker volunteered and served as a private during the First World War, joining the 28th Bn. The London Regiment on 1915 before transferring to the Machine-Gun Corps in 1917. Serving on the Western Front he was decorated with both the Military Cross and the Distinguished Service Order. Crocker left the army in 1919 but rejoined a year later and transferred to the armoured units in 1933. He spent the peacetime years serving in the Royal Tank Regiment but shortly before the start of the war he was chief-of-staff (GSO1) to the new Mobile Division before commanding the 3rd Armoured Brigade during the Battle of France. His abilities brought him promotion to Lt-Gen. two years later and command of XI Corps in Tunisia between March and April 1943. Back in England he succeeded Lt-Gen. Bucknall in command of I Corps in August 1943 with the mission to prepare it for landing in France. He was entrusted with the task on account of his reputation for being a competent commander with a lot of experience of staff work as well as in the use of armoured units. He became a great supporter of the use of the specialised armour of the 79th Armoured Division. General Crocker was a discrete and modest man

Le *Major General* Tom G. Rennie commande la *3rd British Infantry Division*. On le voit ici portant la tenue traditionnelle du régiment écossais *Black Watch*. (IWM.)

Maj-Gen. Tom Rennie was in command of 3rd British Infantry Div. He is seen here wearing the uniform of the Black Watch. (IWM.)

En mai 1944, la *3rd Division* a toujours ses 8e et 9e Brigades d'infanterie mais elle a perdu sa 7e brigade (unités des *Guards*), remplacée par la 185e brigade. Une division britannique d'infanterie dispose en effet de trois brigades d'infanterie. Ces brigades comportent trois bataillons provenant de régiments différents le plus souvent. En effet, le système britannique est très particulier. Les régiments sont liés à un terroir précis, généralement un comté (*shire* en anglais). En fonction de l'importance des recrues disponibles dans le comté où est levé un régiment, des bataillons sont constitués, aussi nombreux que le nombre des recrues disponibles le permet. Ainsi, l'un des bataillons de la 9e brigade est le *2nd Battalion The Lincolnshire Regiment*. Le régiment du comté de Lincoln a « produit » de nombreux bataillons qui sont dispersés dans l'armée britannique. En Normandie, on trouvera un autre bataillon de ce régiment, le *4th Lincolnshire*, intégré à l'une des brigades de la *49th (West Riding) Division*. Pour certains grands comtés, il y a plusieurs régiments. Ainsi, la 8e brigade dispose du *2nd Battalion the East Yorkshire*, issu de l'est du comté d'York, et du *1st Battalion The South Lancashire Regiment*,

---

without being in any way flashy, who never let it go to his head that he held an important position. When all the criticism surfaced about the failure to capture Caen, it should not be forgotten that most of this was directed at Montgomery – Crocker saw himself as just a cog in a vast machine.

For D-Day the Corps lined up three divisions, the 3rd Inf. Div plus attached units on Sword Beach, the 3rd Canadian Div. plus attached units in Juno and the 6th Airborne to the east of the Orne.

The 3rd British Infantry Division.

By May 1944 this regular army division already quite a history behind it. In existence during peacetime it became involved right from the start of the war, remaining an infantry division until June 1942 when it became one of the new « mixed divisions » – one of its brigades was replaced by an armoured brigade. In April 1943, however, it reverted to being an infantry division. At the beginning of the war its commander was Maj-Gen. B.L.Montgomery and was composed of the 7th Inf. Bde. (Guards) and the 8th and 9th Inf. Bdes. The division became a component of the British Expeditionary Force (BEF) and moved to France on 30 September 1939. It later fought at Ypres and Commines before retreating into the Dunkirk perimeter from where it was evacuated to England on 31 May 1940 where it remained until Operation Overlord. It passed successively under the command of GHQ Home Forces, then XI Corps before being joined to I Corps on 23 March 1943. It was successively commanded by Maj-Gen Montgomery, Brig. A.N. Anderson (from 30 May 1940), Montgomery again (from 3 June 1940), Brig. J.A.C.Whitaker (from 22 July 1949), Maj. Gen. J.A.H.Gammell (from 25 July 1940), Maj-Gen. E.C.Hayers (from 20 November 1941). Maj-Gen W.H.C.Ramsden (from 15 December 1942) and finally Maj. Gen. Rennie took over command of the division on 12 December 1943.

Major General Tom G. Rennie

Tom G. Rennie est né en 1900 en Chine, à Foochow (Foutchéou). Il rejoint l'école militaire de Sandhurst don il sort, jeune officier, pour rejoindre un régiment écossais, le *Black Watch Regiment*,en 1919. Il y prend la fonction d'officier-adjoint du 2e bataillon. En 1933 et 1934, il suit des cours au *Staff College* et rejoint ensuite la *51st Highland Division* qui est engagée en France au sein du Corps Expéditionnaire Britannique *(B.E.F.)*. Mais, en ce printemps de 1940, la *7. Panzer-Division* de Rommel survient en trombe sur les côtes de la Manche et obtient la reddition de cette division écossaise en juin 1940, à Saint-Valéry, en Normandie. Tom G. Rennie s'évade dix jours plus tard et rejoint l'Angleterre. Il réintègre le *Black Watch* et se bat en Afrique du Nord ; il sera décoré du *Distinguished Service Order* pour son action à El Alamein en 1942 et participera ensuite à la campagne de Sicile, au sein de la *51st Highland Division*, rencontituée, en tant que *Brigadier*. Il rejoint ensuite la Grande-Bretagne et, le 12 décembre 1943, on lui confie le commandement de la *3rd Infantry Division*, avec le grade de *Major General*. Il entraîne alors sa division pour l'opération *Overlord*. Plus tard, on le critiquera pour ne pas avoir formé son unité à exploiter les opportunités du combat et à agir rapidement. Son manque de décision rapide au combat coûtera ainsi très cher à sa division le 6 juin dans l'accomplissement de sa mission principale : prendre Caen rapidement. Le 13 juin, le lendemain de la visite du *General* Montgomery à son PC établi au château d'Hermanville, sa jeep sautera sur une mine anglaise fraîchement placée à l'entrée de Cambes-en-Plaine ; le *Major General* Rennie a le bras cassé et il est de retour en Angleterre le 18. Il sera lors remplacé provisoirement par le *Brigadier* E.E.E. Cass (chef de la *8th Brigade*), puis par le *Major General* L.G. Whistler, à partir du 23 juin. Puis Rennie rejoint la Normandie pour prendre le commandement, le 26 juillet avec le bras encore en écharpe, de la *51st Highland Division* qu'il connaît bien. Son chef, le *Major General* C. Bullen-Smith venait d'être relevé de son commandement pour son manque d'efficacité lors de l'opération *Goodwood*. Finalement le *Major General* Tom G. Rennie sera tué dans sa jeep par un obus de mortier le 24 mars 1945 lors de la traversée du Rhin près de Rees.

Tom Rennie was born at Foochow in China in 1900, and subsequently attended the Sandhurst Military Academy, from where he passed out as a young officer, joining the Scottish regiment, The Black Watch in 1919. There he served as assistent commander of the 2nd Battalion. Between 1933 and 1934 he attended the Staff College and was posted to the 51st Highland Division, serving with that unit in France as part of the BEF (British Expeditionary Force). On the spring of 1940, Rommel's 7th Panzer Division stormed through to the Channel coast and forced the surrender of the Scottish division on 9 June at St-Valéry in Normandy. Tom Rennie succeeded in escaping ten days later and made his way back to England where he rejoined the Black Watch and fought with his regiment in North Africa. He was awarded the DSO for his actions at El Alamein and subsequently took part in the campaign in Sicily as a Brigadier with the 51st Highland Division which had been reformed. Later he returned to Britain where, on 12 December 1943 he was given command of the 3rd Infantry Division and promoted Major General. Which he trained for its role in Operation Overlord. Later he was to be criticised for not having trained his unit to exploit opportunities that opened up in battle and to react rapidly. His indecision was to cost dear on 6 June 1944 when he failed to achieve his main mission, the rapid capture of Caen. On 13 June, the day after Montgomery had visited his HQ at the chateau d'Hermanville, his jeep ran over a freshly planted British mine at the entrance to Cambes-en-Plaine : General Rennie broke his arm and was evacuated to England on 18 June and was temporarily replaced by Brigadier Cass, commander of the 8th Brigade and then by Major General LG Whistler from the 23 June. Rennie returned to Normandy where he took over the 51st Highland Division, to which he was no stranger, on 28 July, following the sacking of its commander, Maj. Gen. Bullen-Smith for lack of aggression during Operation Goodwood. Tom Rennie was killed in his jeep by a mortar bomb on 14 March 1945 during the crossing of the Rhine near Rees.

issu du sud du comté de Lancaster. Il y aura aussi en Normandie, au sein de la *59th Division*, un bataillon issu du régiment de l'est du comté de Lancaster, le *5th East Lancashire*. Ce système « sophistiqué » démontre une fois de plus que les Anglais ne font jamais rien comme les autres. Une brigade d'infanterie britannique est l'équivalent exact d'un régiment d'infanterie, à trois bataillons (numérotés simplement de 1 à 3), des armées française, allemande ou américaine, entre autres. Une ultime particularité : dans toutes les armées, un régiment est généralement commandé par un colonel, la brigade britannique (ou canadienne) est commandée par un *Brigadier*, les compagnies sont généralement commandées par un capitaine, celles de l'armée britannique (et canadienne) par un *Major*. Les trois brigades d'infanterie de la division s'articulent ainsi :

La **8th Infantry Brigade** est commandée par le *Brigadier* E.E.E. Cass avec le **1st Suffolk** recruté dans le sud-est de l'Angleterre, le **2nd East Yorkshire** (dénomination courte du *2nd Battalion, The East Yorkshire Regiment*) recruté dans le nord-est de l'Angleterre, le **1st South Lancashire** recruté dans le nord-ouest de l'Angleterre.

La **9th Infantry Brigade** est commandée par le *Brigadier* J.C. Cunningham avec le **2nd Lincolnshire** recruté dans l'est de l'Angleterre, le **1st King's Own Scottish Borderers** (*1st K.O.S.B.* en abrégé) recruté dans la marche sud de l'Ecosse, le **2nd Royal Ulster Rifles** (*2nd R.U.R.* en abrégé) recruté en Ulster, dans l'Irlande du Nord.

La **185th Infantry Brigade** est commandée par le *Brigadier* K.P. Smith avec le **2nd Royal Warwickshire** issu du centre de l'Angleterre, le **1st Royal Norfolk** issu de l'est de l'Angleterre, le **2nd King's Shropshire Light Infantry** (*2nd K.S.L.I.* en abrégé) issu de l'ouest de l'Angleterre, entre le Pays de Galles et le Warwickshire.

Chaque **brigade** d'infanterie est constituée d'un état-major (*Brigade HQ*) avec sa section de protection (*Brigade HQ Ground Defence Platoon*), et trois **bataillons** d'infanterie. Chacun d'eux aligne 35 officiers et 786 sous-officiers et hommes du rang, répartis entre trois compagnies de combat (*rifles companies*) et une compagnie d'appui. Cette dernière comporte une section de mortiers (*mortar platoon*) avec six mortiers de *3-in* (3 pouces), une section de chenillettes avec 13 *Universal* (ou *Bren*) *Carriers* et une section antichar tractant six canons antichars

In May 1944 the 3rd Division still had its 8th and 9th Inf. Bdes., but it had lost the 7th, a Guards unit, which had been replaced by the 185th Bde. A typical British Infantry Division consisted of three infantry brigades each of three battalions, usually from different regiments. In effect the British system was unique. The regiments were attached to a particular area of territory, generally a shire county. Depending upon the number of recruits available on a county where a regiment had been raised, battalions were formed according to numbers of recruits. Thus one of the battalions of the 9th Brigade was the 2nd of the Lincolnshire Regiment. The Lincolnshire county regiment had « produced » numerous battalions, spread throughout the British Army. In Normandy , another of the regiment's battalions, the 4th, was integrated into one of the brigades of the 49th (West Riding) Division. Several of the larger counties had several regiments. Thus the 8th Brigade consisted of the 2nd Battalion of the East Yorkshires, from the east of the county of York, and the 1st Battalion of the South Lancashire Regiment from the county of Lancashire. Also in Normandy with the 59th Division was the 5th Battalion of the East Lancashire Regiment. This sophisticated system was yet another example of the British doing things differently to everyone else. A British infantry brigade was the equivalent to a three battalion infantry regiment (battalions numbered 1 –3), in the French, German and American armies. Yet another peculiarity – in the other armies a regiment was generally commanded by a colonel, but a British or Canadian brigade was commanded by a brigadier. Companies were generally commanded by a Captain whereas the British/Canadian ones were in charge of a Major. Thus the three infantry brigades were composed as follows.

The **8th Infantry Brigade** was commanded by Brigadier E.E.E.Cass with the **1st Suffolks** recruited in the south-east of England, the **2nd East Yorkshire** and the **1st South Lancashires.**

The **9th Infantry Brigade**, under the command of Brigadier J.C.Cunningham, consisted of the **2nd Lincolnshire**, the **1st Kings Own Scottish Borderers** (KOSB) from the southern counties of Scotland, and the **2nd Ulster Rifles** from Northern Ireland.

The **185th Infantry Brigade** was commanded by Brigadier K.P.Smith and had the **2nd Royal Warwickshires** from the English Midlands, the **1st Royal Norfolks** and the **2nd Kings Shrophire Light Infantry** (KSLI).

Jock Slattery, le *Pipe Major* du *1st King's Own Scottish Borderers*, unité de la 9e brigade de la *3rd Infantry Division* est en train de jouer « *Blue Bonnets over the Border* » le 29 avril 1944 alors que son unité se prépare pour le « second front ». (IWM.)

Preparations for the « Second front », 29th April 1944. Pipe Major Jock Slattery practising « Blue Bonnets over the Border » the pipe line he will play as he leads the 1st King's Own Scottish Borderers (9th Brigade, 3rd Division) into battle. (IWM.)

19 mai 1944 près de Portsmouth. Le *General* Montgomery inspecte une des unités de la 9e brigade de la *3rd Division*. Il examine ici tout l'équipement de débarquement d'un soldat du *2nd Battalion The Royal Ulster Rifles* en lisant la liste de cet équipement. (IWM.)

Near Portsmouth, 19th May 1944. General Sir Bernard Montgomery paid a visit to a battalion of the 3rd Division (2nd Battalion the Royal Ulster Rifles, 9th Brigade). Early in the war the battalion had served in General Montgomery's Division and many of the men were with the battalion then. A soldier with kit carried for the initial landing is inspected by general Montgomery. The General is seen reading a list comprising a soldier's kit. (IWM.)

de 6 livres et une section du Génie d'assaut. Chaque **compagnie** d'infanterie comporte trois sections (platoons) de trois équipes (sections). Chaque compagnie rassemble 127 hommes dont 5 officiers avec trois armes antichars PIAT au sein du groupe de commandement. Chaque section rassemble 37 hommes dont un officier, avec un mortier de 2 pouces. Chaque équipe rassemble 10 hommes avec un fusil mitrailleur Bren.

Les éléments organiques de la division (Organic Divisional troops) sont, tout d'abord, l'**artillerie** (Royal Artillery) avec le **7th Field Regiment** fort des 9th, 16th et 17/43rd Batteries, le **33rd Field Regiment** fort des 101st, 109th et 113/114th Batteries, le **76th Field Regiment** fort des 302nd, 330th et 113/114th Batteries. En fait ces trois « régiments », dont les batteries ne suivent pas une numérotation « logique » mais liée à la tradition, ont chacun la force d'un groupe (Battalion pour les Américains et Abteilung pour les Allemands), là encore l'originalité anglaise dans toute sa splendeur… L'artillerie de la division comporte aussi un groupe antichar, le **20th Anti-Tank Regiment** fort des 41st, 45th, 67th et 101st Batteries. Chaque régiment d'artillerie comporte trois batteries de deux sections (troops) chacune de quatre canons ou obusiers de 25 livres ; le régiment rassemble au total 24 canons, obusiers disposant de 144 obus HE (explosifs), 16 obus fumigènes et 12 obus perforants par pièce. Le régiment antichar aligne quatre batteries comprenant, chacune, une section (troop) de canons de 6 livres et deux sections de canons de 17 livres. Au total, le régiment dispose de 48 pièces. Un régiment anti-aérien léger aligne trois batteries de trois sections de six pièces de DCA de 40 mm automotrices chacune, soit un total de 54 pièces.

Le bataillon du génie **(Royal Engineers)** est fort des 17th, 246th et 253rd Field Companies. Les fantassins du **2nd Battalion the Middlesex Regiment** servent les mitrailleuses. Plusieurs bataillons du Middlesex Regiment fournissent les unités affectées au service des mitrailleuses. Ainsi les bataillons suivants prennent en charge les bataillons de mitrailleuses (M.G.) d'autres divisions : le 1st Battalion pour la 15e, le 1/7th pour la 51e et le 8th pour la 43e. Un bataillon de mitrailleuses rassemble 817 hommes, dont 35 officiers. Il aligne trois compagnies à trois sections disposant au total de 12 mitrailleuses Vickers Mk I et une compagnie lourde à trois sections disposant chacune de quatre mortiers de 4,2 pouces.

Les autres unités organiques, outre le QG **(HQ 3rd Infantry Division)**, la police militaire **(3rd Divisional Provost Company)**, sont les transmissions **(3rd Divisional Signals)** et le bataillon médical (Royal Army Medical Corps) : **8th, 9th** et **223 Field Ambulances.**

La division aligne 18 347 hommes et dispose de 4 330 véhicules et 226 remorques, 983 motos, 495 véhicules divers, 52 ambulances, 881 camions de 15-cwt, 1 056 camions de 3 tonnes, 205 tracteurs divers, 31 véhicules blindés, 32 véhicules de reconnaissance légers, 595 chenillettes (Carriers). Elle dispose de 1 011 pistolets, 11 254 fusils Lee-Enfield, 6 525 pistolets-mitrailleurs Sten, 1 262 mitrailleuses (Bren light machine guns), 40 mitrailleuses lourdes Vickers Mk I medium/heavy M.G., 359 mortiers (283 de 2 pouces, 60 de 3 pouces et 16 de 4,2 pouces), 436 PIAT, 125 canons antiaériens (71 de 20 mm tractés, 36 de 40 mm tractés et 18 de 40 mm automoteurs), et 182 canons (72 canons et obusiers de 25 livres tractés, de 32 canons antichars de 17 livres tractés et 78 canons antichars de 6 livres tractés) (2).

Each infantry **brigade** included a HQ staff and a Brigade HQ Ground Defence Platoon as well as its three infantry **battalions**, each of which consisted of 35 officers and 786 nco's and other ranks divided between three rifle companies and a heavy weapons company. The latter comprised a mortar platoon armed with six 3 inch mortars, a platoon of 13 Universal Carriers, an anti-tank platoon with six towed 6 pdr. guns and a platoon of combat engineers. Each rifle company consisted of three platoons each subdivided into three sections. A rifle company numbered 127 men, 5 of whom were officers, with three PIAT anti-tank weapons attached to company headquarters. Each platoon numbered 37 men, one of whom was an officer and was equipped with a 2 inch mortar, while each section numbered 10 men with a Bren LMG.

The organic divisional troops included the **Royal Artillery** component with the **7th Field Regiment** which was made up of the 9th, 16th and 17/43rd batteries, the **33rd Field Regiment** which consisted of the 101st, 109th and 113/114th batts. And the **76th Field Regt.** with the 302nd, 330th and 113.114th batteries. In fact three « regiments », the batteries of which did not follow any logical system of numbering but were linked to tradition, were the equivalent to an American Battalion and a German Abteilung, which again was typically British in all its splendour. The divisional artillery also included the **20th Anti-tank Regt.** with the 41st, 45th, 57th and 101st batteries. Each artillery regiment consisted of three batteries each divided into two troops each with four 25 Pdr. howitzers. A regiment fields a total of 24 guns each of which had a total of 144 HE shells, 16 smoke shells and 12 armour piercing. The anti-tank regiment fielded four batteries each subdivided into a troop with 6pdr. guns and two troops with 17pdrs. giving a total of 48 guns. A light anti-aircraft regiment was split into 4 batteries each of three troops each of which was equipped with 6 40mm SP anti-aircraft guns, giving a total of 54.

The **Royal Engineer Battalion** was made up of the 17th, 246th and 253rd Field Companies. The infantry of the **2nd Battalion The Middlesex Regt.** operated the machine-guns. Several battalions of that regiment furnished units dedicated to machine-gunnery. Thus the following provided machine-gun battalions for other divisions – the 1st Bn. for the 15th Div., the 1/7th for the 51st Div. and the 8th for the 43rd Div. An MG battalion numbered 817 men, 35 of whom were officers. A battalion was subdivided into three companies each of three platoons equipped with a total of 12 Vickers mk. I MG's and a three platoon heavy company each equipped with four 4.2 inch mortars

Other than divisional **HQ**, the rest of the organic troops included the 3rd Division **Provost** Company (MP's), the 3rd Division Signals and a **Royal Army Medical Corps** battalion - 8th, 9th and 223rd Field Ambulances.

The divisional strength totalled 18,347 men and was equipped with 4,330 vehicles, 226 trailers, 983 motorbicycles, 495 miscellaneous vehicles, 52 ambulances, 881 15cwt. trucks, 1,056 3 tonners, 205 various tractors, 31 armoured vehicles, 32 armoured cars, and 595 universal carriers. In terms of weaponry, the division was issued with 1,011 pistols, 11,254 Lee Enfield rifles, 6,525 Sten sub-machine-guns, 1,262 Bren LMG's, 40 Vickers heavy machine guns, 359 Mortars (283 2 inch, 60 x 3 inch and 16 4.2's), 436 PIAT (Projector Infantry Anti-tank), 125 anti-aircraft guns (71 x 20mm towed, 36 x 40mm towed and 18 x 40 mm SP), and 182 guns (72 towed 25 pdrs ; 32 17 pdr anti-tank towed and 68 towed 6 pdr anti-tank). (2)

---

(2) En ce qui concerne cette division et les forces affectées à Sword Beach, on se reportera à Christopher Chant, Sword Beach, Ravelin.

(2) The description of this division and the forces allotted to Sword Beach are detailed in Christopher Chant, Sword Beach. Ravelin.

1. Le *13/18th Hussars* se prépare au combat. Ces photos prises le 30 mai 1944, nous montrent l'équipage d'un char du *C Squadron* de ce régiment de la *27th Armoured Brigade* qui appuie la *3rd Division*. Nous voyons ici le *Sergeant* A. Yorke (23 ans de service dans cette unité). (IWM.)

1. *The 13/18th Hussars (part of the 27th Armoured Brigade) prepare for action, 30th May 1944. Tanks are being stowed and everything carefully checked. Some of the men are veterans of Dunkirk. The new 17-pounder guns are fitted to some of their Sherman tanks. Some members of a tank crew of the C Squadron : Sergeant A. Yorke, 23 years service with 13/18 Hussars. (IWM.)*

2. Le *Sergeant* S. Diver a quinze ans de service dont douze avec le *13/18 Hussars*. Il a été décoré de la *Military Medal* pour son courage au combat avec le BEF en Belgique et en France. (IWM.)

2. *Sergeant S. Diver (15 years in Army, 12 with 13/18 Hussars) who was decored (MM) in France and Belgium with BEF. (IWM.)*

3. L'équipage d'un char de dépannage ARV (version modifiée du Sherman). Tous les membres de cet engin de la *27th Armoured Brigade,* dont on voit l'emblème à l'avant droit, sont des Gallois et ont appelé ce véhicule *Cymru-am-Byth* (Pays de Galles pour toujours). (IWM.)

3. *The crew of the Armour Recovery Vehicle (a modified Sherman) wich goes in on first tide. All welshmen, they have named their vehicle Cymru-am-Byth (Wales for Ever). We see on the hull the emblem of the 27th Armoured Brigade. (IWM.)*

4. Vue générale montrant une partie des chars du « C » Squadron (13/18 Hussars) avec les équipages préparant leur matériel. (IWM.)

4. *General view of C Squadron tank party (13/18 Hussars) showing crews busy for final operations. (IWM.)*

5. 27th Armoured Brigade.

6. Le 2 juin 1944, nous retrouvons le *13/18th Hussars* se préparant à embarquer. Il a quitté Petworth pour rejoindre Gosport. Nous voyons ici à nouveau un ARV *(Armoured Recovery Vehicle)*, char de dépannage du REME. Il s'agit d'un char Sherman modifié. Cet engin passe le long d'une file de chars Sherman en attente sur le côté de la route. (IWM.)

6. *13/18th Hussars move from Petworth to Gosport. Britain's invasion forces are now moving into marshalling areas from which they will embark when D-Day arrives. A special Armoured Recovery Vehicle Tank of REME (a modified Sherman) passing a line of Sherman tanks halted by the roadside. (IWM.)*

Mais, pour le Jour J, cette division va être considérablement renforcée d'unités diverses, d'une brigade de commandos, mais surtout, d'une brigade de chars, la *27th Armoured Brigade.*

La **27th Armoured Brigade** est commandée par le *Brigadier* G.E. Prior-Palmer. Elle aligne 3 400 hommes répartis en trois bataillons de chars : *13th/18th Royal Hussars, 1st East Riding Yeomanry, The Staffordshire Yeomanry.* Elle dispose de 33 chars légers Stuart et de 190 chars Sherman.

Chacun des bataillons de chars de la brigade aligne un *Squadron HQ* (Compagnie de commandement), et trois compagnies de combat, les *Squadrons A, B* et *C.* Chacun de ces *squadrons* aligne une section de commandement *(HQ Troop)* disposant de trois chars et cinq *Troops* (numérotées de 1 à 5) de trois chars, soit un total de quinze chars ou 18 pour le *squadron.*

Mais ce n'est pas le seul renfort que la *3rd British Infantry Division* va recevoir pour le Jour J. On lui rattache aussi une force d'élite, la *1st Special Service Brigade,* une brigade de commandos forte de 2 500 hommes. Ainsi, avec une brigade de chars et une brigade de commandos ainsi que diverses unités spécialisées (groupes de plage, etc.), et une brigade de chars supplémentaire, les fameux *Funnies* de la *79th Armoured Division,* ainsi que nous le verrons plus loin, le *Major General* Rennie disposera d'un véritable corps de bataille doté de moyens puissants pour écraser les positions côtières allemandes de *Sword Beach.*

4

5

For D-Day, however, the division was considerably reinforced with various units including a commando brigade and more especially with a brigade of tanks, 27th Armoured Bde.

The **27th Armoured Brigade** was commanded by Brigadier G.E. Prior-Palmer and was 3,400 men strong spread among three tank battalions – 13st/18th Royal Hussars, 1st East Riding Yeomanry and The Staffordshire Yeomanry. It was equipped with 33 Stuart light tanks and 190 Sherman mediums.

Each of the tank battalions had a headquarters squadron and three combat squadrons (A, B and C) and each of the latter was subdivided into a headquarters troop with three tanks and five troops (numbered 1 – 5) with three tanks each, giving a total per squadron of 15 tanks or 18 including HQ Troop.

That, however, was not the only reinforcement that the 3rd Division was allotted for D-Day, as an elite force, 1st Special Service Brigade was attached to it, a commando brigade 2.500 men strong. Thus with a tank brigade and a commando brigade as well as various special units (beach groups etc) and an extra tank brigade of the famous « funnies » of the 79th Armoured Division, which will be examined later, Major General Rennie had at his disposal a veritable composite battle group equipped with powerful resources to crush the German coastal defences on Sword Beach.

6

Commandos.

Lord Lovat.

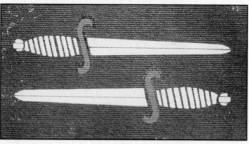

Insigne de béret des *Lovat's Scouts* porté par Bill Millin et insigne en tissu de la *1st Special Service Brigade*.

The Lovat Scouts' cap badge and cloth insignia of the 1st Special Service brigade.

Le 3 juin, avant l'embarquement à Warsash, sur la rivière Hamble, Lord Lovat s'adresse à ses troupes. (IWM.)

3rd June, Brigadier Lord Lovat addressing his troops before they move off to the embarkation port, Warsash on the river Hamble. (IWM.)

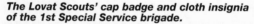

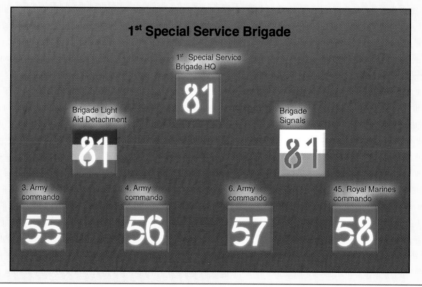

1st Special Service Brigade

1st Special Service Brigade HQ
81

Brigade Light Aid Detachment
81

Brigade Signals
81

3. Army commando
55

4. Army commando
56

6. Army commando
57

45. Royal Marines commando
58

Marquage des véhicules de la *1st Special Service Brigade*.

1st Special Service Bde. Vehicle markings.

Piper Bill Millin.

Les Commandos

Les unités de Commandos sont une remarquable innovation de l'armée britannique mise au point dès les premières années de la Seconde Guerre mondiale. Elle est due à l'expérience militaire acquise par l'armée britannique outremer et principalement pendant la guerre des Boers, en Afrique du Sud, à la fin du XIXe siècle. Lors de ce dur conflit, les Boers menèrent une efficace guérilla contre l'armée anglaise. Pour y faire face, des officiers britanniques reprirent cette méthode de coups de main rapides menés contre l'adversaire. C'est ainsi que le seizième Baron Lovat monte une unité spéciale en 1899, les *Lovat Scouts*, qui sera engagée dans la guerre contre les Boers. Son fils reprendra cette unité, sorte d'armée privée liée au clan familial, composée en partie de gardes chasse du clan Fraser.

Lorsqu'éclate la Seconde Guerre mondiale, ce concept du raid rapide en territoire ennemi est repris et, à l'été de 1940, l'armée de terre britannique constitue des unités de Commandos, l'un des premiers volontaires est, tout naturellement, Simon Fraser, dix-septième Baron Lovat. Il sera l'un des principaux chefs de ce type d'unité.

Personnage de légende, **Simon Fraser Baron Lovat** est né en 1911. Son prénom est souvent orthographié à la mode écossaise, « Shimi ». Le futur dix-septième Baron Lovat passe sa jeunesse au château de Beaufort, en Ecosse. Ses lointains ancêtres, les seigneurs de la Fréselière, avaient quitté l'Anjou et étaient venus avec les barons normands. On les retrouve seigneurs écossais avec Simon « Frisel » en 1160 puis le nom prend la forme de Fraser, cette famille est devenue un important clan écossais. Après des

Ce 3 juin, le *Piper* Bill Millin joue pour les *Special Service Troops* avant l'embarquement. (IWM.)

An inspiring tune on the bagpipes of Piper Bill Millin for S.S. Troops before they move off. (IWM.)

The Commandos

The commando units were a remarkable innovation on the part of the British Army, started in the early years of the Second World War. The concept, however, was due to the military experience acquired by the British overseas, principally during the Boer War in South Africa at the end of the 19th century. During the course of that conflict the Boers mounted an effective guerrilla campaign against the British, to counter which some officers adopted this method of rapid strikes against the enemy. It was this that the 16th Baron Lovat formed a special unit in 1899, the Lovat Scouts, which took part in the Boer War. His son took over the unit, a sort of private army attached to the family clan, partly recruited from the Clan Fraser gamekeepers.

At the outbreak of war this concept of rapid raids into enemy territory was revived and in the spring of 1940 the British formed commando units and one of the first volunteers was, naturally enough, Simon Fraser, 17th Baron Lovat who became one of the principal exponents of that type of warfare.

A legendary character, **Simon Fraser** was born in 1911 and his given name was often written as « Shimi » in Scottish fashion. The future 17th Baron Lovat spent his childhood at Beaufort Castle in Scotland. His distant ancestors, the Seigneurs de la Frésélière had left Anjou and come to Britain with the Normans, later reappearing as Scottish lords with a certain Simon « Frisel » in 1160 after which the name was spelled Fraser, the family founding an important clan. After his studied, Shimi Fraser joined the Scots Guards as an officer in 1932 and on the death of his father the following year, he inherited the barony and became the 25th chieftain on Clan Fraser. When war was declared he was a captain and volunteered for the Lovat Scouts, the family regiment – he was thirsting for adventure. In the summer of 1940 when the commandos were formed he was one of the first to volunteer. He became a member of No.4 Commando and in March 1941, took part in the successful raid on the Lofoten Islands. In August he was promoted lieutenant-colonel and in command of his unit, participated in the unsuccessful Dieppe raid. Lovat was given command of the 1st Special Service Brigade on the eve of D-Day.

Ar his side was one of his oldest friends from university. **Derek Mills-Roberts** was born in 1908, went to school at Liverpool College and became friends with Shimi Fraser when they studied together at Oxford. Like his friend, he joined an elite unit, the Irish Guards and at the beginning of the war, he fought with his battalion in Norway, then, like Lovat, rapidly volunteered for the commandos. As a major and second-in-command to Lovat in No.4 Commando he too took part in the Dieppe raid in August 1942. He was an excellent leader, imperturbable who became a lieutenant-colonel and took command of No.6 Commando with which he fought in Tunisia where he was awarded the DSO following a raid on the Hermann Goering Division. For D-Day he was still in charge of No.6 Commando under Lovat's orders, and replaced him as brigade commander after 12 June.

Thus, from 1940 on, twelve army commandos numbered 1 to 12 were constituted. No.10 Commando was « Interallied », made up among others from French Marines, who for D-Day were attached tactically to No. 4 Commando. They were all volunteers trained at the base camp and then at the Commando centre at Achnacarry in the Highlands of Scotland. Most importantly a Commando had to be perfectly fit before undergoing an arduous training programme of combat with light weapons and unar-

études à Oxford, « Shimi » Fraser devient officier dans les *Scots Guards* en 1932. A la mort de son père, en 1933, il devient le dix-septième Baron Lovat et vingt-cinquième chef du clan Fraser. A la déclaration de guerre, il est capitaine et se porte volontaire pour l'unité de tradition de son clan, les *Lovat Scouts* ; il a soif d'aventure. Et, à l'été de 1940, lorsque les Commandos sont constitués, il est l'un des premiers volontaires. Il fait partie du *N° 4 Commando* et participe, en mars 1941, au raid réussi sur les îles Lofoten. En août 1942, Shimi Fraser of Lovat est promu au grade de lieutenant-colonel. A la tête de cette unité, il participe au raid sur Dieppe qui est un échec. On lui confie le commandement de la *1st Special Service Brigade* à la veille de l'opération Overlord.

A ses côtés, on trouvera l'un de ses anciens camarades d'université. **Derek Mills-Roberts** est né en

Lieutenant-colonel Derek Mills-Roberts, n° 6 Commando.

Insigne en tissu de béret du Commando Kieffer. (Heimdal.)

Cloth beret badge worn by Kieffer's commandos. (Heimdal.)

Lieut-colonel R.W.E. Dawson, n° 4 Commando. (IWM.)

Major Philippe Kieffer, n° 4 Commando (Free French). (IWM.)

3 juin. Le lieutenant Bruce Beattle contrôle les appareils radio portables de commandos français. (IWM.)

3rd June, French Commando troops having their portable signal sets checked by a signals officer, Lieutenant Bruce Beattle. (IWM.)

1908. Il fait ses études au Liverpool College puis se lie d'amitié avec Shimi Fraser lors de ses études universitaires à Oxford. Comme son ami, il intègre tout d'abord une unité d'élite, une unité de la Garde, les *Irish Guards*. Au début de la guerre, il combat en Norvège avec son bataillon puis, comme Lord Lovat, il se porte rapidement volontaire pour les Commandos. Il se retrouvera avec son ami Shimi Fraser ; il est *Major* et commande en second, sous ses ordres, le *N° 4 Commando* dont il mène la moitié au combat lors du débarquement de Dieppe en août 1942. C'est un excellent chef, impavide, qui devient lieutenant-colonel et prend le commandement du *N° 6 Commando* qui va combattre en Tunisie ; il y gagne le D.S.O., suite à un raid contre la *Hermann Göring Division*. Pour *Overlord*, il est toujours à la tête du *N° 6 Commando*, sous les ordres de Lord Lovat, qu'il remplacera à la tête de la brigade après le 12 juin.

Ainsi, à partir de 1940, douze commandos de l'Armée de Terre, numérotés de 1 à 12 ont été constitués. Le *N° 10 Commando* est un commando « interallié » principalement constitué avec les Français du 1er BFMC (qui seront tactiquement rattachés au *N° 4 Commando* dans le cadre de l'Opération *Overlord*). Ce sont tous des volontaires entraînés au camp de base et d'entraînement des Commandos à Achnacarry, dans les Highlands d'Ecosse. Un commando doit tout d'abord être en parfaite forme physique. Il subit un entraînement intensif au combat offensif avec de l'armement léger, au close combat. Les hommes sont légèrement équipés pour être très mobiles et les unités sont-elles aussi allégées (entre 250 et 450 hommes). Dès 1941, des unités de commandos sont engagées dans des raids, en France, en Norvège, puis en Afrique du Nord et en Italie.

La marine britannique est aussi impliquée dans la formation d'unités de commandos. Celles-ci ne seront mises sur pied qu'à partir de février 1942. **Bernard W. Leicester** sera l'âme de ces nouvelles formations. Né en 1901, il avait rejoint les *Royal Marines Light Infantry* en 1918. Il restera affecté au service maritime jusqu'en 1929, quand il se porte volontaire pour le *Sudan Defence Corps* ; il y passe cinq ans dont deux comme méhariste (dans le *Camel Corps*). Il s'y forge des convictions bien particulières du service sous les armes. Puis il rejoint la *9th Infantry Brigade* comme *Brigade major* ; il est affecté en France avec cette unité mais il combat, en 1940, avec la *102nd Royal Marine Brigade* avant de devenir officier d'état-major (GS01) de la *Royal Marines Division*. On lui confie ensuite le commandement du *1st Royal Marine Battalion*. Sa riche expérience l'amène à envisager un rôle plus dynamique pour les *Royal Marines,* il est en accord avec ses supérieurs dans cette analyse ; il faut constituer des Commandos formés de volontaires très motivés, les *Royal Marine Battalions* doivent être transformés en Commandos. Il y en aura neuf (n° 40 à 48). On lui confie alors le commandement de la *4th Special Service Brigade* constituée avec des Commandos des *Royal Marines*.

Les Commandos de l'Armée de Terre et ceux de la Marine ont été placés sous le commandement de Lord Mountbatten, chef des *Combined Operations* dès 1941. Pour l'opération *Overlord*, les deux brigades de commandos britanniques sont placées sous le contrôle du **Special Service Group** commandé par le *Major General* Robert G. Sturges (des *Royal Marines*) et composé de la *1st Special Service Brigade* et de la *4th Special Service Brigade*, totalisant environ 5 000 Commandos.

La **1st Special Service Brigade** est commandée par le *Brigadier* Lord Lovat. Elle regroupe plus de 2 500 hommes et est constituée des :

med combat. The men were lightly equipped to ensure mobility and the strength of a unit varied between 250 and 450. From 1941 inwards, the commandos were involved in raids on Norway and France, then in North Africa and Italy.

The British Navy was also involved in the formation of commando units but did not start until February 1942. **Bernard W. Leicester** was the impetus behind these new formations. He was born in 1901 and joined the Royal Marines Light Infantry in 1918, remaining in Naval service until 1929 when he volunteered for the Sudan Defence Force where he spent five years, two of which were with the Camel Corps. While there he developed his own concepts of warfare.. He then joined the 9th Infantry Division as Brigade Major with which unit he went to France, but in 1940, fought with the 102nd Royal Marines Brigade, before becoming GSO1 of the Royal Marines Division. After that he was given command of the 1st Royal Marines Battalion. His wide experience led him to envisage a more active role for the Marines, an analysis with which his superiors agreed – it was necessary to form Commandos composed of highly motivated volunteers and transform the Royal Marine Battalions into commando units. Nine were created (Nos. 40 to 48). Leicester was given command of the of the 4th Special Service Brigade which was formed entirely of Royal Marine Commandos.

The Army Commandos and those of the Marines were placed under Lord Mountbatten, Chief of Combined Operations from 1941. For Operation Overlord, the two brigades of British commandos were placed under the Special Service Group commanded by Maj-Gen Robert Sturges of the Royal Marines. The 1st and 4th Brigades totalled 5,000 Commandos.

The **1st Special Service Brigade** under the command of Lord Lovat totalled more than 2,500 men and was constituted as follows.

- **No.3 Commando** commanded by Lt-Col. Peter Young had a wide experience of raiding including Dieppe and Sicily.

- **No.4 Commando**, under Lt-Col. Robert Dawson was equally experienced in raids on Vaagso, the Faeroe Islands and Dieppe. This commando had the peculiarity of having three troops attached from No.10 Commando (Inter-Allied), the 177 French Marine Fusiliers. Thus for D-Day, No.4 Commando was made up of HQ Troop, A Troop, B Troop, C Troop (parachute qualified), D Troop (mortars), E Troop, and the three French troops commanded by Major Philippe Kieffer; his unit was organised as a headquarters, Troop 1 commanded by Lt. Vourch (65 men), Troop B, 68 men under Lt. Alex Lofi and K (Gun Troop), 24 men under Lt. Amaury. At headquarters, beside Major Kieffer, was the chaplain, Capt. de Naurois and Corporal Maurice Chauvet. The medical officer was Capt. Lion. These 177 Free French were the only ones to land on 6 June although their fellow countrymen of the Free French Navy and pilots of the Free French Air Force attached to the RAF should not be forgotten.

- **No.6 Commando** under Lt-Col. Derek Mills Roberts, had the experience of several small raids in North Africa.

- **No.45 Royal Marine Commando** commanded by Lt-Col. Charles Ries was one of the nine RM Commandos and completed the brigade line-up. It had, however, only been recently formed and was entirely lacking in experience.

- The **4th Special Service Brigade** was commanded by Brigadier Leicester who has already been introduced and was composed of four RM Commandos.

- **N° 3 Commando**, commandé par le lieutenant-colonel Peter Young, riche de l'expérience des raids sur Dieppe et la Sicile.

- **N° 4 Commando**, commandé par le lieutenant-colonel Robert W.F. Dawson, riche de l'expérience des raids sur Vågø (Norvège), les Iles Féroé et Dieppe. Ce Commando a la particularité d'avoir reçu trois troops du *N° 10 Inter-Allied Commando*, les 177 fusiliers-marins français du 1er B.F.M.C. Ainsi, pour *Overlord*, ce Commando sera constitué de son échelon de commandement *(Headquarters Services)*, la *Troop A*, la *Troop B*, la *Troop C* (brevetés paras), la *Troop D* (mortiers), la *Troop E* ainsi que les *Troops* du 1er Bataillon de Fusiliers Marins Commandos (F.N.F.L.) commandé par le *Major* Philippe Kieffer (dont le grade français est « capitaine de corvette »). Il rassemble son échelon de commandement, la *Troop 1* du lieutenant Vourch (65 hommes), la *Troop 8* du lieutenant Alex Lofi (68 hommes) et la *K. Gun Troop* du lieutenant Amaury (24 hommes). Au PC, avec le *Major* Kieffer, on trouve le capitaine R. de Naurois (aumônier) et le caporal Maurice Chauvet. Le médecin capitaine Lion dirige l'échelon médical. Ces 177 Français Libres seront les seuls Français à débarquer en Normandie le 6 juin, sans oublier leurs compatriotes marins des FNFL et pilotes FAFL incorporés à la *Royal Air Force*.

- **N° 6 Commando**, commandé par le lieutenant-colonel Derek Mills Roberts, riche de l'expérience de plusieurs petits raids de combats en Afrique du Nord.

- **N° 45 Royal Marine Commando**, commandé par le lieutenant-colonel Charles Ries, l'un des neuf commandos de la marine et qui complète ainsi l'effectif de la brigade. Mais ce Commando a été récemment constitué et manque totalement d'expérience.

La **4th Special Service Brigade** est commandée par le *Brigadier* Bernard W. Leicester, que nous avons déjà présenté. Elle est constituée de quatre Commandos de la *Royal Marine* :

- Le **N° 41 Royal Marine Commando** est commandé par le lieutenant-colonel T.M. Gray. Il a été formé en octobre 1942 et est riche de l'expérience de ses combats, en Sicile et en Italie, avant de rejoindre l'Angleterre en novembre 1943.

- Le **N° 46 RM Commando** est commandé par le lieutenant-colonel Campbell Hardy. Il a été constitué en août 1943 et n'a pas encore combattu.

Lieutenant-colonel Philipps, 47th RMC. (DR.)

Ci-dessous : Avant l'embarquement à Warsash, l'enthousiasme des Commandos est éclatant. Certains d'entre eux, qui ont des missions bien particulières, disposent de bicyclettes pliantes (IWM.)

S.S. Troops are in high spirits. They have paratroop cycles for special jobs. (IWM.)

Le *Major General* Rod F.L. Keller commande la *3rd Canadian Infantry Division*. (PAC.)

Major General Rod F.L. Keller, commander of 3rd Canadian Infantry Division. (PAC.)

- Le **N° 47 RM Commando** est commandé par le lieutenant-colonel C.F. Phillips. Il a été aussi constitué en août 1943 et est tout aussi inexpérimenté.

- Le **N° 48 RM Commando** est commandé par le lieutenant-colonel J.L. Moulton. Il a été constitué tout récemment, en mars 1944, et est complètement inexpérimenté.

Contrairement à la *1st Special Service Brigade* qui sera engagée en bloc dans le secteur de *Sword Beach*, puis dans la tête de pont aéroportée, les *Royal Marine Commandos* de la *4th Special Service Brigade* seront dispersés dans les secteurs de *Juno Beach* et de *Gold Beach*, et même de *Sword Beach*, avec des missions diverses, comme nous le verrons plus loin, et avec un seul Commando disposant d'une bonne expérience du combat. Seront engagés, sous l'autorité du *I Corps*, le *N° 41 Royal Marine Com*mando dans le secteur de Juno Beach et le *N° 48 RM Commando* dans celui de *Sword Beach*. Avec le *XXX Corps*, le *N° 47 RM Commando* débarquera sur *Gold Beach* avec Port-en-Bessin pour objectif. Quand au *N° 46 RM Commando,* il débarquera à J + 1.

Notons aussi, au sein du *I Corps*, la *6th Airborne Division*, parachutée et larguée de part et d'autre de l'Orne pour constituer la tête de pont aéroportée, « pilier » oriental du secteur de débarquement allié en Normandie. Cette division, bien qu'impliquée avec le secteur *Sword*, sort du cadre de notre étude et on se reportera à notre ouvrage « *Diables Rouges en Normandie* » (Editions Heimdal). Il nous reste maintenant à étudier une autre division rattachée au *I Corps* pour *Overlord* mais attribuée à un autre secteur de plage, *Juno Beach* : la division canadienne.

La *3rd Canadian Infantry Division*

Cette division d'infanterie à trois brigades a été sélectionnée dès le mois de juin 1943 pour participer à l'assaut sur les plages normandes. Riche de l'expérience malheureuse subie à Dieppe, les fantassins canadiens ont subi un entraînement intensif avec des opérations combinées de débarquement le long des côtes d'Ecosse. Puis la division a rejoint le secteur de Portsmouth, avec la *Force J*, où elle poursuivra son entraînement avant d'être rattachée au *I Corps* le 30 janvier 1944. Elle est commandée par le *Major General* Rod F.L. Keller.

La **3rd Canadian Infantry Division** est une unité solide issue d'une armée qui a connu une expansion rapide. En effet, au début de la guerre, l'armée canadienne était constituée d'un minuscule noyau permanent de 5 000 militaires de tous grades, mais dis-

---

Major General Rod F.L. Keller

Il est né en 1900 à Tetbury dans le Gloucestershire, en Angleterre. Sa famille émigre à Kelowna, dans la British Columbia, la province la plus occidentale du Canada. Là, il entre au *Royal Military College of Canada* (RMC) en 1920. Capitaine en 1925, il rejoint le RMC de 1928 à 1932. Son visage rond et sa solidité physique lui valent le surnom de « Captain Blood ». Après avoir suivi le cours du *Staff College*, il devient officier d'état-major. En juin 1941, il prend le commandement de son premier régiment, le *Princess Patricia's Canadian Light Infantry* (PPCLI). Six semaines plus tard, il est promu au grade de *Brigadier* (général de brigade) et prend le commandement de la *1st Canadian Infantry Brigade*. Nouvelle promotion à la fin de l'année 1942 ; il est *Major General* et prend le commandement de la *3rd Canadian Infantry Division*.

Malgré les commentaires élogieux du *Lieutenant General* Crerar, ses chefs trouveront que ce général manque de caractère. Les faits le confirmeront et il sera question de relever le commandement de ce chef qui n'avait encore jamais commandé une unité au feu avant le débarquement. Le général Dempsey dira que Keller « *n'avait pas un tempérament adéquat et n'était pas prêt aussi physiquement à un commandement à telle responsabilité.* » Dans une lettre au général Crerar, Dempsey ajoutera que Keller « *n'était pas assez bon pour commander une division canadienne.* »

Après « l'excitation du débarquement », le général Keller montrera un état de nervosité et d'angoisse. Montgomery hésitera à démettre un général canadien resté populaire auprès de ses hommes. Le destin précipitera les choses ; il sera très gravement blessé le 8 août 1944 lors d'un bombardement américain trop court. Il décédera d'une crise cardiaque à Caen, en 1954, lors de la cérémonie du dixième anniversaire.

Born in 1900 in Tetbury, Gloucestershire, his family subsequently emigrated to Kelowna in British Columbia, the most westerly province in Canada. There, he entered the Royal Military College of Canada in 1920. By 1925 he was a captain and returned to the college from 1928 – 32, where his round face and solid build earned him the nickname of « Captain Blood ». After completing the Staff College course he became a general staff officer and in 1941, took command of his first regiment, the Princess Patricia's Canadian Light Infantry. Six weeks later he was made a brigadier and took command of the 1st Canadian Infantry Brigade. Further promotion at the end of 1942 brought him to the rank of Maj-Gen and command of the 3rd Canadian Infantry Division.

In spite of the complimentary comments of General Crerar. His superiors found that Keller lacked character. This was proved and it became a question of relieving him of his command as he had never lead units under fire before the landings. General Dempsey said that Keller, « lacked an adequate temperament and was not ready physically for such an important command ». In a letter, Dempsey added that « he was not good enough to command a Canadian division ».

After the excitement of the landings, General Keller displayed a state of nervousness and worry, yet Montgomery hesitated to sack a Canadian general who remained popular with his men. Destiny, however, settled the matter as he was very seriously wounded during an American bombardment that fell short on 8 August. He dies if a heart attack in Caen in 1954 while attending the 10th anniversary commemoration.

- ***No.41 Royal Marine Commando***, *headed by Lt-Col. T.M.Gray, was formed in October 1942 and had a wide raining experience in Sicily and Italy before being posted back to England in November 1943.*

- ***No.46 Royal Marine Commando*** *under Lt-Col. Campbell Hardy was formed in August 1943 and had not yet been in combat.*

- ***No.47 Royal Marine Commander***, *Lt-Col. C.F.Phillips in command, formed at the same time and equally lacking in experience.*

- ***No.48 Royal Marine Commando*** *under Lt-Col. J.L.Moulton had been formed as late as March 1944 and was also totally inexperienced.*

Unlike the 1st Brigade which was committed en bloc on the Sword beach sector and then in the airborne bridgehead, the RM Commandos of the 4th Special Service Brigade were dispersed all over Juno and Gold and even Sword beaches with various missions as we shall see and with only one combat experienced commando. Employed under the aegis of I Corps they were located as follows. No.41 RM Commando to Juno Beach, and No.48 on Sword with XXX Corps, No.47 landed on Gold tasked to take Port-en-Bessin. As far as No.46 was concerned it landed on D+1.

One should also note that as a component of I Corps, the 6th Airborne Division parachuted and landed on both sides of the Orne to constitute the airborne bridgehead, the eastern pillar of the Allied landings in Normandy. This division, even though interacting with the Sword sector is outside the framework of this present study and the reader is recommended to consult the book « Red Devils in Normandy », also published by Heimdal

But now it is time to study another division attached to I Corps for Overlord but destined for a different sector, Juno Beach – the Canadian Division.

The 3rd Canadian Infantry Division.

This three brigade infantry division is selected in June 1943 to take part in the assault on the Normandy beaches. Enriched by their unfortunate experiences at Dieppe, the Canadian infantrymen had undergone a rigorous training in combined operations and landings along the coast of Scotland. After that the division moved south to the Portsmouth area to join Force « J » with which they continued training before becoming attached to I Corps on 30 January 1944. The divisional commander was Major-General Rod F.L.Keller.

The 3rd Canadian Infantry Division was a solid unit that had emerged from an army that had undergone rapid expansion. In effect, at the beginning of the war the Canadian army consisted of a minute regular cadre of only 5,000 soldiers of all ranks but had available a volunteer militia of 50,000 men. As Reginald H.Roy wrote – « the strength increased towards the end of the war to more than 600,000 officers and men ».

This solid division had a strength of nine battalions (called regiments) divided among three brigades as a copy of the British system previously described. Each battalions consisted of a headquarters element, four fighting companies of three platoons each, a support company including a platoon of 13 Bren carriers, an anti-tank platoon armed with six 6pdrs., and a platoon of combat engineers. The battalions were recruited from all the provinces of Canada.

Thus Brig. Foster's 7th Bde. was made up of units originating from the west of the country kile the Royal Winnipeg Rifles commanded Lt-Vol. J.M.Meldram, known as the « Little Black Devils », recruited in Manitoba, the capital of which is Winnipeg but dating back to the 19th cent. when it was a militia unit. The Regina Rifles Regiment commanded by Mt-Col. Foster M Matheson was recruited from Saskatchewan, province to the west of Manitoba of which Regina was one of the two main towns. The Canadian Scottish Battalion (1st Battalion) commanded by Lt-Col. Cabeldu, came from the large Scottish Canadian community.

posant toutefois d'une milice d'environ 50 000 hommes. Comme l'écrit Reginald H. Roy : « *Amateurs enthousiastes, les Canadiens s'étaient transformés en combattants expérimentés.* » Ses effectifs monteront, vers la fin de la guerre, à plus de 600 000 officiers et soldats.

Cette solide division est forte de neuf bataillons (appelés régiments) d'infanterie regroupés dans trois brigades, à l'image du système britannique décrit précédemment. Chaque bataillon dispose d'un échelon de commandement *(headquarters)*, quatre compagnies de combat à trois sections chacune et une compagnie de soutien avec une section de chenillettes (treize Bren Carriers), une section de mortiers (avec des tubes de 3 pouces), une section antichar (avec six pièces de 6 livres) et une section du Génie d'assaut. Ces bataillons sont recrutés dans toutes les provinces du Canada.

Ainsi, la **7e brigade** du *Brigadier* Foster comprend des unités venant de l'ouest du pays comme le **Royal Winnipeg Rifles** du lieutenant-colonel J.M. Meldram ; les « petits diables noirs » (« *Little black Devils »*) sont recrutés dans la province du Manitoba (dont la capitale est Winnipeg) et son origine remonte au XIXe siècle, c'est une unité de la Milice. Le **Regina Rifle Regiment** commandé par le lieutenant-colonel Foster M. Matheson est recruté dans le Saskatchewan (dont Regina est l'une des deux principales villes), province située à l'ouest du Manitoba. Le **Canadian Scottish Battalion (1st Battalion)**, commandé par le lieutenant-colonel Cabeldu, est issu de l'importante communauté écossaise canadienne.

La **8e brigade**, commandée par le *Brigadier* K.G. Blackader, est aussi constituée de trois « régiments » dont la force est équivalente au total à celle d'un régiment à trois bataillons : - Le **Queen's Own Rifles of Canada**, commandé par le lieutenant-colonel Spragge. - Le **Régiment de la Chaudière**, commandé par le lieutenant-colonel Paul Mathieu, unité constituée de Canadiens français. - Le **North Shore (New Brunswick) Regiment**, commandé par le lieutenant-colonel D.B. Buell, recruté dans l'est (Acadie).

Badges en tissu portés par les hommes de la *3rd Canadian Infantry Division* sur le haut de la manche.

Cloth badges of 3rd Canadian Infantry Division sewn onto the top of the sleeve.

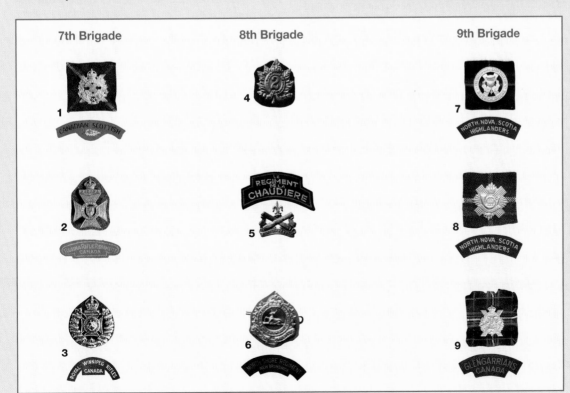

7th Brigade	8th Brigade	9th Brigade

Insignes de coiffure et badges du haut de la manche.

Cap insignias and shoulder flashes.

7th Brigade

1. Canadian Scottish
2. « Reginas »
3. Winnipegs (« Little black Devils »)

8th Brigade

4. « Queen's »
5. Régiment de la Chaudière
6. North Shore

9th Brigade

7. « Novas »
8. HLI.
9. « Glens ».

(Musée Mémorial de Bayeux Collection/ Photos by Heimdal.)

6th Armoured Regiment First Hussars).

10th Armoured Regiment (The Fort Garry Horse).

The **8th Brigade** commanded by Brig. K.G.Blackader also consisted of three regiments, the strength of which was equivalent to a three battalion regiment. **The Queen's Own Rifles of Canada** under the command of Lt-Col. Spragge. **Le Regiment de la Chaudière** commanded by Lt-Col. Pail Mathieu consisted of French Canadians. **The North Shore (New Brunswick) Regiment** commanded by Lt-Col. D.B.Buell was recruited in the east 'Arcadia).

The **9th Bde.** commanded by Brig. D.G.Cunningham was a Scottish Canadian unit – the most easterly province of the country is called Nova Scotia and the brigade consisted of the following units. **The Highland Light Infantry of Canada** (HLI) commanded by Lt-Col. F.M.Griffiths. Lt-Col. G.H.Christiansen's **Stormont, Dundas and Glengarry Highlanders** (SDG) whose soldiers were known as the « Glens ». **The Noth Nova Scotia Highlanders**, known as the « novas », under the command of Lt-Col. Charles Petch.

Other than the normal support units '3rd Division Signals, 3rd Divisional Column RCASC), the division had the following **artillery** units, the 12th, 13th, 14th and 19th Field (SP) Groups equipped with 105mm « Priest » SP's., the 3rd Anti-tank Regiment RCS with four batteries each equipped with twelve 17pdrs. subdivides into three troops of four guns apiece. The 4th Light AA Regiment with three batteries of eighteen 40mm Bofors guns (each split into three six gun troops).

It also had a **machine-gun** battalion spread out in support of the different brigades. **The Cameron Highlanders of Canada (MG)** had a strength of three MG companies each with four platoons equipped with four Vickers .303 each, and a heavy company with three platoons fitted with four 4.2 inch mortars.

Finally it had a reconnaissance unit, the **17th Duke of York's Royal Canadian Hussars** consisting of a HQ Squadron with a troop of 3 inch mortars, an anti-tank troops equipped with six 6 pdr guns and three squadrons each consisting of three reconnaissance troops and an assault troop.

The total divisional strength amounted to 18,000 men well trained to « fight to kill » according to Gen. Montgomery. This powerful unit had the best infantry (along with the paras and commandos) available to the Second Army and was further reinforced by a tank brigade, Brig. R.A.Wiman's **2nd Armoured Brigade.** This comprised three « regiments » with a total strength of 3,500 extra men. The **6th Armoured Regiment (First Hussars)** commanded by Lt-Col. R.J.Collwell, assigned to support 7th Brigade, The **10th Armoured Regt. (Fort Garry Horse)** under the command of Lt-Col. R.E.Morton which supported the 8th Brigade and the **27th Armoured Regiment (The Sherbrooke Fusiliers)** commanded by Lt-Col. M.B.Gordon in support of 9th Brigade.

The support of the 2nd Armoured Bde. brought the total divisional strength up to more than 21,500 men which was a force superior to that of a Panzer division. It was going to ned it for in the weeks to come its principal adversary was the redoubtable 12th SS Panzer Division, « Hitler Youth ».

XXX Corps

On the right wing of the attack front of Second British Army was XXX Corps assigned to the Gold beach sector with Bayeux and Villers-Bocage as its objectives. This army corps had been formed in the autumn of 1941, together with XIII Corps to form the Eighth Army which participated in the Desert War during 1941 and 1942 and afterwards in the campaign in Tunisia on 1943. At the beginning of 1944 the corps

1. Insigne métallique de béret et badge d'épaule du Sherbrooke Fusiliers Regiment avec le badge en losange de la 2e brigade blindée. (Musée Mémorial de Bayeux.)

1. Cap insignia and shoulder flash of the Sherbrooke Fusiliers Regiment with the flash of the 2nd Armoured brigade. (Musée Mémorial de Bayeux.)

2. Insigne métallique de béret avec son tartan et badge de haut de manche des Cameron Highlanders of Ottawa, bataillon de mitrailleuses de la division.

2. Cap insignia with tartan and shoulder flash of the Cameron Highlanders of Ottawa, MG Battalion.

3. Des soldats canadiens des Cameron Highlanders mangent sur le bateau qui va les amener en Normandie. Photo de Ken Bell. (PAC.)

3. Canadian troops (Cameron Highlanders) eat aboard ship, before D-Day landings. Photo by Ken Bell. (PAC.)

La **9e Brigade**, commandée par le *Brigadier* D.G. Cunningham, est une brigade canadienne « écossaise », n'oublions pas que la province la plus à l'est du Canada est la Nouvelle Ecosse. Cette brigade rassemble donc les unités suivantes : - **The Highland Light Infantry of Canada** (H.L.I. en abrégé), commandé par le lieutenant-colonel F.M. Griffiths. - **The Stormont Dundas and Glengarry Highlanders** (S.D.G. en abrégé) commandé par le lieutenant-colonel G.H. Christiansen, et dont les hommes sont appelés les « Glens ». - **The North Nova Scotia Highlanders** (NNS en abrégé, les hommes sont appelés les « Novas »), commandé par le lieutenant-colonel Charles Petch.

Outre ses unités de **service** (3rd Divisional Signals, 3rd Divisional Signals, 3rd Divisional Column, RCASC, 3rd Divisional Engineers, etc.), la division dispose d'unités d'**artillerie** : - 12th, 13th, 14th, 19th Field (SP), groupes d'artillerie automoteurs (avec des canons automoteurs de 105 mm Priests) ; - 3rd Anti-Tank Regiment, RCA, groupe antichar (avec quatre batteries de douze pièces de 17 livres chacune réparties en trois *troops* de quatre pièces) ; - 4th Light AA Regiment, RCA, groupe antiaérien (avec trois batteries de dix-huit pièces de 40 mm Bofors chacune réparties en trois *troops* de six pièces).

Elle dispose aussi d'un bataillon de **mitrailleuses** qui sera réparti en appui des différentes brigades, **The Cameron Highlanders of Canada (MG)** fort de trois compagnies de mitrailleuses (MG pour *machine-gun*) de trois sections de quatre mitrailleuses Vickers de .303 chacune, et d'une compagnie lourde à trois sections lourdes de quatre mortiers de 4,2 pouces chacune.

Enfin, elle dispose d'une unité de reconnaissance, le **17th Duke of York's Royal Canadian Hussars**, comprenant un escadron de commandement avec un *mortar troop* (avec six mortiers de 3 pouces), un

antitank troop (avec six pièces de 6 livres) et trois escadrons forts chacun de trois troops de reconnaissance et d'un troop d'assaut.

Au total, la division aligne environ 18 000 hommes bien entraînés et bien équipés pour se « battre pour tuer » (« Fight to kill »), suivant les termes du General Bernard L. Montgomery. Mais cette puissante unité disposant de la meilleure infanterie (avec les commandos et les paras) de la Second British Army est encore renforcée par une brigade de chars, la **2nd Armoured Brigade**, commandée par le Brigadier R.A. Wiman, qui est forte de trois « régiments » regroupant au total environ 3 500 hommes supplémentaires : - le **6th Armoured Regiment (First Hussars)**, commandé par le lieutenant-colonel R.J. Collwell et qui appuiera la 7e brigade. - Le **10th Armoured Regiment (The Fort Garry Horse)**, commandé par le lieutenant-colonel R.E. Morton et qui appuiera la 8e brigade. - Le **27th Armoured Regiment (the Sherbrooke Fusilier)**, commandé par le lieutenant-colonel M.B. Gordon qui appuiera la 9e brigade.

Ainsi, avec le renfort de la 2nd Armoured Brigade, cette division d'infanterie totalise plus de 21 500 hommes et une force supérieure à celle d'une panzer-division. Elle en aura besoin car, lors des semaines à venir, son principal adversaire sera la redoutable 12. SS-Panzer-Division « Hitlerjugend » !

Le XXX Corps

Sur l'aile droite du front d'assaut de la Second British Army, le XXX Corps est dévolu au futur secteur de Gold Beach avec Bayeux et Villers-Bocage pour objectifs. Ce corps d'armée avait été constitué à l'automne de 1941, avec le XIII Corps, pour former la Eight Army, la Huitième armée qui a participé à la bataille du désert en 1941 et 1942 puis à la campagne de Tunisie en 1943. Au début de l'année 1944, ce corps d'armée est désigné pour être l'une des composantes de la Second British Army. Il sera commandé par le Lieutenant General G.C. Bucknall.

Gérard Corfield Bucknall est né le 14 septembre 1894. Issu de l'école militaire de Sandhurst, il rejoint le 1er Bataillon du Middlesex Regiment en 1914 où il sert pendant toute la Grande Guerre. Blessé, il finira la guerre à l'état-major de ce bataillon. Il exerce ensuite divers commandements et, au début de la Seconde Guerre mondiale, il est colonel dans un service d'état-major du War Office (ministère de la Guerre). En 1943, on lui confie le commandement de la 5th Division engagée dans les combats en Sicile. Lors de cette bataille et pendant la campagne d'Italie, il se fait remarquer par le General B.L. Montgomery qui choisit alors de le propulser, brutalement, à la tête du XXX Corps qui a été désigné pour participer à l'opération Overlord. Cette trop rapide promotion déplaît au General Alan Brooke, chef de l'état-major général de l'Empire britannique, qui le juge incapable d'assumer une telle tâche. Ce jugement démontrera sa pertinence mais, pour l'instant, Montgomery n'en démord pas et, plus tard, il brûlera ce qu'il a adoré ; il relèvera Bucknall de son commandement le 30 juillet 1944. Ce dernier se verra ensuite confier le commandement en Irlande du Nord de 1945 à 1947 avant d'être mis à la retraite. Il décédera le 7 décembre 1980, âgé de quatre-vingt-six ans.

Le XXX Corps disposera de trois divisions, la 50th (Northumbrian) Division, la 7th Armoured Division, la 49th (West Riding) Division, la 56th Infantry Brigade, la 8th Armoured Brigade et diverses unités dont des éléments de la 79th Armoured Division. Mais, le Jour J, la première de ces grandes unités sera la seule division du XXX Corps engagée le Jour J.

was earmarked as part of Second Army, under the command of Lt-Gen G.C.Bucknall.

Gerard Corfield Bucknall was born on 14 September 1894. On graduating from Sandhurst he joined the 1st Battalion of the Middlesex Regiment in 1914 with which he served throughout the Great War. Severely wounded he finished the war on the battalion staff. Afterwards he filled various commands and at the outbreak of the Second World War he was a War Office Staff Colonel. In 1943 he was given command of the 5th Division engaged in fighting in Sicily. During those battles and later in Italy he came to the notice of Montgomery who decided to promote him rapidly to head XXX Corps which had been chosen to take part in operation Overlord. This too hasty promotion displeased Gen. Sir Alan Brooke, the CIGS (Chief of the Imperial General Staff) who judged Bucknall incapable of taking on such a task, a judgement that was to prove prophetic, but for the time being, Montgomery refused to replace him. However, he later turned on the man he had promoted, sacking him on 30 July 1944. Afterwards Gen Bucknall became C-in-C Northern Ireland from 1945 to 1947 after which he was retired; He died on 7 December 1980, aged 86.

The XXX Corps fielded three divisions, the 50th (Northumbrian) Div. The 7th Armoured and the 49th (West Riding) Div. as well as the 56th Inf. Bde., the 8th Armoured Bde. and various specialist units including elements of the 79th Armoured Division. But on D-Day itself the 50th Div. was to be the only one engaged.

Badge d'épaule du XXX Corps.

Shoulder flash of XXX Corps.

Nous voyons ici, à gauche, le chef du XXX Corps, le Lt. General Bucknall, en compagnie du Lieutenant General Dempsey, qui commande la British Second Army. A l'image de Monty, Bucknall porte une tenue de général très personnelle : béret, pull over et foulard. Il sera limogé le 30 juillet 1944. (IWM.)

On the left the XXX Corps commander, Lt-Gen Bucknall accompanied by Lt-Gen Dempsey commanding Second British Army. Like Monty, Bucknall is wearing a very individualistic general's uniform – beret, pullover and scarf. He was relieved of command on 30 July 1944.

Major General Douglas A.H. Graham

Cet officier écossais à la silhouette rude avec une petite moustache broussailleuse est né en 1893. Peu après, le début de la Grande Guerre, il rejoint les *Cameronians* appelés aussi *Scottish Rifles*, unité recrutée dans l'ouest de l'Ecosse. Décoré de la *Military Cross* et de la Croix de Guerre française, il finit la guerre avec le grade de capitaine. Il reste dans l'armée et sert en Palestine de 1936 à 1939, avec le commandement d'un régiment. Cet homme solide issu du Lowland écossais est doté d'un courage indomptable associé à de profondes convictions religieuses. Il a une vision indépendante et pratique des questions militaires et ne se laisse pas influencer par la théorie et les concepts intellectuels. Ainsi, il sera un chef idéal en période de crise. Il rejoint l'Afrique du Nord quand l'Italie passe à l'attaque et se fera remarquer dans le désert ce qui lui vaudra le *Distinguished Service Order with bar* et le commandement de la *56th (London) Infantry Division*. Puis c'est la campagne d'Italie ; il est blessé à Salerne. Après sa convalescence passée en Angleterre, on lui confie le commandement de la *50th Infantry Division* qu'il entraîne en vue d'*Overlord*. En 1944, il est âgé de 51 ans.

Le 6 juin, il sera à terre vers midi et installera son PC à Meuvaines où il attendra de pouvoir être relevé par la *7th Armoured Division* débarquant juste derrère lui. Ses succès lui vaudront d'autres décorations. Il prendra sa retraite en 1947 et décédera en Ecosse en 1971.

This Scottish officer with a rugged expression and a small bushy moustache was born in 1893 and on the outbreak of the First World War he joined the Cameronians, also known as the Scottish Rifles, recruited in West Scotland. Decorated with the MC and the French Croix de Guerre, he finished the war as a captain. Remaining in the army, he commanded a regiment in Palestine between 1936 and 39. This solid man was known for his indomitable courage coupled with strong religious convictions. He had an ability for independent thought and he took a practical view of military matters, uninfluenced by theory or intellectual concepts making him an ideal commander in times of crisis. He arrived in North Africa when the Italians went over to the attack and he excelled in the desert which brought him a DSO and bar as well as the command of the 56th (London) Infantry Division. He then fought in Italy and was wounded at Salerno. After convalescence in England he was given command of the 50th Infantry Division which he trained for participation in Overlord. In 1944 he was 51 years old.

On 6 June he came ashore at around midday and set up his headquarters at Meuvaines where he waited to be relieved by the 7th Armoured Division which landed behind him. His success brought him further decorations and he retired in 1947, passing away in Scotland in 1971.

Badge d'épaule en tissu de la *50th Division* avec les deux « T » entrelacés.

50th Infantry Division shoulder flash with its two Ts.

Major General D.A.H. Graham. (IWM.)

La 50th (Northumbrian) Division

La « *Fifty Div.* » est l'une des divisions de l'armée britannique dont la tradition est régionale, comme nous le verrons plus loin, mais c'est aussi une division qui s'est illustrée dans de récents combats, en Afrique du Nord, en 1942, à Gazala et à El Alamein. Cette division est commandée par un chef solide qui s'est lui aussi illustré dans le désert, le *Major General* D.A.H. Graham.

Cette « *Fifty Div.* » est qualifiée de *Northumbrian*, c'est donc une division du nord-est de l'Angleterre et le badge porté sur la manche des hommes de cette division confirme cette origine géographique : on y voit deux « T » rouges entrelacés sur un fond noir. Ces deux lettres désignent la Tyne et la Tees, deux cours d'eau arrosant cette région, la **Tyne** qui traverse le Northumberland et passe par Newcastle-Upon-Tyne avant de se jeter dans la mer, et la **Tees** qui arrose le comté de Durham (situé juste au sud du comté précédent) avant de se jeter dans la mer à côté de Middlesborough. Toute cette région, aux marches de l'Ecosse, est une partie de ce nord-est anglais colonisé au Xᵉ siècle par les Vikings danois, l'ancien « *Danelaw* ». La « *Fifty Div.* » est donc une division qui pourra se sentir un peu chez elle en Normandie… Mais tous les hommes de cette division ne viennent pas de cette région. Au bout de quatre

ans de guerre, nombre de « *Geordies* », les mineurs et les ouvriers de la construction navale de ces cités du nord, ne sont plus tous là ; une des brigades de la division a été anéantie à Gazala et remplacée par une autre brigade. Par ailleurs, il faut faire une réserve, valable pour tous les régiments de tradition régionale de l'armée britannique ; depuis la Grande Guerre, les bataillons régionaux sont mixtes. En effet, des bataillons recrutés dans un comté avaient été alors complètement anéantis, rendant veuves la plupart des femmes des localités, dont ces hommes étaient issus. Les unités furent dès lors « panachées » pour éviter ce risque, associant en théorie la moitié d'un effectif régional à une autre moitié de recrues venant de toutes les régions d'Angleterre. En outre, ces proportions seront bousculées par l'apport de remplacements issus de toutes les régions pour compenser les pertes au combat…

La **151st Brigade,** commandée par le *Brigadier* R.H. Senior, illustre bien cette origine. Ses trois bataillons sont issus d'un même régiment, le **Durham Light Infantry** (D.L.I. en abrégé), recruté à l'ombre d'une superbe cathédrale de style normand dans le pays de Tees. Ses trois bataillons sont les 6ᵉ, 8ᵉ et 9ᵉ. L'emblème de ce régiment est un cor pendant à une couronne avec les lettres DLI et la devise *Faithfull* (« rempli de foi »).

La **69th Brigade,** commandée par le *Brigadier* F.Y.C. Knox, est aussi issue du nord-est de l'Angleterre et regroupe le **5th East Yorkshires**, le **6th Green Howards** (commandé par le lieutenant-colonel Robin W.S. Hastings) et le **7th Green Howards**. Les *Green Howards* sont aussi un régiment issu du Yorkshire. Donc toute la brigade est composée de bataillons provenant de ce comté.

La **231st Brigade**, commandée par le *Brigadier* Sir A.B.G. Stanier, est formée avec le **2nd Devonshires** (comté du sud de l'Angleterre, avec Exeter comme capitale), les hommes de cette unité sont appelés les « *Devons* »), le **1st Hampshires** (ses hommes sont appelés les « *Hallams* ») et le **1st Dorsetshires** (ses hommes sont appelés les « *Dorsets* »). Le Dorsetshire (capitale Bournemouth) et le Hampshire (avec Southampton et Winchester) sont aussi des comtés de la côte sud, juste en face de la Normandie. C'est donc une brigade issue de la côte sud. Le *1st Hampshires* s'est aussi illustré dans diverses batailles. En 1939, il est en Egypte puis participe à la première bataille en Afrique du Nord, avec Wavell en 1940, se retrouve ensuite à Malte en 1943, en Sicile et en Italie avant d'être rapatrié pour l'opération *Overlord*.

La **56th Brigade**, commandée par le *Brigadier* E.C. Pepper, est une quatrième brigade rattachée, en renfort. Elle regroupe le **2nd South Wales Borderers** (sud du Pays de Galles), le **2nd Gloucestershire Regiment** (*2nd Gloster* en abrégé) et le **2nd Essex Regiment.**

Outre ses quatre brigades d'infanterie, la division dispose d'**artillerie** : les *74th*, *86th*, *90th*, *124th* et *147th Field Regiments Royal Artillery*. Les *90th* et *147th Field Regiments RA* appuieront le *231st Brigade* tandis que le *86th Field Regiment RA* appuiera la *69th Brigade*. La défense antichar sera assurée par le *102nd Antitank Regiment RA* et la défense antiaérienne par le *25th Antiaircraft Regiment RA*.

La reconnaissance sera assurée par le **61st Reconnaissance Regiment, RAC**, et les mitrailleuses lourdes et mortiers lourds seront servis par le **2nd Battalion The Cheshire Regiment (MG)**. Et la division dispose aussi des habituelles unités de service : transmissions, prévôté, transport, services sanitaires, etc. Et, comme les deux autres divisions d'infanterie de la *Second Army* qui débarqueront le

Jour J, elle dispose d'un puissant renfort d'une brigade de chars, la *8th Armoured Brigade*.

La **8th Armoured Brigade** est commandée par le *Brigadier* Ansley et dispose de quatre régiments : les **4th/7th Dragoon Guards**, **24th Lancers, The Sherwood Rangers Yeomanry, 12th Kings Royal Rifle Corps**. Comme la division qui aligne quatre brigades d'infanterie au lieu de trois, la brigade blindée aligne trois régiments au lieu de quatre. Cette aile droite qui devra assumer la liaison avec la *First US Army* doit être particulièrement puissante. Et, comme les deux autres divisions d'assaut, elle dispose aussi d'un renfort d'escadrons de chars spéciaux de la *79th Armoured Division*.

The 50th (Northumbrian) Division

The « Fifty Div » was one of the British Army divisions with a strong regional tradition but one which had distinguished itself during combat in North Africa in 1942 at Gazala and El Alamein, and was commanded by a solid leader who had also made a name for himself in the desert, Maj-Gen. A.H.Graham.

This « Fifty Div » bore the title Northumbrian because it was a division recruited in the north-east of England and the shoulder flash worn by its men emphasised its geographic origins – two « T's » in red intertwined of a black background signifying the Tyne and the Tees, two rivers that flowed through the region. The Tyne which crossed through Northumberland and passing through Newcastle flowed into the sea, and the Tees which traversed Durham, the county to the south, before reaching the sea at Middlesborough. All that region on the borders of Scotland had been colonised in the 10th cent. by Danish Vikings which is perhaps why the men of the division felt at home when they reached Normandy. Not all the men of the division, however, came from the region – after four years of war the number of « Geordies » – the miners and shipyard workers – was no longer there – one of the division's brigades was destroyed at Gazala and was replaced by another. Moreover, one must understand that since the Great War, the traditional British regional regiments had become « mixed ». In effect, some battalions recruited in a county had been entirely wiped out making widows of most of the women in the region from which the men came. Thus the units were watered down in order to reduce the risk on the theory that fifty percent would be from the region and the other fifty from any of the English regions. In addition these proportions were further upset by the addition of replacements from more or less anywhere to make good losses in combat.

The **151st Brigade** commanded by Brig. R.H.Senior is a good example of this practice. Its three battalions all came from the same regiment, **The Durham Light Infantry** (DLI), recruited in the shadow of the superb Norman cathedral on Teeside. The three battalions were the 6th, 8th and 9th. The regimental emblem was a horn hanging from a crown, the letters DLI and the motto « faithful ».

Brigadier F.Y.C.Knox's **69th Brigade** was also from the north-east of England and was composed of **5th East Yorkshires**, the **6th Green Howards** (commanded by Lt-Col. Robin Hastings) and the **7th Green Howards**, the latter also being a Yorkshire regiment. Thus the entire brigade was made up from Yorkshire regiments.

The **231st Brigade**, commanded by Brig. Sir A.B.G.Stanier comprised the **2nd Devons**, the **1st Hampshires**, and the **1st Dorsets**. These were all

Ci-dessus : **29 mai 1944, Southampton. Des hommes des *Green Howards* embarquent sur l'*Empire Lance*. (IWM.)**

29th 1944, Southampton. Men from Green Howards are boarding on the Empire Lance. (IWM.)

Brigadier A. Stanier, CO 231st Inf. Brigade. (IWM.)

1. **Badge d'épaule de la *231st Infantry Brigade*. (Musée Mémorial Bayeux.)**

1. *Shoulder flash of the 231st Infantry Brigade. (Musée Mém. Bayeux.)*

2. ***8th Armoured Brigade.***

counties along the south coast, facing Normandy. The 1st Hampshires had already made a name for themselves in several battles. In 1939 they were in Egypt and took part in the first battle in North Africa under Gen. Wavell in 1940, later being in Malta in 1943, in Sicily and Italy befire being repatriated for Overlord.

The **56th Brigade** under the command of Brig. E.C.Pepper, was a fourth brigade attached as a reinforcement. It comprised the **2nd South Wales Borderers**, the **2nd Gloucesters** (known as Glosters), and the **2nd Essex Regt.**

Apart from its four infantry brigades the divisional **artillery** consisted of the 74th, 86th, 90th, 132th, and 147th Field Regiments Royal Artillery. The 90th and

Major General Sir Percy Hobart

Percy C.S. Hobart s'engage en 1904 dans les *Royal Engineer* (Génie), rejoint le génie en 1906, dans l'armée des Indes. Il combattra en France, Mésopotamie et Palestine. A la fin de la Grande Guerre, deux fois décoré, il est envoyé au *Staff College*. Brillant officier d'état-major, il est au *Royal Tank Corps* en 1923. A cette époque, l'arme blindée britannique dispose de maigres moyens et Percy Hobart tente d'obtenir la modernisation face à l'opinion de ceux qui estiment suffisant de maintenir la force blindée avec des chars obsolètes et peu nombreux alors que les Anglais ont été les inventeurs du « *tank* » ! Il devient inspecteur du *Royal Tank Corps* en 1934 et, en même temps, chef de la *1st Tank Brigade*. Mais ses critiques ne plaisent pas à tout le monde et il est relevé de son commandement et mis à la retraite en 1939 avec le grade de *Major General* (obtenu en 1937). Avant son départ, il avait eu le temps de former, au Moyen Orient, la *7th Armoured Division* a un tel niveau d'entraînement qu'elle s'illustrera ensuite dans la guerre du désert.

Percy Hobart rejoint alors les L.D.V. (*Local Defence Volunteers* qui deviendra la *Home Guard*) comme simple caporal puis comme *Deputy Area Organiser*. Mais, après le désastre subi par les B.E.F. en France, il devient urgent de réorganiser l'armée britannique. Le premier ministre Churchill appréciait beaucoup les prises de position du *Major General* Hobart et lui confie en 1941 la mise sur pied d'une nouvelle division blindée, la *11th Armoured Division*. Mais, alors que cette unité devient opérationnelle, Hobart est relevé de son commandement pour « raisons médicales », on lui interdit de conduire sa division au feu. Mais, en 1942, on lui confie le commandement d'une nouvelle unité, la *79th Armoured Division* dont le destin restera attaché à sa personnalité ; il la commandera jusqu'à sa dissolution en 1945. Le *Major General* Hobart sera décoré des K.B.E., C.B., D.S.O. et M.C. Il décède en 1957.

Percy Hobart joined the Royal Engineers in 1904 and then in 1906 transferred to the engineers in the Indian Army. He fought in France, Mesopotamia and Palestine and at the end of the Great War, twice decorated, he was sent to the Staff College. A brilliant staff officer he joined the Royal Tank Corps in 1923 at a time when the British armoured force had only feeble resources available. Percy Hobart fought for modernisation in the face of opinions which maintained that it was sufficient to equip the armoured forces with only a few obsolete tanks in spite of the fact that the British had invented the « tank ». He became Inspector of the Royal Tank Corps in 1934 and at the same time, commander of the 1st Tank Brigade. His criticisms, however, did not please his superiors and he was relieved of his command and retired in 1939, retaining his rank of major-general to which he had been promoted in 1937. Before his departure he had had time to form the 7th Armoured Division in the Middle East that had such a high standard of training that it distinguished itself in the Desert War.

Hobart then joined the Local Defence Volunteers (later the Home Guard) as a humble corporal but later became Deputy Area Organiser But, after the disaster suffered by the BEF in France It was urgent to reorganise the British Army. Churchill had appreciated Hobart's forthright opinions and entrusted him in 1941 with the setting up of a new armoured division, the 11th. When that unit became operational, Hobart was again sacked for « medical reasons » and forbidden to lead it into battle. In 1942, however, he was given command of a new unit, the 79th Armoured Division, the history of which was intimately linked to its commander's personality and he remained to lead until it was disbanded in 1945. General Hobart was decorated with the KBE, CB, DSO and MC. He died in 1957.

L'emblème de la *79th Armoured Division* est une tête de taureau sur fond or, choisie par le général Hobart, un « *bull passant* » qui serait présent dans les armoiries de sa famille.

The emblem of the 79th Armoured Division was a Bull's head on a gold background, chosen by Gen. Hobart from a motive included in his family' arms.

147th were in support of the 231st Bde while 86th Field Regt. was in support of the 69th Bde. Anti-tank defence was in the hands of the 102nd Anti-Tank Regt. RA and anti-aircraft defence was the responsibility of the 25th Antiaircraft Regt. RA.

Reconnaissance was the job of **61st Reconnaissance Regt RAC** and the heavy MG's and mortars were crewed by the **2nd Cheshire Regt (MG)**. The division also had available the usual signals, MP, transport and medical services, and like the other two divisions of Second Army which were to land on D-Day, the 50th also had a powerful reinforcement in the shape of the 8th Armoured Brigade.

Brigadier Ansley's **8th Armoured Brigade** was made up of four regiments: the **4th/7th Dragoon Guards**, **214th Lancers**, **The Sherwood Rangers Yeomanry** and the **12th Kings Royal Rifle Corps**. Similar to the division which fielded four infantry brigades instead of three, its armoured brigade four regiments instead of three. This right wing which was tasked to effect the junction with the First US Army had to be strong and like the other two assault divisions it also had reinforcements in the shape of squadron of specialist tanks from 79th Armoured Division.

The 79th Armoured Division – the « funnies ».

To confront the beach obstacles and coastal defences, special equipment was needed, a problem that was solved by the British good at coming up with original ideas. In effect, the defeat suffered during the Dieppe raid, caused the British commanders to reflect on the conditions governing the success of an eventual landing. Already during the attempted landing at Dieppe, a Churchill tank had been fitted with a sort of roll of carpet in front of its gun which could be projected over a barbed-wire entanglement enabling the infantry to scramble over the obstacle. In spite of this early attempt, most of the Churchill tanks were confined to the shingle beach by obstacles.

The 79th was one of the youngest armoured divisions in the British army, created in August 1942 under the command Major-General Sir Percy Hobart, an officer with wide experience of armoured fighting vehicles. In **April 1943** the young division was selected to concentrate on the special vehicles developed to assist in landing operations – engineer tanks, amphibious tanks and tanks for clearing minefields, initially using old Matilda or Valentine tank chassis. Later a Sherman was used to mount a flail. The first DD (Duplex Drive) tanks were based on a Valentine but they too were replaced by Shermans.

To follow the programme of innovations started in April 1943, the first device was the **C.D.L.**. This consisted of a searchlight fitted onto the either Churchill or Grant tanks belonging to the 35th Tank Brigade, but were no longer used by the unit after January 1944 although they continued in usage with the 1st Tank Brigade until October. Then, in March 1943 came the Armoured Vehicle Royal Engineers (the **AVRE**) which was issued to the 1st Assault Brigade RE. and formed the basic equipment for the division, remaining in use until the end of the war. In January 1944 the Sherman « **crab** » equipped with flails was issued to the 30th Armoured Brigade and also remained in service until the went of the war. With regard to the **DD** amphibious tanks, they were trained by the division but were allotted to other regiments for the landings and were not returned to the division until October 1944. To preserve the secret of the « funnies », the units did their training well away from the main urban areas. In Orford in Suffolk large concre-

Un char Churchill AVRE qui a participé au débarquement, sur *Juno Beach*, a été récupéré et est maintenant exposé à Graye-sur-mer, près de Courseulles. (E.G./Heimdal.)

A Churchill AVRE which took part in the landings on Juno Beach has been recovered and is now on display at Graye-sur-Mer near Courseulles (E.G/Heimdal.)

1. Un mortier de 290 mm est monté sur le Churchill AVRE avec, à droite, un « Pétard » pour disloquer les obstacles de plage ou les ouvrages en béton. (IWM.)

1. A 290mm mortar fitted to a Churchill AVRE with, on the right its « petard » or bomb, for clearing beach obstacles and concrete fortifications.

2. Gros plan d'un mortier de 290 mm, détail d'un AVRE conservé à Hermanville-sur-mer. (E.G./Heimdal.)

2. Close-up of a 280mm mortar on a AVRE preserved at Hermanville-sur-mer. (E.G/Heimdal.)

Les « Funnies » de la 79th Armoured Division

Mais, pour affronter les obstacles de plage et les défenses côtières, il faut un matériel spécial, problème résolu par les Anglais, habiles à concevoir des solutions originales. En effet, après l'échec du « raid » sur Dieppe, le commandement britannique a été amené à réfléchir sur les conditions du succès d'un débarquement. Déjà, lors de la tentative de débarquement à Dieppe, un char Churchill était équipé, devant son canon, d'une sorte de tapis roulant destiné à surmonter les réseaux de fils de fer barbelés afin de permettre leur franchissement par l'infanterie et les véhicules à roues. Mais, malgré cette première tentative, la plupart des chars Churchill engagés avaient été bloqués sur la plage de galets par les obstacles.

La *79th Armoured Division* était l'une des plus jeunes divisions blindées de l'armée britannique, créée en août 1942 avec comme chef le *Major General* Sir Percy C.S. Hobart, un officier de grande expérience dans le domaine des blindés. En **avril 1943**, cette jeune division est choisie pour se consacrer à des engins spéciaux destinés à faciliter des opérations de débarquement : chars du génie, blindés amphibies, tanks pour nettoyer les champs de mines… Ce seront les « *Funnies* » (bizarreries », terme que le

Gros plan sur la tourelle d'un AVRE conservé à Lion-sur-mer, avec son énorme mortier. (E.G./Heimdal.)

Close up of the turret of an AVRE preserved at Lion-sur-mer with its enormous mortar. (E.G/Heimdal.)

1. Lors d'un exercice, le 9 décembre 1943, un AVRE porte des fascines afin de les déposer dans un fossé qu'il va traverser. (IWM.)

2. A Orford, dans le Suffolk, des obstacles en béton rappelant les défenses allemandes, ont été construits pour faciliter l'entraînement. Ici, un AVRE a déposé des fascines de l'autre côté d'un mur en béton et, après avoir escaladé ce mur grâce à un pont SBG qu'on aperçoit sur la droite, il s'apprête à atterrir « en douceur » sur les fascines. (IWM.)

3. Un Churchill *Capet-Layers* à l'entraînement le 26 avril 1944 ; ce tapis est destiné à traverser les zones de sable meuble. Il s'agit d'un type C à petite bobine.

4. Ce *Carpet-Layers* type C vient de déposer son tapis. (IWM.)

général n'aimait pas) de la « ménagerie » de « Hobo » (surnom du général Hobart). Au début, des chars fléaux (équipés d'un tambour rotatif muni de chaînes) seront fabriqués pour nettoyer les champs de mines, avec des chars Matilda (et ce seront des « Baron ») ou Valentine (et ce seront des « Scorpion »). Ultérieurement, le char Sherman va être utilisé pour porter un « fléau ». Les premiers chars amphibies D.D. (pour *Duplex Drive*) seront fabriqués à partir de chars Valentine. Mais, là aussi, le Sherman plus moderne viendra remplacer ce premier engin.

1

2

3

4

1. During an exercise on 9 December 1943, an AVRE is carrying fascines before placing them in a ditch which it intends to cross. (IWM.)

2. At Orford in Suffolk, concrete obstacles modelled on the German beach defences were built as a training aid. Here, an AVRE having dropped its fascines on the other side of a concrete wall and having climbed the wall with the help of a SBG bridge which can be seen on the right, is about to decent gently via the fascines. (IWM.)

3. A Churchill carpet-layer in training on 26 April 1944 – the carpet was designed for crossing area of porous sand. This was a type C with the smaller bobbin. (IWM)

4. Type C carpet-layer at work. (IWM.)

te obstacles were constructed similar to those used by the Germans, for training purposes. After the Normandy landings, other specialist armoured vehicles joined the division – Crocodiles, Kangaroos and Buffaloes.

The **AVRE** was the basic 79th Armoured Div.vehicle developed after the bad experience of the Dieppe raid which had demonstrated the need for a device which would allow the destruction of beach obstacles by engineers under enemy fire. It was this that was behind the concept of the AVRE, using as a basis, Mk III and IV Churchill chassis. The main gun was replaced a large 290mm calibre mortar which could hurl petard bombs designed to smash concrete structures. The necessary conversions were carried by the REME workshops and at the MG Car Company's factory at Abingdon. In addition to fitting the mortar which was capable of firing its bombes, known as « flying dustbins » at a rate of two or three per minute, other modifications had to be carried out, notably the fitting of access hatches to permit loading of the bombs into the mortar. In fighting trim an AVRE weighed circa 40 tons and was crewed by a commander, a driver, a demolition specialist, a radio operator, a loader for the mortar and a co-driver who acted as gun-layer for the mortar. This AVRE also formed the basis of other more specialist devices.

The most favoured adaptation of a Churchill was to convert it to carry a bundle of fascines. The turret was moved sideways to provide a field of fire for the mortar and the fascine bundle was carried on the front fastened on with cables, ready to be dropped into a hole or an anti-tank ditch to ease the crossing. Often three tubes were placed in the middle of the bundle to facilitate the passage of water rather than to strengthen the whole issue.

The **S.B.G. assault bridge** was developed in 1943 based on an AVRE (Mk. IV Churchill chassis only) on which was mounted and SBG bridge. It carried the folded bridge in the front and could rapidly deploy it for crossing obstacles such an anti-tank ditches or bomb craters up to 10m wide. This bridge also made it possible to climb an anti-tank wall and drop a fascine bundle over the other side to permit the descent.

The **Churchill AVRE carpet-layer** was designed as a result aerial observations made in the spring of 1944 which showed the existence of sectors of clay on certain sections of beach where landings were planned to take place. Geologists confirmed these observations (see the special operations by the COPP parties at the beginning of the book). It was necessary to avoid armoured vehicles becoming bogged down after landing and this was why the Churchill carpet-layer was designed. Two models were constructed – the C Type on a Churchill II chassis, had a large bobbin on the front from which it could unroll a carpet of canvas reinforced by steel rods. The D type on a Mk.III chassis had a larger bobbin which could unroll a greater length of carpet. On the other hand the second type could only advance with its bobbin in the raised position whereas the C type could move with the bobbin in the raised or lowered position.

The **Bullshorn Plough** was one of the two types of mine destroying tanks, the other being the crab described below. A sort of cart was mounted on the front of a Churchill or a Sherman which could plough up mines and push them to the side to enable the following engineers to make them safe. The crab with its flails exploded the mines but had certain disadvantages – the explosions churned up the terrain and caused craters, and the explosions could wound the accompanying infantry or damage the tank. The

Pour suivre le programme d'innovations lancé dès le mois d'avril 1943, le premier engin spécial est le **C.D.L.**. C'est un projecteur monté sur des chars Churchill ou Grant qui équipe alors la *35th Tank Brigade* mais ne sera plus utilisé dans cette unité à partir de la mi-janvier 1944 mais le sera dans la *1st Tank Brigade* jusqu'en octobre 1944. Puis, dès le mois de mai 1943, l'**A.V.R.E.** équipe la *1st Assault Brigade R.E.*, c'est l'équipement de base de la division qui restera en usage jusqu'à la fin de la guerre. En janvier 1944, les **Crabs** (chars Sherman équipés de « fléaux ») équipent la *30th Armoured Brigade* ; ils resteront eux aussi en usage jusqu'à la fin de la guerre. Quant aux chars amphibies, les **D.D.**, ils sont entraînés par la division mais sont attribués à d'autres régiments pour le débarquement et ne rejoindront la division qu'en octobre 1944. Pour préserver le secret sur les « *Funnies* », les unités de la division vont s'entraîner dans des secteurs situés à l'écart des principaux centres urbains. A Orford, dans le Suffolk, des obstacles en béton, rappelant les défenses allemandes, ont été construits pour faciliter l'entraînement. Après le débarquement de Normandie, d'autres engins spéciaux rejoindront la division : Crocodiles, Kangaroos, Buffaloes.

L'**A.V.R.E.** est l'engin de base de la *79th Armoured Division* conçu après l'expérience du raid sur Dieppe qui avait démontré la nécessité d'un engin capable de permettre la destruction des obstacles de plage par les troupes du Génie, directement sous le feu de l'ennemi. C'est ainsi qu'est conçu l'A.V.R.E. (*Armoured Vehicle Royal Engineers*, « véhicule blindé du Génie »). On utilise alors des chars Churchill III et IV comme engin de base. A la place du canon qui équipe ces deux modèles de chars, on installe un gros mortier d'un calibre de 290 mm qui enverra des « pétards » destinés à briser les obstacles en béton : la conversion est effectuée dans les ateliers du Génie (R.E.M.E.) et dans la firme de construction automobile M.G. d'Abingdon. Outre la mise en place du mortier de 290 mm capable d'envoyer ses pétards, les « poubelles volantes » *(Flying Dustbins)* à raison de deux à trois tirs à la minute, d'autres modifications ont été réalisées, en particulier aux trappes d'accès qui permettent de mettre en place le pétard. En ordre de combat, un A.V.R.E. pèse environ 40 tonnes et il est servi par un chef d'engin, un conducteur, un spécialiste en démolitions, un radio, un servant du mortier et un co-pilote qui est aussi le pourvoyeur du mortier. Cet A.V.R.E. sert aussi de base à d'autres engins plus spécialisés.

L'adaptation la plus courante d'un Churchill A.V.R.E. est là conversion d'un Churchill III pour emporter un rouleau de fascines. La tourelle est alors placée latéralement pour dégager le mortier tandis qu'un rouleau de fascines est placé à l'avant, retenu par des câbles. Ces fascines sont lâchées au-dessus d'un trou ou d'un fossé pour en faciliter le franchissement. Souvent, trois tubes sont placés au milieu du rouleau de fascines, plus pour faciliter le passage de l'eau que pour alléger l'ensemble.

Le pont d'assaut S.B.G. est construit en 1943 à partir d'un A.V.R.E. (un Churchill Mark IV uniquement) sur lequel est monté un pont S.B.G. Il porte ce pont pliant à l'avant qui peut être rapidement déployé pour franchir des obstacles comme les fossés antichars ou les trous de bombe jusqu'à dix mètres de largeur. Ce pont permet aussi de grimper sur un mur antichar puis de placer un rouleau de fascines de l'autre côté, ce qui permet d'amortir la descente de ce mur.

Le Churchill A.V.R.E. poseur de tapis a été conçu suite aux observations aériennes effectuées au printemps de 1944 qui ont montré l'existence de secteurs d'argile meuble dans les zones de plages prévues pour le débarquement. Les géologues ont

5

6

7

8

5. Une « charrue » *(Plough)* à l'avant d'un char Sherman est abaissée pour ratisser la plage des mines qui s'y trouvent. (IWM.)

6. Une mine a été dégagée. (IWM.)

7. Le même système est aussi placé à l'avant d'un char Churchill Mark III qui passe en ayant remué le sable sur *12 inches* (30 cm) de profondeur. (IWM.)

8. L'arrière de ce Churchill Mark III, le chiffre « 40 » montre qu'il appartient au PC de la *79th Armoured Division*. Photo prise le 5 mai 1944. (IWM.)

5. A « plough » on the front of a Sherman in the lowered position ready to churn up and mines found. (IWM.)

6. A mine has been exposed. (IWM)

7. The same device mounted on the front of a Churchill mk.III which could plough up the sand to a depth of 12 inches). (IWM.)

8. The rear of the same Churchill Mk. III. The figure "40" indicated that it belonged to 79th Armoured Div. HQ. (IWM).

1. Cette photo prise le 4 novembre 1943 lors d'essais de chars *Flails* montre un char Sherman *Crab* dont le tambour rotatif a été endommagé par les explosions. (IWM.)

2. Un Sherman *Crab* à l'entraînement en Angleterre avant le débarquement. Les longs « fléaux » labourent le sol et font exploser les mines. (IWM.)

1. This photo taken on 4 November 1943 during trials of the flail tank, shows a Sherman Crab of which the rotating drum has been damaged by exploding lines. (IWM.)

2. A Sherman Crab in training in England shortly before the landings. The long flails are beating the ground and detonating the mines. (IWM.)

plough was a « softer » option and in action, the Churchill Mk. IV was used to install the device.

*The other type of mine clearing tank was the better known **Crab**. It started life as the Scorpion, an early model of mine clearance tank with a rotating drum in font on which chains were fixed and was used in the Middle East, mounted on Matilda, Grant or Sherman chassis. The final model was the Sherman Crab based on the Sherman V (M4 A4) Mk. I version. The tank had two arms mounted at the front which supported a rotating drum fitted with chains or flails and could be raised by hydraulic rams when on the move to avoid the flails dragging along the road. Most but not all of the Crabs were fitted with this facility. The drum was activated by a gear box placed on the end of the right hand arm and can be seen on various photos. The chains could thus be rapidly brought into action and beat the ground, exploding lines up to 4 or 5 inches deep. The device was exceedingly effective and the 30th Armoured Brigade destroyed more than 5,000 mines. Moreover the device had the great advantage that it could use its gun in support. During a landing the Crabs were among the first to reach the beach where they were very useful and when clearing mines, travelled with the turret and gun traversed to face the rear.*

Most Crabs or flails had metal bins fixed on both side for stowing spare chains – they can be seen on certain photos. On the back of the majority of these vehicles there were inclined boxes mounted which could sprinkle powdered chalk or plaster to mark the corridors cleared. Later, a different system was used consisting of fluorescent piquets (Whyman Markers) which could be inserted at regular intervals. The use of these vehicles in combat will be discussed below.

confirmé ces observations (voir aussi l'opération spéciale de reconnaissance du COPP au début de cet ouvrage). Il faudra éviter l'enlisement des véhicules blindés débarqués. C'est ainsi que cet engin, le *Churchill Carpet-Layer,* est conçu. Deux modèles sont fabriqués. Le type C est muni à l'avant d'une grosse bobine qui déroule un tapis de toile renforcé par des barres métalliques. Ce type C est monté sur un Churchill Mark II. Le type D est muni d'une plus grosse bobine permettant de dérouler une plus grande longueur de tapis, il est monté sur un Churchill Mark III. Par contre, ce second type n'avance qu'avec sa bobine en position haute alors que le type C permet d'avancer avec la bobine en position haute ou basse.

Le **« Bullshorn Plough »**, la « charrue des cornes de taureau », rappelle l'emblème de la division. C'est l'un des deux chars de déminage qui ont été conçus, l'autre étant le *Crab* présenté plus loin. A l'avant du char Churchill, ou d'un char Sherman, est montée une sorte de charrue qui doit déterrer les mines et les pousser sur le côté afin que les sapeurs du Génie viennent ensuite les ramasser rapidement et déminer le secteur. Le *Crab* avec ses fléaux faisant exploser les mines a trois inconvénients : les explosions bouleversent le terrain en y creusant des trous, elles peuvent blesser l'infanterie d'accompagnement et endommager les structures de l'engin. La « charrue » est d'une utilisation « plus douce ». En opérations, le Churchill A.V.R.E. Mark IV est utilisé pour l'installation de la structure.

L'autre modèle de char de déminage est le **Crab**, plus connu. Il y eut tout d'abord le *Scorpion*, un premier modèle de char de déminage précédé d'un tambour rotatif avec fléaux, utilisé au Moyen Orient, à partir de chars Matilda, Grant ou Sherman. Puis le modèle final est le *Sherman Crab*, fabriqué à partir du Sherman V (M4 A4) dans la version Mark I. Il s'agit d'un char Sherman muni de deux bras à l'avant portant un tambour rotatif muni de chaînes ou fléaux. Les deux bras portant le tambour peuvent être levés, en ordre de route, grâce à des pistons hydrauliques afin que les chaînes ne traînent pas lors d'une simple progression. La plupart des engins sont munis de ce dispositif, mais pas tous. Le tambour est actionné par une transmission placée au bout du bras droit dans l'axe du tambour (dans une sorte de boîte que l'on voit sur les photos). Les chaînes sont ainsi actionnées rapidement et frappent le sol en faisant exploser les mines jusqu'à 4 ou 5 pouces (10 à 12,5 cm) de profondeur. Ce système était fort efficace et la *30th Armoured Brigade* détruira ainsi plus de 5 000 mines. Par ailleurs, l'engin a l'immense avantage de pouvoir disposer de son canon et de fournir un appui feu. Lors du débarquement, cet engin sera l'un des premiers à atteindre la plage et sera alors fort utile. Cependant, lors d'une action de déminage, la tourelle et le canon sont tournés vers l'arrière.

De chaque côté de la plupart des *Crabs* ou *Flails* (« Fléaux ») sont fixés des paniers métalliques *(brackets)* pour stocker des chaînes de rechange ; on les aperçoit bien sur certaines photos. A l'arrière sont disposés, sur la plupart des engins, des boîtes inclinées qui déversent de la poudre de craie (ou de plâtre) afin de délimiter les couloirs. Plus tard, un autre système sera utilisé, des piquets de marquage fluorescents *(Whyman markers)* seront envoyés à intervalles réguliers. Nous verrons plus loin l'utilisation de ces engins au combat.

Enfin, le **Churchill ARK** (abréviation pour *Armoured Ramp Carrier*) est l'un des engins spéciaux basé sur le châssis du char Churchill, 50 d'entre eux sont construits par les ateliers du R.E.M.E. et la firme automobile MG, ce sont des *Ark Mark I* ; ils sont prêts à temps pour participer au débarquement de Normandie. Il s'agit d'un char Churchill sans tourelle

3. Vue frontale d'un Churchill ARK lors d'un exercice de la *79th Armoured Division* dans le secteur de Saxmundham et Ipswich le 28 janvier 1944. (IWM.)

4. Vue de profil de l'engin aperçu sur la photo précédente. Il s'agit d'un ARK Mark I. (IWM.)

5. Cette photo spectaculaire nous montre un char Sherman en train de traverser un large fossé grâce aux rampes de cet ARK. (IWM.)

6. Cette maquette nous permet de voir la disposition des rampes de l'ARK Mark I lors de son utilisation. (Photo Jean-Luc Cézac.)

7. Le 20 avril 1944, en Angleterre, un Churchill Crocodile est à l'entraînement. La remorque contient 180 « charges » de liquide inflammable (mélange de pétrole et de latex ayant la consistance d'une gelée avant d'être enflammé dans le bec) qui porte à 120 yards (environ 110 mètres) et brûle sur l'objectif pendant environ dix minutes. (IWM.)

3. Frontal view of a Churchill ARK during a 79th Armoured Division exercise in the Saxmundham – Ipswich area on 28 January 1944. (IWM.)

4. Profile view of the machine shown in the previous photo – an ARK mk.1. (IWM.)

5. This spectacular photo shows a Sherman tank crossing a wide ditch on the ramps of an ARK. (IWM.)

6. This model allows us to see the arrangement of of the ramps of an ARK mk.1 while in use. (photo Jean-Luc Cézac.)

7. A Churchill crocodile training in England on 20 April 1944. The trailer containing 180 shots of the inflammable liquid (a mixture of paraffin and latex with a jelly-like consistency was ignited at the nozzle. It had a range of 120 yards and would burn where it landed for circa ten minutes. (IWM.)

Finally the **Churchill ARK** (Armoured Ramp Carrier), 50 of which were built in the REME workshops and at the MG factory. These were the Ark Mk.I's and were ready in time to take part in the Normandy landings. The Ark was a turretless Churchill tank fitted with two foot wide ramps on top of the tracks. Moveable ramps completed the equipment and were mounted at the rear. The tank reversed up to an anti-tank wall, positioned its ramps and other vehicles could drive up and over it The device could also carry a fascine which it could throw over the obstacle to ease the descent on the other side or drop it in front to lift the while machine to the correct height. After the Normandy campaign the Mk.I was replaced by the Mk.II which was wider at both front and rear.

The **Churchill Crocodile** was the only British flame-thrower tank during the Second World War and was based in a Churchill Mk. VII on which the co-axial hull machine gun was replaced by a flame-thrower nozzle and which pulled an armoured trailer filled with an inflammable liquid and bottles of nitrogen to propel the liquid which was passed through an armour protected tube under the tank. All the necessary bits to turn a Churchill Mk.VII into a Crocodile was provided as a kit. One of the division's regiments, the 141st Royal Armoured Corps (The Buffs) was the first unit to be equipped with Crocodiles a few days after the landings and was not involved with the operations on D-Day.

The **30th Armoured Bde**, commanded by Brig. Nigel Duncan and was equipped with Crab flails. Its three

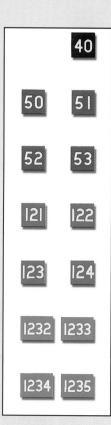

Marquages des véhicules de la **79th Armoured Division**/ *Vehicles marking of the 79th Armoured Division* : - **40** : *Divisions Headquarters*. **50** : *QG/HQ 30th Armoured Brigade*. **51**. *22nd Dragoons*. **52** : *1st Lothians and Border Horse Yeomanry*. **53** : *2nd County of London Yeomanry (Westminster Dragoons)*. **121** : *Headquarters 1st Tank Brigade*. **122** : *11th Royal Tank Regiment*. **123** : *42nd RTR*. **124**. *49th RTR*. **1232** : *Headquarters 1st Assault Brigade*. **1233** : *5th Assault Regiment*. **1234** : *6th Assault Regiment*. **1235** : *42nd Assault Regiment*.

équipé de rampes de deux pieds de large au-dessus de ses chenilles. Des rampes mobiles complètent ce dispositif et sont maintenues à l'arrière de l'engin. Celui-ci permet de franchir un mur antichar en se positionnant en marche arrière contre le mur de façon à ce que les rampes mobiles permettent à d'autres chars de grimper puis de passer par-dessus cet engin et de franchir ainsi la pente ou l'obstacle. Cet engin peut aussi transporter une fascine qui peut être jetée de l'autre côté du mur antichar ou de surélever l'engin afin de lui permettre d'atteindre la bonne hauteur. Après la Bataille de Normandie, l'*Ark Mark I* sera remplacé par l'*Ark Mark II* plus large à l'avant et à l'arrière.

Le **Churchill Crocodile** est le seul char lance-flammes britannique de la Seconde Guerre mondiale. Il s'agit d'un char Churchill VII dont la mitrailleuse de caisse a été remplacée par un bec de lance-flammes et qui tire une remorque contenant le liquide inflammable et les bouteilles de nitrogène permettant de projeter ce liquide qui passe dans un tuyau (protégé par un bouclier blindé) fixé sous le char. Le matériel pour transformer le Churchill VII en « Crocodile » est livré en kit. L'un des régiments de la division, le *141st Regiment Royal Armoured Corps (The Buffs)* sera le premier à être équipé quelques jours après le débarquement et ne concerne donc pas les opérations du Jour J.

La division répartit ainsi ses engins :

La **30th Armoured Brigade** est équipée avec les chars *Flails* (les *Crabs* avec leurs « fléaux »). Elle est commandée par le *Brigadier* Nigel W. Duncan et dispose de trois régiments : le **22nd Dragoons**, le **1st Lothian and Border Horse** et le **2nd County of London Yeomanry (Westminster Dragoons)**. Chaque « *Crab Regiment* » de la brigade est articulé en trois *squadrons* et un état-major. Chaque *Squadron* de *Crabs* est articulé en trois *troops* (section) de cinq *Crabs* chacune. En opération de déminage, trois *Crabs* d'un *troop* avancent en formations sur une largeur de front de 24 pieds (7,30 mètres). Les deux autres *Crabs* restent en réserve et sont là pour couvrir de leur feu les trois *Crabs* en train de déminer. Pour permettre aux conducteurs des *Crabs* de garder la bonne formation, des potences avec des lumières sont installées à l'arrière des engins. Lorsqu'elles ne sont pas utilisées, ces potences peuvent être démontées et placées dans un panier spécial.

La **1st Assault Brigade R.E.** est commandée par le *Brigadier* G.L. Watkinson et est équipée de chars A.V.R.E. Elle dispose aussi de trois régiments : le **5th Assault Regiment R.E.**, le **6th Assault Regiment R.E.** et le **42nd Assault Regiment R.E.**.

La **1st Tank Brigade** dispose du **11th Royal Tanks Regiment**, du **42nd R.T.R. (23rd London Regiment)** et du **49th R.T.R.** Cette brigade est équipée avec des C.D.L.

Mais la division du général Hobart, avec ses matériels spécialisés, ne sera pas engagée en bloc. Elle sera répartie auprès des divisions d'assaut par éléments. Ainsi, la **3rd British Division**, sur *Sword Beach*, sera appuyée par les *Crabs* du *A Squadron* du *22nd Dragoons* et les A.V.R.E.s des *77th* et *79th Squadrons* du *5th Assault Regt R.E.*. La **3rd Canadian Division**, sur *Juno Beach*, sera appuyée par les *Crabs* du *B Squadron* du *22nd Dragoons* et les A.V.R.E.s des *26th* et *80th Squadrons* du *5th Assault Regt R.E.*. La **50th (Northumbrian) Division**, sur *Gold Beach*, sera appuyée par les *Crabs* des *B* et *C Squadrons* des *Westminster Dragoons* et les A.V.R.E.s des *81st* et *82nd Squadrons* du *6th Assault Regt R.E.*

Ces chars spéciaux devront précéder les vagues d'assaut de l'infanterie de débarquement, brisant et dégageant les obstacles disposés par les Allemands,

regiments were the **22nd Dragoons**, the **1st Lothian and Border Horse** and the **2nd County of London Yeomanry (Westminster Dragoons)**. Each of the brigade's Crab regiments was subdivided in a headquarters and three squadrons each of which had three troops of five Crabs. When engaged in line clearing three crabs of a troop advanced in formation over a 24 foot (7.30m) wide front, while the other two tanks remained in reserve to provide covering fire for the three actually mine-clearing. To enable the drives of the Crabs to maintain formation, posts with lamps on them were fitted to the rear of the tanks. When not in use the posts could be unshipped and stowed in a special locker.

The **1st Assault Brigade RE** was under the orders of Brigadier G.L. Watkinson was equipped with AVRE's and also fielded three regiments – the **5th, 6th** and **42nd Assault Regiments. RE.**

The **1st Tank Brigade** was composed of the **11th Royal Tanks Regt.**, the **42nd RTR (23rd London Regt.)** and the **49th RTR**. The brigade was equipped with CDL's.

However, Gen. Hobart's division was not engaged as a single bloc with its specialist material, but was spread out among the three assault divisions. Thus the 3rd.Division on Sword Beach was supported by the Crabs of A Squadron of the 22nd Dragoons and the AVRE's of the 77th and 79th Squadrons of the 5th Assault Regt RE. The 3rd Canadian Division on Juno Beach had the support of the Crabs of B Squadron of the 22nd Dragoons and the AVRE's of the 25th and 80th Squadrons of the 5th Assault Regt. RE. The 50th Northumberland Div. was supported on Gold Beach by the Crabs of B and C Squadrons of the Westminster Dragoons and the AVRE's of the 81st and 82nd Squadrons of the 6th Assault Regt. RE.

The special armour was to precede the assault waves of the infantry coming ashore to dispose of the obstacles placed by the Germans enjoying the element of surprise over the defenders. These were some of the tasks assigned to them :

Crossing anti-tank walls and ditches by placing SBG's or breaching them with the flying dustbin bombs..

The latter were also responsible for dealing with the defenders' guns and bunkers.

Charges were placed by hand by AVRE crews who dismounted.

Ditches and bomb craters were filled with fascines and bridged over by SBG's.

Steel beach obstacles were knocked over by the flying dustbins, gunfire from the Crabs or pushed aside by the bulldozers.

The Crabs exploded the mines or the Bullhorn ploughs dug them up.

The AVRE's fitted with bobbins unrolled their flexible carpets over the patches of soft clay

Once on shore the DD's were used as conventional tanks.

The amphibious tanks was a part of the specialist vehicles trained by the 79th Armoured Div., but for D-Day they did not belong to the division (3)

The Sherman DD Tank

A tank that could float and advance through the water would at first appear to be an incongruous notion but Nicolas Strausler solved the problem. A Hungarian by birth but naturalised British he was the originator

(3) For more information on this division, see W. Futter. The Funnies. Bellona Book. 1974.

disposant en outre de l'effet de surprise face aux défenseurs ; la Wehrmacht ne dispose pas en effet de tels chars spéciaux. Voici quelles sont les missions qui leur sont assignées :

- Le franchissement des murs et des fossés antichars qui sera rendu possible en plaçant des ponts S.B.G. Les murs et autres obstacles seront brisés par les « Poubelles » (dustbins) tirées par les A.V.R.E.s Petards.

- Les canons et les constructions défensives seront réduits avec les Dustbins.

- Des charges seront placées à la main par des équipages démontés d'A.V.R.E.s.

- Les fossés et les cratères de bombes seront remplis avec des fascines et franchis avec des ponts S.B.G.

- Les obstacles de plage en acier seront disloqués par les Dustbins ou les tirs des Crabs ou poussés sur le côté par les bulldozers blindés.

- Les Crabs feront exploser les mines et les charrues Bullshorn les déterreront.

- Les A.V.R.E.s équipés de bobines dérouleront des tapis flexibles sur les secteurs d'argile meuble des plages.

- Les chars DD seront utilisés comme des chars conventionnels une fois sur la plage.

- Les chars amphibies font partie des engins spéciaux entraînés par la division mais le Jour J, les chars D.D., ne dépendront pas de la 79th Armoured Division (3).

Le Sherman D.D. Tank

Un char qui flotte et avance comme un bateau, l'idée semble saugrenue et, pourtant, Nicolas Strausler a résolu ce problème. Hongrois de naissance naturalisé anglais, il est à l'origine de plusieurs découvertes pour l'armée britannique : un quatre-quatre blindé avant la guerre, un bateau pliant, entre autres. En 1940, il soumet au War Office son projet de char amphibie. Des recherches avaient déjà eu lieu (avec des pontons de chaque côté, avec de grosses chambres à air), Strausler propose une solution simple qui ne transforme pas le char en véritable bateau : une jupe en tissu escamotable constituant une poche d'air qui permet au monstre de flotter. Des premiers essais ont lieu avec un char léger Tetrarch dans le réservoir de Hendon en juin 1941 : le chef de l'état-major impérial, Sir Alan Brooke, ordonne aussitôt la fabrication de ces D.D. (abréviation de Duplex Drive) tanks. Puis le char Valentine est choisi ; 600 d'entre eux sont ainsi convertis. Mais, à partir de 1942, les chars Sherman commencent à arriver en masse des USA. Ils vont aussi servir pour ces conversions. Mais le Sherman est plus lourd et le système devra être renforcé. La 79th Armoured Division va recevoir des Sherman D.D. Tanks.

Ce char spécial se voit adjoindre un « pont » (decking) débordant à l'horizontale de la caisse sauf à la « proue » qui se dresse en pointe. A ce pont est accrochée une jupe en tissu imperméable qui peut se dresser au moyen de 36 tuyaux en caoutchouc dans lesquels on envoie de l'air. Cette jupe est mise en forme grâce à des cadres métalliques. Le tout est accroché à la caisse. Le système peut être monté en quinze minutes avec un équipage confirmé. Par contre, pour le replier, l'équipage n'a pas besoin de sortir de l'engin et l'opération se fait très rapidement, ce qui est essentiel car elle a lieu au moment où le char aborde la plage. L'engin est propulsé par deux hélices tripales et avance de 4 à 5 nœuds en mer.

(3) Pour plus de renseignements sur cette division : W. Futter, The Funnies, Bellona Book, 1974.

Les chars D.D. peuvent être débarqués directement des L.S.T.s et des L.C.T.s et peuvent intervenir directement avec leurs canons en arrivant sur la plage ce qui leur donne un immense avantage.

Les Américains repousseront avec dédain les Funnies du général Hobart, ce qui leur coûtera cher sur Omaha Beach ou des chars A.V.R.E.s leur auraient permis de sortir beaucoup plus rapidement des plages. Par contre, les chars D.D. seront adoptés largement par les deux armées. Et, le Jour J, les défenseurs allemands auront la surprise de voir des chars surgir de la mer. Alors que Hitler annonçait des armes spéciales, ce seront les Alliés qui viendront de la mer avec des armes spéciales !

---

of a number of inventions for the British Army including an armoured 4 x 4 before the war and a pliable boat among others. In 1940 to submitted his project for an amphibious tank to the War Office. Tests had already taken place with pontoons fixed to each side and with large air bags, but Strausler proposed a simple method of turning a tank into a veritable boat. – a skirt of waterproof cloth formed an air pocket which allowed the monster to float. The first trials with a Tetrarch tank took place in June 1941 in a reservoir at Hendon, and Sir Alan Brooke, the CIGS, ordered immediate construction of these Duplex Drive (DD) tanks. The Valentine tank was initially chosen and 600 of them were converted, but starting in 1942 the Shermans started to arrive in quantity from America. It was also scheduled for conversion but proved initially too heavy and the system needed to be reinforced. The conversions were issued to the 79th Armoured Division.

This special tank was fitted with decking over the entire hull and which came to a point. A waterproof cloth skirt was fixed to the deck which could be kept upright by means of 36 rubber tubes filled with compressed air and kept its shape by means of a metal framework. The skirt could be erected in fifteen minutes by an experienced crew, but on the other hand, the crew did not need to emerge from the tank to lower it which could be done rapidly which was essential as the tank had to able to fire as soon as it touched down on the shore. The device was driven by two propellers and could manage a speed of 4 – 5 knots at sea. DD's could also be landed directly onto the beach from LST's and LCT's whereby they could intervene directly with their guns which gave them a great advantage.

The Americans rejected the « funnies » with disdain which was to cost them dearly on Omaha as AVRE's would have enabled them to get off the beach far more quickly. DD's on the other hand were adopted widely by both armies. On D-Day the German defenders had the surprise of their lives when tanks came trundling out of the sea. Hitler has announced special weapons but it was the Allies who brought their special weapons out from the sea!

L'un des premiers prototypes de chars amphibies : un char Valentine équipé d'un système de flottaison en position basse. (IWM.)

One of the earliest prototypes of an amphibious tank – a Valentine equipped with a lowered flotation system. (IWM.)

Le même engin en position amphibie. Ces photos ont été prises en janvier 1944 à Gosport mais, alors, ces matériels sont déjà obsolètes et seront remplacés par des Sherman DD Tanks qui participeront au débarquement. (IWM.)

The same device in flotation mode. The photo was taken in Gosport in January 1944 although the devices were already obsolete and were replaced by the Sherman DD's which participated in the landings. (IWM.)

Maquette d'un Sherman DD Tank en position basse. (Photo Jean-Luc Cézac.)

Model of a Sherman DD tank with flotation screen lowered. (Photo Jean-Luc Cézac.)

1. Gosport, le 3 juin 1944. Ce nouveau reportage du *Sergeant* Mapham (voir pages 72 et 73) nous montre le *C Squadron* du *13/18th Hussars* en train d'embarquer. Des chars Sherman sont en train de monter en marche arrière dans le LCT 610. Pour se repérer au moment de l'embarquement, les numéros des LCT's avaient été marqués sur le flanc des véhicules. (IWM.)

2. L'un des chars Sherman en train d'embarquer sur le LCT 610. (IWM.)

1. Gosport on 3 June 1944. This new reportage by Sgt. Mapham (see pages 72 & 73) shows C Squadron of 13/18th Hussars in the process of loading. The Sherman tanks are reversing on board LCT 610. To enable them to find their right position during loading the number of the correct LCT has been marked on the sides of the vehicles. (IWM.)

2. One Sherman boarding on LCT 610. (IWM.)

2

3. Un peu plus loin, un bulldozer blindé D-7 embarque sur le LCT 789. (IWM.)

4. A bord du LCT 610, avec des chars du *13/18th Hussars* en train d'embarquer, nous voyons aussi des éléments du *1st South Lancashire (8th Brigade, 3rd Division)* et des *Beach Groups.* (IWM.)

3. *Little far away, an armoured bulldozer D-7 going aboard LCT 789. (IWM.)*

4. *Aboard LCT 610 we find also elements of the 1st South Lancashires (8th Brigade, 3rd Division) and beach group elements. (IWM.)*

4

1. 5 juin 1944, à Warsash, sur la rivière Hamble, les hommes du N° 3 Commando embarquent à bord des LCI's de la 201ᵉ flotille, juste en face du pub « The Rising Sun ». Des Commandos embarquent avec leur bicyclette pliante. (IWM.)

1. 5 June 1944 at Warsash on the Hamble the men of No3 Commando boarding LCI's of the 201st flotilla, just in front of the « Rising Sun » pub. The men are boarding with their folding bicycles (IWM).

2. Les commandos embarquent sur les LCI's des 200ᵉ et 201ᵉ flottilles. (IWM.)

2. Commandos boarding LCI's of the 200th and 201st Flotillas. (IWM.)

3. Vers 18 heures, ce 5 juin 1944, les LCI's chargés de Commandos vont remonter la rivière Hamble en ayant quitté leur amarrage de Stockes Bay. (IWM.)

3. Circa 1800 hrs, 5 June 1944, LCI's loaded with commandos sailing down the Hamble for their assembly point in Stokes Bay. (IWM.)

4. 3 juin, des hommes du *7th Green Howards* (69ᵉ Brigade, 50th Division) à bord du SS Empire Lance. Ici le soldat A. Twiggs nettoie son Bren-gun. (IWM.)

4. 3rd June, troops of the 7th Green Howards (69th Brigade, 50th Division) on board SS Empire Lance. Here, Private A. Twiggs cleans his Bren-Gun. (IWM.)

5. Tandis que le caporal A. Winterbottom (titulaire de la *Military Medal*) vérifie son PIAT. (IWM.)

5. While Corporal A. Winterbottom (M.M.) checks his PIAT. (IWM.)

By the end of May 1944, thousands of troops had been assembled on the south coast of England to wait for D-Day. The intensive training during the previous months had ratcheted up the tension. The officers had studied their objectives on coded maps and were extremely well informed with the aid of aerial photographs and intelligence supplied by the Resistance. Preparations had been intensive, everything had been examined and checked. Never before had such an operation been planned with such attention to detail. The stakes were far too high.

A la fin du mois de mai 1944, des dizaines de milliers d'hommes sont consignés sur la côte sud de l'Angleterre dans l'attente du Jour J. L'entraînement intensif des mois passés ont fait monter la tension. Les officiers ont étudié leurs objectifs avec des cartes codées et remarquablement renseignées grâce à l'observation aérienne et aux renseignements fournis par la résistance. Les photos aériennes permettent d'analyser chaque détail du terrain. La préparation a été intensive, tout a été contrôlé, vérifié. On n'aura jamais préparé une opération avec une telle minutie. L'enjeu est trop important.

Il faudra réduire au silence et percer les défenses côtières, l'aviation a déjà bombardé des centaines d'objectifs. Il faudra ralentir l'arrivée des renforts allemands et, là aussi, l'aviation a fait son travail ; elle a attaqué le réseau ferroviaire (opération « Point Blank »). Le Jour J, la résistance française devra couper les lignes téléphoniques utilisées par l'armée allemande. Le sort de la bataille repose aussi sur une course de vitesse. Il faudra ralentir les renforts allemands et débarquer dans le temps le plus court une masse d'hommes et de matériel en s'enfonçant vers l'intérieur pour éviter la congestion des plages.

C'est pour cela que le plan initial du COSSAC plus limité avait été élargi, avec une extension à *Utah Beach* et un plus grand nombre de divisions dans la première vague d'assaut, sur les conseils d'Eisenhower et de Montgomery. L'opération avait alors été repoussée du mois de mai au début du mois de juin. Ainsi, trois secteurs de plages sont attribuées à la *Second British Army*.

Le **I Corps** débarquera avec deux divisions et une division aéroportée sur son flanc gauche. **Sword Beach** a été attribué à la *3rd Infantry Division* avec un secteur de plage étroit : l'est de *Queen Beach* (*Queen white* et *Queen red*), face à la position d'Hermanville la Brèche. Elle débarquera avec une brigade en première vague, la *8th Brigade* avec deux bataillons (*2nd East Yorkshires* et *1st South Lancashires*), suivie par la *1st Special Service Brigade* et deux commandos de la *4th Special Service Brigade*. Elle sera appuyée par les chars DD du *13/18th Hussars* et des chars spéciaux du *22nd Dragoons* et du *5th Assault Regiment RE*.

Plus à l'ouest, la *3rd Canadian Infantry Division* débarquera sur **Juno Beach** avec deux brigades en première vague : la *7th Brigade* avec deux bataillons (*Royal Winnipeg Rifles* et *Regina Rifle Regiment*) sur Courseulles (respectivement sur *Mike Beach* et *Nan Green*) et la *8th Brigade* avec deux bataillons (*Queen's Own Rifles of Canada* et *North Shore*) sur Bernières est. Les deux brigades seront appuyées par les chars DD de la *2nd Armoured Brigade* (*1st Hussars* et *Fort Garry Horse*) et des chars spéciaux (*B Squadron* du

---

It was going to be necessary to silence and then break through the coastal defences and hundreds of targets had already been bombed by the air forces. In addition the flow of enemy reinforcements had to be hindered, and there too, air power had a role to play, attacking the rail network, « *Operation Point Blank* ». On D-Day the Resistance was to cut the telephone lines used by the Germans. It was vital to land in as short a time as possible, thousands of men plus tons of stores, and for them to force their way inland to avoid congestion on the beaches.

That was why the scope of the original and somewhat limited COSSAC plan had been considerably enlarged on the advice of Montgomery and Eisenhower, with an extension of the invasion front to tale in Utah Beach and the allotment of extra divisions to

6. Embarquement de véhicules de la *3rd Canadian Infantry Division* (TD M10 et half-tracks) à bord d'un LST. (PAC.)

6. *3rd Canadian Infantry Division* : TD M10 and half-tracks are loaded through the bow doors of LSTs. (PAC.)

7. Des hommes de la *3rd Canadian Infantry Division* à bord d'un LST : les dernières consignes sont données. (PAC.)

7. *Men of the 3rd Canadian Infantry Division* : aboard a LST, last orders are given to the men. (PAC.)

the initial assault wave. The operation itself had been postponed from May to the first week in June and three beach sectors were awaiting the Second British Army.

I Corps was to land two infantry and one airborne division on the left flank. Sword Beach had been assigned to the 3rd Infantry Division with a narrow sector in front of Hermanville-la-Brèche codenamed Queen Beach – Queen White and Queen Red. The initial landing would be with one brigade, the 8th, with two battalions, the 2nd East Yorkshires and the 1st South Lancs, followed by the 1st Special Service Brigade and two commandos from the 4th Special Service Brigade. In support would be the DD tanks of the 13/18th Hussars, the specialist armour (B Squadron of the 22nd Dragoons) as well as part of the 5th Assault Regt.

Further to the west the 3rd Canadian Infantry Division was to put two brigades ashore on Juno beach in the first wave – the 7th Brigade with two battalions (the Royal Winnipeg Rifles and the Regina Rifles Regt.)

22nd Dragoons, A Squadron des *Westminter Dragoons* et une partie du *5th Assault Regiment*).

A l'ouest, le **XXX Corps** débarquera sur **Gold Beach** avec une seule division, la *50th Division*, pour simplifier la chaîne du commandement, selon le souhait du *Lieutenant General* Bucknall. La première vague d'assaut sera de deux brigades : la *231st Brigade* avec deux bataillons *(1st Hampshires et 1st Dorsets)* à Asnelles et la *69th Brigade* avec deux bataillons *(6th Green Howards et 54th East Yorkshires)* à Ver-sur-mer. La division sera appuyée par des chars DD des *Sherwood Rangers* (pour la *231st Brigade*) et des *4th/7th Dragoon Guards* pour la *69th Brigade*, ainsi que par les chars spéciaux des *B et C Squadrons* des *Westminster Dragoons (Flails)* et du *6th Assault Regiment R.E.* (AVRE's). Par ailleurs le *47th RM Commando* débarquera aussi sur *Gold Beach* avec Port-en-Bessin pour objectif.

Pour le Jour J au soir, les objectifs sont les suivants : atteindre ou dépasser la RN 13. La *3rd Division* appuiera une tête de pont de part et d'autre de l'Orne en établissant sa jonction avec la *6th Airborne Division*, jonction assurée par la *1st S.S. Brigade*. Elle devra prendre ou atteindre Caen. A l'ouest, la *50th Division* devra prendre Bayeux et assurer la jonction avec les Américains à la hauteur de Port-en-Bessin. Les unités débarquées devront ainsi établir une tête de pont suffisamment large pour permettre l'arrivée de renforts et le développement de progressions, en particulier vers Villers-Bocage pour le *XXX Corps*.

Pare-choc contre pare-choc, les véhicules, par centaines, ont rejoint leurs ports d'embarquement : ceux de la *British Second Army* sont parmi les plus proches de la côte normande. Les unités du *I Corps* embarquent à Shoreham et Newhaven pour la *3rd Division* ce sera la *Force S* (pour *Sword Beach*). Les Commandos embarquent dans la Solent (entre la côte sud et l'île de Wight. La *3rd Canadian Division* embarque à Portsmouth *(Force J)* et la *50th Division* de Southampton *(Force G)*. Une forêt de navires borde la côte sud de l'Angleterre ce 5 juin 1944.

was destined for Courseulles on Mike Beach and Nan Green respectively, and the 8th Brigade with the Queen's Own Rifles of Canada and the North Shore Regiment to East Bernières. The two brigades were to be supported by the DD tanks of the 2nd Armoured Brigade (1st Hussars and Fort Garry Horse) plus the special armour, B Squadron of the 22nd Dragoons and A Squadron of the Westminster Dragoons) as well as part of the 5th Assault Regiment.

Further west, Gold Beach was allotted to XXX Corps with only one division, the 50th, to simplify the chain of command according to the wishes of Lt-Gen. Bucknall. The first assault wave was to consist of two brigades – the 231st with two battalions (the 1st Hampshires and the 1st Dorsets) to land as Asnelles, and the 69th Brigade (6th Green Howards and 54th East Yorks). In support, the DD's of the Sherwood Rangers, the special tanks of B and C Squadrons of the Westminster Dragoons (flails) and the 6th Assault Regt. (AVRE's). In addition, 47 RM Commando was also to land on Gold with the mission of taking Port-en-Bessin.

The objectives for the evening of D-Day were as follows – to reach or cross the RN13. The 3rd Division was to establish a bridgehead on both sides of the Orne while the 1st Special Service Bde. effected a junction with the 6th Airborne Div., and then take or at least reach Caen. To the west, 50th Div was to take Bayeux and effect a junction with the Americans on the heights above Port-en-Bessin. Thus the units landed were to establish a bridgehead sufficiently deep to permit the deployment of reinforcements in particular towards Villers-Bocage for XXX Corps.

Bumper to bumper hundreds of vehicles reached their embarkation ports, those of Second Army being closest to Normandy. The I Corps units were loaded as Shoreham and Newhaven as Force S for Sword Beach. The commandos embarked in the Solent area between the south coast and the Isle of Wight. The 3rd Canadian Div. was loaded at Portsmouth and the 50th (Force G) at Southampton. A forest of ships was spread along the south coast of England on 5 June 1944.

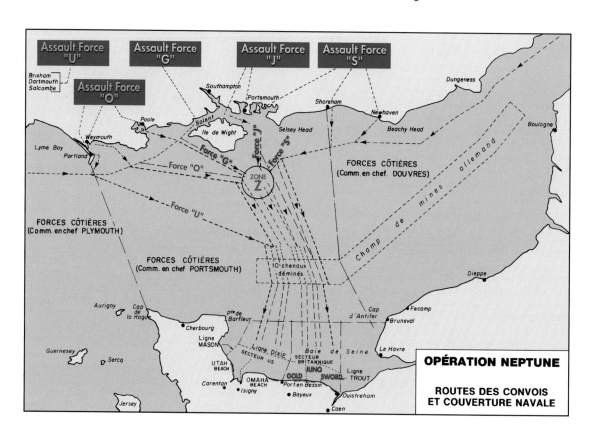

L'invincible armada
The invincible armada

Rassemblée dans les ports et les estuaires du sud de l'Angleterre, la plus grande armada de tous les temps quitte progressivement ses mouillages le **4 juin** 1944 en fin de journée, après un premier départ annulé. L'ordre d'appareiller a été donné à 22 heures. 7 016 unités navales de tous types se dirigent maintenant vers la *Zone Z*, baptisée « Picadilly Circus », au sud de l'île de Wight, où les différents convois vont se concentrer le **5 juin** dans la matinée avant de se diriger vers les dix chenaux déminés attribués aux différentes forces. Mais, auparavant, une force navale beaucoup plus discrète a déjà rejoint la côte normande...

C'est là que nous retrouvons les hommes du COPP (voir pages 1 à 3). Le 2 juin 1944, deux X-Crafts, des sous-marins de poche, ont quitté Portsmouth sous remorquage en direction de la côte normande. Ils ont pour mission de baliser le secteur de débarquement britannique, les Américains ayant décliné l'aide du COPP pour leur propre secteur. Il leur a fallu deux jours pour atteindre leurs objectifs respectifs : Ver-sur-mer et l'estuaire de l'Orne, les deux extrémités du secteur de débarquement de la *Second British Army* (le *X 23* à l'est et le *X 20* à l'ouest). Pendant la journée, ils restent immergés et ils rechargent leurs batteries en surface pendant la nuit. Par radio, ils apprennent le report d'une journée des opérations de débarquement. Confinés dans cet espace réduit face à la côte normande et aux Allemands qui ignorent leur présence, ils se préparent enfin à guider la

Gathered in the ports and estuaries of southern England, the biggest armada of all time slowly left its moorings late on 4 June 1944, after an earlier departure had been cancelled. The order to sail was given at 22.00 hours. 7,016 naval units of all types headed off towards Zone Z, nicknamed « Piccadilly Circus », south of the Isle of Wight, where the various convoys were to assemble during the morning of 5 June before moving on towards the ten channels cleared by minesweepers allotted to the various forces. But by then, a much more discreet naval force had already reached the Normandy coast...

Here we come back to the men of the COPP (see pages 1 to 3). On 2 June 1944, two X-Craft or pocket submarines were towed out of Portsmouth on their way to the Normandy coast. Their assignment involved marking out the British landing sector, the Americans having declined COPP assistance for their own sector. It took them two days to reach their respective targets: Ver-sur-Mer and the Orne estuary, at either end of the Second British Army's landing sector (X 23 to the east, X 20 to the west). They stayed submerged all day, only surfacing at night to recharge their batteries. They heard by radio how the landing operations had been postponed for 24 hours. Confined in this cramped space just off the Normandy coast with the Germans unaware of their presence, they finally prepared to guide the Allied fleet in during the night of 5 to 6 June. Just before daybreak, they hoisted a six meter mast capable of transmitting

Cette photo, prise par les Allemands le 7 ou le 8 juin depuis les tours de l'abbaye d'Ardenne à travers une puissante optique montre la flotte alliée au large, vision terrible pour les défenseurs allemands. (PK Woscidlo, coll. Heimdal.)

This photo, taken by the Germans on 7 or 8 June from the towers of Ardenne Abbey, using a powerful lens, shows the Allied fleet out at sea, a terrible sight for the defending Germans.

Vue panoramique de la flotte de débarquement britannique montrant des LCTs de la *Force S*, chargés d'hommes et de matériels. (IWM.)

Panoramic view of the British landing fleet with Force S LCTs, loaded with men and equipment.

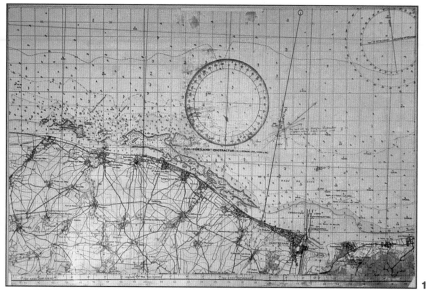

1

2

1. Carte fournie aux équipages des deux X-Crafts qui balisaient le secteur de débarquement britannique. (Musée d'Arromanches.)

2. Capitaine britannique embarquant dans un X-Craft, minuscule sous-marin. (IWM.)

1. Map supplied to the crews of the two X-Craft marking out the British landing sector.

2. British captain boarding an X-Craft midget submarine.

flotte alliée dans la nuit du 5 au 6 juin. Juste avant l'aurore, ils sortent un mât de six mètres capable de transmettre un signal radio automatique et une lumière tamisée. Ils utilisent aussi une sorte de marteau mécanique agissant sur le fond de la mer et provoquant un son rythmique pouvant être perçu sur les bateaux. Il est actionné par un homme assis à califourchon sur les caisses et dont les jambes pendent dans l'eau, un bricolage qui mène au but des centaines de navires.

La flotte avance au milieu d'une mer encore dure, le vent est ouest-nord-ouest, force 4 avec des creux de 1,5 à 2 mètres rendant la navigation difficile. Beaucoup d'hommes ont le mal de mer. Le commandant britannique Smith transporte des soldats canadiens français du régiment de la Chaudière et des soldats canadiens anglais des *Royal Winnipeg Rifles*, au sein de la Force J. Il dépeint l'ambiance qui règne à bord : « *Naturellement la tension est grande, chacun redoute que l'autre ne s'aperçoive de la crainte qu'il a au fond du cœur et le résultat est que personne n'a l'air d'avoir peur. Mais, à vrai dire, nous avons tous une frousse terrible. Sur le pont, ça va mieux car c'est impressionnant de voir ces centaines de bateaux avec, de chaque côté de leurs files, les destroyers et les dragueurs de mines. Tout semble obéir à la volonté obstinée d'arriver en France. Puis, plus tard dans la nuit, des vagues et* vagues d'avions se succèdent au-dessus de nous. C'est vraiment très impressionnant.* »

La difficulté réside surtout dans l'orientation de ces longues colonnes de navires, qui ont des vitesses différentes et doivent progresser pour que tous puissent suivre et éviter les télescopages, il y aura quelques abordages entre les unités navales mais, globalement, ce sera une immense réussite due à une remarquable organisation. Dans le secteur qui nous intéresse, la *Force S* se dirige vers *Sword Beach*, la *Force J* vers *Juno Beach* et la *Force G* vers *Gold Beach*. Toutes ces forces sont placées sous l'autorité de l'*Eastern Task Force* commandée par le *Rear-Admiral* Sir Philipp L. Vian sur le H.M.S. *Scylla*.

La **Force S** est placée sous le commandement du *Rear-Admiral* A.G. Talbot sur le H.M.S. *Largs*. Ce navire amène le *Major General* R.G. Rennie, qui commande la *3rd Infantry Division*. Le premier groupe d'assaut, l'*Assault Group S3* est placé sous l'auto-

98

an automatic radio signal and a filtered light. They also used a kind of mechanical hammer acting on the sea-bed making a rhythmical beating that could be heard from the ships. It was actuated by a man sitting astride some crates with his legs dangling in the water, a crude expedient which nevertheless brought hundreds of ships safely in to their objectives.

The fleet advanced in still rough seas in west-north-west force 4 winds, with 1.5 to 2 meter high waves making navigation difficult. Many of the men were seasick. The British commander Smith was bringing in the French Canadian soldiers of the Régiment de la Chaudière and the English Canadian soldiers of the Royal Winnipeg Rifles, as part of Force J. He described the atmosphere on board: « Naturally everyone was very tense, afraid that someone would notice how afraid they were deep down, and the upshot was that no-one looked scared. But if truth be told, we were all as scared as hell. Things were better on deck, because the columns of hundreds of ships, with destroyers and minesweepers on either side, was an impressive sight. Everything seemed to have this dogged determination to get to France. Then later on during the night, waves after wave of aircraft passed us overhead. It was really very impressive. »

The major difficulty lay in directing these long columns of vessels, each with different speeds and having to advance in such a way that everyone could keep up and avoid bumping into each other; there was the

3. Insigne de casquette d'officier subalterne de la *Royal Navy*. (Coll. Heimdal.)

4. L'*Eastern Task Force* est commandée par le *Rear-Admiral* Sir Philipp L. Vian sur le H.M.S. *Scylla*.

3. *Royal Navy subaltern's cap badge.*

4. *The Eastern Task Force commander was Rear-Admiral Sir Philipp L. Vian on board H.M.S. Scylla.*

odd incident between vessels but overall, thanks to some remarkable organization, the whole operation was a huge success. In the sector we are looking at here, Force S was heading for Sword Beach, Force J for Juno Beach and Force G for Gold Beach. All these forces came under the command of the Eastern Task Force headed by Rear-Admiral Sir Philip L. Vian aboard H.M.S. Scylla.

Un convoi avec un LST en route vers la Normandie, chargé de véhicules sur son pont supérieur. (IWM.)

A convoy en route for Normandy with an LST loaded with vehicles on the upper deck.

8

9

8. Le *Rear-Admiral* A.G. Talbot commande la *Force S*. (IWM.)

9. Un bombardier B-25 Mitchell survole un imposant convoi en route vers la Normandie. (IWM.)

Rear-Admiral A.G. Talbot, commanding Force S.

9. A B-25 Mitchell flies over a convoy en route for Normandy. (IWM.)

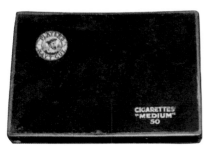

11

10

10. Insigne de casquette d'officier de la RAF. (Heimdal.)

11. Diverses boîtes en métal pour les cigarettes des soldats britanniques. (Musée d'Arromanches.)

10. RAF officer's cap badge.

11. Various cigarette tins used by British troops.

rité du H.M.S. *Goathland*, commandé par le *Captain* E.W. Bush, R.N. (R.N. : *Royal Navy*) et transportant pour *Queen Beach*, le *Brigadier* E.E. Cass *(8th Brigade)*. Il est suivi par l'*Assault Group S2*, le « groupe intermédiaire » *(Intermediate Group)*, placé sous l'autorité du H.M.S. *Dacres,* commandé par le *Captain* R. Gotto, R.N., et transportant le *Brigadier* K.P. Smith *(185th Brigade)*. Le groupe de réserve, l'*Assault Group S1* est placé sous l'autorité du H.M.S. *Locust* commandé par le *Captain* W.R.C. Leggatt R.N. et transportant le *Brigadier* J.C. Cunningham *(9th Brigade)*.

La **Force J** est placée sous le commandement du *Commodore* G.N. Oliver sur le H.M.S. *Hilary*. Ce navire amène le *Lieutenant General* C.J. Crocker, qui commande le *I Corps* et le *Major General* Keller, qui commande la *3rd Canadian Division*. L'*Assault Group J1* est placé sous l'autorité du H.M.S. *Lawford,* commandé par le *Captain* A.F. Pugsley, R.N., et transportant le *Brigadier* H.W. Foster *(7th Canadian Infantry Brigade)*, destination Courseulles et Graye. L'*Assault Group J2* est placé sous l'autorité du H.M.S. *Waveney,* commandé par le *Captain* R.J.O Otway-Ruthwen, R.N., et transportant le *Brigadier* K.G. Blackader *(8th Canadian Brigade)*. L'*Assault Group J3* est placé sous l'autorité du H.M.S. *Royal Ulstermann,* commandé par le *Captain* A.B. Fanshawe,

R.N., transportant le Brigadier D.C. Cunningham *(9th Canadian Infantry Brigade)*.

La **Force G** est placée sous le commandement du *Commodore* Douglas-Pennant sur le H.M.S. *Bulolo*. Ce navire amène le *Major General* Graham, qui commande la *50th (Northumbrian) Division*. L'*Assault Group G1* est placé sous l'autorité du HSM *Nith,* commandé par le *Captain* J.W. Farquhar, R.N., et transportant le *Brigadier* Sir A. Stanier *(231st Infantry Brigade)*, destination « *Jig* » *Green* (Asnelles). L'*Assault Group G2* est placé sous l'autorité du H.M.S. *Kingsmill,* commandé par le *Captain* F.A. Balance, R.N., et transportant le *Brigadier* F.V.C. Knox *(69th Infantry Brigade)*, destination « *King* » *Green* (Ver-sur-mer). L'*Assault Group G3* est placé sous l'autorité du H.M.S. *Albringhton,* commandé par le *Captain* G.V. M. Dolphin, R.N., et transportant le *Brigadier* R.H. Senior *(151st Infantry Brigade)*, unité de réserve.

L'opération *Neptune* (la composante maritime d'*Overlord*) a dû tout d'abord affronter un problème important : les champs de mines marines placées par les Allemands en travers de la Manche. Un rôle peu spectaculaire mais vital pour les opérations de débarquement, le déminage témoigne d'un haut degré de compétence et de courage de la part des équipages

Force S was placed under the command of Rear-Admiral A.G. Talbot aboard H.M.S. Largs. That ship was bringing ashore 3rd Infantry Division commander Major-General R.G. Rennie. The first assault group, Assault Group **S3,** was placed under the authority of H.M.S. Goathland, commander Captain E.W. Bush, R.N. (R.N.: Royal Navy) heading for Queen Beach with Brigadier E.E. Cass. (8th Brigade). It was followed by Assault Group **S2,** the « Intermediate Group », placed under the authority of H.M.S. Dacres under Captain R. Gotto, R.N., and carrying Brigadier K.P. Smith (185th Brigade). The reserve group, Assault Group **S1,** was placed under the authority of H.M.S. Locust under Captain W.R.C. Leggatt R.N. carrying Brigadier J.C. Cunningham (9th Brigade).

Force J was placed under the command of Commodore G.N. Oliver aboard H.M.S. Hilary. That ship carried I Corps commander Lieutenant-General C.J. Crocker, and 3rd Canadian Division commander Major General Keller. Assault Group **J1** was placed under the authority of H.M.S. Lawford under Captain A.F. Pugsley, R.N., and carrying Brigadier H.W. Foster (7th Canadian Infantry Brigade) to destinations at

Courseulles and Graye. Assault Group **J2** was placed under the authority of H.M.S. Waveney under Captain R.J.O. Otway-Ruthwen, R.N., carrying Brigadier K.G. Blackader (8th Canadian Brigade). Assault Group **J3** was placed under the authority of H.M.S. Royal Ulsterman, under Captain A.B. Fanshawe, R.N., carrying Brigadier D.C. Cunningham (9th Canadian Infantry Brigade).

Force G was placed under the command of Commodore Douglas-Pennant aboard H.M.S. Bulolo. This ship brought in 50th (Northumbrian) Division commander Major-General Graham. Assault Group **G1** was placed under the authority of H.M.S. Nith, under Captain J.W. Farquhar, R.N., and carrying Brigadier Sir A. Stanier (231st Infantry Brigade), destination « Jig » Green (Asnelles). Assault Group **G2** was placed under the authority of H.M.S. Kingsmill, under Captain F.A. Balance, R.N., and carrying Brigadier F.V.C. Knox (69th Infantry Brigade), destination « King » Green (Ver-sur-Mer). Assault Group **G3** was placed under the authority of the H.M.S. Albringhton, under Captain G.V.M. Dolphin, R.N., and carrying Brigadier R.H. Senior (151st Infantry Brigade), a reserve unit.

Des LSTs et des LCTs amènent les véhicules, le matériel lourd. (IMW.)

LSTs and LCTs bringing over vehicles and heavy equipment.

101

Carte pour le bombardement des batteries allemandes dans le secteur de la *Second British Army*, avec la portée de ces diverses batteries. (Musée d'Arromanches.)

Map for bombarding German batteries in the Second British Army sector, together with the batteries' different ranges.

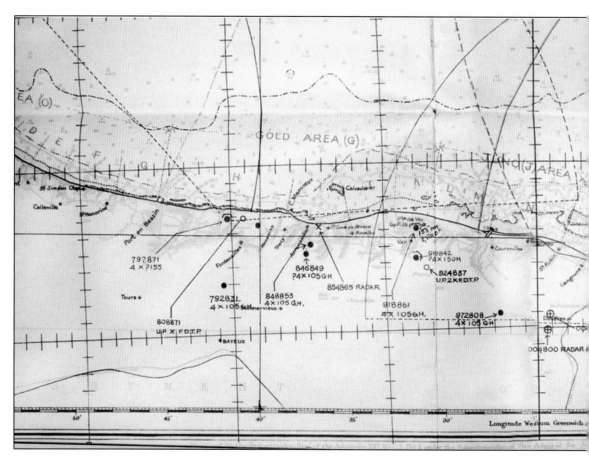

1. Le H.M.S. *Ramillies* ouvre le feu sur la batterie de Bénerville.

2. Le H.M.S. *Warspite* tire sur la batterie de Villerville.

1. H.M.S. Ramillies opens fire on the Bénerville battery.

2. H.M.S. Warspite fires on the Villerville battery.

naux 7 et 8 à la *Force J* et les chenaux 5 et 6 à la *Force G*. 255 dragueurs de mines prennent part à cette opération les *1st, 15th* et *40th Mine-Sweeping Flotillas* pour la *Force S*, les *115th, 143rd* et *165th M.S.F.* pour les navires de bombardement, les *7th, 9th* et *159th M.S.F.* pour la *Force J* et les *6th, 18th* et *150th M.S.F.* pour la *Force G*.

Chaque force d'assaut est accompagnée d'une force de bombardement *(Bombarding Force)* composée de navires de guerre disposant d'une puissante artillerie navale destinée à écraser les défenses côtières mais surtout à museler les batteries d'artillerie côtière. Ainsi, la *Force S* est appuyée par la *Bombarding Force D* avec les H.M.S. *Warspite, Ramilies, Roberts, Mauritius* (portant l'enseigne du *Real-Admiral* Patterson), *Arethusa, Frobisher, Danae,* l'*O.R.P. Dragon,* 13 *Fleet Destroyers* et 2 *Hunt Destroyers*. Les plus puissants sont les H.M.S. *Warspite* avec 8 pièces de 15 pouces (380 cm) et 8 pièces de 6 pouces (152 mm) et H.M.S. *Ramilies* (8 pièces de 15 pouces et 12 de 6 pouces). La *Force J* est appuyée par la *Bombarding Force E* moins puissante avec les H.M.S. *Belfast* (12 pièces de 6 pouces/152 cm) et H.M.S. *Diadem* (8 pièces de 5,25 pouces/133 mm), 7 *Fleet Destroyers* et 4 *Hunt Destroyers*. La *Force G* est appuyée par la *Bombarding Force K* avec les H.M.S. *Orion, Ajax, Argonaut, Emerald, Flores,* 9 *Fleet Destroyers* et 4 *Hunt Destroyers,* aucune pièce supérieure au 6 pouces.

Mais avant que ces forces de bombardement n'interviennent, à l'aube, la côte a subi un ultime bombardement de l'aviation. Toute la côte normande sera violemment bombardée en cette nuit du 5 au 6 juin mais ces bombardements n'ont alors rien d'exceptionnels et ne sont pas le signe d'un proche débarquement pour la population civile. Depuis des semaines, ils sont continuels. Ainsi, parmi les milliers de civils qui les subirent, Roger Malet a alors douze ans. Avec ses parents, il habite à Saint-Aubin-

de dragueurs de mines. Ce barrage de mines était établi à la latitude de 50° Nord environ à une distance de 7 à 10 miles de la côte normande. Il a donc fallu dégager dix chenaux à travers ce barrage, soit deux par force et secteur de plage. Ainsi, les chenaux 9 et 10 seront attribués à la *Force S*, les che-

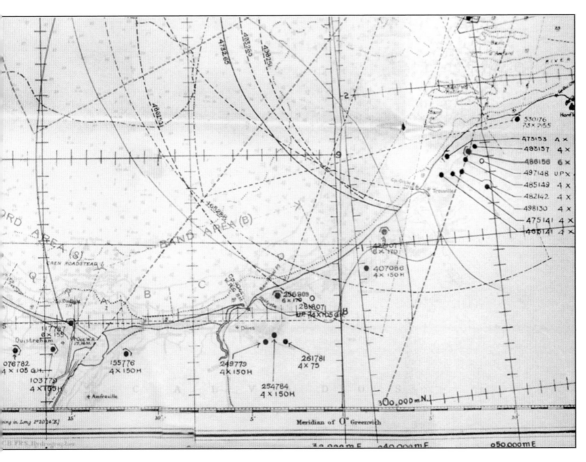

Operation Neptune (the naval component of Overlord) first had one major problem to deal with: naval minefields laid by the Germans across the English Channel. An unspectacular but crucial part of the landing operations, these mine clearance tasks called for great skill and courage from the minesweeper crews. The mines were laid at latitude 50° North some 7 to 10 miles off the Normandy coast. This meant that ten channels had to be cleared through the minefield, i.e. two per force and beach sector. In this way, Channels 9 and 10 were allocated to Force S, Channels 7 and 8 to Force J and Channels 5 and 6 to Force G. 255 minesweepers were requisitioned for this operation: 1st, 15th and 40th Mine-Sweeping Flotillas for Force S, 115th, 143rd and 165th M.S.F. for naval bombardment vessels, 7th, 9th and 159th M.S.F. for Force J, and 6th, 18th and 150th M.S.F. for Force G.

Each assault force was accompanied by a bombarding force made up of warships equipped with powerful naval guns to be used to pound the coastal defences and more specifically to silence the coastal artillery batteries. Thus, Force S had support from Bombarding Force D with H.M.S. Warspite, Ramilies, Roberts, Mauritius (carrying the flag of Rear-Admiral Patterson), Arethusa, Frobisher, Danae, the Polish cruiser Dragon, 13 Fleet Destroyers and 2 Hunt Destroyers. The most powerful were H.M.S. Warspite with 8 15-inch (380 cm) guns and 8 6-inch (152 mm) guns, and H.M.S. Ramilies (8 15-inch and 12 6-inch guns). Force J had support from the less powerful Bombarding Force E with H.M.S. Belfast (12 6-inch/152 cm guns) and H.M.S. Diadem (8 5.25-inch/133 mm guns), 7 Fleet Destroyers and 4 Hunt Destroyers. Force G had support from Bombarding Force K, with H.M.S. Orion, Ajax, Argonaut, Emerald, Flores, 9 Fleet Destroyers and 4 Hunt Destroyers carrying nothing bigger than 6-inch guns.

But before these bombarding forces went into action, at dawn, the coast came in for one final bombard-

3

4

3. La Bombarding Force ouvre le feu sur les batteries allemandes avec des pièces lourdes. (IWM.)

4. Le H.M.S. Roberts tire sur la batterie de Houlgate.

3. The Bombarding Force opens fire with its heavy guns on the German batteries.

4. H.M.S. Roberts fires on the Houlgate battery.

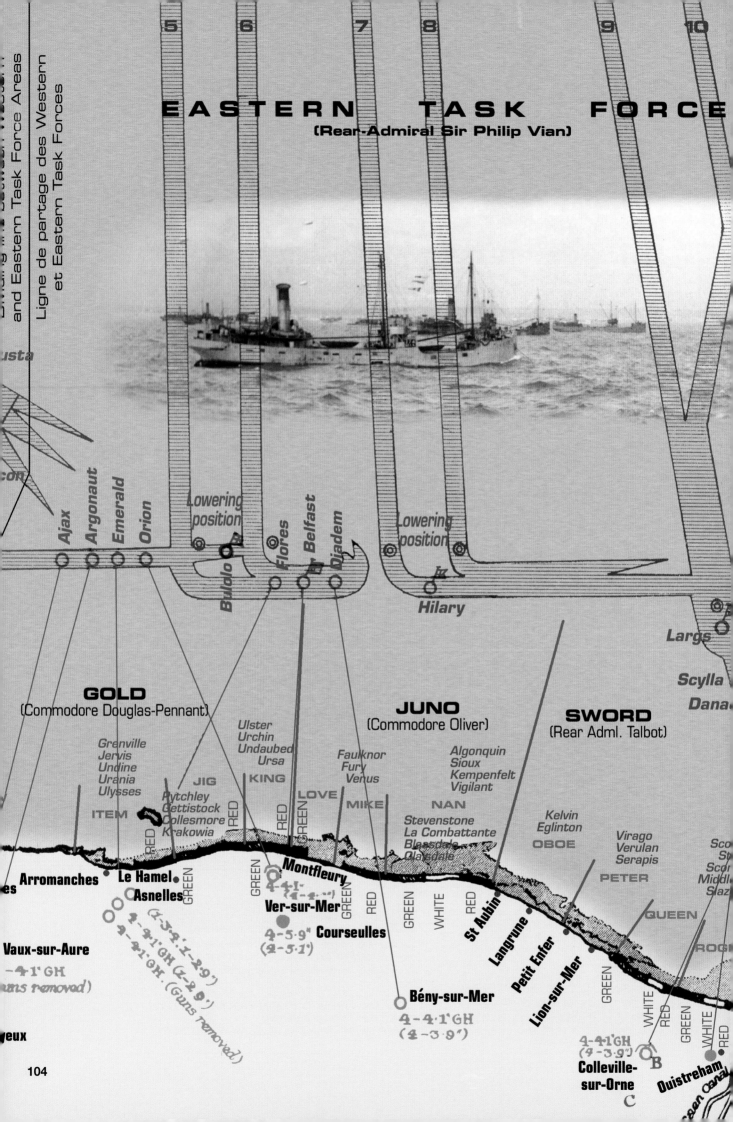

EASTERN TASK FORCE
(Rear-Admiral Sir Philip Vian)

Dividing line between Western
and Eastern Task Force Areas

Ligne de partage des Western
et Eastern Task Forces

Lowering position

Lowering position

Ajax *Argonaut* *Emerald* *Orion* *Bulolo* *Flores* *Belfast* *Diadem*

Hilary

Largs

Scylla

Dana

GOLD
(Commodore Douglas-Pennant)

JUNO
(Commodore Oliver)

SWORD
(Rear Adml. Talbot)

Ulster
Urchin
Undaubed
Ursa

Grenville
Jervis
Undine
Urania
Ulysses

Faulknor
Fury
Venus

Algonquin
Sioux
Kempenfelt
Vigilant

JIG

KING

Kelvin
Eglinton

Virago
Verulan
Serapis

Pytchley
Gettistock
Collesmore
Krakowia

LOVE

Stevenstone
La Combattante
Blaasdale
Olaisdale

NAN

OBOE

ITEM

MIKE

PETER

QUEEN

RED GREEN RED GREEN RED GREEN WHITE RED GREEN WHITE RED GREEN WHITE RED

Arromanches   Le Hamel   Montfleury
               Asnelles
                          Ver-sur-Mer   St Aubin
                                         Langrune   Scott St
                                                     Scott Middle
                                                     Slaze
Vaux-sur-Aure   Courseulles
                                         Petit Enfer   ROGE
  -4.1"GH   4-5.9"
(uns removed)   (2-5.1")   Lion-sur-Mer
                (2-3.9" 1-2.9")
               (1-4.1"GH (2-2.9")
               4-4.1"GH. (Guns removed)
yeux

104   Bény-sur-Mer
                          4-4.1"GH
                          (4-3.9")

                                         4-4.1"GH
                                         (9-3.9")
                                         B
                                         Colleville-
                                         sur-Orne   Ouistreham
                                         C

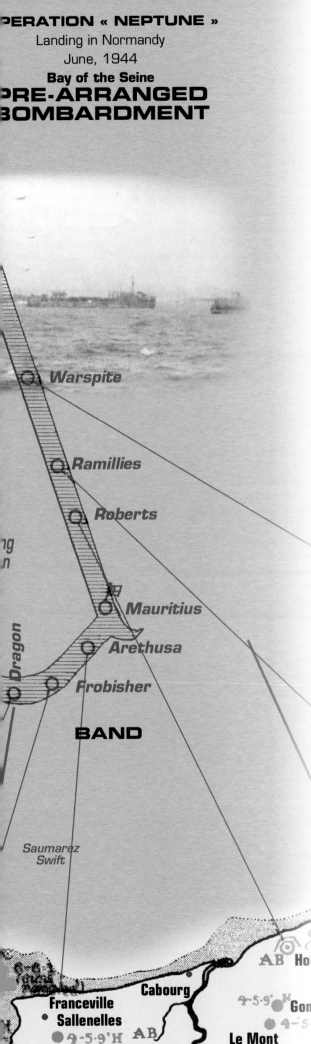

OPERATION « NEPTUNE »

Landing in Normandy
June, 1944
Bay of the Seine

PRE-ARRANGED
BOMBARDMENT

Warspite

Ramillies

Roberts

Mauritius

Arethusa

Dragon

Frobisher

BAND

Saumarez
Swift

Franceville
Sallenelles

Cabourg

Gonne...

Le Mont

Houl...

d'Arquenay, mais à proximité de la batterie allemande Wn 12 dite du château d'eau (voir pages 8 et 22). Ce voisinage est dangereux, la famille se replie à Lion-sur-mer pour se mettre à l'abri, très relatif. A chaque bombardement, portes et fenêtres tremblent, le jeune Roger est terrorisé.

Peu après 23 heures, le 5 juin, 1 136 bombardiers écrasent les défenses côtières situées entre Cherbourg et le Havre sous 7 944 tonnes de bombes. Le 6, de 3 h 43 à 5 heures du matin, en arrière du futur secteur de *Sword Beach* quatre positions sont bombardées. Mais la visibilité est mauvaise, beaucoup de bombes tombent sur les habitations dont, heureusement, de nombreuses sont vides. Avant guerre, à Ouistreham, il y avait 4 000 habitants ; il en reste 400, un tiers sera tué le 6 juin, sous les bombes et dans les combats. C'est le début de la longue liste des « dommages collatéraux », des milliers de Normands vont périr. Quelques minutes après 0 h 30, 110 bombardiers lourds des N° 1 et N° 100 Groups du *Bomber Command* bombardent les batteries de DCA du secteur de Caen-Carpiquet. A Caen, les premières bombes tombent à 5 heures du matin, la gare est attaquée, plusieurs wagons flambent. Quarante-sept B 17 américains visent les ponts sur l'Orne qu'ils ne voient pas et lancent un peu plus loin leurs bombes. A 6 h 30, des bombardiers moyens bimoteurs s'attaqueront aux stations de repérage de l'aérodrome de Carpiquet. A 7 heures, la cartoucherie de Lebisey (nord de Caen) disparaîtra dans un nuage de fumée noire, quarante-cinq victimes civiles seront transportées à Caen. Le pire reste à venir.

Mais toutes ces grandes manœuvres aériennes auront « camouflé » l'arrivée des paras et des pre-

---

ment by the air force. During the night of 5 to 6 June, the entire Normandy coast received a severe battering, but by then this was nothing unusual and for the civilian population did not necessarily mean that a landing was imminent. The bombing had been going on continually for weeks. One of the thousands of civilians who were on the receiving end was Roger Malet, then aged twelve. He lived with his parents at Saint-Aubin-d'Arquenay, not far from German battery Wn 12, known as the water tower (see pages 8 and 22). This was a dangerous place to be, so the family moved back to the very relative shelter of Lion-sur-Mer. Every time the bombing started, the doors and windows would shake, terrifying young Roger.

Shortly after 23.00 hours on 5 June, 1,136 bombers pounded the coastal defences located between Cherbourg and Le Havre with 7,944 tons of bombs. On the 6th, from 03.43 to 05.00 in the morning, four positions were bombed behind what was to be the Sword Beach sector. But owing to poor visibility, a lot of these bombs fell on private houses, many of which fortunately were empty however. Ouistreham had a pre-war population of 4,000, 400 of whom had stayed on; a third of these were killed on 6 June, either by bombs or caught in the battle. They marked the beginning of a long list of «collateral damage», with thousands of Normans killed. A few minutes after 00.30 hours, 110 heavy bombers of Bomber Command's N° 1 and N° 100 Groups set to work on the flak batteries in the Caen-Carpiquet sector. Over Caen, the first bombs were dropped at 05.00 hours, the station was attacked, and several carriages went up in flames. Forty-seven American B 17s, targeting the bridges across the Orne which they could not see, dropped their bombs a little farther on. At 06.30, twin-engine medium bombers attacked the spotter stations at Carpiquet airfield. At 07.00 hours, the Lebisey cartridge factory (just north of Caen) disappeared in a cloud of black smoke, and

Le *Korvetten-Kapitän* Heinrich Hoffmann commande la *5. T-Flottille* qui attaque la *Force S* et coule le *Svenner*.

Korvetten-Kapitän Heinrich Hoffmann commanding 5. T-Flottille which attacked Force S and sank the Svenner.

miers planeurs de la *6th Airborne Division* sur la rive droite de l'Orne. Peu après minuit, le *Major* Howard et ses hommes ont pris les ponts sur le canal et sur l'Orne. Dès 0 h 50, les premiers paras sont arrivés sur leurs zones respectives. L'état-major de la division est arrivée à 3 h 20 et, à l'aube, l'une des composantes du *I Corps* tient déjà une tête-de-pont entre l'Orne et la Dives, couvrant l'angle oriental du secteur de *Sword Beach*.

Entre-temps, l'immense armada s'est approchée de la côte. Ecoutons le témoignage du lieutenant-colonel C. MacDonald qui était alors le commandant en second du *6th Green Howards* se dirigeant vers *Gold Beach* : « *L'armada d'Invasion qui s'était formée à Spithead offre un incroyable spectacle. La mer est une forêt de toutes formes et de toutes tailles. Il n'y a pas un seul avion ennemi au-dessus de nous. Quelle différence avec notre départ de France en 1940. Finalement, après un report de 24 heures, nous avons pris la mer de nuit; C'est un bateau assez petit mais la mer est méchante, vraiment méchante, avec de gros creux, des vagues énormes. Il semble en fait que la mer fait tout son possible pour nous rendre l'invasion aussi difficile que possible. On ne dort pas. Pendant la nuit, on reçoit des messages de navires en difficulté qui doivent retourner en Angleterre. La plupart d'entre eux semblent être alors des* Tank Landing Craft *(navires transport de chars) (...) Des avions bourdonnent au-dessus de nos têtes pendant toute la nuit. Déjà, des éclairs sont visibles au-dessus de la côte normande. Vision encourageante. Avant l'aube, le groupe de transmissions du bataillon s'est regroupé sur le petit pont qui nous a été attribué. La mer est si rude et la visibilité si mauvaise qu'on donne l'ordre à notre petit navire de guider le* Landing Craft Assault *jusqu'à un point où l'identification de la côte se fera sans risque d'erreur. Juste avant l'aube, il y a une telle activité de notre armada que, pendant quelques minutes, j'ai l'impression que nous pourrions aller à pied jusqu'à la côte. Tout est en train de se ruer vers la côte. Le bombardement naval est fantastique.* »

Ainsi, les convois ont traversé les champs de mines par leurs chevaux respectifs et sont arrivés à la *lowering position*, la « position de transfert », sans aucun problème pour la *Force G* dont le H.M.S. *Bulolo* et les LSIs de tête jettent l'ancre à environ **5 h 35** et pour la *Force J* dont le H.M.S. *Hilarry* jette l'ancre à **5 h 58**. A l'est, la *Force S* subit une attaque de torpilleurs allemands.

Alors que le H.M.S. *Largs* amène l'arrière du convoi de LSIs sur la *lowering position*, la *Bombarding Force D* se trouve déjà à l'ancre au bout du chenal 10 en train de bombarder les batteries d'artillerie allemandes depuis 5 h 40. Le H.M.S. *Warspite* contre la batterie de Villerville *(1./HKAA 1255)*, le H.M.S. *Ramilies* contre la batterie de Bénerville (Mont Canisy, *2./HKAA 1255*), le H.M.S. *Roberts* contre la Batterie de Houlgate (sur le plateau de Tournebride, *3./HKAA 1255*), le H.M.S. *Arethusa* contre la batterie du Mont et la batterie de Merville *(1./AR 1716)*, le H.M.S. Frobisher contre la batterie de Riva Bella (mais les pièces de la *1./HKAA 1260* ont été déplacées au sud de Saint-Aubin-d'Arquenay), le O.R.P. *Dragon* contre la batterie de Colleville *(2./AR 1716)* et le H.M.S. *Danae* contre la batterie de Ouistreham/Château d'eau *(4./AR 1716)*. Les destroyers rejoignent ces unités. Un écran de fumée masque cette force de bombardement aux vues des batteries lourdes du Havre qui pourraient la menacer. Mais cet écran va aussi camoufler l'arrivée des torpilleurs de la 5ᵉ Flottilles.

La **5. T-Flottille** du *Korvetten-Kapitän* Heinrich Hoffmann se trouve au Havre depuis le 24 mai avec les torpilleurs *Falke* (Kptlt. Günter Krüger), *Jaguar* (Oblt. z.S. Heinz-Jürgen Sonnenburg), *Kondor* (Oblt. z.S. August-Wilhelm Rönnau), *Möwe* (Kptl. Helmut

forty-five civilian casualties were taken to Caen. But the worst was still to come.

However, all these airborne operations did succeed in « camouflaging » the arrival of the paratroops and the first gliders of 6th Airborne Division on the right bank of the Orne. Shortly after midnight, Major Howard and his men took the bridges over the canal and the River Orne. From 00.50 on, paratroops began landing in their respective zones. The divisional staff came in at 03.20 and, by dawn, one element of I Corps already held a bridgehead between the Orne and Dives rivers, covering the eastern corner of the Sword Beach sector.

Meanwhile, the huge armada was approaching the coast. Here is an eye-witness account by Lieutenant-Colonel C. MacDonald, then second-in-command of 6th Green Howards heading for Gold Beach: « The Invasion Armada formed up off Spithead was an incredible sight. The sea was a forest of ships of all shapes and sizes. And not an enemy plane got near us. What a difference from when we left France in 1940. Eventually, after a 24 hour postponement, we set sail at night. It was a fast little ship but the sea was vicious, really vicious, with heavy swells, huge waves, in fact it seemed as if the sea was doing all it could to make our invasion as difficult as possible. No sleep. During the night messages were received of ships in difficulties having to turn back to England. Most of them at the time seemed Tank Landing Craft. « Here we go again on our own », I remember thinking. Aircraft roared overhead continuously all night. Soon flashes were visible from the Normandy coastline. A cheering sight. Before dawn our signals group from the Bn were well organised on the small deck which had been allocated to us. Because the sea was so rough and visibility so poor our little ship was ordered to lead the Landing Craft Assault to a point where identification of the coastline was unmistakeable. From just before dawn there was so much activity from our Armada that for a few foolish minutes, I think I believed it would be a walk ashore. Everything was being hurled at the coast-line and beyond. The Naval bombardment was fantastic. »

Thus, the convoys passed along their respective channels through the minefields and arrived at their lowering position with no problems for Force G, whose H.M.S. Bulolo and leading LSIs dropped anchor at approximately **05.35,** or for Force J whose H.M.S. Hilary dropped anchor at **05.58.** In the east, Force S came under attack from some German destroyers.

As H.M.S. Largs brought the tail of the LSI convoy up to lowering position, Bombarding Force D was already at anchor at the end of Channel 10, where it had been bombarding the German artillery batteries since 05.40. H.M.S. Warspite against the Villerville battery (1./HKAA 1255), H.M.S. Ramilies against the Bénerville battery (Mont Canisy, 2./HKAA 1255), H.M.S. Roberts against the Houlgate battery (on the Tournebride plateau, 3./HKAA 1255), H.M.S. Arethusa against the Le Mont and Merville batteries (1./AR 1716), H.M.S. Frobisher against the Riva Bella battery (but 1./HKAA 1260's guns had been moved to south of Saint-Aubin-d'Arquenay), the Polish cruiser Dragon against the Colleville battery (2./AR 1716) and H.M.S. Danae against the Ouistreham/Water tower battery (4./AR 1716). The destroyers joined these units. A smokescreen put this bombarding force out of sight of the heavy batteries of Le Havre which could have threatened it. But it also concealed the arrival of 5th Flotilla's destroyers.

Korvetten-Kapitän Heinrich Hoffmann's **5. T-Flottille** had been at Le Havre since 24 May with the destroyers Falke (Kptlt. Günter Krüger), Jaguar (Oblt. z.S. Heinz-Jürgen Sonnenburg), Kondor (Oblt. z.S. August-

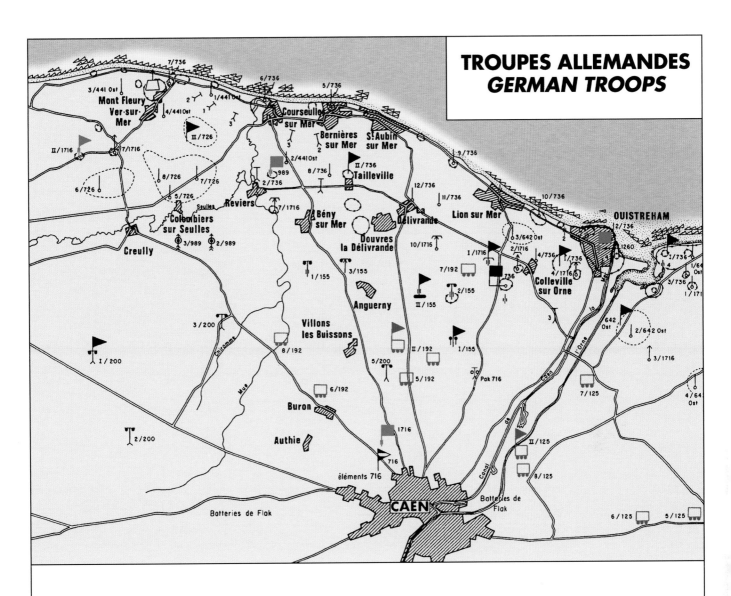

TROUPES ALLEMANDES
GERMAN TROOPS

Map labels: 7/736, 6/736, 5/736, 3/441 Ost, Mont Fleury Ver-sur-Mer, 2, 1/441 Ost, 4/441 Ost, 1, 3, II/726, Courseulles sur Mer, Bernières sur Mer, S! Aubin sur Mer, 2/441 Ost, 9/736, II/1716, 7/1716, 2, 989, 8/726, 7/726, II/736, Tailleville, 8/736, 12/736, 11/736, 10/736, OUISTREHAM, 6/726, 5/726, Reviers, 2/736, 7/1716, Bény sur Mer, La Délivrande, Lion sur Mer, 2/736, Colombiers sur Seulles, Creully, 3/989, 2/989, Douvres la Délivrande, 10/1716, 3/642 Ost, 2, 1260, 1/736, Seulles, 1/1716, 2/1716, 4/736, 1/736, Colleville sur Orne, 3/736, 1/171, 1/64 Ost, 3/155, 1/155, 7/192, 736, Anguerny, 2/155, II/155, 1/155, 3/200, Villons les Buissons, 8/192, II/192, 5/200, 5/192, Pak 716, 642 Ost, 2/642 Ost, 3/1716, I/200, 6/192, Buron, Orne, l'Orne, Caen, 7/125, 4/64 Ost, 2/200, Authie, 1716, II/125, 716, éléments 716, 8/125, CAEN, Batteries de Flak, Canal de Caen, Batteries de Flak, 6/125, 5/125

LÉGENDES

PC de division d'infanterie
Infantry Division HQ

PC de régiment d'infanterie
Infantry Regiment HQ

PC de bataillon d'infanterie
Infantry Battalion HQ

Compagnie d'infanterie
Infantry Company 11/736.

PC de bataillon de panzer-grenadiers
Motor. Infantry Battalion HQ
(infanterie motorisée de la 21. Panzer-Division)
Motor. Infantry Battalion

Compagnie de panzers-grenadiers
Motor. Infantry Company

PC de régiment d'artillerie
Artillery Regt/HQ

Groupe d'artillerie de campagne
Field Artillery Battalion

Groupe d'artillerie en position
Artillery Battalion in position

Batterie d'artillerie
Artillery battery

Batterie d'artillerie en position
Battery in position

Batterie d'artillerie lourde
Heavy battery

Position d'artillerie
Gun position

Batterie d'artillerie sans casemate
Battery under casemate

Pièces de Pak
Flak gun

Batterie de Pak automotrice
Antitank (Sp)

Batterie de chasseurs de chars
Antitank Battery

Groupe de chasseurs de chars
Antitank Battalion

Groupe d'artillerie motorisée
Antitank Battalion

Batterie d'artillerie motorisée (obusiers)
Sp Battery (howitzers)

Batterie d'artillerie motorisée (canons)
Sp Battery

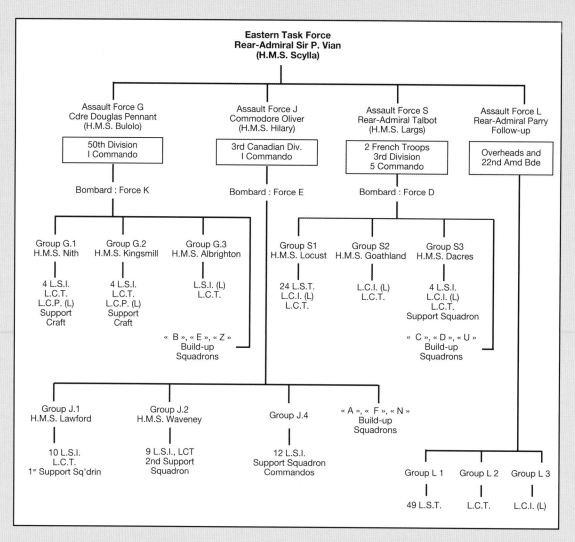

Eastern Task Force
Rear-Admiral Sir P. Vian
(H.M.S. Scylla)

Assault Force G
Cdre Douglas Pennant
(H.M.S. Bulolo)

50th Division
I Commando

Bombard : Force K

Group G.1
H.M.S. Nith

4 L.S.I.
L.C.T.
L.C.P. (L)
Support
Craft

Group G.2
H.M.S. Kingsmill

4 L.S.I.
L.C.T.
L.C.P. (L)
Support
Craft

Group G.3
H.M.S. Albrighton

L.S.I. (L)
L.C.T.

« B », « E », « Z »
Build-up
Squadrons

Assault Force J
Commodore Oliver
(H.M.S. Hilary)

3rd Canadian Div.
I Commando

Bombard : Force E

Group J.1
H.M.S. Lawford

10 L.S.I.
L.C.T.
1ᵉʳ Support Sq'drin

Group J.2
H.M.S. Waveney

9 L.S.I., LCT
2nd Support
Squadron

Group J.4

12 L.S.I.
Support Squadron
Commandos

« A », « F », « N »
Build-up
Squadrons

Assault Force S
Rear-Admiral Talbot
(H.M.S. Largs)

2 French Troops
3rd Division
5 Commando

Bombard : Force D

Group S1
H.M.S. Locust

24 L.S.T.
L.C.I. (L)
L.C.T.

Group S2
H.M.S. Goathland

L.C.I. (L)
L.C.T.

Group S3
H.M.S. Dacres

4 L.S.I.
L.C.I. (L)
L.C.T.
Support Squadron

« C », « D », « U »
Build-up
Squadrons

Assault Force L
Rear-Admiral Parry
Follow-up

Overheads and
22nd Amd Bde

Group L 1

49 L.S.T.

Group L 2

L.C.T.

Group L 3

L.C.I. (L)

Bastian) et *T28* (*Kplt.* Hans Temming). Lors du transfert de la flottille de Cherbourg au Havre, dans la nuit du 23 au 24 mai, sous l'escorte de la *6. M-Flottille*, le *Greif* (*Kptlt.* Horst Freiherr von Lüttzig) avait été coulé par un Albacore du *N° 415 Squadron* et le *Kondor* avait été si gravement endommagé qu'il ne sera plus jamais opérationnel. La *5. T-Flottille* n'a donc plus que quatre torpilleurs opérationnels avec lesquels elle mènera cinq sorties nocturnes en Baie de Seine contre la flotte d'invasion alliée. Le 6 juin, à **4 h 35**, après avoir reçu les premières informations sur les opérations en cours, le *Marinegruppen-Kommando West* donne l'ordre à la flottille d'effectuer une reconnaissance. Le *K.Kpt.* Hoffmann appareille alors avec le *Jaguar*, la *Möwe* et le *T28* en direction de l'ouest et de la flotte alliée. À **5 h 30**, couverts par la fumée artificielle, ils arrivent au contact des premiers navires, au large d'Ouistreham ; ils n'ont pas été repérés, les écrans radar alliés sont complètement saturés par les milliers d'échos de la flotte immense. Ils vont lancer quinze torpilles. Deux d'entre elles passent entre le H.M.S. *Warspite* et le H.M.S. *Ramilies*. L'une d'elles atteint un navire norvégien, le H. Nor. M.S. *Svenner*, au centre près de la salle des machines, soulevant un jet de fumée. L'arrière du navire disparaît et le *Svenner* sombre rapidement ; une grande partie de ceux qu'il transportait pourront être secourus. Une quatrième torpille se dirigeait vers le H.M.S. *Largs* qui a alors fait machine arrière à toute puissance, l'évitant de justesse et sauvant ainsi le navire amiral de la *Force S*. Une autre a aussi manqué de peu le H.M.S. *Virago*. Le H.M.S. *Warspite* tente alors de suivre ces torpilleurs sur son radar et ouvre le feu à une distance d'environ 14 000 mètres

Wilhelm Rönnau), Möwe (Kptl. Helmut Bastian) and T28 (Kplt. Hans Temming). During the flotilla's transfer from Cherbourg to Le Havre, during the night of 23 to 24 May, under the escort of 6. M-Flottille, the Greif (Kptlt. Horst Freiherr von Lüttzig) had been sunk by an Albacore of N° 415 Squadron and the Kondor had been so seriously damaged that it was out of action for good. 5. T-Flottille was thus down to four operational destroyers with which to carry out five night sorties in the Bay of the Seine against the Allied invasion fleet. At 04.35 on 6 June, after receiving initial reports on operations in progress, Marinegruppen-Kommando West ordered the flotilla to reconnoitre. Accordingly, K.Kpt. Hoffmann sailed west towards the Allied fleet with the Jaguar, the Möwe and the T28. At **05.30**, under cover of artificial smoke, they came into contact with the first ships off Ouistreham; they were not detected, as the Allied radar screens were completely saturated by thousands of echoes from the huge fleet. They managed to fire fifteen torpedoes. Two of these torpedoes passed between H.M.S. Warspite and H.M.S. Ramilies. One of them hit a Norwegian vessel, H. Nor. M.S. Svenner, amidships close to the engine room, sending up a great billow of smoke. The ship's stern disappeared and sank, and the Svenner quickly went down; most of those on board were picked up. A fourth torpedo was on target to hit H.M.S. Largs until the ship went full steam into reverse, only just evading it and thus saving the Force S flagship. H.M.S. Virago also had a close shave. H.M.S. Warspite then tried to follow the destroyers on its radar and opened fire at a distance of some 14,000 meters, sinking one of the three ships, or so it thought, but in fact they all made it safe-

et pense avoir coulé l'un des trois navires, alors qu'ils rentrent intacts vers le Havre. Mais il y a aussi des chalutiers armés dans le secteur, face à la flotte alliée ; ils sont pris à partie par le *Mauritius*, le *Ramilies* et l'*Arethusa*. Ces chalutiers armés sont des patrouilleurs de la *15. Vp-Flottille* basée au Havre et à Fécamp, l'un d'entre eux est perdu, touché par les navires alliés ou coulé par une mine. Quant à la *5. T-Flottille*, elle arrivera au Havre à 9 heures. Le *K. Kpt.* Hoffmann recevra le *Ritterkreuz*, la croix de chevalier de la croix de fer, dès le 7 juin pour son action face à la flotte alliée. D'autres tentatives, les nuits prochaines ne donneront pas d'autres résultats.

Notons aussi les pertes subies par d'autres unités navales de l'*Eastern Task Force* : le H.M.S. *Westler* sautera sur une mine à 6 h 45, de même qu'un L.S.T., un L.C.T. coulera en étant remorqué ce qui sera aussi le cas de douze L.C.A.s.

Alors que se termine l'accrochage avec la *Kriegsmarine*, les premiers groupes d'assaut se préparent sur la *lowering position* (à environ douze kilomètres de la côte). Les troupes vont être transférées des navires de transport aux péniches de débarquement. Les premières opérations, pour *Sword Beach*, ont lieu à H-125. Les groupes d'assaut seront encadrés par les destroyers qui ouvriront le feu sur les défenses côtières. Ils seront précédés par les **LCTs** *(Landing Craft Tank)*, transportant les chars DD qui doivent être les premiers à atteindre la plage pour ouvrir le chemin à l'infanterie d'assaut, derrière suivent d'autres *LCTs* transportant les chars spéciaux, puis ce sont les **LCAs** *(Landing Craft Assault)* transportant l'infanterie d'assaut. Chaque LCA transporte quatre hommes d'équipage, plus 35 fantassins, soit une section, avec 400 kilos d'équipement. Puis les **LCT (R)s** *(Landing Craft Rocket)* enverront leurs salves de roquettes sur les objectifs côtiers, appuyés en outre par d'autres *LCTs* transportant les pièces d'artillerie automotrices qui feront feu en permanence depuis leurs péniches.

ly back to Le Havre. There were also some armed trawlers in the sector, facing the Allied fleet; these were engaged by the *Mauritius*, *Ramilies* and *Arethusa*. These armed trawlers were patrol craft of 15. Vp-Flottille based at Le Havre and Fécamp; one of them was lost, hit by Allied ships or sunk by a mine. As for 5. T-Flottille, it put in to Le Havre at 09.00. K. Kpt. Hoffmann was to receive the Ritterkreuz, the Knight's Cross of the Iron Cross, on 7 June for his action against the Allied fleet. Further attempts on subsequent nights produced no further results.

Note also the losses sustained by other Eastern Task Force naval units: H.M.S. Westler struck a mine at 06.45, just as and L.S.T. and an L.C.T. sank while under towed, which also happened to twelve L.C.A.s.

As the engagement with the Kriegsmarine drew to a close, the first assault groups made preparations at their lowering position (some twelve kilometers offshore). The troops were transferred from the transport ships to the landing craft. The first wave of operations was timed for H-125 on Sword Beach. The assault groups were flanked by the destroyers which opened fire on the coastal defences.They came in behind the *LCTs* (Landing Craft Tank), carrying DD tanks which had to be first onto the beach in order to open the way for the assault infantry; these were followed by more LCTs carrying special-purpose tanks, and behind them the *LCAs* (Landing Craft Assault) brought the assault infantry ashore. Each LCA carried a crew of four, plus 35 infantry, i.e. a platoon, together with 400 kilos of equipment. Then *LCT (R)s* (Landing Craft Rocket) were to fire salvoes of rockets at objectives along the coast, with further support from more LCTs carrying self-propelled artillery which kept up a steady stream of shellfire from the barges.

Photo prise depuis Merville, à l'est de l'estuaire de l'Orne par un correspondant de guerre allemand (Le *Leutnant* Hans Ertl) montrant la masse des navires alliés. Au premier plan, un LCP(L) qui a échoué là. (BA.)

Photo taken from Merville, to the east of the Orne estuary, by a German war correspondent (Leutnant Hans Ertl) showing the armada of Allied vessels. In the foreground, a grounded LCP(L).

Sword Beach

En tête, face à *Queen Beach*, progressent les huit LCTs (les LCT 101 à 108) transportant les chars DD du *13th/18th Hussars*. Ils doivent s'arrêter vers **6 heures**, avec l'aube qui pointe sous un ciel gris, à 5 000 yards (environ 4,5 kilomètres) de la côte pour mettre leurs chars DD à l'eau. Il avait été prévu de les mettre à l'eau à 7 000 yards mais cela n'avait pas été possible à cause de l'état de la mer. Cette manœuvre n'est pas agréable pour les équipages. Les jupes de flottaison sont relevées, bloquant toute visibilité et il faut naviguer à la boussole (elle doit indiquer 180°) pour rejoindre la côte. L'eau atteint presque le haut de la jupe et il faut évacuer l'eau embarquée avec des pompes et la rudesse de la mer va retarder leur progression. 34 chars DD ont été débarqués sur les 40 transportés, 31 arriveront sur la plage.

A partir de **6 h 44**, les bâtiments d'appui arrosent la côte de leurs salves, ajoutant leur fracas à celui de la *Bombarding Force* qui a ouvert le feu il y a plus d'une heure. Les salves de roquettes partent en hurlant et rassurent les fantassins tassés dans les LCAs depuis 5 h 30 et qui sont en proie au mal de mer. Et, derrière ces frêles embarcations, les 18 LCTs (LCT 272 à 283 et LCT 331 à 336) transportant les canons automoteurs du *7th Field Regiment R.A.*, du *76th (Highland) Field Regiment R.A.* et *33rd Field Regiment R.A.* envoient leurs obus vers la côte. Dans chaque LCT, il y a deux canons automoteurs à l'avant et deux à l'arrière, avec des véhicules divers au centre.

*Leading the way in to Queen Beach came eight LCTs (LCTs 101 to 108) bringing DD tanks for 13th/18th Hussars. They were to stop 5,000 yards (c. 4.5 km) off the coast to launch their DD tanks at around **06.00 hours,** as day dawned in grey skies. It had been intended to launch them 7,000 yards out but in view of the heavy seas, this had not been possible. This was an unpleasant operation for the crews. The flotation skirts were raised, and they could see nothing from behind them, having to navigate coastwards by compass (it had to indicate 180°). Water came up almost to the top of the skirt and they had to use pumps to bale out the water they shipped, and progress was slower than planned in such rough seas. Out of the 40 DD tanks brought across, 34 were sent ashore, and 31 actually reached the beach.*

*Starting at **06.44,** the naval support pounded the coast with shellfire, adding to the din of the Bombarding Force which had opened fire over an hour earlier. Rocket salvoes screamed through the air, a reassuring sound for the seasick infantry packed in their LCAs since 05.30. Behind these frail craft came 18 LCTs (LCTs 272 to 283 and LCTs 331 to 336) carrying self-propelled guns for 7th Field Regiment R.A, 76th (Highland) Field Regiment R.A. and 33rd Field Regiment R.A. fired their shells at the coast. In each LCT, there were two self-propelled guns in the bows and two in the stern, with various vehicles in between.*

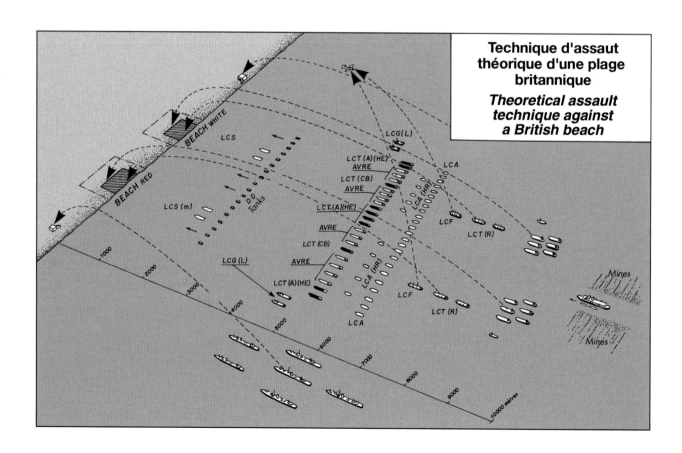

Technique d'assaut théorique d'une plage britannique

Theoretical assault technique against a British beach

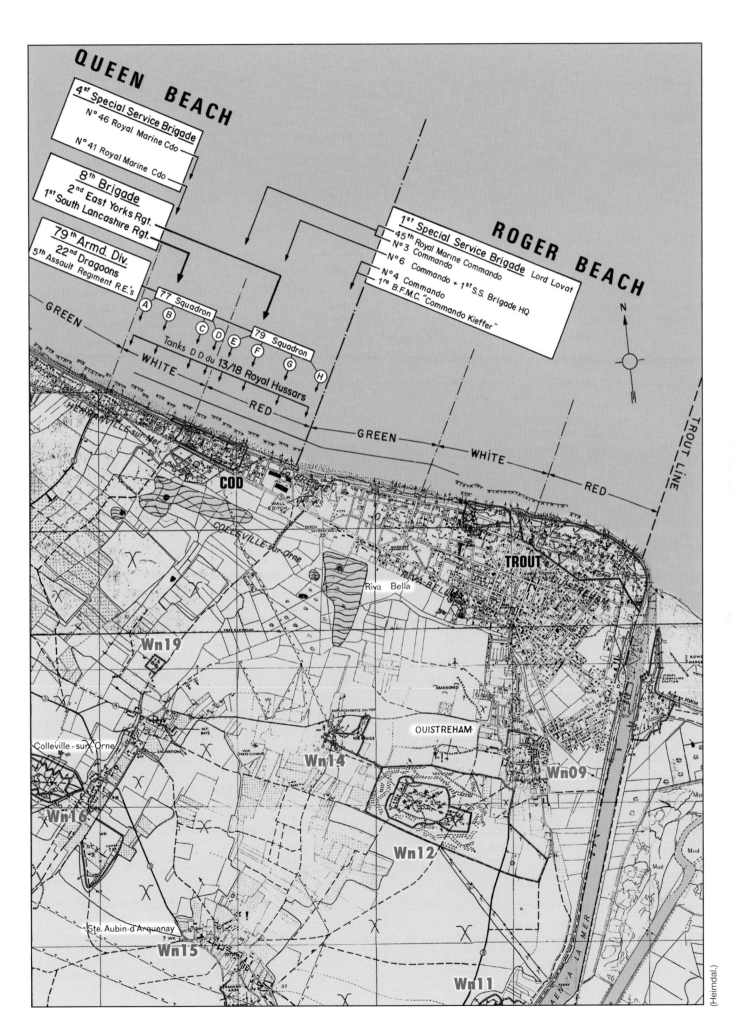

QUEEN BEACH

ROGER BEACH

4ʳ Special Service Brigade
Nᵒ 46 Royal Marine Cdo
Nᵒ 41 Royal Marine Cdo

8ᵗʰ Brigade
2ⁿᵈ East Yorks Rgt.
1ˢᵗ South Lancashire Rgt.

79ᵗʰ Armd. Div.
22ⁿᵈ Dragoons
5ᵗʰ Assault Regiment R.E.'s

77 Squadron

79 Squadron

Tanks D D du 13/18 Royal Hussars

Ⓐ Ⓑ Ⓒ Ⓓ Ⓔ Ⓕ Ⓖ Ⓗ

1ˢᵗ Special Service Brigade Lord Lovat
45ᵗʰ Royal Marine Commando
Nᵒ3 Commando
Nᵒ6 Commando + 1ˢᵗ S.S. Brigade HQ
Nᵒ4 Commando
1ʳᵉ B.F.M.C. "Commando Kieffer"

N

GREEN

WHITE

RED

GREEN

WHITE

RED

TROUT LINE

HERMANVILLE-sur-Mer

COLLEVILLE-sur-Orne

COD

WALL DITCH

DITCH WIDENING

Riva Bella

RIVA-BELLA

TROUT

OUISTREHAM

ABANDONED

ROYAL SIGNALLING STATION

Wn19

Wn14

Wn09

Colleville-sur-Orne

Wn16

Wn12

Ste. Aubin-d'Arquenay

Wn15

Wn11

Mud

Mud

Mud

CANAL A LA MER

Photo aérienne montrant le débarquement des *South Lancs* sur *Queen White*, Hermanville. Les sorties *(Lane 6, 7 et 8)* sont dégagées par les chars spéciaux du *77th Assault Squadron*. (IWM.)

Le plan ci-contre reproduit le même secteur avec les sorties de plage. (Heimdal.)

Aerial photograph showing the South Lancs landing at Queen White, Hermanville. The beach exits (Lane 6, 7 and 8) are being cleared by 77th Assault Squadron's special tanks.

The shot opposite shows the same sector with the beach exits.

Vers **6 h 30**, à 15 000 yards (13,5 kilomètres) de la côte, les 18 LCTs de l'artillerie se préparent au « **Run-In-Shoot** », à tirer tout en naviguant. Un ML *(Motor Launch)* équipé d'un radar va diriger leurs tirs. A **6 h 44**, depuis le LCT 331, la première salve est envoyée par la *A Troop, 7th Field Regt*. La formation en flèche des LCTs aligne trois groupes de six péniches avec le *7th Field Regt* au centre, le *33rd Field Regt* en arrière sur la gauche et le *76th (Highland) Field Regt* en arrière sur la droite. La troisième salve touche la côte. Les soixante-douze canons de 105 mm automoteurs sont maintenant en train de bombarder les défenses de *Queen Beach* à la cadence de 200 coups à la minute ! A la fin de ce bombardement, 6 500 coups auront été tirés. Tous les personnels disponibles sur les LCTs sont mobilisés pour transporter les obus et balancer à la mer les emballages en carton laissant un sillage

derrière les LCTs. Mais, bientôt, les Allemands répliqueront et il faudra manœuvrer pour éviter ces tirs. Le feu cessera à H-5.

Finalement, les chars DD ayant été retardés, dix LCT amènent les chars *Flails* du *22nd Dragoons* à **7 h 20** puis les chars A.V.R.E. du *5th Assault Regiment R.E. (79th Armoured Division)* à **7 h 25.** Puis ce sont 31 chars DD des *Squadrons* A et B du *13th/18th Hussars*. Tous ces engins blindés s'attaquent alors aux obstacles de plage, mines pour les *Flails*, obstacles et bunkers pour les A.V.R.E., positions défensives pour les DD. Et, malgré un déluge d'acier qui s'abat sur le secteur depuis près de deux heures, les positions allemandes semblent quasiment intactes et répliquent à l'assaut. Les balles de mitrailleuses claquent sur les superstructures des LCAs, les embarcations de tête doivent manœuvrer pour éviter les obus qui tombent en soulevant des gerbes d'écume. Ainsi, des milliers de bombes, roquettes et obus n'auront pas servi à grand chose, le béton a assuré une bonne protection aux garnisons côtières ; il faudra les prendre d'assaut.

Queen Red

Il est **7 h 30**, dix LCAs (les LCAs 131 à 140) débarquent les compagnies d'assaut sur *Queen Red*, la plage orientale face à la position fortifiée de Hermanville la Brèche (en fait Colleville) **(StP 20)** que les Alliés appellent « **Cod** ». C'est l'enfer. Les défenses sont presque intactes, les balles sifflent face aux péniches qui débarquent les hommes des compagnies A et B du **2nd East Yorkshine Regiment**. Une pièce de 88 mm a pris la plage en enfilade et les mitrailleuses crépitent. Les chars DD du *133th/18th*

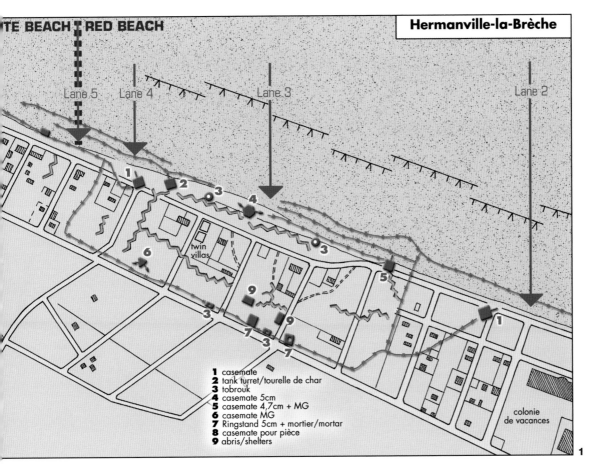

Lane 5 **Lane 4** **Lane 3** **Lane 2**

twin villas

colonie de vacances

1 casemate
2 tank turret/tourelle de char
3 tobrouk
4 casemate 5cm
5 casemate 4,7cm + MG
6 casemate MG
7 Ringstand 5cm + mortier/mortar
8 casemate pour pièce
9 abris/shelters

2

3

1. *Red Beach* avec la position défensive (Stp 18) codée « *Cod* » par les Alliés et qui causera de lourdes pertes aux *East Yorks*. On notera les sorties de plage *(Lanes)* 2 à 5. (Heimdal.)

2. Tombe du *Sergeant* C. Norris du *13th/18th Hussars* tué le 6 juin 1944, au petit cimetière d'Hermanville. (G.B.)

3. Tombe du lieutenant B. Shaw des *East Yorks*, tué le 6 juin, cimetière d'Hermanville. (G.B.)

1. *Red Beach* with the defensive position (Stp 18) codenamed « *Cod* » by the Allies, which caused heavy losses to the East Yorks. Note the beach exits, Lanes 2 to 5.

2. The grave of Sergeant C.Norris of 13th/18th Hussars, killed on 6 June 1944, in the little cemetery at Hermanville.

3. The grave of Lieutenant B. Shaw of the East Yorks, killed on 6 June, Hermanville cemetery.

Hussars et les chars spéciaux du *22nd Dragoons* répliquent. Mais, en quelques minutes, les *East Yorks* vont perdre 200 hommes sur la plage ! Au milieu des obstacles et des barbelés, il y a peu de possibilités de s'abriter des tirs.

Queen White

Sur la droite (à l'ouest), dix autres LCAs (les LCAs 117 à 126) amènent les compagnies A et C du **1st South Lancashire Regiment** commandées par le lieutenant-colonel Richard Burbury. Avançant à une vitesse de quatre nœuds, les LCAs ont atteint la plage et, déjà, des chars DD sont en train de brûler. La *A Company* débarque à droite (à l'ouest) et tombe sur des tirs violents. Son chef, le *Major* Harwood, est mortellement blessé. L'un de ses subalternes est tué en traversant la plage. Le lieutenant Pierce prend alors le commandement de la compagnie qu'il mène sur la droite pour nettoyer des maisons fortifiées en direction de la station balnéaire de Hermanville. Sur

---

*At around **06.30**, still 15,000 yards (13.5 km) offshore, the 18 LCTs carrying the guns prepared to «**Run-in-Shoot**», i.e. to come in with their guns blazing. There was an ML (Motor Launch) equipped with radar to assist with range-finding. At **06.44**, the first salvo was fired from LCT 331 by A Troop, 7th Field Regt. The LCTs had three groups of six craft in V formation with 7th Field Regt in the middle, 33rd Field Regt behind to its left and 76th (Highland) Field Regt behind to its right. The third salvo hit the coast. The seventy-two self-propelled 105-mm guns were now bombarding the Queen Beach defences at a rate of 200 rounds a minute! By the end of the bombardment, 6,500 rounds had been fired. All available personnel on the LCTs was mobilized to carry shells and to throw the cardboard packaging overboard, leaving a wake*

behind the LCTs. Soon however, the Germans began to reply and it became necessary to take evasive action. The firing stopped at H-5.

*Finally, the DD tanks having been delayed, ten LCTs brought ashore 22nd Dragoons' Flail tanks at **07.20** then the A.V.R.E. tanks of 5th Assault Regiment R.E. (79th Armoured Division) at **07.25**. Then came 31 DD tanks belonging to Squadrons A and B, 13th/18th Hussars. All these armoured vehicles then attacked the beach obstacles, mines for the Flails, obstacles and bunkers for the A.V.R.E.s, defensive positions for the DD tanks. Despite the shower of steel that had been raining down on the sector for nearly two hours, the German positions seemed almost intact and responded to the attack. Machine-gun bullets ricocheted off the LCA superstructures, the leading craft had to weave in and out among the shells falling into the sea and sending up showers of spray. So thousands of bombs, rockets and shells had made little impact, and the concrete had provided adequate protection for the coastal garrisons; they would have to be taken by storm.*

Queen Red

*At **07.30**, ten LCAs (LCAs 131 to 140) landed the assault companies on Queen Red, the Eastern beach facing the strongpoint at Hermanville Brèche (in fact Colleville) (StP 20) codenamed « Cod » by the Allies. It was sheer hell. The defences were almost intact, with bullets whistling past the LCAs as they offloaded the men of A and B Companies of the **2nd East Yorkshire Regiment**. An 88 mm gun enfiladed the beach and machine-guns rattled out. The DD tanks of 13th/18th Hussars and special tanks of 22nd Dragoons replied. But in the space of a few minutes, East Yorks lost 200 men on the beach! Among the beach obstacles and barbed wire, there was precious little shelter from the gunfire.*

1. Le *Sergeant* Jimmy Mapham, parti de Gosport sur le LCT 610, a pris cette photo en arrivant sur *Red Beach* à H + 35 (8 heures) avec des éléments de la *27th Armoured Brigade*. Sur la gauche, un LCT est en train de brûler. (IWM.)

2. Cette autre photo du *Sergeant* Mapham face à *Red Beach* montre un AFV brûlant devant les villas. (IWM.)

1. Sergeant Jimmy Mapham, who left Gosport on LCT 610, took this photo as he arrived on Red Beach at H + 35 (08.00 hours) with elements of the 27th Armoured Brigade. On the left, an LCT in flames.

Suite page 118

la gauche (à l'est), la *C Company* a plus de chance et traverse la plage avec des pertes assez faibles. Son chef, le *Major* Eric Johnson, la mène à l'ouest du *Stp 20 (Cod)*. La compagnie de renfort *(follow-up Company)*, la *B Company*, commandée par le *Major* Harrison, a dérivé et elle arrive trop à gauche (à l'est), face à la position « *Cod* » et elle va, elle aussi, subir de lourdes pertes. Le *Major* Harrison est tué immédiatement et l'un de ses subalternes, le lieutenant Bob Bell-Walker prend le commandement. Celui-ci emmène alors une section sur la gauche pour prendre une casemate en béton qui envoie un feu dévastateur tout le long de la plage sur la droite (vers l'ouest). Bell-Walker attaque alors comme à l'instruction, il rampe derrière la casemate, lance une grenade dans l'embrasure pour tirer à l'intérieur avec un Sten-Gun. Mais il est aussitôt tué par un tir de mitrailleuse provenant du point d'appui, sur la gauche. Cependant, cette action a permis d'ouvrir une issue qui permet à la *B Company* de quitter la plage. Entre-temps, le chef du bataillon, le lieutenant-colonel Richard Burbury a débarqué à son tour. Il avait prévu de guider les mouvements des *South Lancs* sur la plage avec de petits fanions, mais il est tué par un sniper en atteignant les barbelés. Le commandant en second, le *Major* Jack Stone prend le commandement des *South Lancs*. Le combat est alors confus, se résumant à diverses actions comme celle qui avait été

Queen White

On the right (to the west), ten other LCAs (LCAs 117 to 126) brought in A and C Companies of **1st South Lancashire Regiment** commanded by Lieutenant-Colonel Richard Burbury. Advancing at a speed of four knots, the LCAs hit the beach and, already, there were DD tanks burning. A Company came ashore on the right (to the west) to be met by heavy shellfire. Their commander, Major Harwood, was fatally wounded. One of his subordinates was killed while crossing the beach. Lieutenant Pierce then took over command of the company, heading off to the right to mop up some fortified houses towards the seaside resort of Hermanville. On the left (to the east), C Company had better luck, crossing the beach with only very few casualties. Their commander, Major Eric Johnson, led them off westward to Stp 20 (Cod). The follow-up company, B Company, under Major Harrison, had drifted off course and landed too far to the left (to the east), opposite strongpoint «Cod», and had also sustained heavy losses. Major Harrison was killed immediately and one of his subordinates, Lieutenant Bob Bell-Walker, took over command. He then went off leftwards with a platoon to take a concrete casemate which had been raking the beach to the right (to the west) with its devastating guns. Bell-Walker then made a text-book attack, crawling behind the pillbox to throw a grenade in through the embrasure and then fire inside with his sten-gun. But he

2. Another photo by Sergeant Mapham opposite Red Beach showing an AFV burning in front of the villas.

3. Sur cette troisième photo du même reportage, un char *Flail* est en train de brûler sur la plage. Sur la gauche, on aperçoit un char « *Bobbin* » attendant l'ouverture d'un passage dans les dunes pour dérouler son tapis. (IWM.)

3. On this third photo from the same reportage, a Flail tank is burning up on the beach. On the left, a Bobbin tank can be seen waiting for a passage to be cut through the dunes for it to roll out its carpet.

See page 119

3

Beach Groups.

1

1. Cette célèbre photo du *Sergeant* Mapham aurait été prise vers 8 h 45 sur *White Beach* (en direction de *Red Beach*) et montre des hommes de la *N° 8 Field Company, RE,* portant sur l'épaule l'insigne des *Beach Groups* avec l'ancre de marine. On aperçoit sur la droite un homme de cette unité, Fred Sadler, accompagné alors de Cyril Hawkins et Jimmy Leask, pour déminer. En arrière, on aperçoit des infirmiers de la *8th Field Ambulance*, lourdement chargés. Ils dépendent de la *8th Brigade*. Sur la droite, un Carrier du *2nd Middlesex*. (IWM.)

2. Cette autre photo du *Sergeant* Mapham montre probablement des *East Yorks* au milieu du chaos des engins sur la plage. (IWM.)

1. *This familiar photo by Sergeant Mapham seems to have been taken at around 08.45 on White Beach (facing towards Red Beach) and shows men of N° 8 Field Company, RE wearing the Beach Groups shoulder flash with a anchor on it. On the right is a member of that unit, Fred Sadler, here accompanied by Cyril Hawkins and Jimmy Leask, to carry out mine clearance work. To the rear, carrying heavy loads, are 8th Field Ambulance medical orderlies, attached to the 8th Brigade. On the right, a 2nd Middlesex Carrier.*

2. *Yet another photo by Sergeant Mapham, probably showing the East Yorks amid the chaos of vehicles and equipment on the beach.*

2

3. Cette autre photo est probablement prise au même endroit que la précédente (2) de même que la suivante (4), face au *Lane 2*, vers l'ouest. L'AVRE est un *SBG Carrier* qui a déposé son pont pliant. (IWM.)

4. Cette photo est prise avec un peu de recul et montre sur la droite un autre AVRE armé d'un *Petard*. (IWM.)

5. Cette photo a été prise plus tard, dans l'après-midi, par le *Captain* Knight devant l'un des bunkers de la

6. Vue actuelle de *White Beach* en regardant vers l'est. (EG./Heimdal.)

position « Cod ». Les cadavres sont encore alignés sur la plage. (IWM.)

3. *This other photograph was probably taken at the same spot as the previous one (2) and the next one (4), looking west to Lane 2.*

4. *This photograph was taken from a little further back and shows another AVRE armed with a petard on the right.*

5. *This photograph was taken later on, in the afternoon, by Captain Knight in front of one of the « Cod » bunkers. There are still bodies laid out on the beach.*
6. *Presentday view of White Beach, looking east.*

1. Les Français du N° 4 Commando subiront des pertes en débarquant comme le rappelle ce monument qui leur est dédié. (GB./Heimdal.)

2. Ils ont avancé sur cet itinéraire avec, sur la gauche ici (à l'ouest) l'ancienne redoute d'où partaient des tirs. (EG/ Heimdal.)

3. L'ancienne redoute. (GB./Heimdal.)

4. La sépulture d'un Français du N° 4 Commando dans le cimetière d'Hermanville. (GB/Heimdal.)

5 et 6. A l'est du point de débarquement cette casemate a été neutralisée par un tir dans l'embrasure dont on voit les effets à l'intérieur. (IWM.)

7. Aujourd'hui.

8. Les Commandos avancent sur Ouistreham.

menée par le lieutenant Bell-Walker. Mais, ce dernier ayant neutralisé la casemate occidentale de la position, les *South Lancs* vont pouvoir prendre la position par l'arrière et soulager ainsi les *East Yorks* et établir la jonction entre les deux plages vers **8 h 45.**

A H + 30, **(8 heures)** une section antichar débarque et un caporal dirige le tir d'une des pièces de six livres depuis la plage, en s'en prenant efficacement aux positions de mitrailleuses. Par ailleurs, les *South Lancs* avaient pour mission de rejoindre Hermanville, lieu de rendez-vous du bataillon, ce qu'ils commencent à faire maintenant. Il est temps car la plage est complètement congestionnée, d'autant plus qu'ayant débarqué à mi-marée, hommes et véhicules sont maintenant repoussés progressivement par la marée, vers les dunes où ils vont s'accumuler. Il y a là les chars DD et les chars spéciaux, et le lieute-

nant-colonel Cocks, qui commande le *5th Assault Regiment R.E.* a été tué en débarquant de son LCT. Mais il y a aussi maintenant une cinquantaine de canons automoteurs qui font feu depuis la plage.

Les commandos

Les commandos débarquent juste derrière les fantassins de la 8e Brigade. A l'ouest, derrière les *South Lancs,* débarque la **4th Special Service Brigade** avec les *N° 41 Royal Marine Commando* (LCIs 506, 507, 508, 524, 529 et 531) et *N° 46 Royal Marine Commando* (sur 8 LCAs). A l'est, dans le secteur *Queen Red* va débarquer la **1st Special Service Brigade** de Lord Lovat. Et le commandement britannique, en particulier le lieutenant-colonel Dawson qui commande le *N° 4 Commando,* accorde aux Fran-

was killed immediately by machine-gun fire coming from the strongpoint to the left. However, his action had enabled a beach exit to be opened for B Company to get off the beach. Meanwhile, the battalion commander, Lieutenant-Colonel Richard Burbury, came ashore in turn. He had planned to use small flags to direct South Lancs's movements on the beach, but he was killed by a sniper as he came to the barbed wire. His second-in-command, Major Jack Stone, took over command of the South Lancs. The ensuing battle was a confused affair, with a series of actions like the one carried out by Lieutenant Bell-Walker. But, after he knocked out the westernmost casemate of the strongpoint, South Lancs were able to take the position from rear and thus relieve East Yorks and effect a link-up between the two beaches at around **08.45**.

At H + 30, **(08.00 hours)** an anti-tank platoon landed with a corporal guiding the aim of one of the six-pounder guns from the beach, taking a heavy toll on the machine-gun positions. South Lancs were also detailed to move on to Hermanville, the battalion's muster point, which they now proceeded to do. Not a moment too soon, as the beach was completely congested, particularly as having come ashore on the rising tide, the men and vehicles were now being gradually pushed back by the tide towards the dunes where they began to pile up. There were DD tanks and ordinary tanks, and Lieutenant-Colonel Cocks, commanding 5th Assault Regiment R.E., was killed while stepping out of his LCT. But by now there were also some fifty self-propelled guns firing from the beach.

Commandos

The commandos landed just behind the infantry of 8th Brigade. To the west, behind South Lancs, the **4th Special Service Brigade** came ashore with N° 41 Royal Marine Commando (LCIs 506, 507, 508, 524, 529 and 531) and N° 46 Royal Marine Commando (on 8 LCAs). To the east, Lord Lovat's **1st Special Service Brigade** came ashore in the Queen Red sector. And the British command, particularly N° 4 Commando commander Lieutenant-Colonel Dawson, left the French of the 1st B.F.M.C. the honour of being the first commandos ashore.

Commandant Kieffer's 1st B.F.M.C., N° 10 (Interallied) Commando for the British, came in on two LCIs, LCI 523 and 527. It landed at **07.31** as a German shell hit the starboard bow of LCI 527 and several commandos fell; commando Jean Pinelli had his legs rid-

dled with shrapnel. Then the commandos carried on towards the dune where Petty Officer Thubé opened a breach in the barbed wire with cutting pliers. Another casualty was Commandant Philippe Kieffer, who was wounded on the beach, quickly bandaged and who remained in contact with his men and the British officers. With him 40 French commandos failed to get off the beach after being killed or wounded. The French commandos were divided into three groups: Troop 1 (Guy Vourch), Troop 8 (Officier des équipages Lofi) and K-Gun Troop, a light machine-gun platoon (Lieutenant Amaury). But the first thing to be done was to mop up the small network of bunkers on the way to the strongpoint at Riva-Bella, a mission assigned to Lofi's Troop 8. Meanwhile, Troop 1 advanced towards Ouistreham. Its commander, Guy Vourch, was among the first to be wounded and was replaced by Chief Petty Officer Hubert Faure. This troop followed the narrow gauge railway line and the main road leading right into Riva-Bella, north of the old village of Ouistreham. The French picked up an English troop which had lost its officer. Lofi's Troop 8 went down Boulevard Maréchal Joffre. Faure's Troop 1, with Amaury's K-Guns and the English troop advanced along the road to Lion, along the railway line as far as the corner of the Rue Pasteur, with the Châteaubriant restaurant on the corner. These two paths were parallel to the edge of the beach and the casemates and machine-gun nests were cleared from the rear, mainly with flame throwers. German snipers picked off a number of commandos who now had to

1. The French of N° 4 Commando sustained losses on landing as recalled by this monument dedicated to them.

2. They advanced along this route with, on the left here (westward), the old redoubt from which the shooting came.

3. The old redoubt.

4. The grave of a Frenchman from N° 4 Commando at Hermanville cemetery.

5 and 6. To the east of the landing sector this casemate has been silenced by a shot through the embrasure, the effects of which can be seen inside.

7. Today.

8. The Commandos advance on Ouistreham.

voir/see page 130

119

1. Le monument au N° 4 Commando, à l'endroit où il débarqua.

2. Insigne métallique de béret des Commandos français.

3. Le commandant Philippe Kieffer.

4. Progression du N° 4 Commando dans Ouistreham (sur plan actuel). En bleu : *Troop 8* (Lofi). En violet : K Guns (Amaury). En rouge : *Troop 1* (Faure). En vert : *Troops* britanniques. (Heimdal.)

5. Les chars DD avancent le long de la voie ferrée étroite. (LS.)

6 et 7. La *Troop 1* longe le mur de la saline le long de la route principale et de la voie ferrée, et aujourd'hui.

8. La *Troop* de K Guns. (LS/BK.)

9 et 10, 11 et 12. Le carrefour de la route de Caen est aux mains des bérets verts. (LS/BK.)

13 et 14. 9 heures. Devant le « Châteaubriand », à l'angle de la rue Pasteur, en regardant vers le Casino. (LS/BK.)

15. Le porte-cartes du caporal Chauvet. (Musée d'Arromanches.)

LS/BK : Photo Lesage/Coll. Grand Bunker.

1. The monument to N° 4 Commando on the spot where it came ashore.

2. French Commando metal beret insignia.

3. Commandant Philippe Kieffer.

4. N° 4 Commando advances through Ouistreham (on presentday map). In blue: Troop 8 (Lofi). In purple: K Guns (Amaury). In red: Troop 1 (Faure). In green: British troops.

5. DD tanks advancing along the narrow gauge railway line.

6 and 7. Troop 1 following the salina wall along the main road and the railway line, and today.

8. The K Guns troop.

9 and 10, 11 and 12. The crossroads with the Caen road is in the Green Berets' hands.

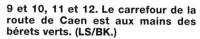

Les commandos français dans Ouistreham 6 juin 1944
(sur un plan actuel)

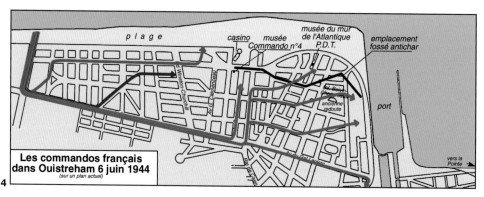

13 and 14. 09.00 hours. In front of the « Châteaubriand » on the corner of the Rue Pasteur, looking towards the Casino.

15. Corporal Chauvet's map case.

1. Reste d'un encuvement de 155 mm, objectif du N° 4 Commando, aujourd'hui. (EG/Heimdal.)

2. Rare vue panoramique depuis la route côtière montrant à gauche la cuve de Flak et le débouché de la rue Pasteur en 1944. (Heimdal.)

3. Plan des lieux. (HDL.)

4. La cuve de Flak aujourd'hui.

5. Le fossé antichar, l'Hôtel Saint Georges dans le fond et les fondations du casino à droite. (Ph. Lesage/ Grand Bunker.)

6. Le casino actuellement.

7 et 8. Epicerie sur la route de Lion-sur-mer. (LS/BK.)

9 et 10. Vers 11 heures, objectifs atteints, les Commandos et les tankistes du *13th/18th Hussars* fraternisent avec la population. (LS/BK.)

11. Les derniers défenseurs du Casino sont capturés. (Lesage/Grand Bunker.)

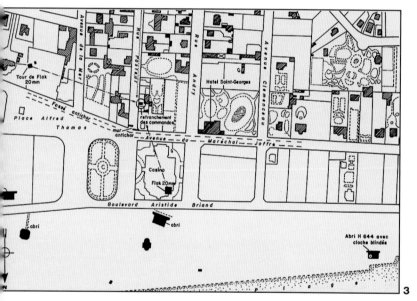

1. Remains of a 155 mm position, a N° 4 Commando objective, today.

2. A rare panoramic view from the coast road showing, on the left, the Flak pit and the Rue Pasteur débouché.

3. Map of the location.

4. The Flak pit today.

5. The antitank ditch, the Saint Georges Hotel in the background and the Casino foundations on the right.

7. The Casino today.

8. Grocery store on the road to Lion-sur-Mer.

9 and 10. At around 11, their objectives attained, Commandos and tank crews fraternize with the local people.

11. The last men defending the Casino are taken prisoner.

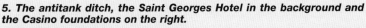

1

2

4

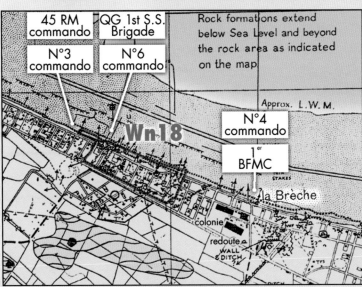

N°4
commando

1er
BFMC

45 RM
commando

QG 1st S.S.
Brigade

N°3
commando

N°6
commando

Rock formations extend
below Sea Level and beyond
the rock area as indicated
on the map

Approx. L.W.M.

Wn18

la Brèche

colonie

redoute

WALL
& DITCH

6

5

1. Cette photo du *Sergeant* G. Lowe montre des sous-officiers du N° 4 Commando préparant des grenades sur le LCT qui les amène sur *Queen Red*. (IWM.)

2 et 3. Voici maintenant un reportage du *Captain* Leslie Evans monté avec Lord Lovat et Bill Millin sur le LCI 519. Depuis la plage arrière de cette péniche, on aperçoit la 200ᵉ Flottille avançant à travers la Manche. (IWM.)

4. Le LCI 519 arrive maintenant devant la plage encombrée de chars DD du *B Squadron* du *13th/18th Hussars* face à la Maison de la Mer (actuellement entre les rues de Pont-l'Evêque et de l'Amiral Courbet. (IWM.)

5. Lord Lovat vient de débarquer (on l'aperçoit à droite de ses hommes) et, au premier plan à droite, chargé de son *rucksack*, Bill Millin s'apprête à descendre ! (IWM.)

1. This photo by Sergeant G. Lowe shows N° 4 Commando NCOs preparing grenades on the LCT bringing them onto Queen Red.

2 and 3. Here now is a reportage by Captain Leslie Evans who was on LCI 519 with Lord Lovat and Bill Millin. From the landing craft's quarterdeck, the 200th Flottilla can be seen advancing across the Channel.

4. LCI 519 now arrives off the beach clluttered with 13th/18th Hussars B Squadron DD tanks opposite the Maison de la Mer (now between the Rue de Pont-l'Evêque and the Rue de l'Amiral Courbet).

5. Lord Lovat has just come ashore (he can be seen on his men's right), and in the right foreground, Bill Millin with his rucksack gets ready to land.

1. Bill Millin jouant en 1994 à l'endroit où il a débarqué. (Heimdal.)

1. Bill Millin in 1994 playing on the spot where he came ashore.

2. et 3. Les Commandos de la *1st S.S. Brigade* sont maintenant dans les dunes face à la colonie de vacances. (IWM.)

4. Ils avancent vers l'intérieur. A l'arrière, un AVRE a déployé un pont SBG. (IWM.)

5. Dans les ruines de la colonie de vacances. (IWM.)

2 and 3. The Commandos of 1st S.S. Brigade are now in the sand dunes opposite the holiday camp.

4. They move off inland. Behind them, an AVRE has deployed an SBG bridge.

5. In the ruins of the holiday camp.

126

6

5

127

1

2

3

1 et 2. La colonie de vacances, en ruines, est le premier objectif des commandos. Ceux du N° 4 Commando y avaient déposé leurs sacs avant de partir sur Ouistreham. Les commandos vont y marquer une pause avant de rejoindre Bénouville et la tête de pont aéroportée. (IWM.)

3, 4 et 5. Puis les hommes de la *1st S.S. Brigade* se mettent en marche. (IWM.)

6. L'emplacement de la colonie de vacances aujourd'hui. (EG/Heimdal.)

7. Les commandos traversent maintenant Colleville en passant devant l'église. (IWM.)

8. Aujourd'hui, tout est resté intact. (GB/Heimdal.)

9. Dans Colleville, ils sont salués par la population civile. (IWM.)

10. Aujourd'hui. (EG/Heimdal.)

1 and 2. The holiday camp in ruins was the commandos' first objective. Those of N° 4 Commando had put down their bags there before setting off for Ouistreham. They stopped for a while here before moving on to the airborne bridgehead at Bénouville.

3, 4 and 5. Then the men of the 1st S.S. Brigade set off on foot.

6. The holiday camp emplacement as it is today.

7. The commandos are now passing in front of the church on their way through Colleville.

8. Today everything is still standing.

9. At Colleville, they are greeted by the civilian population.

10. Today.

6

5

4

7

8

9

10

Lord Lovat.

çais du 1er B.F.M.C. l'honneur d'être les premiers commandos à débarquer.

Le 1er B.F.M.C. du commandant Kieffer, *N° 10 (Inter-allied) Commando* pour les Britanniques, arrive sur deux LCIs, les LCI 523 et 527. Il débarque à **7 h 31** alors qu'un obus allemand arrive sur l'avant tribord du LCI 527 et des commandos s'écroulent, le commando Jean Pinelli a les jambes criblées d'éclats. Puis les commandos continuent leur chemin vers la dune où le second-maître Thubé ouvre une brèche dans les barbelés avec une pince coupante. Parmi les blessés, il y a aussi le commandant Philippe Kieffer, blessé sur la plage, rapidement pansé et qui reste en contact avec ses hommes et les officiers britanniques. Avec lui 40 commandos français, tués et blessés sont restés sur la plage. Les commandos français sont répartis en trois groupes : la *Troop 1* (Guy Vourch), la *Troop 8* (officier des équipages, Lofi) et la *Troop* de *K-Guns*, section de mitrailleuses légères (lieutenant Amaury). Mais il faut d'abord nettoyer le petit réseau de bunkers en direction du point d'appui de Riva-Bella, mission de la *Troop 8* de Lofi. Pendant ce temps, la *Troop 1* avance vers Ouistreham. Son chef, Guy Vourch, a été blessé parmi les premiers et il est remplacé par le premier-maître Hubert Faure. Cette *troop* suit la voie de chemin de fer à voie étroite et la route principale menant au cœur de Riva-Bella, au nord du vieux village d'Ouistreham. Les Français ont récupéré une *troop* anglaise qui a perdu son officier. La *Troop 8* de Lofi prend le boulevard Maréchal Joffre. La *Troop 1* de Faure, avec les *K-Guns* d'Amaury et la *troop* anglaise avancent sur la route de Lion, le long de la voie ferrée et arrivent à l'angle de la rue Pasteur, à l'angle du restaurant le Châteaubriand. Ces deux axes sont parallèles aux bords de la plage et les casemates et nids de mitrailleuses sont nettoyés par l'arrière, souvent au lance-flammes. Les tireurs isolés allemands éclaircissent les rangs des commandos. Et maintenant il faut prendre les fondations de l'ancien casino transformé en fortin par les Allemands. Il est **9 heures**. La rue Pasteur, perpendiculaire à la mer, mène au **Casino**. Le second-maître de Montlaur s'apprête alors à le prendre à revers par cette voie. Mais l'extrémité de cette rue est bloquée par un mur en béton en chicane. Le matelot Paul Rollin *(Troop 1)* se risque de l'autre côté de ce mur et il s'écroule frappé par une balle d'un tireur invisible. Avec Bolloré, le médecin-capitaine Lion tire le matelot à l'abri et il est touché à son tour d'une balle en plein cœur, mort. Bolloré est blessé. Montlaur va chercher Rollin qui va agoniser. Le casino est défendu par un canon de 20 mm et Montlaur veut en venir à bout avec ses deux lance-roquettes PIAT. Il grimpe alors dans une maison sur la gauche (à l'ouest) de la rue Pasteur avec le second-maître Lardenois et les deux PIATs. Les deux premiers projectiles atteignent le soubassement du casino et deux autres encore ; le canon semble être réduit au silence. Mais, depuis la cuve de Flak en béton située sur la droite (qui existe toujours), les Allemands ont repéré d'où venaient ces tirs et règlent le tir d'une pièce d'artillerie vers cette position des commandos. Montlaur et Lardenois ont juste le temps de bondir dans la rue, le matelot Renault est tué. La progression de la *Troop 1* vers le casino est bloquée. Mais, pendant ce temps-là, la *Troop 8* de Lofi a continué son nettoyage des positions fortifiées du côté de la plage. Et le commandant Kieffer arrive à son tour, grimpé sur un char DD du *13th/18th Hussars* ; il ordonne au matelot Morel de rejoindre la plage pour rameuter la *Troop 8*. Il est **9 h 30**. Le char réduit définitivement au silence la position du casino et les commandos progressent en deux colonnes vers la cuve de Flak ; ils obtiennent la reddition d'une vingtaine de soldats allemands. Le commandant Kieffer sera

Piper Bill Millin.

blessé une seconde fois et les commandos français, mission accomplie dans Ouistreham, rejoindront après **11 h 30** la colonie de vacances, pour reprendre leurs sacs et avancer vers 13 heures derrière les commandos britanniques, par Saint-Aubin-d'Arquenay, vers le pont de Bénouville franchi par Lord Lovat. Par ailleurs, alors que les commandos français nettoyaient le point d'appui de Riva-Bella, des commandos britanniques *(N° 4 Commando)* ont avancé vers le port d'Ouistreham atteint à **10 heures** où la résistance allemande se durcira près des écluses ; il faudra attendre 15 h 30 et l'intervention d'un AVRE pour y éliminer toute résistance. D'autres éléments du *N° 4 Commando (Troops D, E, F)* nettoient le point d'appui de Riva-Bella, constatant l'absence des canons de 155 mm, mais n'inspectant pas la tour de béton du poste de direction de tir ; 53 Allemands y resteront retranchés jusqu'au 9 juin dans la soirée, à l'insu de tous !… Mais revenons sur la plage pour suivre le débarquement et la progression du reste de la *1st S.S. Brigade*.

L'avance de la *1st S.S. Brigade*

Ainsi, il avait été prévu que la *1st Special Service Brigade* débarque à l'extrême gauche (à l'est) du secteur de *Sword Beach*, soit à l'est du *Stp 18 (Cod)*, en face de la colonie de vacances *(holiday camp* pour les Anglais)*. Le *N° 4 Commando*, avec les Français, a été le premier à débarquer (à H + 30) et a aussitôt obliqué sur Ouistreham, ainsi que nous venons de le voir. Le reste de la brigade débarque trente minutes plus tard. Le QG de la Brigade débarquera à 8 h 40, avec Lord Lovat, suivi des *N° 6* (en premier) et *N° 3 Commando* à H + 90, puis du *N° 45 (RM) Commando*.

Face à la plage, les LCIs amenant la seconde vague des Commandos avancent en formation en coin. Le QG de la Brigade arrive sur le LCI 519 du lieutenant-commandant Ruppert Curtis transportant Lord Lovat et Bill Millin et sur le LCI 502 du lieutenant J. Seymour. Ces deux LCIs sont accompagnés par les LCIs (503, 504, 505, 516, 521) transportant le *N° 6 Commando*, commandé par le lieutenant-colonel Derek Mills-Roberts. Légèrement en arrière suivent les LCIs 501, 509, 512, 535 et 538 transportant le *N° 3 Commando* (lieutenant-colonel Peter Young), les LCIs 517, 518, 528, 530 et 532 transportant le *N° 45 (RM) Commando* (lieutenant-colonel Charles Ries). Sur le LCI 519, Bill Millin rejoint les commandos à l'avant du navire. Les tirs allemands soulèvent des paquets de mer. Une péniche est touchée de plein fouet sur la droite et l'incendie fait rage ; les occupants sautent par-dessus bord. Mais, malgré ces tirs, les yeux sont rivés sur la côte. Deux chars brûlent sur la plage, dégageant une épaisse fumée noire. La plage n'est plus qu'à une centaine de mètres. Doucement, les rampes en bois sont abaissées et, déjà, Shimi Lovat avance avec de l'eau jusqu'à la ceinture. Bill Millin le suit, manquant de basculer à cause de son sac à dos. Puis, quand l'eau ne lui arrive plus qu'aux genoux, il se met à jouer *Highland Laddie* (« Le garçon des Highlands », une chanson des partisans Jacobites). Lord Lovat se retourne alors et lui adresse un sourire. En arrivant sur la plage, le fracas est terrible. Le *N° 4 Commando* s'est frayé un chemin à cet endroit mais les positions allemandes ne sont pas toutes réduites au silence et des hommes s'écroulent. Bill Millin voit deux cadavres, l'un d'eux à la moitié du visage arraché. Il faut monter le plus vite possible en haut de la plage. Les commandos ont enlevé les protections waterproof de leurs armes. 1 200 commandos se sont rués vers le haut de la plage. Sur la droite, Derek Mills-Roberts crie « comme le maréchal Ney à Waterloo » (selon le témoignage

take the foundations of the old casino which the Germans had turned into a fort. This was at **09.00 hours**. The Rue Pasteur, perpendicular to the sea, led to the **Casino**. Petty Officer Montlaur then prepared to take it from rear on that street. But the end of the street was barricaded with a concrete chicane. Seaman Paul Rollin (Troop 1) tried going to the other side of this wall only to fall, hit by a bullet from an invisible gunman. With Bolloré, the medic Captain Lion pulled the seaman into shelter and was in turn fatally hit by a bullet right in the heart. Bolloré was wounded. Montlaur went to fetch the dying Rollin. The casino was defended by a 20 mm gun and Montlaur decided to see off this gun with his two PIAT rocket launchers. So he climbed up in a house on the left (west) of the Rue Pasteur with Petty Officer Lardenois and both PIATs. The first two projectiles hit the base of the casino and another two as well; the gun appeared to have been silenced. But, from the concrete Flak stand on the right (which is still standing), the Germans located where the shooting was coming from and aimed an artillery gun at the commando position. Montlaur and Lardenois just had time to leap out into the street, but Seaman Renault was killed. Troop 1's advance on the casino came to a halt. But, during this time, Lofi's Troop 8 carried on mopping up the fortified positions in the beach sector. And Commandant Kieffer arrived in his turn, climbed onto a DD tank of 13th/18th Hussars; he ordered Seaman Morel to the beach to gather up Troop 8. It was now **09.30**. The tank finally silenced the casino position and the commandos moved forward in two columns towards the AA stand where about twenty German soldiers surrendered to them. Commandant Kieffer was wounded for the second time and the French commandos, having accomplished their task in Ouistreham, moved on to the holiday camp some time after **11.30**, to pick up their bags and to advance inland behind the British commandos at around 13.00 hours, via Saint-Aubin-d'Arquenay, towards the bridge at Bénouville, crossed by Lord Lovat. In addition, while French commandos were mopping up the Riva-Bella strongpoint, the British commandos (N° 4 Commando) advanced towards the port of Ouistreham, which they reached at **10.00 hours**, encountering stiff German resistance by the locks; there was continued resistance until it was finally stifled by an AVRE at 15.30. Other elements of N° 4 Commando (Troops D, E, F) mopped up the Riva-Bella strongpoint, noting the absence of the 155-mm guns, but forgetting to check the concrete tower at the range-finding station, where 53 Germans remained completely cut off until the evening of 9 June, without anyone knowing!... But let us return to the beach to follow the landings and the progress of the rest of 1st S.S. Brigade.

The Advance of the 1st S.S. Brigade

So it had been planned for 1st Special Service Brigade to land on the far left (in the east) of the Sword Beach sector, i.e. east of Stp 18 (Cod), opposite the holiday camp. N°4 Commando, with the French, was first ashore (at H + 30) and immediately veered off towards Ouistreham, as we have just seen. The rest of the brigade landed thirty minutes later. The Brigade HQ landed at 08.40, with Lord Lovat, followed by N°6 (first) and N°3 Commando at H + 90, then N°45 (RM) Commando.

Opposite the beach, LCIs bringing the second wave of commandos advanced in V formation. The Brigade HQ came in aboard Lieutenant-Commander Ruppert Curtis's LCI 519 carrying Lord Lovat and Bill Millin, and aboard Lieutenant J. Seymour's LCI 502. These two LCIs were accompanied by LCIs 503, 504, 505,

516 and 521 bringing in N°6 Commando, commander Lieutenant-Colonel Derek Mills-Roberts. Not far behind came LCIs 501, 509, 512, 535 and 538 carrying N°3 Commando (Lieutenant-Colonel Peter Young), LCIs 517, 518, 528, 530 and 532 carrying N°45 (RM) Commando (Lieutenant-Colonel Charles Ries). Bill Millin stood with the commandos in the bows of LCI 519. German shells sent up sheaves of seawater. To the right, one landing craft received a direct hit and went up in flames, causing the occupants to jump overboard. But despite the gunfire, all eyes were rivetted on the coastline. There were two tanks brewing up on the beach, with thick black smoke billowing out of them. By now the beach was only about a hundred yards away. The wooden ramps were gently lowered and, already, Shimi Lovat was surging ahead with water up to the waist. Bill Millin was behind him, nearly falling over under the weight of his backpack. Then, when he was only kneedeep in water, he began to play a Jacobite song, Highland Laddie. Lord Lovat then turned round and smiled to him. When they arrived on the beach, the din was terrific. N°4 Commando cleared a way through at this spot but the German positions had not been silenced and some men fell. Bill Millin saw two bodies, one of them with half of his face ripped away. They had to race to the top of the beach. The commandos took the waterproof protection off their weapons. 1200 commandos stormed up to the top of the beach. To the right, Derek Mills-Roberts was bellowing away «like Marshal Ney at Waterloo» (according to Lord Lovat) shepherding his men of N°6 Commando. Lord Lovat was at the top of the sand dunes, talking things over. It was then that Bill Millin saw eight or nine wounded and, a few moments later, a Flail tank arrived clearing mines and failed to spot the casualties, leaving nothing but mangled bodies... Some Germans raised their arms in surrender, shouting «Engeland, Engeland!» At this point, Bill Millin caught up with Lovat as the Brigadier-Major was telling his commander that a radio message had just reported the capture of the Orne and canal bridges by the airborne troops. The Brigadier Major then turned to Bill Millin and asked him to play something, The Road to the Isles. So Bill Millin started playing along the beach, followed by a cursing Sergeant who feared that as if there wasn't enough chaos already on the beach his contraption would have the bloody Germans coming after them! The shells kept raining down, the shots firing out. Along the road, Bill Millin saw a wounded commando who had been reading a cowboy book on the boat. Then 1st S.S. Brigade – minus N°4 Commando which joined up later on (see above) – passed through Colleville, then forked off south-east through Saint-Aubin-d'Arquenay where the Commandos were greeted with clapping and cries of «Englishmen, Englishmen!». Bill Millin played Rawentree (the Scots' sacred tree that drives out evil spirits). They now came to the fields where the gliders of 6th Airlanding Brigade were due to land late that afternoon, and with the road to Bénouville cutting across. Bill Millin led the way out of Saint-Aubin, followed by Lord Lovat, and the commandos advancing two abreast. As they were leaving the village, Bill Millin played Highland Laddie again. Two shots rang out; there was a German hiding in a tree who fired at the column before slipping off through a cornfield. When the Brigade came up to Bénouville, Lord Lovat told his piper to carry on playing so as to be heard by Major Howard's paratroopers and men holding the bridge at Bénouville. So Bill Millin played a well-known Scottish tune, Lochan Side. In view of the casualties sustained during the First World War, it had been forbidden ever since to place bagpipers in the front line. But, as we have seen, Lord Lovat, with his Lovat's Scouts, a kind of private army with that special commando spirit,

de Lord Lovat) pour regrouper ses hommes du *N° 6 Commando*. Lord Lovat est en haut des dunes, il est en train de discuter. C'est alors que Bill Millin aperçoit huit ou neuf blessés et, quelques instants plus tard, un char Flail arrive en déminant et ne voit pas les blessés, ne laissant que des corps déchiquetés… Des Allemands se rendent, bras levés, en criant « *Engeland, Engeland !* » C'est alors que Bill Millin rejoint Lovat alors que le *Brigadier Major* annonce à son chef qu'un message radio vient de communiquer la prise des ponts sur l'Orne et le canal par les troupes aéroportées. Le *Brigadier Major* se tourne alors vers Bill Millin et lui demande de jouer quelque chose, *The road to the isles*. Et Bill Millin se met à jouer le long de la plage, poursuivi par la vindicte d'un sergent qui redoute *qu'en plus du bordel régnant sur la plage* son « engin rameute les putains d'Allemands » ! Les obus continuent de tomber, les coups de feu claquent. Bill Millin voit, le long de la route, un commando blessé qui lisait un livre de cow-boy sur le bateau. Puis la *1st S.S. Brigade*, sans le *N° 4 Commando* qui rejoindra plus tard (voir ci-dessus), traverse Colleville puis oblique vers le sud-est pour traverser Saint-Aubin-d'Arquenay où les commandos sont salués par les applaudissements aux cris de « *des Anglais, des Anglais* ». Bill Millin joue *Rawentree* (« le houx », arbre sacré des Ecossais, chassant les mauvais esprits). Ce sont maintenant les champs (où les planeurs de la *6th Airlanding Brigade* se poseront en fin d'après-midi) traversés par la route menant à Bénouville. A la sortie de Saint-Aubin, Bill Millin marche en tête, suivi de Lord Lovat, les commandos avancent sur une double file. A la sortie du village, Bill Millin joue de nouveau *Highland Laddie*. Deux coups de feu claquent ; un Allemand était caché dans un arbre, il a tiré sur la colonne puis s'est échappé dans les blés. Puis la Brigade approche de Bénouville, Lord Lovat demande à son *piper* de continuer de jouer pour être entendu des paras et des hommes du *Major* Howard qui défendent le pont de Bénouville. Bill Millin joue alors *Lochan Side*, un air écossais bien connu. Depuis la Première Guerre mondiale, suite aux pertes subies au feu, il avait été interdit de mettre des *pipers*, des joueurs de cornemuse en première ligne. Mais, ainsi que nous l'avons vu, Lord Lovat, avec ses *Lovat's Scouts*, sorte d'armée privée, et l'esprit commando bien particulier, avait choisi de ne pas faire comme tout le monde et débarqua avec son *piper* personnel qui sera le seul, le 6 juin et dans la bataille de Normandie, à jouer en tête des troupes. De Colleville à Bénouville, en passant par Saint-Aubin-d'Arquenay, la cornemuse de Bill Millin aura sonné presque sans interruption, marquant l'avance des commandos partis vers leur jonction avec la tête de pont aéroportée. Ce son de la cornemuse, avec des airs renouvelés, va soulever l'enthousiasme des civils encore hébétés par la violence des bombardements et celui des soldats progressant au milieu des poches de résistance allemande. Lord Lovat et Bill Millin viennent d'entrer dans la légende.

Les commandos pressent le pas en approchant de Bénouville d'où proviennent des bruits de canonnade. Ils croisent un groupe de prisonniers allemands qui semblent terrorisés. La route oblique à droite dans le village, arrivant à l'église. Des tirs d'armes automatiques bloquent la colonne. Bill Millin cesse de jouer. Des blessés. Puis un char léger arrive, Mills Roberts, le chef du *N° 6 Commando*, donne l'ordre à Bill Millin de suivre ce char et celui-ci se met alors à jouer *Blue Bonnets over the Border*. (« Les bérets bleus par-dessus la frontière », c'est aussi une chanson des partisans Jacobites). Le char ouvre le feu sur le clocher de l'église d'où les Allemands ont tiré. La chambre des cloches est éventrée, les Allemands

sont tués. Bill Millin a cessé de jouer, la progression reprend et le contact a lieu avec les premiers paras qui semblent aussi hébétés que les civils après plusieurs heures de combat, au milieu d'une ambiance irréelle où l'air est saturé de poussière en suspension. Lord Lovat demande à Bill Millin que sa cornemuse puisse être entendue des hommes qui tiennent le pont et le *piper* reprend *Blue Bonnets.* Une courbe, puis la route du pont est à sa gauche, il est à deux cents mètres, recouvert d'un voile de fumée noire. Lord Lovat salue le *Major* Howard puis la colonne reprend sa marche, Bill Millin en tête. Les balles claquent toujours sur les structures métalliques du pont. Il est **midi**. Bill Millin reçoit l'ordre de cesser de jouer. La colonne traverse maintenant le pont penché en avant derrière la rambarde pour échapper aux balles qui proviennent du château de Bénouville, au sud-ouest. Arrivé au dernier tiers du pont, Bill Millin reçoit l'ordre de jouer à nouveau, ce sera *March of the Cameron men*. Puis c'est la route reliant les deux ponts et il jouera à nouveau *Blue Bonnets over the Border* en arrivant au pont de Ranville. Puis la *1st S.S.Brigade* rejoint la tête de pont aéroportée et se mettra en ligne au nord de celle-ci. (1)

Les Royal Marines vers Lion-sur-mer

A l'autre extrémité du secteur de *Queen Beach* débarquent d'autres commandos. Ainsi, il y a des Commandos sur les deux ailes de cette plage britannique, la *1st S.S. Brigade* à l'extrême gauche (à l'est) et des *Royal Marines* du **41st (R.M.) Commando** à l'extrême droite (à l'ouest). Les six LCIs (506, 507, 508, 524, 529 et 531) de la 200ᵉ Flottille arrivent à 300 yards (un peu moins de 300 mètres) à l'ouest de la position prévue et débarquent le *41st RM Commando*, placé sous les ordres du lieutenant-colonel T.M. Gray, qui a réparti ses *troops* en deux forces. La première, avec la P Troop et la Y Troop, devra obliquer vers la droite, vers Lion-sur-mer et réduire la position codée *Trout (Wn 21)*. La deuxième, avec la *B Troop* et la *X Troop*, attaquera le château de Lion-sur-mer, au sud-ouest de la localité (voir page 30) ; les Alliés supposent qu'un état-major allemand y est installé. Sur la plage, sous les tirs des mortiers, les *Royal Marines* subissent des pertes : le *Major* Barclay *(Y Troop)* est tué avant d'avoir atteint la dune, le *Captain* H.E. Stafford et environ 25 hommes de la *X Troop* sont mis hors de combat. Bientôt, véhicules et chars incendiés, morts et blessés jonchent la plage. Mais le *Captain* B.J.B. Sloley emmène rapidement ses hommes de la *P Troop* vers l'est pour neutraliser les défenses de plage de ce secteur. Cinq minutes plus tard arrive la *B Troop*. Son chef, le *Captain* H.F. Morris, est tué sur la plage, un officier (Powell) le remplace. Les *Troops* vont alors rejoindre la route départementale 154 pour se diriger sur Lion, vers l'ouest. D'après des civils, les Allemands auraient quitté la position « *Trout* » dès 7 heures du matin. Le lieutenant-colonel Gray envoie sa première force dans sa direction. La P Troop (première force) du *Captain* Sloley avance en tête, ralentie par des tireurs d'élite, tirant depuis des maisons situées de part et d'autre de « *Trout* ». Les *South Lancs*, qui ont progressé plus au sud, sont eux aussi bloqués et ne peuvent appuyer les *Royal Marines*. Sur la gauche aussi, un élément de la seconde force *(B Troop)* avance vers le château et tente en vain de déborder ce *Wn 21* que le lieutenant-colonel Gray ne peut faire bombarder ; tous ses postes radio ont été endommagés sur la plage. L'autre élément de la première force, la *Y Troop*, est appuyée par trois chars Centaur du *2nd Armoured (Royal Marine) Support Regiment* ; elle part à son tour à l'assaut de « *Trout* ». Mais les Allemands, qui ne sont pas partis contrairement aux informa-

Cimetière d'Hermanville : la tombe du *Sergeant* R. Fielding du *N° 41 RM Commando* tué le 6 juin 1944 à l'âge de 29 ans. Son unité a été engagée dans l'assaut sur Lion. (GB.)

Hermanville cemetery: the grave of Sergeant R. Fielding of N° 41 RM Commando, killed on 6 June 1944, aged 29. His unit took part in the assault on Lion.

was a law unto himself and came ashore with his own personal piper, the only one to play at the head of the troops either on D-Day or during the battle of Normandy. From Colleville to Bénouville, and taking in Saint-Aubin-d'Arquenay on the way, Bill Millin's bagpipe could be heard almost nonstop, marking the progress of the commandos as they moved forward to link up with the airborne bridgehead. The sound of the bagpipes, playing the same tunes over and over again, was met with great enthusiasm by both civilians still dazed by the violence of the bombardments and fighting men as they made their way through pockets of German resistance. Lord Lovat and Bill Millin had just written themselves into the history books.

The commandos pressed on as they came to Bénouville from where they could hear the sounds of gunfire. They passed a group of German prisoners who seemed terrified. The road forked off to the right into the village till they came to the church. The column was held up as it came under fire from automatic weapons. Bill Millin stopped playing. There were some wounded. Then a light tank arrived, Mills Roberts, commander of N°6 Commando, ordered Bill Millin to follow the tank and he then started playing another Jacobite song, Blue Bonnets over the Border. The tank opened fire on the church tower from which the Germans were firing. The bell room was smashed open and the Germans were killed. Bill Millin stopped playing; they moved on again and made contact with the first paratroops, who seemed as dazed as the civilians after several hours of fighting, in the midst of an unreal atmosphere with the air filled with dust in suspension. Lord Lovat asked Bill Millin to play his bagpipes loud enough to be heard by the men holding the bridge and so the piper starting playing Blue Bonnets again. A bend, then the road to the bridge was just two hundred yards away to his left, covered in a pall of black smoke. Lord Lovat greeted Major Howard then the column marched on, led by Bill Millin. Bullets were still ricocheting off the metal bridge structures. It was **midday**. Bill Millin was ordered to stop playing. The column then crossed the bridge, ducking under the guard rail to evade the bullets coming from Bénouville Castle to the south-west. Two thirds of the way over the bridge, Bill Millin was ordered to start playing again, this time March of the Cameron Men. Then off along the road between the two bridges, and he was playing Blue Bonnets over the Border again as they arrived at the bridge at Ranville. Then the 1st S.S. Brigade linked up with the airborne bridgehead and deployed along a line to the north. (1)

The Royal Marines head for Lion-sur-Mer

More commandos were brought ashore at the other end of the Queen Beach sector. In this way, this British beach had Commandos on either flank, the 1st S.S. Brigade on the far left (to the east) and the Royal Marines **41st (R.M.) Commando** on the far right (to the west). The six LCIs (506, 507, 508, 524, 529 and 531) of 200th Flottilla arrived 300 yards (a little under 300 metres) west of the planned position and landed 41st RM Commando, commanded by Lieutenant-Colonel T.M. Gray, who divided his troops up into two forces. One, with P Troop and Y Troop, was detailed to veer off to the right towards Lion-sur-Mer and knock out a position codenamed Trout (Wn 21). The other, with B Troop and X Troop, was to attack the château in the south-west of Lion-sur-Mer (see page 30), which the Allies thought was being used as German staff headquarters. On the beach, the Royal Marines sustained losses under mortarfire: Major Bar-

clay (Y Troop) was killed before he reached the sand dunes, Captain H.E. Stafford and some 25 men of X Troop were put out of action. Soon, the beach was strewn with burning vehicles and tanks, and the dead and wounded. But Captain B.J.B. Sloley sped off eastwards with his men of P Troop to neutralize the beach defences in that sector. B Troop arrived five minutes later. Its commander, Captain H.F. Morris, was killed on the beach, to be replaced by an officer (Powell). The Troops then reached the secondary 154 road to move on westwards to Lion. According to civilians, the Germans had left the «Trout» strongpoint at 7 in the morning. Lieutenant-Colonel Gray dispatched his first force in that direction. Captain Sloley's P Troop (first force) leading the way was slowed down by snipers firing from houses on either side of «Trout». South Lancs, having advanced further south, were also held up and unable to support the Royal Marines. Also on the left, one element of the second force (B Troop) advanced towards the château and made a vain attempt to outflank Wn 21 which Lieutenant-Colonel Gray was unable to have bombarded, as all his radio transmitters had been damaged on the beach. The other element of the first force, Y Troop, received support from three Centaur tanks of the 2nd Armoured (Royal Marine) Support Regiment; it then set off in turn to attack «Trout». But the Germans, who, contrary to some overoptimistic reports, had not left after all, with great discipline let them come at them, not opening fire until almost at pointblank range, at 100 yards (under a hundred metres); the three Centaur tanks were knocked out (2) and mortar shells caused heavy losses in the ranks of the Royal Marines.

Another unit, A Troop, then joined the two forces and came up to the houses to the south of «Trout», where it came under heavy fire from the left. In the same sector, B Troop, advancing towards the château, made progress until it too sustained heavy mortar fire and came under attack from a self-propelled gun. Worse still, at around **13.00 hours**, the Germans launched a counter-attack with around sixty infantry, a self-propelled gun and supporting mortar fire. B Troop

Deux chars Centaur conservés dans le secteur de *Sword Beach*. Le premier est actuellement en place à Bénouville près de l'entrée de *Pegasus Bridge*. Il appartenait à la *V Troop* de la *5th (Independant) Battery* du *Royal Marine Armoured Support Group*. Il a débarqué à la Brèche et aurait été détruit peu après dans l'assaut sur Lion, d'après Joël Tanter. Il a été récupéré, restauré et placé là en 1975. Le second a été installé à Hermanville la Brèche. (EG/Heimdal.)

Two Centaur tanks preserved in the Sword Beach sector. One is currently standing at Bénouville near the entrance to Pegasus Bridge. It belonged to V Troop of the 5th (Independent) Battery of the Royal Marine Armoured Support Group. It landed at La Brèche and according to Joel Tanter was knocked out shortly afterwards during the assault on Lion. It was recovered, overhauled and placed here in 1975. The second tank was set in place at La Brèche d'Hermanville.

1

1. Cette remarquable vue aérienne nous montre Hermanville et *White Beach* à droite. Dans l'axe du *Lane 8*, nous voyons la place centrale de la Brèche d'Hermanville (que nous verrons souvent sur les photos suivantes) et, dans le prolongement, la route menant au village d'Hermanville qu'on aperçoit. A gauche du trait rouge et du *Lane 4*, on aperçoit *Red Beach*. (IWM.)

2. Derrière la bande littorale s'étend une zone marécageuse

tions trop optimistes, les laissent venir avec une grande discipline et n'ouvrent le feu presqu'à bout portant, à moins d'une centaine de mètres (100 yards) ; les trois chars Centaur sont détruits (2) et des obus de mortier causent de lourdes pertes dans les rangs des *Royal Marines*.

Une autre unité, la *A Troop*, rejoint alors les deux forces et arrive jusqu'aux maisons situées au sud de « *Trout* » mais subit des tirs violents venant de sa gauche. Dans le même secteur, la *B Troop*, qui avançait vers le château, progresse avant de subir à son tour de violents tirs de mortiers et d'être prise à partie par un canon automoteur. Bien plus, vers **13 heures**, les Allemands lancent une contre-attaque avec une soixantaine de fantassins, un canon automoteur et un appui des mortiers. La *B Troop*, subit de plein fouet cette contre-attaque. Le lieutenant-colonel Gray est contraint de se replier sur une ligne défensive à l'est de « *Trout* ». Il ne pourra établir aujourd'hui la liaison avec d'autres

Royal Marines qui sont maintenant à Langrune, à l'ouest dans le secteur de *Juno Beach*, ceux du *48th RM Commando* (voir chapitre suivant, *Nan Red*). Entre

3

2

4

Suite page 144

bell-tower of the church on the right in the main street; these were soon taken care of, and by **09.30**, Hermanville was under control of the South Lancs who were welcomed with cider by the civilian population. Then the South Lancs came to the road out the village on the south side, where they were joined by the tanks of 13th/18th Hussars A Squadron. They were now detailed to forge on ahead due south along the D60 road towards Biéville. At **09.45**, an RAF spotter plane reported German tanks north of Caen. They could not belong to Panzer-Regiment 22, which was still in the Falaise area (see below). The only elements of 21.Panzer-Division then available in the sector were 7./192 (a motorized infantry company) and 8.(schw.)/192 (operating in half-tracked armoured vehicles with three Pak 40 7.5 cm guns and three 2 cm Flak 38 guns). At **09.16** these two companies were ordered to establish a line of defence between Périers-sur-le-Dan and Saint-Aubin-d'Arquenay. But they were not in the sector yet and 8./192 (commander Oberleutnant Braatz) was only just leaving Cairon; in the end it was only committed south of Bénouville, after passing through Biéville and Blainville (3). Had the RAF pilot been imagining things, and if not where had these tanks come from?

franchissable par quelques routes. (G.B)

3 et 4. Dans la Grande Rue d'Hermanville progressent des Carriers. (IWM.) Les lieux sont restés intacts, le temps semble suspendu... (GB/HDL.)

5. Le haut clocher de l'église d'Hermanville abritait des snipers, ils en ont été délogés par les *South Lancs* vers 9 h 30. (GB/HDL.)

took the full brunt of this counter-attack. Lieutenant-Colonel Gray was forced to fall back onto a defensive line east of «Trout». He was not able that day to link up with the other Royal Marines, who by then were in Langrune, in the Juno Beach sector to the west, those of 48th RM Commando (see next chapter, Nan Red). Between Langrune in the west and Lion in the east, Luc-sur-Mer remained in the hands of the Germans, who continued to control nine kilometres of beach between Juno and Sword Beach where 21.Panzer-Division was to counter-attack (see below). Lion-sur-Mer did not fall to the British until the following day.

The 8th Brigade advances inland

While the 1st S.S. Brigade achieved its objectives, the 8th Brigade began to advance inland after piercing the coastal defences. Here, behind the coastal belt, a strip of sand dunes on which the villas of the seaside resorts of Colleville and Hermanville were built, there lay a low, partly marshy area, with only a few roads leading inland, to the two afore-mentioned villages, which would have to be passed through. To the west, starting from **Queen White**, **1st South Lancashire** set off with its four companies, starting from the three open beach exits, at Brèche d'Hermanville. A Company veered off at once to the right, towards Lion-sur-Mer, to support the Royal Marines of 41st RM Commando on their left (to the south), but, as we saw earlier, without much success. Companies B, C, D and the brigade HQ set off towards the village of Hermanville. From there, they were to advance on Biéville on their way to Caen. This old village, stretching lengthwise from north to south, lies two and a half kilometres inland, with just one access road with low-lying, partly marshy land on either side. These companies of South Lancs were accompanied as they advanced by the machine-gunners of the Middlesex Regiment on Bren gun carriers reinforced with steel plating forming a kind of passenger compartment. As they entered the village, the leading elements came under fire from snipers in the

6. En venant de la position « Cod » et du *Lane 4*, la route menant au village de Colleville-sur-Orne passe devant une petite position en béton pour mitrailleuse, le Wn 19. Il a dû être réduit au silence. (Heimdal.)

7 et 8. Dans le champ bordant la route à droite, avant l'actuel restaurant de la « Ferme Saint-Hubert », un petit bunker du Wn 19 reste encore là, en partie détruit. (EG/HDL.)

1. *This remarkable aerial view shows Hermanville and White Beach on the right. In a line with Lane 8, we see the central square of La Brèche d'Hermanville (we shall be seeing a lot more of it in following photographs) and, carrying on from it, the road leading to Hermanville village which can also be seen. Red Beach is visible to the left of the red line and Lane 4. (IWM.)*

2. *Behind the shore there is a marshy area with a few roads crossing through it. (G.B)*

3 and 4. *Carriers advancing along the main street in Hermanville. (IWM.) The place has remained exactly as it was, time seems to have stopped... (GB/HDL.)*

5. *The tall church steeple at Hermanville was used by snipers, until the South Lancs flushed them out at around 09.30. (GB/HDL.)*

6, 7, and 8. *Wn 19 along the road leading to Hermanville.*

See page 146

2

1 et 2. Voici de nouvelles photos du *Sergeant* Mapham sur cette double page. Nous voyons ici des troupes gagnant l'intérieur, direction Colleville. Il y a là surtout des hommes du *N° 5 Beach Group.* Ils passent à côté des « villas jumelles » *(Twin Villas),* repère au milieu de la position « *Cod* » (voir plan page 113), près de la sortie 4 *(Lane 4)...* et le même endroit aujourd'hui ; on aperçoit les villas Tancrède et le Petit Quinquin dans le fond. (IWM et EG/Heimdal.)

1

7

8

3 et 4. Un Carrier est arrêté devant une villa sur la N 814 (actuelle D 514), qui a peu changé. (IWM et EG/Heimdal.)

5. Certains soldats sortent de la plage avec des vélos. D'après le *Major* (alors *Captain)* Eric Lummis, il s'agirait de la compagnie cycliste du *1st Norfolk* ou de celle du *2nd RUR.* (IWM.)

6. Les hommes progressent sur la route côtière le long de la petite voie ferrée. (IWM.)

7 et 8. Les sorties de plage depuis le *Lane 4* actuellement. (EG/Heimdal.)

1 and 2. Here is a double-page spread with more photos by Sergeant Mapham. Here we see troops moving on inland towards Colleville. These men mostly belong to N° 5 Beach Group. They pass by the « Twin Villas » landmark in the middle of the « Cod » position (see map on page 113 near Lane 4... and the same spot today, with the villas Tancrède and Petit Quinquin in the background).

3 and 4. A Carrier is halted in front of a villa on the N 814 (now D 514) road, which has changed little.

5. Some came off the beach with bicycles. According to Major (then Captain) Eric Lummis, they belong to the 1st Norfolk or 2nd RUR cyclist company.

6. The men advance along the coast road running alongside the narrow gauge railway line.

7 and 8. The beach exits from Lane 4 today.

4　3

5

6

1. Vue aérienne de la Brèche d'Hermanville, la localité balnéaire située en avant du vieux village, *White Beach*. On comparera avec la photo aérienne et le plan de la page 112. Sur cette photo sont repérés les *Lane 7* et *Lane 8*, qui sont aussi respectivement les *Road 12* et *Road 11*. On aperçoit nettement la place centrale (8/11) qu'on distingue bien aussi sur la photo aérienne des pages 134/135. On va retrouver cette place sur la plupart des clichés que nous verrons maintenant. Dans l'axe de cette place se trouve la route menant au village d'Hermanville. (IWM.)

2 et 3. Tandis que la *A Company* des *South Lancs* a continué vers Lion-sur-mer, les hommes et les véhicules des 9e et 185e Brigades se rassemblent autour d'Hermanville avant de reprendre leur progression. Nous voyons ici certains de ces hommes et véhicules suivant la route côtière (alors N 814) vers l'ouest, vers la place centrale qu'on aperçoit dans le fond. La jeep appartient au QG de la *9th Brigade*. (IWM.) Actuellement cette rue est à l'écart de la circulation mais a peu changé. (HDL.)

4. et 5. Le *Sergeant* Mapham progresse dans cette rue et arrive sur la place avec, à gauche, l'Hôtel de la Brèche et à droite une imposante villa. Sur le côté de la route un cheval de frise a été repoussé. (IWM.) Les lieux sont restés inchangés. (HDL.)

6 et 7. Il s'engage maintenant sur la place. La pancarte avec « 94 » indique la direction du QG de la *185th Brigade.* (IWM et HDL.)

8 et 9. En se retournant, il nous montre la façade principale de la villa devant laquelle stationne un *Petard AVRE* du *77th Assault Squadron* portant le nom de *Bulldog.* A droite, avancent des Carriers avec des plaques de

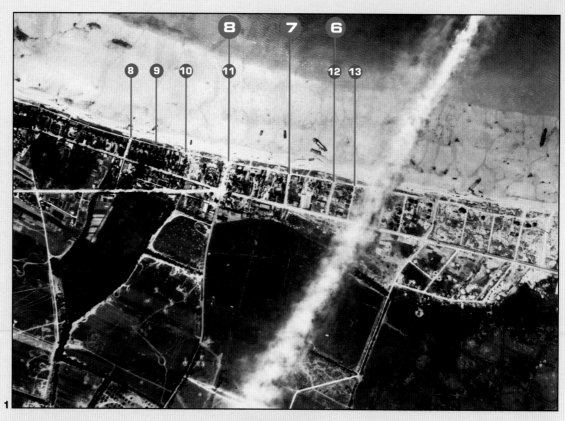

1

2

3

protection. Le chiffre « 64 » indique qu'ils appartiennent au *2nd Middlesex*, bataillon de mitrailleuses. Ils se dirigent vers le village d'Hermanville. (IWM et HDL.)

10. A proximité a été placé un AVRE sur lequel a été peint ce nom de « Bulldog » en souvenir. (EG/Heimdal.)

4

5

1. *Aerial view of La Brèche d'Hermanville, the seaside resort located in front of the old village, White Beach. Compare this with the aerial photograph and map on page 112. Lane 7 and Lane 8 are marked on this photo, as are Road 12 and Road 11 respectively. The main square (8/11) is clearly visible, as it is on the aerial photograph on pages 134/135. This square appears in most of the pictures shown here. In a line with the square is the road leading to the village of Hermanville.*

2 and 3. *While South Lancs A Company has carried on towards Lion-sur-Mer, the men and vehicles of the 9th and 185th Brigades muster near Hermanville before pursuing their advance. Here we see some of the men and vehicles moving east-*

wards along the coast road (then the N 814 road) towards the main square visible in the background. The jeep belongs to 9th Brigade HQ. (IWM.) This road has changed little, but is now out of the traffic. (HDL.)

4 and 5. *Sergeant Mapham advances along this street and reaches the square with the Hôtel de la Brèche on the left, and a large villa on the right. A wire entanglement has been pushed back onto the verge. (IWM.) The place has remained the same. (HDL.)*

6 and 7. *He is now moving into the square. The signpost marked « 94 » shows the way to 185th Brigade's HQ. (IWM & HDL.)*

8 and 9. *Turning round, he shows us the frontage of the villa in front of which a Petard AVRE of 77th Assault Squadron going by the name Bulldog is parked. (IWM & HDL.)*

10. *In memory of this, an AVRE with the name Bulldog painted on it has been placed close by.*

139

1

2

1 et 2. Le reportage continue. La photo est prise sur la place avec la mer à gauche, l'hôtel en face et le village à un kilomètre et demi sur la droite. Un *Carrier* se dirige sur Lion. Remarquez sur la droite une des deux maisons de « style normand » que nous verrons sur les photos suivantes. (IWM et HDL.)

3 et 4. Cette photo est prise en tournant le dos à la mer, face à la route menant au village d'Hermanville. Au milieu du carrefour, un *Sergeant* du *N° 5 Beach Group* règle la circulation. Le Carrier appartient au *2nd KSLI (185th Brigade)* comme l'indique le chiffre « 69 » peint sur son garde-boue. (IWM et HDL.)

5 et 6. Sur cette place, en regardant vers le sud-ouest (on aperçoit l'extrémité d'une des deux maisons de style normand encadrant la place - dans le prolongement de la photo « 3 »), un *Captain* du R.A.S.C. contrôle des civils. (IWM et HDL.)

7 et 8. Légèrement en avant de la photo précédente, nous retrouvons

3

le sergent du *N° 5 Beach Group,* en regardant vers Lion-sur-mer. Des civils passent, vaquant à leurs occupations. (IWM et HDL.)

9. Nous retrouvons la femme aperçue sur la photo précédente que le *Sergeant* Mapham a placé au milieu d'un groupe de Tommies. (IWM.)

10. Monument commémoratif au nord de la place, près du front de mer, à l'emplacement du *Lane 8/Road 11.* (EG/Heimdal.)

4

1 and 2. The reportage continues with a photo taken on the square, with the sea on the left, the hotel opposite, and the village 1 1/2 km to the right. A carrier heads towards Lion. Notice on the right one of the « Norman » style houses which we shall be seeing in later photographs. (IWM & HDL.)

3 and 4. This photo was taken facing the road leading to Hermanville village, with the sea behind the photographer. In the middle of the crossroads, a N° 5 Beach Group sergeant is on traffic duty. As the « 69 » on the mudguard shows, the carrier belongs to 2nd KSLI (185th Brigade). (IWM & HDL.)

5 and 6. On this square, looking south-west (notice the end of one of the "Norman" style houses round the square – carrying on from photo 3), an R.A.S.C. captain is checking out civilians. (IWM & HDL.)

7 and 8. Slightly ahead of the previous photo, we see the N° 5 Beach Group sergeant again, looking towards Lion-sur-Mer. Civilians pass by as they go about their business. (IWM & HDL.)

9. Again we see the woman in the previous photo; here Sergeant Mapham has placed her amid a group of Tommies.

10. Commemorative monument on the north side of the square, near the sea front, where Lane 8/Road 11 was.

1. et 2. Des fantassins passent devant le monument aux morts du village après être passés à côté de l'église (vior page 135) d'où ont été délogés les snipers qui tiraient depuis le clocher. (IWM.) Le momument aux morts est toujours là. (HDL.)

3. Dans le château, actuelle mairie, un QG anglais avait été installé. (EG/Heimdal.)

4 et 5. En face de l'église et du château, une plaque apposée sur un puits rappelle que celui-ci a permis de ravitailler en eau les armées débarquées grâce à un château d'eau et une trentaine de robinets : il fournira sept mil-

1

2

7

4

6

3

lions de litres d'eau entre le 6 juin et le 1er juillet 1944. (EG/HDL.)

6 et 7. A la sortie du village (en regardant vers le nord), la progression continue en direction de Caen. Nous voyons ici un half-track (probablement de la *27th Armoured Brigade*) et un Carrier de la *N° 246 Field Company R.E.* (chiffre « 50 » sur l'engin), compagnie chargée de déminer. (IWM.) Une station service est maintenant installée là. (HDL.)

8 et 9. Cent mètres plus loin sur la gauche, le *Brigadier* G.E. Prior Palmer, chef de la *27th Armoured Brigade*, donne ses instructions à son *Staff Captain* E.H. Palmer depuis son *Scout Car* sur lequel est peint l'emblème de la brigade et le chiffre 50 pour le QG. (IWM.) Depuis, la maison a été restaurée. (HDL.)

10 et 11. Sur cette photo prise en regardant vers l'est, le carrefour vu sur la photo « 7 » est à gauche et on reconnaît en face la maison devant laquelle s'est arrêté le *Brigadier* Prior Palmer. Nous voyons ici des canons antichars en position face au sud, face à Biéville, et des chars Churchill porteurs de ponts SBG dans le fond. (IWM/HDL.)

track (probably belonging to 27th Armoured Brigade) and a Carrier (marked « 50 ») belonging to N° 246 Field Company R.E., a company responsible for mine clearance operations. (IWM.) This is now the site of a service station. (HDL.)

8 and 9. A hundred yards further down, on the left, Brigadier G.E. Prior Palmer, commander of 27th Armoured Brigade, issues instructions to Staff Captain E.H. Palmer from his scout-car on which the brigade's emblem is painted along with the number 50 for HQ. (IWM.) The house has since been renovated. (HDL.)

10 and 11. In this photo, taken facing east, the crossroads seen in photo « 7 » is on the left, and opposite, we recognize the house in front of which

12. Des *Royal Engineers* sont photographiés dans la Grande Rue d'Hermanville avec, de gauche à droite, madame Charles et Denise Filmont. (IWM.)

1 and 2. Infantry pass in front of the village war memorial after passing by the church (see page 135) from which they had dislodged snipers who had been firing from the bell tower. (IWM.) The war memorial is still standing. (HDL.)

3. A British HQ had been set up the château, which is now the town hall. (EG/Heimdal.)

4 and 5. Opposite the church and the château, a plaque on a well recalls how it was used to supply water to the landing armies by means of a water tower and some thirty taps. It produced seven million litres of water from 6 June to 1st July 1944. (EG/HDL.)

6 and 7. On the way out of the village (facing northwards), the advance continues towards Caen. Here we see a half-

Brigadier Prior Palmer stopped. Here we see antitank guns in position facing south towards Biéville, and in the background, Churchill tanks carrying SBG bridges. (IWM/HDL.)

12. Some Royal Engineers have their picture taken in Hermanville's main street with, from left to right, Madame Charles and Denise Filmont. (IWM.)

143

1. et 2. Nous voici de retour à **La Brèche d'Hermanville**, probablement en début d'après-midi car des soldats britanniques reviennent vers la plage avec deux prisonniers allemands, deux sous-officiers de *Panzerjäger*, d'une unité de chasseurs de chars, probablement de la *5./200*. Ils ont été capturés par le *2nd KSLI*. (IWM.) Vue générale de la place. (HDL.)

3 et 4. Toujours à La Brèche d'Hermanville, en regardant vers l'est, vers Lion-sur-mer, depuis la place, dans la Rue du Pré de l'Isle. Deux blessés arrivent suite, probablement, aux combats face à Lion. (IWM/ HDL.)

5. Un canon automoteur Priest de 105 mm appuie la progression vers Caen. On aperçoit à droite le signe tactique de l'unité : « 43 » en blanc sur fond rouge (en haut) et bleu, il s'agit d'une batterie du *33rd Field Regiment R.A.* (IWM.)

6 et 7. Des prisonniers allemands remontent le long d'une colonne du *2nd Middlesex* dont on voit des véhicules encore munis des systèmes de protection du pot d'échappements. (IWM.)

8. Des radios du *N° 5 Beach Group* creusent un emplacement au pied d'une haie pour un poste radio avancé. (IWM.)

9. Un char Sherman et des engins du *HQ Squadron* du *1st East*

Langrune à l'ouest et Lion à l'est, Luc-sur-mer reste aux mains des Allemands, qui contrôlent ainsi encore neuf kilomètres de plage entre *Juno Beach* et *Sword Beach* où contre-attaquera la *21. Panzer-Division* (voir plus loin). Lion-sur-mer ne tombera aux mains des Britanniques que le lendemain.

La 8e Brigade progresse vers l'intérieur

Alors que la *1st S.S. Brigade* accomplit ses missions, la 8e Brigade va commencer à s'enfoncer vers l'intérieur après avoir percé les défenses côtières. Ici, derrière une bande littorale, un cordon dunaire où ont été édifiées les villas des stations balnéaires de Colleville et d'Hermanville, s'étend une zone basse et en partie marécageuse, seules quelques routes conduisent vers l'intérieur, vers les deux villages que nous venons de citer et qu'il faudra traverser. A l'ouest, à partir de **Queen White**, le **1st South Lancashire** se met en route avec ses quatre compagnies, à partir des trois sorties ouvertes depuis la plage, à la Brèche d'Hermanville.

La *A Company* oblique aussitôt sur la droite, en direction de Lion-sur-mer, pour appuyer sur leur gauche

(au sud) les *Royal Marines* du *41st RM Commando*, mais sans grand succès, ainsi que nous l'avons vu précédemment.

Les compagnies B, C, D et le QG de la brigade se mettent en route vers le village d'Hermanville. De là, elles devront avancer sur Biéville puis Caen. Ce vieux village, qui s'étire en longueur dans le sens nord-sud, est distant de deux kilomètres et demi de la bande littorale, accessible par une seule route encadrée de terrains bas et partiellement marécageux. Ces compagnies des *South Lancs* sont accompagnées dans leur progression par les mitrailleurs du *Middlesex Regiment* montées sur des chenillettes renforcées par des tôles d'acier constituant une sorte d'habitacle. Vers l'entrée du village, les éléments de pointe sont pris à partie par des snipers installés dans le clocher de l'église qui se dresse à droite de la rue principale ; ils seront rapidement neutralisés et, à **9 h 30**, Hermanville est sous le contrôle des *South Lancs* qui sont accueillis avec du cidre par la population civile. Puis les *South Lancs* arrivent à la sortie méridionale du village, rejoints par les chars du *A Squadron* du *13th/18th Hussars*. Là, ils ont pour mission de foncer plein sud, par la D 60, en direction de Biéville. A **9 h 45**, une reconnaissance de la RAF signale des blindés allemands au nord de Caen. Mais il ne peut s'agir du *Panzer-Regiment 22* ; il est encore dans la région de Falaise (voir plus loin). Les seuls éléments de la *21. Panzer-Division* disponibles alors dans le secteur sont la *7./192* (une compagnie d'infanterie motorisée) et la *8.(schw.)/192* (équipée de véhicules blindés semi-chenillés disposant de trois 7,5 cm Pak 40 et de trois pièces de 2 cm Flak 38). Ces deux compagnies ont reçu à 9 h 16 l'ordre d'établir une ligne de défense entre Périers-sur-le-Dan et Saint-Aubin-d'Arquenay. Mais elles ne sont pas encore dans le secteur et la *8./192* (commandée par l'*Oberleutnant* Braatz) ne fait que quitter Cairon et elle sera finalement engagée au sud de Bénouville, après avoir traversé Biéville et Blainville (4). Le pilote de la RAF a-t-il eu la berlue ? Quels sont ces blindés ?

8. N° 5 Beach Group wireless operators dig an emplacement for an advanced radio post at the foot of a hedge. (IWM.)

9. A Sherman tank and 1st East Riding Yeomanry HQ Squadron vehicles wait to be committed towards Caen. (IWM.)

1 et 2. En début d'après-midi, sur *Queen Red Beach*, devant la position « Cod » où les combats ont été terribles dans la matinée, la marée est basse maintenant et les *Beach Groups* remettent de l'ordre. Le chaos n'est plus qu'un mauvais souvenir, les véhicules ont quitté la plage et se sont enfoncés vers l'intérieur. (IWM.)

Le capitaine Eric T. Lummis, 1st Suffolk, en 1945 et en 1991 devant Hillman. (Heimdal.)

Captain Eric T. Lummis (1st Suffolk) in 1945 and in 1991 at Hillman.

Les seuls disponibles dans le secteur sont les canons d'assaut de la 5ᵉ Compagnie de la *Sturmgeschütz-Abteilung 200* du *Major* Becker. Cette compagnie stationnait à Epron, au nord de Caen, dans ce secteur. Ce sont donc dix-sept puissants canons automoteurs qui ont pu être aperçus par la RAF.

Les *Hussars* du *A Squadron* et les compagnies B, C et D des *South Lancs* progressent de 1,5 kilomètre plein sud vers Biéville mais le terrain monte doucement vers la crête dominant tout le paysage jusqu'à la côte, du haut de ses cinquante mètres d'altitude. Mais, là, les 8,8 cm Flak de la *Panzerjäger-Abteilung 200* (4), unité de chasseurs de chars de la *21. Panzer-Division* les attendent. Ces pièces vont bloquer la progression britannique et les chars des *Hussars* resteront au pied de la crête… au lieu de la prendre d'assaut. Les *South Lancs* vont creuser des tranchées pour s'enterrer. Pourtant, derrière ces quelques pièces de 8,8 cm, il n'y a encore quasiment rien jusqu'à Caen. La *8th Brigade* pouvait y être en début d'après-midi alors que - nous le verrons plus loin - les chars du *Panzer-Regiment 22* ne sont toujours pas passés à l'offensive. Le *Brigadier* Cass, au lieu de foncer et d'emporter la décision, décide d'attendre le renfort de la *185th Brigade*. Tous les officiers supérieurs britanniques du secteur de *Sword Beach*, comme nous le verrons amplement plus loin, n'ont rien appris des techniques du *Blitzkrieg*. Leur prudence plus qu'excessive coûtera beaucoup de vies humaines plus tard, comme l'a rappelé Chester Wilmott et Joël Tanter *(op. cit.)* à sa suite. Caen pouvait être pris rapidement alors que la ville ne tombera qu'un mois plus tard au prix de terribles combats. Le commandement britannique accumulera de tragiques incompétences ce jour-là dans ce secteur. Les atermoiements seront aussi très lourds de conséquences du côté allemand, comme nous le verrons plus loin, mais sauveront le secteur *Sword Beach* d'un possible désastre.

Quant au **2nd East Yorkshire** débarqué sur *Queen Red*, il a terminé le nettoyage de tous les ouvrages de « *Cod* » et, à **9 h 30**, appuyé par le *B Squadron* du *13th/18th Hussars*, il atteint la route côtière. Deux de ses compagnies marchent alors sur Riva Bella pour y relever le *N° 4 Commando* et prendre la batterie « *Daimler* » (le *Wn 12* ou batterie du château d'eau, voir page 8). Cette attaque aura lieu depuis le village d'Ouistreham en direction du sud (la batterie se trouve entre Ouistreham et Saint-Aubin-d'Arquenay). Mais derrière ses barbelés, champs de mines et mitrailleuses, ses obusiers de 15,5 cm vont être difficiles à prendre et les combats dureront jusqu'à la nuit, causant de lourdes pertes aux *East Yorks*. Les deux autres compagnies du bataillon suivent la D 60 a, avec la *1st S.S. Brigade* jusqu'à Colleville, puis obliquent vers l'est, par une petite route menant à la position « *Sole* » (*Wn 14*, voir carte page 22), cette position est située à proximité de « *Daimler* », au nord-ouest. Elle est moins puissante mais les combats dureront jusqu'à 15 h 45, en un violent corps à corps ; 40 soldats seront capturés.

Le troisième bataillon de la brigade, le **1st Suffolk**, débarque vers **9 h 30** et il ne perd que quatre hommes, le secteur de plage étant maintenant nettoyé. Le *Captain* Eric T. Lummis commande la compagnie de renfort *(First Reinforcement Company)* de ce bataillon, forte de 150 hommes. Il aperçoit le civil avec son casque de pompier, dépeint dans « Le Jour le plus long », il s'agissait du maire de Colleville, Monsieur Lenauld, qui offre du Calvados à la mairie. Ce bataillon marche à son tour sur Colleville avec pour mission de prendre « *Morris* » et « *Hillman* ». La première de ces positions est située au sud-est de Colleville, vers la sortie du village. Il s'agit d'une batterie d'artillerie, la *2./AR 1716*, retranchée dans le *Wn 16* avec des casemates, barbelés et champs de mines (voir pages 5 et 8). Mais les 67 artilleurs qui sont pour la plupart polonais, d'après Joël Tanter *(op. cit.),* sont complètement hébétés par le bombardement et peu enclins à mourir pour le Reich ; ils se rendent à la *B Company* avant l'assaut des *Suffolks*.

2

The only ones available in the sector were the assault guns of 5th Company of Major Becker's Sturm-geschütz-Abteilung 200. This company was stationed in the sector, at Epron, just north of Caen. So what the RAF had sighted were these seventeen powerful self-propelled guns.

The Hussars of A Squadron and South Lancs B, C and D Companies advanced a mile (1.5 km) due south towards Biéville, where the ground rises gently up to a ridge which peaks at fifty meters and dominates the whole landscape. But there, the 8.8 cm Flak guns of Panzerjäger-Abteilung 200 (4), 21. Panzer-Division's tank destroyer unit, were lying in wait. These guns held up the British advance and instead of storming the ridge, the Hussars' tanks stayed down at the bottom... The South Lancs dug in. And yet these few 8.8 cm guns were practically all there was standing between them and Caen. The 8th Brigade could have got there by early afternoon, before – as we shall see later on - the tanks of Panzer-Regiment 22 had moved onto the offensive. Instead of racing ahead and forcing a decision, Brigadier Cass decided to await reinforcement from the 185th Brigade. None of the British senior officers in the Sword Beach sector had learnt a thing about Blitzkrieg techniques, as we shall see in detail below. Their overcautious approach later proved costly in human lives, as Chester Wilmot and Joel Tanter recall (op. cit.). Caen could have been taken quickly, but instead the city did not fall till a whole month later, after a terrible battle. The British command tragically showed its incompetence a number of times in this sector on D-Day. The dithering had all kinds of consequences on the German side as well, as we shall see, but it did avert impending disaster in the Sword Beach sector.

As for **the 2nd East Yorkshires** who landed at Queen Red, they finished mopping up all the «Cod» positions and reached the coast road at **09.30**, with 13th/18th Hussars B Squadron backing up. Two companies went on to Riva Bella to relieve N° 4 Commando there and to take the «Daimler» battery (Wn 12 or the water tower battery, see page 8). This attack was launched southwards from the village of Ouistre-

ham (the battery was between Ouistreham and Saint-Aubin-d'Arquenay). But behind the barbed wire, mine-fields and machine-guns, its 15.5 cm howitzers proved hard to take and the engagement dragged on until nightfall, with heavy losses among the East Yorks. The battalion's two other companies followed, D 60 a, with the 1st S.S. Brigade as far as Colleville, then veered off eastwards along a small road leading to the «Sole» strongpoint (Wn 14, see map on page 22); this position was located near «Daimler», to the north-west. It was not so powerful but the battle lasted until 15. 45, with violent hand-to-hand fighting and 40 prisoners captured.

The brigade's third battalion, **the 1st Suffolks**, landed at about **09.30 hours,** losing just four men, the beach sector having by now been cleared. Captain Eric T Lummis was commander of the battalion's 150-strong First Reinforcement Company. He it was who saw the civilian with the fireman's helmet appearing in «The Longest Day»; this was the mayor of Colleville, Monsieur Lenauld, who served up Calvados at the town hall. This battalion in turn marched on Colleville to secure «Morris» and «Hillman». The former of these strongpoints was just to the south-east of Colleville as you leave the village. It was an artillery battery, 2./AR 1716, entrenched in Wn 16 with casemates, barbed wire entanglements and minefields (see pages 5 and 8). But the 67 artillerymen, who, according to Joel Tanter (op. cit.), were mostly Poles, were completely dazed by the bombardment and not overkeen to die for the Reich; so they surrendered to B Company before the Suffolks could attack.

The 185th Brigade in reinforcement

The three battalions of the intermediate 185th Brigade, led by Brigadier K.P. Smith, came ashore between H + 150 and H + 250 in the following order: - **2nd King's Shropshire Light Infantry** (the K.S.L.I. for short); - **the Staffordshire Yeomanry** (one of the three tank battalions of the 27th Armoured Brigade, with 65 tanks); - **the 2nd Royal Warwickshire Regiment** (the Warwicks for short); - **the 1st Royal Nor-**

Au sud d'Hermanville un char Sherman du *13th/18th Hussars* (reconnaissable aux gros chiffres peints sur la tourelle) croise un camion amphibie DUKW sur une route étroite. Le réseau routier est dense mais étroit, peu pratique pour une armée en campagne. (IWM.)

South of Hermanville, a Sherman tank of 13th/18th Hussars (recognizable from the large figures painted on the turret) passes a DUKW amphibious vehicle on a narrow road. The road system was dense but uncomfortably narrow for an army in the field. (IWM.)

Le renfort de la *185th Brigade*

La « brigade intermédiaire » *(Intermediate Brigade)*, la *185th Brigade* commandée par le *Brigadier* K.P. Smith, débarque entre H + 150 et H + 250 avec ses trois bataillons dans l'ordre suivant : - **2nd King's Shropshire Light Infantry** (K.S.L.I. en abrégé) ; - **The Staffordshire Yeomanry** (l'un des trois bataillons de chars, de la *27th Armoured Brigade* fort de 65 chars) ; - le **2nd Royal Warwickshire Regiment** (*Warwicks* en abrégé) ; - le **1st Royal Norfolk Regiment** (*Norfolks* en abrégé). Avant **11 heures**, les trois bataillons d'infanterie sont à pied d'œuvre au nord d'Hermanville. Cette brigade a l'ordre de foncer sur Caen après que les *South Lancs* et les *Suffolks* de la *8th Brigade* du *Brigadier* Cass (qualifié de « trop flegmatique » par Joël Tanter) lui en aient ouvert le chemin en prenant les crêtes de Périers et la position « *Hillman* », deux obstacles situés sur cet axe de progression. Mais rien ne bouge et le *Brigadier* Smith attend avec ses bataillons… La progression doit avoir lieu avec le *K.S.L.I.* du lieutenant-colonel F.J. Maurice au centre, en fer de lance avec les 65 chars des *Staffords*. Le *1st Norfolk* doit avancer sur l'aile gauche et *2nd Warwick* sur l'aile droite. Mais les chars, qui doivent transporter les hommes du *K.S.L.I.*, ne sont toujours pas là alors que l'offensive doit commencer. A **11 h 15,** le lieutenant-colonel Maurice part en bicyclette jusqu'à la plage pour voir ce qui se passe : les chars sont sur la plage, moteurs tournants au ralenti, bloqués dans les embouteillages. En effet, les planificateurs de l'opération avaient prévu que la haute mer laisserait un secteur de plage suffisant mais un vent puissant fait remonter la haute mer jusqu'à dix mètres de la dune et les véhicules se sont entassés en une incroyable confusion que les *beach masters* tentent d'organiser. Bien plus, des ballons dominent maintenant la plage pour entraver toute attaque de la *Luftwaffe* mais ces ballons sont d'excellents repères pour les artilleurs allemands qui savent comment atteindre les plages ; les amarres sont bientôt coupés et les tirs allemands vont diminuer. Le lieutenant-colonel Maurice fait alors demi-tour et rejoint son chef, le *Brigadier* Smith. Celui-ci lui donne, à **11 h 30**, l'ordre d'attaquer malgré l'échec

de la *8th Brigade* et l'absence des chars. Comme seul appui, le lieutenant-colonel Maurice ne dispose que des *Bren Gun Carriers* de la compagnie de soutien de son bataillon et d'une section de mitrailleuses du *2nd Middesex Regiment*.

Arrivée de la *9th Brigade*

En fin de matinée, dans un verger près d'Hermanville, une conférence réunit le *Lieutenant General* John T. Crocker, chef du I Corps, et le *Major General* Tom G. Rennie, chef de la *3rd Division*. Tous deux sont très préoccupés par la situation. A l'ouest, les *Royal Marines* n'ont pu prendre la position de Lion-sur-mer. Au centre, la *8th Brigade* est bloquée, inactive. A l'est, la *6th Airborne Division* subit les assauts du *Kampfgruppe Luck (Panzergrenadier-Regiment 125* renforcé). Crocker propose la prudence ! Mais c'est alors qu'arrive la *Reserve Brigade*, la **9th Brigade** commandée par le *Brigadier* J.C. Cunningham, qui a débarqué entre H + 150 et H + 250 minutes avec, dans l'ordre : - le **2nd Lincolnshire Regiment** (les *Lincolns* en abrégé) ; - le **1st King's Own Scottish Borderers** (*1st K.O.S.B.* en abrégé) ; - le **2nd Royal Ulster Rifles** (*2nd R.U.R* en abrégé) ; le **1st East Riding Yeomanry** (le troisième bataillon de chars de la *27th Armoured Brigade*). Le *Brigadier* Cunningham, qui commande cette brigade, se présente aussitôt aux généraux Crocker et Rennie pour recevoir ses ordres. Il avait en effet pour mission d'avancer sur le flanc droit de la *185th Brigade* et de tenter d'établir la jonction avec les forces canadiennes débarquées sur *Juno Beach*, son objectif final pour le Jour J étant l'aérodrome de Carpiquet à l'ouest de Caen. Mais, étant donné l'échec des *Royal Marines* à Lion et la situation générale peu satisfaisante, à la grande déception de Cunningham, Crocker annule cette mission. La *9th Brigade* est envoyée sur l'autre aile, à l'est, pour renforcer la liaison avec la *6th Airborne Division*. Cette mesure va rendre la tête de pont plus compacte et plus solide mais elle laisse une large brèche entre les secteurs de *Sword Beach* et de *Juno Beach* qui peut être très dangereuse, comme nous le verrons plus loin.

Des chars Sherman se déploient au sud d'Hermanville en direction de la crête de Biéville où leur présence est vivement attendue. Mais la présence d'éléments antichars allemands bloquera toute idée de progression. (IWM.)

Sherman tanks are deployed south of Hermanville towards Biéville ridge where their presence is eagerly awaited. However, the presence of German antitank weaponry ruled out any thoughts of an advance. (IWM.)

folk Regiment (the Norfolks for short). By **11.00 hours**, the three infantry battalions were operating north of Hermanville. This brigade had orders to race to Caen after the South Lancs and the Suffolks of the 8th Brigade (commander Brigadier Cass, described as «too phlegmatic» by Joel Tanter) had opened up the way for it by securing Périers rise and «Hillman», two obstacles located on their line of advance. But nothing happened, and Brigadier Smith stood waiting with his battalions... The advance was to be spearheaded by Lieutenant-Colonel F.J. Maurice's K.S.L.I. in the center, with the Staffords' 65 tanks. The 1st Norfolks were to advance on the left flank, with the 2nd Warwicks on the right. But the tanks needed to carry the men of the K.S.L.I. had still not turned up by the time the offensive was due to start. At **11.15**, Lieutenant-Colonel Maurice had to cycle off to the beach to see what was going on: the tanks were on the beach, stuck in the traffic with their engines idling. The planners of the operation had been working on the principle that the high tide would leave a big enough beach sector, but strong winds had brought the tide up to ten meters below the dunes and so there was an incredible bottleneck of vehicles, with the beach masters doing their best to cope. Much worse, the barrage balloons now over the beach to block any attack from the Luftwaffe were unfortunately turning out to be excellent range-finding aids for the German artillery, which knew how to reach the beaches; however, the mooring ropes were soon cut and the German shellfire eased off. Lieutenant-Colonel Maurice then doubled back to rejoin his commander, Brigadier Smith, who at **11.30** ordered him to go ahead with the attack without the tanks and despite the 8th Brigade's failure. The only support Lieutenant-Colonel Maurice was getting came from the battalion's reserve company's Bren Gun Carriers and a platoon of machine-gunners belonging to the 2nd Middlesex Regiment.

The 9th Brigade arrives

Late in the morning, in an orchard near Hermanville, I Corps commander, Lieutenant-General John T Crocker, and 3rd Division commander, Major General Tom G Rennie, met to confer. Both were extremely worried at the situation. In the west, the Royal Marines were unable to secure the position at Lion-sur-Mer. In the center, the 8th Brigade was blocked and doing nothing. In the east, the 6th Airborne Division was under attack from Kampfgruppe Luck (Panzergrenadier-Regiment 125, reinforced). Crocker recommended a cautious approach! But now the Reserve Brigade, **9th Brigade,** arrived with its commander Brigadier J.C. Cunningham, having landed between H + 150 and H + 250 minutes with, in order:
- **the 2nd Lincolnshire Regiment** (the Lincolns for short); - **the 1st King's Own Scottish Borderers** (1st K.O.S.B. for short); - **the 2nd Royal Ulster Rifles** (2nd R.U.R for short); **the 1st East Riding Yeomanry** (the 27th Armoured Brigade's third tank battalion). Brigadier Cunningham, the brigade commander, reported immediately to receive orders from Generals Crocker and Rennie. He had been detailed to advance on the 185th Brigade's right flank and try to link up with the Canadian forces landing on Juno Beach, his final D-Day objective being the airfield at Carpiquet, just west of Caen. However, in view of the Royal Marines' setback in Lion and the rather unsatisfactory overall situation, Crocker cancelled the assignment, to Cunningham's great disappointment. Instead, the 9th Brigade was sent along the other, eastern, flank, to lend weight to the linkup with the 6th Airborne Division. This measure made the beachhead stronger and more compact, but it opened up a wide gap between the Sword Beach and Juno Beach sectors, which was a risky move indeed, as we shall see later.

In this way, 1st K.O.S.B. was sent to Bénouville to seal off the airborne bridgehead and reinforce Lieutenant-Colonel Pine-Coffin's 7th Parachute Battalion. In the end, the other two battalions were scattered as reinforcements, with 2nd R.U.R. to establish itself in the center, south of Périers, and 2nd Lincolns south of Lion and Cresserons to cover the right flank. But here again, the tanks failed to show up. The East Ridings had some sixty tanks waiting out at sea on LCTs, as the beach was completely saturated with no room to land any more vehicles. It was on getting back from the beach after seeing the situation for himself that Brigadier Cunningham ordered his 1st K.O.S.B. to Bénouville. He then went on to his HQ, and the drama could unfold. Here is an account made to the author by Captain Lummis of the 1st Suffolks: «We had just finished our trenches (south-west of Hermanville beach) when we saw more troops arriving. Initially, some men from a Beach Group followed by 9 Brigade Headquarters vehicles with the unit commander (Cunningham) in a tracked vehicle. They carried on. A few minutes later, three explosions were heard near our positions. The HQ vehicles which we

Ainsi, le *1st K.O.S.B.* est envoyé à Bénouville pour protéger l'accès à la tête de pont aéroportée et renforcer le *7th Parachute Battalion* du lieutenant-colonel Pine-Coffin. Et, finalement, les deux autres bataillons seront dispersés, en renfort, le *2nd R.U.R.* devra s'établir au centre, au sud de Périers, et le *2nd Lincoln* au sud de Lion et de Cresserons pour couvrir le flanc droit. Mais, là encore, les blindés ne sont pas au rendez-vous. La soixantaine de chars de l'*East Riding* attend au large sur les LCTs ; la plage est complètement saturée et ne peut recevoir de nouveaux véhicules. C'est en revenant de la plage, après avoir constaté cette situation que le *Brigadier* Cunningham donne l'ordre à son *1st K.O.S.B.* de rejoindre Bénouville. Il rejoint ensuite son PC et le drame va survenir. Voici le témoignage du *Captain* Lummis du *1st Suffolk* communiqué à l'auteur : « *Nous venons de terminer nos tranchées (au sud-ouest de Hermanville-plage) quand nous voyons arriver d'autres troupes. D'abord, quelques hommes du Beach Group suivis par des véhicules du* 9 Brigade Headquarters *(QG de la 9e Brigade) avec le chef de cette unité (Cunningham) dans une chenillette. Ils continuent leur route. Quelques minutes plus tard, trois explosions sont entendues à proximité de nos positions. Les obus de mortiers ont touché les véhicules du QG que nous avons vu passer, blessant le* Brigadier *Cunningham aperçu tout à l'heure, ainsi que son officier de renseignements, et tuant trois autres officiers dont un officier de liaison canadien appartenant à la brigade canadienne qui se trouve sur notre droite.* » Le *Brigadier* Cunningham est inconscient et ne peut plus donner ses ordres. Le colonel Denis Orr, qui pourrait le remplacer, se trouve vers Bénouville. La brigade est décapitée, elle est paralysée en ces heures décisives.

La menace de Hillman

Cependant, à **12 heures**, les 105 mm automoteurs Priest du *7th Field Regiment RA* se sont enfin sortis des embouteillages et ils viennent se mettre en position au sud d'Hermanville pour soutenir la *185th Brigade* dans sa progression vers Caen. A **12 h 30**, ne supportant plus l'inertie de la *8th Brigade*, le *Brigadier* Smith met en route sa *185th Brigade*. Le *2nd K.S.L.I* progresse alors à pied vers Biéville.

Par ailleurs, le *1st Norfolk* (autre bataillon de la *185th Brigade*) avance à l'est de Colleville. Mais, en passant à la hauteur de cette position « *Hillman* », qu'il devait éviter, le bataillon avait sous-estimé le danger et est pris à partie par des tirs de MG venant de cette position, 160 *Norfolks* sont fauchés par ces tirs vers **15 heures**. Le *1st Suffolk (8th Brigade)* et son chef le lieutenant-colonel Dick Goodwin avaient reçu l'ordre de prendre cette position vers 13 heures mais la mise en œuvre de l'attaque demandera du temps. Il faudra tout d'abord ouvrir des brèches dans le réseau de barbelés avec des Bangalores. Une section d'assaut de la *D Company* va alors progresser dans le champ de mines et attaquer les coupoles blindées avec des obus de PIAT, sans résultat, le *Captain* Riley et le lieutenant Tooley sont tués. Le lieutenant-colonel Goodwin doit alors appeler en renfort des chars des *Hussars* et des *Flails* du *22nd Dragoons* (pour déminer). Les Britanniques ne pénétreront dans la position que vers 22 heures (voir J. Tanter, *op. cit.*, p. 137).

Mais revenons vers la crête située au nord de Biéville où le K.S.L.I. va affronter des éléments de la *21. Panzer-Division*.

2. A l'intérieur d'un Tobrouk, dessins pour s'orienter.

3. Piscine pour le stockage de l'eau.

4. La cuisine souterraine.

5. Le puits.

6. Emplacement pour mitrailleuse.

Inside a Tobruk, drawings to find one's way round.
ool for storing water.
Underground kitchen.
he well.
Machine-gun emplacement.

had seen passing had been hit by mortar shells, wounding Brigadier Cunningham whom we had just seen, and his intelligence officer, and killing three other officers including a Canadian liaison officer belonging to the Canadian brigade to our right.»
Brigadier Cunningham was unconscious and unable to issue any further orders. Colonel Denis Orr, who might have deputized, was somewhere near Bénouville. The brigade was paralyzed and leaderless in these decisive moments.

The Hillman threat

*However, at **12.00 hours**, the 7th Field Regiment RA's 105 mm self-propelled Priest guns had finally extricated themselves from the bottleneck and taken up position south of Hermanville to support the 185th Brigade's advance on Caen. At **12.30**, unwilling to wait for the 8th Brigade any longer, Brigadier Smith ordered his 185th Brigade to make a move. The 2nd K.S.L.I then set off on foot towards Biéville.*

*Meanwhile, another battalion of the 185th Brigade, the 1st Norfolks, was pressing forward east of Colleville. But, while supposed to steer clear of strong-point «Hillman», the battalion underestimated the danger of passing too close and came under MG fire from the position, with 160 Norfolks mown down at around **15.00 hours**. The 1st Suffolks (8th Brigade) and their commander, Lieutenant-Colonel Dick Goodwin, had been ordered to secure the position at around 13.00 hours, but the attack took some time. First they had to breach the barbed wire entanglement with Bangalore torpedoes. D Company had then to send an assault platoon through the minefield and attack the armored turrets with PIAT shells; the attack failed, and Captain Riley and Lieutenant Tooley were killed. Lieutenant-Colonel Goodwin was forced to call up reinforcements from the Hussars with tanks, and the 22nd Dragoons with Flails (to clear the mines). The British did not secure the position until around 22.00 hours (see J Tanter, op. cit. , p. 137).*

But let us return to Périers rise, north of Biéville, where the K.S.L.I. had to deal with elements of 21. Panzer-Division.

But what was the 21.Panzer-Division up to?

*While at 8 in the morning, on 6 June, the landings were mostly taking place in the Second Army's beach sector and the leading elements had already begun to break out behind the coastal strip, everywhere the men of the German coastal defences were being submerged and crushed by the assault. In addition, in the Sword Beach sector, to the east of the River Orne, the 6th Airborne Division already held an extensive bridgehead. But what of the counter-attack by German tanks launched by 21.Panzer-Division which the Allies had been so dreading? At **00.30**, Oberleutnant Brandenburger, comanding 5./125, reported the first sighting of British parachute landings east of the Orne. He had seen these parachute drops from the Troarn sector and passed on the information to the HQ of Panzergrenadier-Regiment 125 based at Vimont, east of Caen. Further reports soon came in. It so happened that night exercises were going on in the sector and so the parachute drops were located at once, by 6./125 near Banneville, 8. (schw.)/125 near Colombelles, and elements of 716. ID in the Ranville sector. Already shots were ringing out in the night. All reports radioed by the companies of Pz.Gren.-Rgt.125 were immediately forwarded to 21.Panzer-Division «OI», Oberleutnant Messner, who passed them on to HQ at Saint-Pierre-sur-Dives. But the General in command of the division, Generalmajor Edgar Feuchtinger, was away in Paris, as was his «Ia», his first staff*

Le *Generalleutnant* Edgar Feuchtinger commande la *21. Panzer-Division*, seule réserve opérationnelle blindée à proximité du futur secteur de débarquement britannique. (Coll. Charita.)

Generalleutnant Edgar Feuchtinger commanded 21. Panzer-Division, the only operational armoured reserve unit in the vicinity of the future British landing sector. (Coll. Charita.)

Mais que fait la *21. Panzer-Division* ?

Alors qu'à 8 heures du matin, le 6 juin, la plupart des débarquements ont eu lieu dans le secteur des plages de la *Second Army* et que des premières percées au-delà de la bande côtière ont déjà eu lieu, partout les troupes allemandes de défense côtière sont en voie d'être écrasées, submergées. Bien plus, dans le secteur de *Sword Beach*, à l'est de l'Orne, la *6th Airborne Division* tient déjà une vaste tête de pont. Mais qu'en est-il de la contre-attaque des blindés allemands tant redoutée par les Alliés, que fait la *21. Panzer-Division* ?

Dès 0 h 30, l'*Oberleutnant* Brandenburger, qui commande la *5./125,* transmet un premier compte rendu, sur des parachutages britanniques à l'est de l'Orne. Il observe ces parachutages depuis le secteur de Troarn et transmet ces informations au PC du *Panzergrenadier-Regiment 125* établi à Vimont, à l'est de Caen. D'autres rapports arrivent rapidement. En effet, des exercices de nuit ont lieu dans le secteur et les parachutages sont aussitôt repérés, par la *6./125* près de Banneville, la *8. (schw.)/125* près de Colombelles ou des éléments de la *716. ID* dans le secteur de Ranville. Des coups de feu claquent déjà dans la nuit. Tous les rapports transmis par les compagnies du *Pz.Gren.-Rgt. 125* sont immédiatement transmis au « OI » de la *21. Panzer-Division*, l'*Oberleutnant* Messner qui les envoie au PC de Saint-Pierre-sur-Dives. Mais le général commandant la division, le *Generalmajor* Edgar Feuchtinger, n'est pas là, il est à Paris, de même que son « Ia », son premier officier d'état-major chargé des opérations, l'*Oberstleutnant* von Berlichingen. En ces moments graves, la division n'a personne pour la commander ! Et les raisons de cette absence sont tout à fait rocambolesques. Le général Feuchtinger menait une vie de Bohème et jouissait d'une mauvaise réputation personnelle auprès des officiers généraux qui le connaissaient. On disait alors de lui qu'il aimait « vivre et laisser vivre ». Ses relations avec des personnalités du Parti nazi l'avaient protégé et l'avaient sûrement aidé dans ses promotions. Mais, en ce mois de juin 1944, sa vie privée est pour le moins singulière pour un officier général d'une division de panzers. Il a alors une relation amoureuse avec la « Noire du Théâtre », une comédienne noire bien connue de tous les soldats de la division et avec qui il se trouvait, à Paris, pendant la nuit du 5 au 6 juin 1944. A la fin de l'année 1944, un tribunal militaire se penchera sur son absence remarquée lors de cette nuit décisive. L'enquête établira que Feuchtinger faisait parvenir des marchandises de la Wehrmacht à sa maîtresse. Le 24 décembre 1944, l'*Ob West* ira chercher le général dans l'appartement de celle-ci, aménagé pour elle à Celle, en Allemagne, et y découvrira un stock surprenant de produits alimentaires et de boissons... Alors qu'il avait obtenu le *Ritterkreuz* le 6 août 1944, Feuchtinger sera arrêté, incarcéré à Torgau, condamné à mort en janvier 1945, gracié puis dégradé comme simple canonnier et affecté à la *20. Panzergrenadier-Division* sur le front de l'Est. Mais il sera capturé par les Britanniques à Celle avant de rejoindre sa nouvelle affectation ; il sera libéré en 1945. Ainsi, fortuitement, une comédienne noire aura contribué au succès allié dans le secteur de *Sword Beach*...

Alors que Feuchtinger est à Paris, au PC de la division, vers 2 heures du matin, le *Hauptmann* Wagemann, détaché auprès de la division pour un stage d'officier d'état-major, tente de pallier à l'absence du « Ia », il est alors convaincu qu'il s'agit bien de l'*Invasion* et met la division au niveau d'alerte II (*Alarnstufe II*), prescrivant la mise en mouvement des unités motorisées dans un délai d'une heure et demie. Il arrive à joindre le *Generalmajor* Feuchtinger qui annonce son retour « immédiat ». Le *Generalleutnant* Speidel, chef d'état-major de la *Heeresgruppe B* téléphone alors au PC de la division et est furieux de l'absence de Feuchtinger ; les seuls officiers d'état-major présents sur place sont là depuis peu, débordés, ils connaissent mal les rouages du fonctionnement de cette division... Notons au passage que le chef de la *Heeresgruppe B*, le maréchal Rommel, est tout aussi absent, il est en Allemagne, dans sa famille.

Cependant, vers 2 heures du matin, le *Generalmajor* Feuchtinger téléphone à l'*Oberst* von Oppeln-Bronikowski, le chef de son régiment de chars, pour qu'il se prépare à se mettre en route. Les équipages des panzers ont ainsi ravitaillé leurs engins et sont prêts à être engagés, moteur tournant au ralenti, dès **3 h 30**. Mais, à part des informations, parfois confuses, sur les parachutages, pas encore de débarquement annoncé. Le *Generalleutnant* Hans Speidel écrira : « *Il fallait dominer ses nerfs et attendre.* » Mais déjà, dès 3 h 09 (heure allemande et française), les premiers navires alliés sont repérés. A **4 h 10**, la *Panzergruppe West* est mise en *Alarmstufe II*. Cependant, à l'est de l'Orne, des compagnies du régiment du *Major* von Luck, le *Pz.Gren.-Regt. 125* sont déjà engagées dans des combats contre les paras.

A **5 h 20**, le *Generalmajor* Feuchtinger arrive enfin à son PC de Saint-Pierre-sur-Dives. A **7 heures**, la *21. Panzer-Division* passe sous le commandement du *LXXXIV. AK* et son chef, le *General der Artillerie* Marcks, ordonne à cette division de se diriger vers le nord pour contre-attaquer la « tête de pont aéroportée » à l'est de l'Orne. Et, à **8 heures (= 7 h)**, alors que les troupes britanniques combattent déjà sur *Sword Beach,* les deux bataillons de chars du *Panzer-Regiment 22* reçoivent enfin l'ordre de faire mouvement, et alors que le premier état d'alerte a été donné six heures plus tôt au Iᵉʳ de ces bataillons. Et ils se trouvent encore dans la région de Falaise, à une cinquantaine de kilomètres de la côte !

Mais d'autres éléments de la *21. Panzer-Division* vont être engagés contre les Alliés. Depuis plusieurs heures, des éléments du Régiment 125 du *Major* von Luck sont engagés contre les hommes de la *6th Airborne Division* (5). Des éléments du IIᵉ Bataillon du *Pz.Gren.-Rgt. 192* sont engagés face au secteur de *Sword Beach*. Deux compagnies, la *7./192* et la *8.(schw.)/192* reçoivent l'ordre, à **9 h 16**, d'établir une ligne de défense entre Périers-sur-le-Dan et Saint-Aubin-d'Arquenay. Par ailleurs, la *Panzerjäger-Abteilung 200*, qui se trouvait de part et d'autre de la RN 13 entre Caen et Bayeux (voir pages 58 et 59), reçoit à **8 h 05** l'ordre de se rassembler dans les secteurs de Martragny, de Vendes et de Basly et ces chasseurs de chars (*Panzerjäger*) affronteront des blindés adverses (canadiens) dans la vallée de la Seulles, vers 11 heures, trop tard pour aider le *II./726* qui a été submergé. Ces pièces antichars, mal orientées, manqueront dans la région de Périers-sur-le-Dan, face à la poussée britannique dirigée vers Caen.

(1) Voir à ce sujet *Diables Rouges en Normandie* par G. Bernage, Editions Heimdal.

(2) L'un d'eux, récupéré après la guerre, a été installé à Bénouville près de l'entrée de *Pegasus Bridge*.

(3) Voir à ce sujet *Diables Rouges en Normandie* par G. Bernage, Editions Heimdal.

(4) Voir *Diables Rouges en Normandie*, de G. Bernage, Heimdal, p. 120.

(5) Et non les pièces de la *Flak-Abteilung 305* comme l'écrit J. Tanter dans *Caen, une ville trop loin*, Corlet, p. 128. Cette unité est restée à proximité à Caen et principalement à l'ouest de cette ville. Voir à ce sujet *21. Panzer-Division* de J.C. Perrigault, Heimdal, p. 251.

officer in charge of operations, Oberstleutnant von Berlichingen. At this grave hour, there was no-one in charge of the division! And the reasons for this absence are completely incredible. General Feuchtinger had a Bohemian lifestyle and was not held in high personal esteem by the general officers who knew him. He had a «live and let live» outlook on life. His relations with high-ranking Nazi Party officials had protected him and had surely helped him to win promotion. But in June 1944, his private life was, to say the least, very unusual for a general commanding a panzer division. At the time, he was in the middle of a love affair with the «Black Actress», who was familiar to all the soldiers in the division, and with whom he was spending the night of 5 to 6 June 1944 in Paris. Late in 1944, a military court looked into this conspicuous absence on that crucial night. The investigation established that Feuchtinger had been passing on Wehrmacht issue to his mistress. On 24 December 1944, Ob West went to pick up the General at his apartment, at Celle in Germany, where they found an amazing stash of food and drink... After winning the Ritterkreuz in August 1944, Feuchtinger was arrested, imprisoned at Torgau, sentenced to death in January 1945, reprieved and then demoted to the rank of gunner and assigned to 20.Panzergrenadier-Division on the Eastern front. However he was taken prisoner by the British at Celle before he left for his new assignment; he was released in 1945. Thus, quite by chance, this black actress had contributed to the Allied success in the Sword Beach sector ...

While Feuchtinger was at divisional HQ in Paris, at around two a.m., Hauptmann Wagemann, on detachment with the division on a staff officer training course, tried to deputize for his absent «Ia»; by this time he was convinced that the Invasion was under way, and so put the division on level II alert (Alarmstufe II), ordering his motorized units to be ready to move in an hour and a half. He managed to get in touch with Generalmajor Feuchtinger who announced his «immediate» return. Then Generalleutnant Speidel, chief of staff of Heeresgruppe B telephoned the division's HQ and was furious to be told that Feuchtinger was away; the only staff officers present on the spot were new arrivals in the division and were soon out of their depth, not having had time to learn the ropes. Another absentee was the commander of Heeresgruppe B, Field-Marshal Rommel, on home leave to Germany.

However, at around two a.m., Generalmajor Feuchtinger called the head of his tank regiment, Oberst von Oppeln-Bronikowski, with orders to take up action stations. So the panzer crews filled up their tanks and by **03.30** stood with their engines idling, ready to join battle. But, apart from some at times confused information on parachute drops, so far no landings had been reported. Generalleutnant Hans Speidel Will wrote: «You just had to steel your nerves and wait.» But already at 03.09 (German and French time, 02.09 British time), the first Allied ships were spotted. At **04.10**, Panzergruppe West was placed on Alarmstufe II. However, east of the Orne, certain companies in Major von Luck's regiment, Pz.Gren.-Regt. 125, were already engaging the paratroops.

At **05.20**, Generalmajor Feuchtinger finally arrived at his HQ at Saint-Pierre-sur-Dives. At **07.00 hours**, 21.Panzer-Division came under the command of LXXXIV.AK and its commander, General der Artillerie Marcks, who ordered the division to move northwards to counter-attack the «airborne bridgehead» east of the Orne. Then, at **08.00 hours**, with British troops already fighting on Sword Beach, the two tank battalions of Panzer-Regiment 22 finally received their marching orders, by which time six hours had elapsed since the alert had first been given to the first of those battalions. And they were still in the Falaise area, some fifty kilometres off the coast!

But other elements of 21.Panzer-Division would be engaged against the Allies. For several hours, elements of Major von Luck's Regiment 125 had been committed against the men of 6th Airborne Division (5). Elements of Pz.Gren.-Rgt. 192 II Battalion were engaged behind the Sword Beach sector. Two companies - 7./192 and 8.(schw.)/192 - were ordered at **09.16** to set up a line of defense from Périers-sur-le-Dan to Saint-Aubin-d'Arquenay. Also, Panzerjäger-Abteilung 200, which straddled the N 13 highway between Caen and Bayeux (see pages 58 and 59), was ordered at **08.05** to muster in the Martragny, Vendes and Basly sectors, and these tank destroyers (Panzerjäger) faced enemy tanks (Canadian) in the Seulles valley, at about 11, too late to help II./726, who were overwhelmed. These badly directed antitank guns were sorely missed in the area around Périers-sur-le-Dan, against the British as they drove towards Caen.

(1) On this subject, see Red Devils in Normandy by G. Bernage, Editions Heimdal.

(2) One of them was recovered after the war and has been set in place at Bénouville near the entrance to Pegasus Bridge.

(3) On this subject, see Red Devils in Normandy by G. Bernage, Editions Heimdal.

(4) See Diables Rouges en Normandie, by G. Bernage, Heimdal, p. 120.

(5) And not the guns of Flak-Abteilung 305 as J. Tanter claims in Caen, une ville trop loin, Corlet, p. 128. That unit stayed close to Caen and to the west of the city. On this subject, see 21. Panzer-Division by J.C. Perrigault, Heimdal, p. 251.

Le colonel Herman von Oppeln-Bronikowski qui commande le *Panzer-Regiment 22* recevra l'ordre tardif de contre-attaquer. (Coll. K. Schuch.)

Colonel Herman von Oppeln-Bronikowski was commander of Panzer-Regiment 22 which received belated orders to counter-attack. (Coll. K. Schuch.)

7th Brigade

8th Brigade

9th Brigade

2nd Armoured Brigade

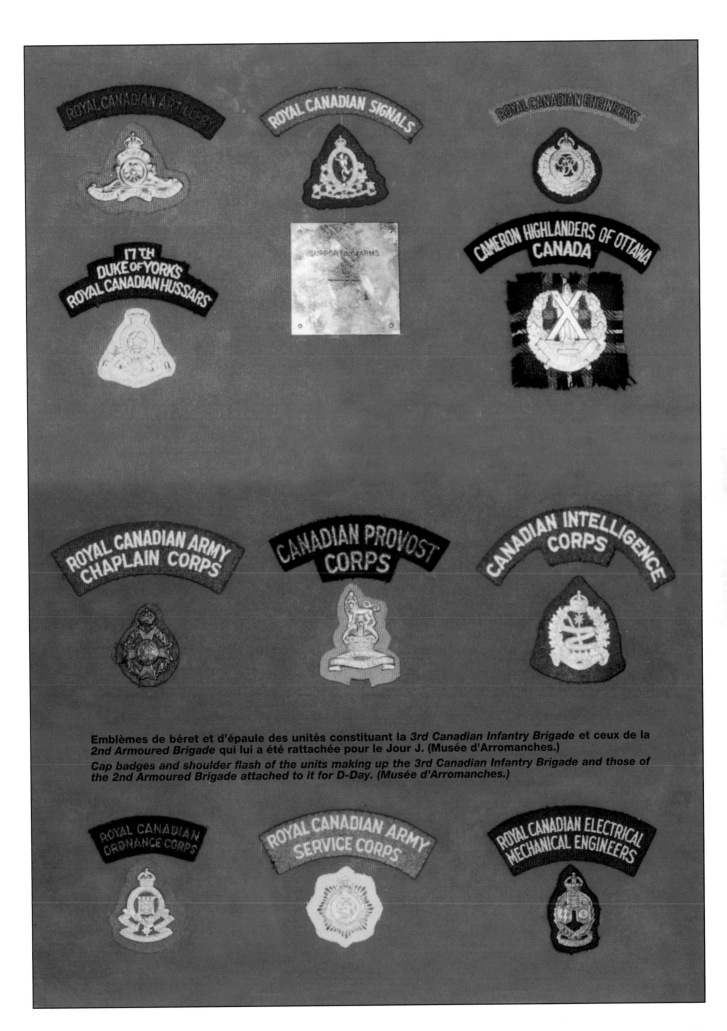

Emblèmes de béret et d'épaule des unités constituant la *3rd Canadian Infantry Brigade* et ceux de la *2nd Armoured Brigade* qui lui a été rattachée pour le Jour J. (Musée d'Arromanches.)

Cap badges and shoulder flash of the units making up the 3rd Canadian Infantry Brigade and those of the 2nd Armoured Brigade attached to it for D-Day. (Musée d'Arromanches.)

1 et photo de fond. Les LCIs transportant le *48 RM Commando* sont en vue de la plage de Saint-Aubin vers 8 h 10 le 6 juin. On aperçoit à droite le clocher de l'église de Bernières sur la photo de fond en bas de page. (APC.)

2. Affiche canadienne destinée à stimuler le sentiment patriotique après le débarquement à Dieppe. (Heimdal.)

3. Des soldats du Régiment de la Chaudière s'entassent dans une péniche avant l'assaut. (APC.)

Le 6 juin 1944, la 3ᵉ Division d'Infanterie canadienne doit débarquer sur un vaste secteur de plages : *Juno Beach*. La 7ᵉ Brigade débarquera à l'ouest, à Graye et Courseulles et la 8ᵉ Brigade à l'est à Bernières et Saint-Aubin.

A l'est du secteur de *Juno Beach*, la 8ᵉ brigade, commandée par le *Brigadier* K.G. Blackader, attaquera suivant deux axes. Le *Régiment de la Chaudière* et le *Queen's Own Rifle* débarqueront à Bernières-sur-mer *(Nan White)*. Tout à fait à l'est, le *North Shore Regiment* débarquera à Saint-Aubin-sur-mer *(Nan Red)* avec l'appui des chars amphibies du *Fort Garry Horse* (10ᵉ régiment blindé canadien).

Nan Red : Saint-Aubin

Le **North Shore (New Brunswick) Regiment** est commandé par le lieutenant-colonel D.B. Buell. Il a pour mission de débarquer à 7 h 55 devant Saint-Aubin ouest, nettoyer les défenses de plage (dont un solide nid de résistance), occuper la localité et y former l'aile orientale de la division canadienne. Ce régiment sera accompagné du *N° 48 RM Commando* (britannique) qui obliquera derrière les Canadiens en direction de l'est, depuis les positions prises par le *North Shore*, pour attaquer Langrune-sur-mer. Quant au *North Shore*, il filera ensuite plein sud sur Tailleville et la station radar de Basly-Douvres, objectif ultime du Jour-J.

Les compagnies A et B de ce régiment débarqueront en première vague suivies des compagnies C et D en deuxième vague. La compagnie A, commandée par le *Major* McNaughton, débarquera sur la droite (à l'ouest). La compagnie B, commandée par le *Major* Bob Forbes avec le capitaine Bill Harvey (commandant en second), débarquera sur la gauche (à l'est), avec ses trois sections :

- Le *Platoon n° 4*, commandé par le lieutenant C.F. Richardson ; - le *Platoon n° 5*, commandé par le lieutenant Gerry V. Moran ; - le *Platoon n° 6*, commandé par le lieutenant McCann.

Les officiers canadiens sont informés sur leur objectif. Ils connaissent l'existence du « point fort » de Saint-Aubin (WN 27) et les services de renseignement leur ont signalé que la garnison adverse est estimée à quarante hommes de chaque rang, consistant principalement d'hommes venant du front de l'Est et de quelques Russes et Polonais, troupes qualifiées de mauvaise qualité avec un moral bas. La population de la localité de Saint-Aubin est qualifiée de paisible, évaluée à 3 000 habitants mais dont la majorité aurait été évacuée laissant seulement « les personnes âgées et les sympathisants des Allemands ». Ce dernier point est faux, les Alliés ont beaucoup surestimé l'importance des collaborateurs actifs ce qui entraîna de leur part souvent une méfiance exagérée envers la population civile dans les premières heures suivant le débarquement. Il est vrai que la population était, dans ces secteurs, très souvent attentiste et que les résistants étaient minoritaires. Mais des cas de soutien des Allemands dans la zone des combats ne sont pas connus.

Suite page 164

1

6 June, 1944, the Canadian 3rd Infantry Division was to land along a vast sector of beaches codenamed Juno Beach. 7th Brigade was to come ashore in the west at Graye and Courseulles, and 8th Brigade in the east at Bernières and Saint-Aubin.

In the east of the Juno Beach sector, the 8th Brigade, commander Brigadier K.G. Blackader, was to attack along two lines. The Régiment de la Chaudière and the Queen's Own Rifles would land at Bernières-sur-Mer (Nan White). In the easternmost sector, the North Shore Regiment was to land at Saint-Aubin-sur-Mer (Nan Red) with support from the amphibious tanks of the Fort Garry Horse (Canadian 10th Armoured Regiment).

Nan Red: Saint-Aubin

North Shore (New Brunswick) Regiment was commanded by Lieutenant-Colonel D.B. Buell. It had been detailed to land at 07.55 at Saint-Aubin west, mop up the beach defenses (including a stout pocket of resistance), occupy the locality and form the Canadian division's eastern flank there. This regiment was to be accompanied by N° 48 RM Commando (British) which was to fork off eastwards behind the Canadians, from the positions taken by the North Shore Regt, in order to attack Langrune-sur-Mer. Meanwhile, the North Shores would head off due south towards Tailleville and the radar tracking station at Basly-Douvres, their final D-Day objective.

A and B Companies of this regiment were to land in the first wave, followed by C and D Companies in the second wave. A Company, under Major McNaughton, was to come ashore on the right (in the west). B Company, commanded by Major Bob Forbes with Captain Bill Harvey (second in command), would land on the left (in the east), with its three platoons:

Platoon n° 4, commander Lieutenant C.F. Richardson; - Platoon n° 5, commander Lieutenant Gerry V. Moran; - Platoon n° 6, commander Lieutenant McCann.

The Canadian officers were informed of the objective. They were aware of the existence of the «strongpoint» at Saint-Aubin (WN 27) and the intelligence services had reported to them that the enemy garrison was estimated to include forty men of all ranks, mostly men brought in from the eastern front, and a few Russians and Poles, poor quality troops with very low morale. The local people of Saint-Aubin were described as peaceful, some 3,000 souls, most of whom had been evacuated, leaving behind only the "old folk and German sympathizers". This last detail was incorrect and the Allies substantially overestimated the numbers of active collaborationists, which led them to be rather too mistrustful of the civilian population during the early hours of the landings. It is true however that many people in these sectors tended to wait and see, with only a minority of resistance workers. But there are no known cases of support for the Germans in the battle zone. The German positions were linked by a network of underground communications which remained almost intact after bombarding the positions. However, according to one Canadian veteran: «Maybe it was a good thing we didn't know, working on the basis that the enemy would be easily beaten, we came to the village with no preconceptions. The rest happened afterwards. Things didn't go according to plan».

To the right, at 08.00 hours Major McNaughton's A Company landed the amphibious tanks of the Fort Garry Horse against weak opposition. It reached its coastal objective in the west at 09.50 with only 8 killed and 25 wounded, and after losing three Sherman DD tanks which capsized before reaching the coast. On landing, the company came under machine-gun and mortar fire. Although booby-traps and mines caused a few casualties, the company's objectives were attained and, on the right, it was soon able to link up with the men of the Queen's Own Rifles who had landed at Bernières. Most of the casualties had been sustained coming across the beach as Lieutenant M.M. Keith brought his men up to the sea wall. An exploding mine killed Sergeant Hugh McCormick, Lance-Sergeant Pat Walsh and Corporal Albert Savoy. Then Lieutenant Keith set to work on the barbed wire and sent Private G. H. Elles off to fetch a Bangalore torpedo. On exploding, it set off another mine, killing Private Elles and seriously wounding Lieutenant Keith. The company also had to contend with gunfire from the houses.

See page 165

1 and background photo. LCIs carrying the 48 RM Commando came within sight of the beach at Saint-Aubin at around 08.10 on 6 June. The church steeple at Bernières can be seen on the right of the background photo at the foot of the page. (APC.)

2. Canadian poster designed to encourage patriotic feeling following the Dieppe landing. (Heimdal.)

3. Men of the Régiment de la Chaudière pile up in a landing craft ahead of the assault. (APC.)

MEN of VALOR
They fight for you

"When last seen he was collecting Bren and Tommy Guns and preparing a defensive position which successfully covered the withdrawal from the beach." *Escape from enemy country*
Victoria Cross to Lt-Col. Merritt, South Saskatchewan Regt, Dieppe, Aug. 19, 1942

1 et 2. Nan-Red - Saint-Aubin. Lorsque les *Royal Marines* débarquent à l'ouest de Saint-Aubin à 8 h 43, la marée a monté, deux LCI(S)s heurtent des mines placées sur des obstacles et coulent. Ils subissent aussi des tirs venant de la pièce de 50 mm qui n'est pas encore réduite au silence. (IWM.) Et aujourd'hui. (HDL.)

3. Cette photo est prise légèrement plus à l'ouest que la photo précédente : on remarquera les panneaux en toile et la fumée dans le fond.

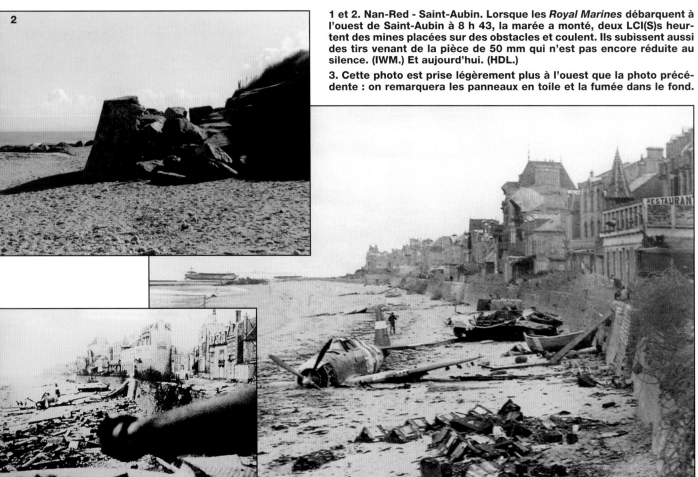

leave the defending Germans with firing embrasures. After the fighting, the beach is cluttered with various debris including the wreck of a Thunderbolt which crashed on it. (Coll. Heimdal.)

6. The place has remained as it was, with the 50 cm gun still in its bunker. (EG/HDL.)

3

Au premier plan, on aperçoit l'un des chars Centaur qui appuieront les *Royal Marines*. (IWM.)

4 et 5. Légèrement plus à l'est, nous sommes à Saint-Aubin et ces deux photos ont été prises depuis l'abri bétonné protégeant les pièces de 50 mm (dont on voit le tube sur l'un des deux clichés). Elle se trouve au centre du Wn 27 et contrôlait la plage. Les fenêtres des maisons bordant le front de mer avaient été en parties murées pour laisser des embrasures de tir aux défenseurs allemands. Après les combats, la plage est encombrée de débris divers et de l'épave d'un Thunderbolt qui a terminé là sa course. (Coll. Heimdal.)

6. Les lieux sont restés inchangés, le canon de 50 mm est resté sous son abri. (EG/HDL.)

1 and 2. Nan-Red - Saint-Aubin. By the time the Royal Marines came ashore at Saint-Aubin at 08.43, the tide had come in, two LCI(S)s hitting mines placed on beach obstacles and sinking. They also came under fire from the 50 mm gun which had not yet been silenced. (IWM.) And today. (HDL.)

3. This photograph was taken a little further west from the previous one: notice the voile panels and the smoke in the laniard. In the foreground can be seen one of the Centaur tanks lending support to the Royal Marines. (IWM.)

4 and 5. Slightly further east, we come to Saint-Aubin and these two photos were taken from the concrete bunker housing the 50 mm guns (the muzzle can be seen on one of the pictures). It was in the middle of Wn 27 and covered the beach. The windows on the houses along the sea front have been partly walled up to

6

1

3

1. et 2. Cette pièce de 50 mm située au cœur du Wn 27 va causer des pertes au *North Shores* qui devront progresser depuis l'intérieur de la localité de Saint-Aubin pour la réduire au silence. (EG/Heimdal.)

3. Cette photo (et la photo « 5 ») a été prise par le lieutenant Peter Handford débarqué avec les *Royal Marines* alors que le canon de 50 mm n'était pas encore réduit au silence. Ainsi, il a pu suivre l'attaque des *North Shores* de la *B Company* du capitaine Harvey dans la rue Canet qui est fermée par un barrage constitué de troncs d'arbres bloqués par des rails de chemin de fer dressés. Un mortier de 2 pouces n'en vient pas au bout. Un char AVRE du *26th Squadron RE* envoie alors cinquante charges de 35 kilos d'explosifs qui arrachent finalement les troncs d'arbres. Deux chars Sherman du *Fort Garry Horse* arrivent alors pour contrôler la rue avec leurs canons, on aperçoit l'un d'eux à gauche et le barrage détruit dans le fond. (IWM.)

4. Le grand mur à droite est toujours là. (HDL.)

2

6

5. Le lieutenant Handford est maintenant devant le barrage détruit. On aperçoit le toit de l'abri en béton dans le fond. (IWM.)

6. Les lieux ont changé, les maisons démolies par les explosions en 1944 ont disparu. (HDL.)

7. Un peu plus loin sur la droite. (HDL.)

5

6

7

1. and 2. This 50 mm gun in the middle of Wn 27 took its toll on the North Shores, who had to advance from inside Saint-Aubin to silence it. (EG/Heimdal.)

3. This photo (and photo « 5 ») was taken by Lieutenant Peter Handford who came ashore with the Royal Marines at a time when the 50 mm gun had not yet been silenced. In this way he was able to follow the North Shores of Captain Harvey's B Company as they attacked in the Rue Canet where there was a road-block of tree trunks held in place with vertical lengths of railway line. A two-inch mortar failed to remove it. An AVRE tank of 26th Squadron RE then fired fifty charges of 35 kilos of explosives which finally pulled the tree trunks away. Two Fort Garry Horse Sherman tanks then arrived on the scene to hold the street with their guns, one of which can be seen on the left, with the demolished road-block in the background. (IWM.)

4. The big wall on the right is still standing. (HDL.)

5. Lieutenant Handford is now standing in front of the destroyed road-block. The roof of the concrete bunker can be seen in the background. (IWM.)

6. The place has changed, the houses demolished in the explosions of 1944 have disappeared. (HDL.)

7. A little further on, to the right. (HDL.)

162

1 et 2. Le *48 RM Commando* débarque à 8 h 43 tout à fait l'est de *Nan Red*, à la limite d'*Oboe Beach* et des abords de Saint-Aubin, sous la menace du canon de 50 mm qui y est installé. Le débarquement se fait à marée haute, sur les obstacles. L'unité va subir aujourd'hui 50 % de pertes, les trois quarts d'entre elles ont lieu sur la plage. Nous voyons ici le débarquement du QG de la *4th S.S. Brigade* qui a lieu à 9 heures. Les rampes sont raides et suivent le mouvement des vagues, certains *Royal Marines* lourdement chargés glissent. (IWM.)

3. Les *Royal Marines* se dirigent maintenant vers Langrune avec des bicyclettes et tirant des remorques lourdement chargées. Mais ils sont pris sous des tirs de mortiers et doivent se mettre à couvert. (IWM.)

4. Un peu plus loin, devant Langrune, des civils donnent des

informations au capitaine Wilmot, l'un des *Intelligence Officers* de la *4th Special Service Brigade*. L'unité a pour mission de prendre Langrune et de progresser ensuite vers l'est, jusqu'au Petit Enfer (Luc-sur-mer) pour faire sa jonction avec le *41 RM Commando*. Mais les deux unités resteront bloquées devant leurs objectifs respectifs. (IWM.)

1 and 2. The 48 RM Commando landed at 08.43 on the eastern edge of Nan Red, on the boundary with Oboe Beach and the approaches to Saint-Aubin, under threat from the 50 mm gun positioned there. The landing took place at high tide over the beach obstacles. The unit's losses for the day totalled 50 %, three quarters of them on the beach. Here we see the 4th S.S. Brigade's HQ landing at 09.00 hours. The ramps are stiff and move up and down with the waves, causing some of the heavily burdened Royal Marines to slip. (IWM.)

3. The Royal Marines now head off towards Langrune with bicycles and towing heavily loaded trailers. However they came under mortar fire and had to take cover. (IWM.)

4. A little further on, before Langrune, civilians pass on information to Captain Wilmot, a 4th Special Service Brigade Intelligence Officer. This unit was detailed to take Langrune and then to head off east to Petit Enfer (Luc-sur-Mer) to link up with the 41 RM Commando. But both units were held up in front of their respective objectives. (IWM.)

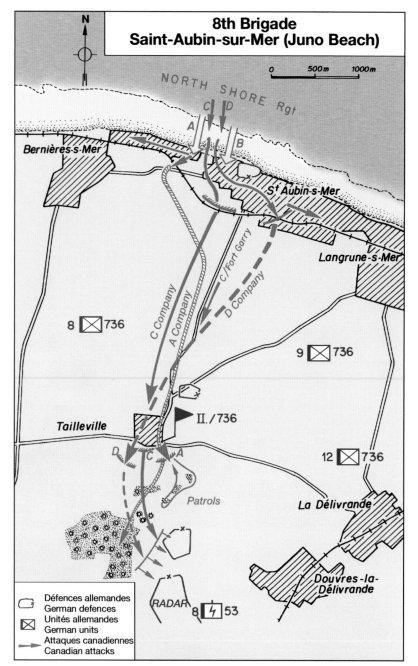

8th Brigade
Saint-Aubin-sur-Mer (Juno Beach)

Défences allemandes
German defences
Unités allemandes
German units
Attaques canadiennes
Canadian attacks

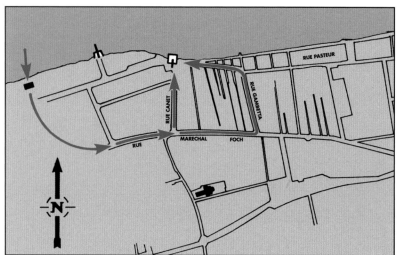

Plan montrant la progression des *North Shores* depuis la plage, à l'ouest de Saint-Aubin jusqu'à la petite casemate abritant une pièce de 50 mm neutralisée depuis le centre de la localité, principalement la rue Canet. (Heimdal.)

Map showing the North Shores's advance off the beach, west of Saint-Aubin, up to the pillbox housing a 50 mm gun neutralized from the town center, mostly the Rue Canet. (Heimdal.)

Mais les positions allemandes étaient reliées par un système de communication souterrain et le bombardement des positions les laissera presqu'intactes. Cependant, selon le témoignage d'un vétéran canadien : « *Peut être était-ce bien que nous n'en ayions rien su, travaillant avec l'idée que nous avions un adversaire facile à vaincre, nous sommes arrivés au village sans idées préconçues. Le reste est arrivé après. Les événements ne se sont pas passés comme prévu* ».

A droite, la **Compagnie A** du *Major* McNaughton débarque à **8 heures**, avec les chars amphibies du *Fort Garry Horse* face à une faible opposition. Elle atteindra son objectif côtier à l'ouest à **9 h 50** avec seulement 8 tués et 25 blessés et ayant perdu trois Sherman DD qui ont coulé avant d'arriver à la plage. En débarquant, la compagnie a été prise sous le feu des mitrailleuses et des mortiers. Les pièges et les mines causent quelques pertes mais les objectifs ont pu être atteints et, sur la droite, la liaison pourra être rapidement établie avec les hommes du *Queen's Own Rifle* débarqués à Bernières. Les principales pertes ont eu lieu en traversant la plage lorsque le lieutenant M.M. Keith a fait progresser ses hommes jusqu'à la digue. Une mine a explosé en tuant le sergent Hugh McCormick, le *Lance-Sergeant* Pat Walsh et le caporal Albert Savoy. Le lieutenant Keith s'est alors attaqué au réseau de barbelés et a demandé au soldat G. H. Elles d'aller chercher une torpille bangalore. L'explosion de celle-ci entraîne alors celle d'une autre mine qui a tué le soldat Elles et a gravement blessé le lieutenant Keith. Il a fallu aussi affronter les tirs provenant des maisons.

La **Compagnie B,** commandée par le *Major* Bob Forbes, va subir des pertes plus lourdes face au « point fort » et à la puissance de feu concentrique des armes légères, mortiers et canons disposés par les Allemands. A H-30, les obusiers de 105 mm tirent depuis leurs LCT's sur leurs positions allemandes mais l'effet de ces tirs sera insignifiant sur les positions bétonnées. L'infanterie débarque à **8 heures**. Les trois sections *(platoons)* sont alors engagées. Le *Platoon n° 4*, commandé par le lieutenant C.F. Richardson, court mécaniquement vers la digue dès que les rampes s'abattent, au pas de course et sans perdre un seul homme. Mais, là, ils sont coincés, sans pouvoir avancer, par les tirs des mitrailleuses et des mortiers. Les chars DD du *Fort Garry Horse* n'arriveront que vers 10 heures. Le *Platoon n° 5*, commandé par le lieutenant Gerry V. Moran, traverse aussi les 900 mètres de plage au pas de course pour atteindre la digue où cette section se trouve aussi bloquée. Là le lieutenant Moran, habillé comme la troupe, sans signes distinctifs et armé d'un fusil, comme tous les officiers, pour échapper aux tirs des snipers, veut relancer l'attaque. Leur situation est d'autant plus inconfortable que cette section se trouve complètement à gauche, sans autre élément allié sur son flanc et sous des tirs d'enfilade. Le lieutenant Moran appelle alors ses hommes à haute voix et fait de grands gestes, ce qui n'échappe pas à un sniper allemand : une balle lui traverse le bras puis le dos. Il s'écroule gravement blessé. C'est le premier officier blessé de la compagnie. Le commandant en second de la compagnie B, le capitaine Bill Harvey, voit les hommes tomber autour de lui, puis le lieutenant Moran. Il distingue des obus de mortier partant d'un bunker avant d'exploser sur la plage. Par ailleurs, un canon (probablement la pièce de 50 mm de la casemate que nous voyons sur les photos et qui est actuellement encore en place, et non un 75 mm) balaie la plage alors que les Canadiens n'ont que des armes légères. C'est le *Platoon n° 6*, commandé par le lieutenant McCann qui va pouvoir relancer l'attaque.

B Company, commanded by Major Bob Forbes, sustained heavier losses against the strongpoint and the combined firepower of the light guns, mortar and field guns deployed by the Germans. At H-30, the 105 mm howitzers fired on the German positions from their LCTs but they made little or no impact on the concrete bunkers. The infantry came ashore at 08.00 hours. Then the three platoons were engaged. Platoon n° 4, commanded by Lieutenant C.F. Richardson, raced mechanically up to the sea wall as soon as the ramps went down, without losing a single man. But once there, they were unable to move forward, pinned down by machine-gun and mortar fire. The Fort Garry Horse's DD tanks arrived at around 10.00. They arrived not a moment too soon, as enemy fire had taken a toll of seven killed or wounded. Platoon n° 5, commanded by Lieutenant Gerry V. Moran, also sprinted across the 900 meters of beach to the sea wall, where the platoon was also pinned down. Here Lieutenant Moran, dressed like one of the men, with no distinctive marks and, like all the officers, carrying a rifle to evade sniper fire, attempted to renew the attack. The platoon's predicament was all the more difficult as it was on the far left, flanked by no other Allied element, and it came under enfilading fire. So Lieutenant Moran called out to his men, waving his arms at them, and drawing German sniper fire in the process; he was hit in the arm then in the back and fell, seriously wounded. He was the first officer in the company to be wounded. B Company's second-in-command, Captain Bill Harvey, saw men falling all around him, then Lieutenant Moran. He spotted mortar shells coming from a bunker and exploding on the beach. Also there was a gun (not a 75 mm gun, but probably the 50 mm gun in the casemate we can see in the photos and which is still in place today) sweeping across the beach, as the Canadians only had light weapons. It was Platoon n° 6, commanded by Lieutenant McCann, which managed to get the attack going again. At around 10.00 hours, the Fort Garry Horse's DD tanks finally came ashore; a message was dispatched to Major Forbes to inform him of their arrival. He also learned how his men were being held back by mortar shells and machine-gun fire. Just in time, for Company B had already sustained heavy casualties, with seventeen killed or wounded. The Sherman tanks' 75 mm guns proceeded to blast through the wire entanglement.

Captain Bill Harvey, B Company's second-in-command, was also counting his losses. His wireless was out of action; Lieutenant Richardson's Platoon n° 4, out in the open, had lost one of its battlegroups; two machine-gun teams had been lost. And, despite his losses and no radio link, tracked vehicles were now bringing 6-pounder antitank guns onto the beach. Captain Harvey then came to a street lying perpendicular to the coast road and spotted a gun (which he described as a 75 mm, but was actually a 50 mm gun) enfilading the beach, seeking out targets. But the Rue Canet, where he stood, was blocked by a barricade of logs jammed in place with vertical rails. Captain Harvey thought he could silence the enemy gun with a two-inch (50 mm) mortar supplied by A Company; twelve HE mortar shells were fired. But the road block was still in place and protecting a swarm of snipers. He called upon an AVRE tank of 26th Squadron, Royal Engineers armed with its powerful petard. It took fifty 35 kilo charges of explosives to remove this barrage. Then two Fort Garry Horse Shermans were brought in as reinforcements to hold this street with their guns. And as they advanced seawards, two B Company platoons forked westward after clearing this strongpoint, which was a veritable maze of trenches, and entrenchments both underground and above ground. It took Lieutenant

1. Jean Hervé et André James, présents à Saint-Aubin en 1944, montrent la plaque « N 814 » encore en place.

2. Monument commémoratif sur le front de mer.

3. Vestiges des obstacles sur la plage. (EG/Heimdal.)

McCann's Platoon n° 6 two hours to mop up. White flags were waved, but when the Canadians approached, the Germans started firing again; this time no quarter was given when the fighting resumed. In the end, fifty German soldiers were killed or wounded, and 79 prisoners taken, including four officers. But another 24 hours were needed to clear the entire locality. B Company then headed off towards its next objective, Tailleville; the time was 14.30 hours. Lieutenant-Colonel Buell's strong tactical column advanced on that village with the North Shore's A, C and D Companies, the Fort Garry Horse tanks, 6-pound guns towed by Bren Carriers and with the platoon's full complement of three-inch mortars. The Camerons brought up the rear with their machine-guns in position around Saint-Aubin narrow gauge railway station for the line linking the seaside resorts.

D Company then cleared the southern sector of the village of Saint-Aubin while C Company forged ahead, encountering no opposition until two miles (3.5 km) further on, at **Tailleville**. But as we saw on page 6,

1. Jean Hervé and André James, present at Saint-Aubin in 1944, showing the « N 814 » plate which is still in place.

2. Commemorative monument on the sea front.

3. Remnants of beach obstacles. (EG/Heimdal.)

Vers **10 heures**, des chars DD du *Fort Garry Horse* débarquent enfin ; un message est envoyé au *Major* Forbes pour le prévenir de leur arrivée. Il apprend aussi que ses hommes sont bloqués par les obus de mortier et les tirs de mitrailleuses. Il était temps, la compagnie B a déjà subi de lourdes pertes, dix-sept tués et blessés. Les canons de 75 mm des chars Sherman vont alors faire exploser les réseaux de barbelés.

Le capitaine Bill Harvey, commandant en second de la Compagnie B, compte aussi ses pertes. Son poste de radio est inutilisable ; le *Platoon n° 4* du lieutenant Richardson, placé à découvert, a perdu l'un de ses groupes de combat ; deux équipes de fusils-mitrailleurs ont été perdues. Et, malgré ses pertes et son manque de liaison radio, des chenillettes amèneront maintenant sur la plage des canons antichars de 6 livres.

Le capitaine Harvey rejoint ensuite une rue perpendiculaire à la route côtière et aperçoit une pièce (qu'il qualifie de 75 mm, en fait un 50 mm) qui prend la plage en enfilade, cherchant des objectifs. Mais la rue Canet, où il se trouve, est bloquée par une barricade de rondins coincés par des rails dressés. Le capitaine Harvey pense pouvoir neutraliser la pièce adverse avec un mortier de 2 pouces (50 mm) fourni par la compagnie A ; douze obus HE de mortier sont expédiés. Mais le barrage bloque toujours la rue et protège un essaim de *snipers*. Il fait appel à un char AVRE du *26th Squadron Royal Engineers* armé de son puissant pétard. Il ne faut pas moins de cinquante charges de 35 kilos d'explosifs pour venir à bout de ce barrage. Puis deux chars Sherman du *Fort Garry Horse* viennent en renfort pour contrôler cette rue avec leurs canons. Et, en progressant vers la mer, deux sections de la compagnie B vont obliquer vers l'ouest de ce point fort qu'elles vont nettoyer, c'est un véritable labyrinthe de tranchées, souterrains et retranchements. Il faut deux heures au *Platoon n° 6* du lieutenant McCann pour venir à bout de ces retranchements. Des drapeaux blancs sont agités mais, quand les Canadiens approchent, les Allemands reprennent leurs tirs ; il n'y aura pas de quartier lors de la reprise des combats. Finalement cinquante soldats allemands sont tués et blessés, 79 prisonniers, dont quatre officiers, sont capturés. Mais il faudra encore 24 heures pour nettoyer toute la localité.

La compagnie C se dirige alors sur Tailleville, son prochain objectif ; il est **14 h 30.** La forte colonne tactique du lieutenant-colonel Buell va avancer sur ce village avec les compagnies A, C et D du *North Shore*, les chars du *Fort Garry Horse*, des canons de 6 livres tirés par des Bren Carriers et la section de mortiers de trois pouces au complet. En arrière, les *Camerons* restent avec leurs mitrailleuses en position autour de la gare de Saint-Aubin pour le chemin de fer à voie étroite qui dessert les stations balnéaires.

La *D Company* nettoie alors le secteur sud du village de Saint-Aubin tandis que le *C Company* poursuit son chemin sans rencontrer d'opposition jusqu'à Tailleville, à deux *miles* (3,5 km) de là. Mais, ainsi que nous l'avons vu à la page 6, ce village est précédé au nord par le parc du château où s'est installé un PC allemand de bataillon (le *II./736*). Les murs de pierre entourant le parc ont été renforcés par de petites positions en béton, des embrasures, des observatoires, ils constituent une véritable petite forteresse qui est attaquée à **18 heures** par la *C Company* appuyée par treize chars du *C Squadron* du *Fort Garry Horse* dont les mitrailleuses de bord viendront à bout du moral des défenseurs allemands, une cinquantaine de prisonniers est alors rassemblée mais certains soldats, bien embusqués, continuent à résister et devront être mis hors de combat

en utilisant des lance-flammes Buoys. Cette ultime résistance cessera à la tombée de la nuit et la seconde mission des *North Shores* - prendre la station radar de Douvres - sera un échec. Seules quelques patrouilles approcheront en fin de journée et cette station tiendra solidement pendant onze jours face aux assauts alliés.

Les Royal Marines

Le *48th Royal Marine Commando*, commandé par le lieutenant-colonel J.L. Moulton, devait débarquer derrière les *North Shores* puis obliquer vers l'est, prendre Langrune défendu par le WN 26 et, continuer vers l'est en direction de Luc pour établir la jonction avec le *41st Royal Marine Commando* engagé sur Lion. Mais le *48 RM Commando* souffre de plusieurs handicaps. C'est une unité récemment formée et qui n'a pas l'expérience du feu. Par ailleurs, elle ne dispose que d'armes légères. Les seuls chars disponibles dans le secteur *Nan Red* sont ceux du *C Squadron* du *Fort Garry Horse* (qui seront dirigés sur Tailleville), des *Funnies* du *B Squadron* du *22nd Dragoons*, des AVREs du *80th Assault Squadron* et de six chars Centaur du *2nd Armoured (Royal Marine) Support Regiment*. Seuls deux de ces chars Centaur appuieront les *Royal Marines* dans leur progression sur Langrune.

Le *48 RM Commando* est transporté sur six LCI(S)s partis de la rivière Hamble. Ils sont en face de *Nan Red* à **8 h 43** et deux d'entre eux heurtent alors des mines et coulent en emmenant sous les flots de nombreux commandos lourdement chargés, qui se noient. Le LCI transportant le lieutenant-colonel Moulton heurte un obstacle et le *Captain* Flunder, se trouvant à bord, est jeté à la mer alors qu'il se prépare à mener ses hommes sur les rampes de ce LCI. La péniche transportant la *Troop Y* est bloquée à 135 mètres du rivage. Les commandos de la *Troop Z* débarquent les *Royal Marines* qui subissent les tirs de la pièce de 50 mm située sous la petite casemate du bout de la rue Canet. Les tirs d'armes légères vont les clouer au pied du mur de la digue. Quand la station s'améliore, les *Royal Marines* progressent sur la route côtière en direction de Langrune. Là, ils subissent des tirs de mortiers et doivent se mettre à couvert, puis ils reprennent leur progression et arrivent devant le WN 26, retranchement établi à Langrune. La *Troop B* va s'y attaquer avec l'appui de deux chars Centaur.

Cette position va être dure à réduire. Le premier des deux chars Centaur saute sur une mine, le second ne peut pas grand chose avec son canon contre les abris en béton ; il faudrait un char AVRE avec ses redoutables *petards*. Les *Royal Marines* ne pourront prendre le WN 26 aujourd'hui. Ils auront eu 50 % de pertes pour un maigre bilan. Face à la brèche encore ouverte entre les secteurs de *Juno Beach* et de *Sword Beach*, le sous-secteur de *Nan Red* aura connu la progression la plus limitée pour le secteur *Juno* ce 6 juin.

Nan White : Bernières

Le **Queen's Own Rifles of Canada** (commandé par le lieutenant-colonel Spragge) débarquera sur *Nan White*, face au village de Bernières-sur-mer défendu par le WN 28, puissante position protégée sur ses arrières par un fossé antichar. Le *Queen's Own* est l'un des trois bataillons de la *8th Brigade*. Il sera suivi par le bataillon de réserve *(Follow-up Battalion)* de la brigade, le *Régiment de la Chaudière*. Dans leur

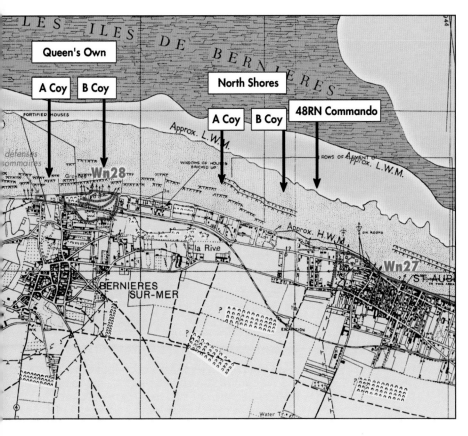

Queen's Own

A Coy   B Coy

North Shores

A Coy   B Coy   48RN Commando

Wn28

la Rive

BERNIERES
SUR-MER

Wn27

ST-AUB

**Devant la plage de Bernières, des soldats cana-
diens du Régiment de la Chaudière débarquent
d'un LCA. (APC.)**

*At Bernières beach, Canadian soldiers of the
Régiment de la Chaudière disembark from an
LCA. (APC.)*

before they got to that village, they came to the
grounds of the château where a German battalion
(II./736) had set up its HQ. The stone enclosure walls
had been reinforced with small concrete positions,
embrasures and lookout posts, forming quite a little
fortress; this was attacked at 18.00 hours by C Company with thirteen Fort Garry Horse C Squadron tanks
in support, whose on-board machine-guns broke the
morale of the defending Germans. Some fifty prisoners were taken, but a few well concealed men continued to hold out until they were put out of action
using Buoys flame-throwers. This last-ditch resistance lasted until nightfall, and the North Shores' second assignment – to take the Douvres radar station
– came to nothing. Just a few patrols approached
late in the day and the station held out stoutly against
the Allied assaults for eleven days.

The Royal Marines

The 48th Royal Marine Commando commander, Lieutenant-Colonel J.L. Moulton, was to come in behind
the North Shores then fork off to the east to take Langrune, defended by Wn 26, and then carry on eastwards to Luc in order to link up with the 41st Royal
Marine Commando committed at Lion. But 48th RM
Commando suffered from several handicaps. It was
a recently formed unit with no battle experience. Also,
it only had light weapons. The only tanks available in
the Nan Red sector were those of Fort Garry Horse
C Squadron (sent to Tailleville), the Funnies of 22nd
Dragoons B Squadron, the AVREs of 80th Assault
Squadron, and six Centaur tanks of 2nd Armoured
(Royal Marine) Support Regiment. Only two of these
Centaur tanks lent their support to the Royal Marines
as they advanced on Langrune.

48 RM Commando left the River Hamble and came
across on six LCI(S)s. They were off Nan Red at **08.43**
when two of them ran into mines and sank taking with
them many heavily laden commandos, who drow-

ned. The LCI carrying Lieutenant-Colonel Moulton
came against a beach obstacle and Captain Flunder
was thrown overboard into the sea as he was getting
ready to lead his men out down the LCI's ramp. The
landing craft bringing in Troop Y was blocked 135
meters off shore. Troop Z commandos landed the
Royal Marines who came under fire from the 50 mm
gun located in the small casemate at the end of the
Rue Canet. They were pinned down by small arms
fire at the foot of the sea wall. When the position
improved, the Royal Marines moved away onto the
coast road towards Langrune. There they came under
mortar fire and had to take cover, before resuming
their advance and arriving in front of Wn 26, a
retrenchment at Langrune. This was to be tackled by
Troop B, with two Centaur tanks in support.

This position proved hard to neutralize. The first of the
two Centaur tanks hit a mine, the second was more
or less powerless with its gun against the concrete
bunkers; what was called for was the formidable
petards of an AVRE tank. The Royal Marines would
have to wait another day to take Wn 26. They regis-
tered 50% casualties with little to show for it. Facing
the still open breach between the Juno Beach and
Sword Beach sectors, of the entire Juno sector on
this 6 June, the Nan Red sub-sector was where progress was slowest.

Nan White: Bernières

The Queen's Own Rifles of Canada (commanded
by Lieutenant-Colonel Spragge) were to land at Nan
White, opposite the village of Bernières-sur-Mer
defended by Wn 28, a powerful strongpoint protected by an anti-tank ditch to the rear. The Queen's Own
was one of the 8th Brigade's three battalions. It was
to be followed by the brigade's follow-up battalion,
the Régiment de la Chaudière. Supporting the
Queen's Own's attack came the DD tanks of the Fort
Garry Horse's C Squadron (under Major Bray).

Ci-contre : Marcel Ouimet, journaliste de *Radio Canada*, suit les opérations de débarquement sur Nan White et réalisera des émissions depuis Bernières mais les moyens de transmissions sont rudimentaires, il doit les graver sur disques 78 tours envoyés à Londres *(Radio Canada).* Ci-dessous : Passant devant un AVRE du *80th Assault Squadron*, M. Grave poussant la carriole et M. Martin avec béret, tel que Marcel Ouimet l'a décrit, sont dirigés vers la plage accompagnés par le sergent Gagnon. (APC.)

Opposite: Marcel Ouimet, a journalist with Radio Canada, followed the landing operations on Nan White and made broadcasts from Bernières despite some fairly basic transmission resources: he had to record on 78 rpm disks which were sent to London (Radio Canada). Below: Passing in front of an AVRE of the 80th Assault Squadron, M. Grave pushing the cart and M. Martin wearing the beret, as described by Marcel Ouimet, are directed towards the beach accompanied by Sergeant Gagnon. (APC.)

assaut, les *Queen's Own* seront soutenus par les chars DD du *C Squadron* (commandé par le *Major* Bray) du *Fort Garry Horse.*

Ce débarquement va nous être décrit par Marcel Ouimet, journaliste de *Radio Canada*. Marcel Ouimet est né à Montréal en 1915. Son père était journaliste et il embrassera aussi cette carrière ; il entrera à la Société Radio Canada le 14 avril 1939. Chef des nouvelles sur le réseau français de cette société (il sera attaché à « *la langue française bien parlée et bien écrite* »), il participera aux débarquements de Sicile et d'Italie. Nous le retrouvons le 6 juin 1944 face à Bernières : « *Le matin du débarquement, nous sommes debout de très bonne heure ! A cinq heures, une ligne grise barre l'horizon. Oui, ce sont les côtes de France. Nous sommes dans la Baie de Seine et, là-bas, dans le lointain, les avions effectuent leurs premiers préparatifs. De temps à autre, les batteries de DCA ennemies strient le ciel mais les escadrilles succèdent aux escadrilles et aux explosions sourdes de nos bombes. Un peu plus tard, les canonniers de la flotte brûlent de faire leur part, les vaisseaux de ligne et les croiseurs ouvrent le feu. La houle n'est pas forte. Aucun avion ennemi dans les parages. Tout semble irréel.* » Puis Marcel Ouimet voit les petites embarcations de débarquement dépasser le navire sur lequel il se trouve : « *Elles transportent les troupes d'assaut massées l'arme au bras, coiffées de leur casque d'acier et ne portant que le strict nécessaire : leurs masques à gaz et les rations pour 24 heures, leurs gamelles, leurs pansements de premier secours. A bord de plusieurs navires, on les salue par des vivats et, sur un autre, un cornemusier écossais, le même cornemusier qui nous avait sérénadé la veille comme nous quittions le port en Angleterre, embouche son instrument. Des sons plaintifs et inspirants à la fois en sortent. Les soldats n'ont pas eu de clairon pour sonner la charge.* » (1)

Mais l'accueil sera rude pour les fantassins du *Queen's Own* ; les pertes subies seront les plus lourdes de celles subies par les unités d'assaut canadiennes. Les pertes seront essentiellement dues à l'arrivée trop tardive des chars DD qui seront lancés trop au large alors que des ordres plus appropriés renonçaient à le faire à cause de l'état de la houle ;

ils n'arriveront pas à temps. Les chars spéciaux principalement les AVREs *(Team Z)* seront débarqués plus loin, à près de 300 mètres (300 yards trop à l'est), et ne pourront intervenir. Les roquettes des LCT(R) tomberont trop loin dans les terres.

Les *Queen's Own* débarquent à **8 h 05** ; ils ont de l'eau jusqu'à la ceinture. Le clocher pointu de l'église de **Bernières** a servi d'amer, puis ce sont la gare et « la grosse maison normande ». La **A Company**, commandée par le *Major* H.E. Dalton débarque à droite (à l'ouest) de la gare. La position défensive allemande est plus à l'est et ne la menace pas directement. Cette compagnie franchit la plage puis la digue d'un seul élan, malgré quelques tirs d'enfilade d'un canon ; elle perd une douzaine d'hommes sous les obus. Elle arrive ensuite à la petite voie de chemin de fer qu'elle tient mais elle subit là des tirs de mortiers.

This landing is described to us by Marcel Ouimet, a journalist with Radio Canada. Marcel Ouimet was born in 1915 at Montreal. His father was a journalist and he followed in his footsteps; joining the Société Radio Canada on 14 April 1939. Head of news for that company's French network (he was devoted to "the French language properly spoken and properly written"), he took part in the landings in Sicily and Italy. We find him on 6 June 1944 off Bernières: «We were up very early on D-Day morning! At five o'clock, there was a gray line running along the horizon. Yes, this was the coast of France. We were in the Bay of the Seine and, away in the distance, our planes were carrying out preliminary operations. Now and again, enemy AA batteries would light up the sky, but squadron after squadron came over and we could hear the muffled sound of their bombs exploding. A little later, the naval guns were raring to do their share, and battleships and cruisers opened fire. The sea was not too rough. No enemy aircraft in the area. Everything looked unreal." Then Marcel Ouimet saw landing craft passing the ship on which he was sailing: «They are bringing in masses of assault troops shouldering their weapons, wearing steel helmets and carrying the strict minimum: their gas masks and 24-hour rations, mess tins, first aid kit. On board several ships, they were greeted with cheers and on another, a Scottish bagpiper – the same one who had given us a rousing send-off as we sailed from England the day before – began blowing into his instrument. The sounds that came out were both plaintive and inspiring. The men had no clarion call to send them into battle." (1)

But the Queen's Own infantry were in for a rough reception, sustaining heavier losses than any other Canadian assault unit. The losses were chiefly caused by the late arrival of the DD tanks, which were launched too far out to sea, for although more appropriate orders not to do so in view of the rough seas were issued, they failed to arrive in time. After being landed further along, 300 yards (nearly 300 m) too far to the east, the special tanks, mostly AVREs (Team Z) were unable to join in the battle. And the rockets fired from the LCT(R)s fell too far inland.

The Queen's Own landed at 08.05; they were up to the waist in water. They used the pointed church steeple at **Bernières** as a landmark, and then the station and «the big Norman house». **A Company,** under Major H.E. Dalton, came ashore on the right (to the west) of the station. The German defensive position was further east and not threatening it directly. This company dashed across the beach and over the sea wall in one go, despite one gun enfilading the beach; it lost a dozen men in the shellfire. It then came to the little railway line which it held, coming under mortar fire in the process.

But further east, **B Company,** under by another Dalton, Major Oscar Dalton, had drifted off course and landed just opposite the German entrenched position (Wn 28), which gave it a terrifying reception. In actual fact, it was supposed to land some 200 meters (200 yards) to the west. Instead it walked right onto this position known to the Canadians as «Cassine». Here too, as at Saint-Aubin, there was a 5 cm KwK gun protected under concrete as well as a mortar bunker, a machine-gun nest and a tank turret. These were not very powerful defenses but the four concrete emplacements covered the beach and the concrete breakwater, which proved a severe hindrance (see pages 38 to 40).

B Company lost a third of its men crossing the beach: 65 casualties in just a few minutes. It had to reach the relative safety of the breakwater as quickly as possible; anyone hesitating fell under enemy fire. Major Oscar Dalton requested support from an AA ship,

M. Martin (ci-dessus) était prisonnier en Allemagne alors que son père rencontrait Marcel Ouimet. Il montre un panneau resté en place avec la mention N 814, à proximité de l'endroit où ce soldat canadien a été photographié. (Heimdal.)

M. Martin (above) was a prisoner in Germany when his father met Marcel Ouimet. He shows a signpost left in place marked N 814, near the spot where this Canadian soldier's photograph was taken. (Heimdal.)

which trained its 40 mm Bofors on the German positions. But when they got to the foot of the small concrete casemates, the Queen's Own launched a grenade attack. Major Oscar Dalton and Lieutenant MacLean were killed, but the pillboxes were finally silenced thanks to the action of Lieutenant Herbert, Lance-Corporal Tessier and Rifleman Chicosck; all three were decorated for their attack on the main casemate.

At **08.45** came the second wave with the two follow-up companies, C Company and D Company. Meantime however, the tide had come in and all these companies' LCAs were damaged by mines or steel tetrahedra. So these companies' men and the battalion staff had to swim ashore. At **09.00 hours**, after B Company had taken Wn 28 and A Company started moving forward again, the Queen's Own cleared and held the village of Bernières, with the help of the tanks which had followed them ashore: Fort Garry Horse tanks, Crab tanks for clearing mines and AVRE tanks (one of them was blown up by a mine, blocking one of the beach exits).

At **09.30** the brigade's second battalion landed: the French Canadians of the **Régiment de la Chaudière**. But, by now, the beach had been reduced to just a narrow strip of sand, and four of the five LCAs bringing in the battalion were badly damaged. Many of the «Chauds» also had to swim and lost a good deal of their equipment. They had to wait behind the sea wall until the QORs cleared the locality, after which they

Bernières

1 et 2. Cette petite casemate, élément du Wn 28 défendu par la *5./736* abritant une pièce de 5 cm KwK causa beaucoup de soucis aux *Queen's Own Rifles* qui perdirent 65 hommes sur cette plage. (APC.) La casemate est toujours là, deux monuments ont été élevés à proximité, l'un est dédié aux *Queen's* et l'autre au *Fort Garry Horse*. Un peu plus loin, près d'un tobrouk, un autre a été élevé à la mémoire du *Regiment de la Chaudière*. (EG/ HDL.)

3. Une autre photo a été prise au même endroit ce même jour, montrant un caporal du *Régiment de la Chaudière* gardant des prisonniers allemands. (APC.)

La *B Company* perd le tiers de ses effectifs en traversant la plage ; ce sont 65 pertes en quelques minutes. Il faut atteindre au plus vite la protection du brise-lames ; ceux qui hésitent tombent sous les tirs adverses. Le *Major* Oscar Dalton demande l'appui d'un navire de DCA qui tire avec ses 40 mm Bofors vers les positions allemandes. Mais, arrivés au pied des petites casemates en béton, les *Queen's Own* les attaquent à la grenade. Le *Major* Oscar Dalton et le lieutenant MacLean sont tués et finalement elles sont finalement réduites au silence grâce à l'action du lieutenant Herbert, du *Lance Corporal* Tessier et d'un soldat, le *Rifleman* Chicosck ; tous trois seront décorés pour leur attaque sur la principale casemate.

A **8 h 45** arrive la seconde vague avec les deux compagnies de réserve, la *C Company* et la *D Company*. Mais, entre-temps, la marée est montée et tous les LCAs de ces compagnies sont endommagés par des mines ou des tétraèdres d'acier. Les hommes de ces compagnies et l'état-major du bataillon doivent donc débarquer en nageant. A **9 heures**, après la prise du WN 28 par la *B Company* et la reprise de la progression de la *A Company*, le village de Bernières se trouve nettoyé et tenu par les *Queen's Own*, avec l'aide des chars qui ont débarqué à leur tour : chars du *Fort Garry Horse*, chars *Crabs* pour déminer et chars AVREs (l'un d'eux sera détruit par une mine et bloquera une sortie de plage).

A **9 h 30** débarque le second bataillon de la brigade : les Canadiens français du **Régiment de la Chaudière**. Mais, à cette heure-là, la plage n'est plus qu'une étroite bande de sable et quatre des cinq LCAs qui amènent le bataillon sont sérieusement endommagés. Nombre de « *Chauds* » doivent aussi nager et beaucoup perdent leurs équipements. Ils doivent attendre derrière le mur brise-lames que les QOR's aient nettoyé la localité puis ils pénètrent à leur tour dans Bernières où ils font sensation en parlant français, avec des expressions du terroir.

Mais, plus à l'est, la **B Company,** commandée par un autre Dalton, le *Major* Oscar Dalton, a dérivé et débarque juste en face de la position retranchée allemande (le Wn 28), l'accueil va être terrible. En fait, elle aurait dû débarquer à environ 200 mètres (200 yards) à l'ouest. Elle marche droit sur cette position que les Canadiens appellent « La Cassine ». Il y a là aussi, comme à Saint-Aubin, une pièce de 5 cm KwK sous protection en béton ainsi qu'un encuvement de mortier, une petite casemate pour mitrailleuse et une tourelle de char. Ce n'est pas un armement très puissant mais les quatre emplacements en béton dominent la plage ainsi que le mur brise-lames en béton qui constitue un sérieux obstacle (voir pages 38 à 40).

4

5

6

4 et 5. Légèrement plus à l'ouest, une position en béton abrite une mitrailleuse 08.15, démodée mais encore efficace, le « *Pillbox 08.15* » sur le plan de la page 38. Le brise-lames existait déjà avant la guerre. On aperçoit dans le fond la petite casemate abritant la pièce de 5 cm KwK. Nous voyons ici d'autres prisonniers allemands. (APC.) L'encuvement pour mitrailleuse sert maintenant de support à un monument commémoratif. (EG/ HDL.)

6. Détail de cet encuvement ; on aperçoit la mitrailleuse 08.15. (APC.)

1 and 2. This pillbox, an element of strongpoint Wn 28 defended by 5./736 and housing a 5 cm KwK gun, was a thorn in the side of the Queen's Own Rifles, who lost 65 men on this beach. (APC.) The pillbox is still standing, and two monuments have been erected nearby, one dedicated to the Queen's Own and the other to the Fort Garry Horse. A little further on, near a Tobruk, another has been erected in memory of the Regiment de la Chaudière. (EG/ HDL.)

3. Another photo taken on the same spot that same day, showing a corporal of the Régiment de la Chaudière guarding German prisoners. (APC.)

4 and 5. Slightly further west, a concrete position housing a 08.15 machine gun, obsolete but still effective, « Pillbox 08.15 » on the map on page 38. The breakwater already existed pre-war. Notice in the background the pillbox housing the 5 cm KwK gun. Here we see some more prisoners. (APC.) The machine-gun pit is now used as the base for a commemorative monument. (EG/ HDL.)

6. Detail of the machine-gun pit; the 08.15 machine gun can be seen. (APC.)

in turn could enter Bernières, where they created a sensation by speaking their earthy brand of French.

To return to Marcel Ouimet's account: «The first Frenchmen I saw in France were the ones at Bernières, mostly Normans, a few Parisians as well, on a seaside holiday. It was they and their wives and daughters who threw flowers at our troops as they paraded through the streets. However, during the night, they had not slept much and, for many, the landings meant they had lost everything they possessed. But they still seemed happy, they found the strength to smile and shout: «Long live England! Long live Canada! Long live America!» Some of our soldiers answered: «Long live France!» (…). I was to hear an account of these sufferings (endured under the occupation) less than half an hour after landing, from a Norman who will be nameless because he has a son who is a POW in Germany, but it's a typically French name, and a typically Canadian name too

(actually Paul Martin, according to information supplied to the author by this son himself who had been a POW) (…) 'And what do you think of General de Gaulle, I suddenly asked?' My Norman friend, a man of sixty, stood proudly erect - he had fought with the artillery during the Great War - wearing a beret and his own clothing because he had had to spend the night in a shelter and had lost everything during the bombardment, smiled at me and said: 'General de Gaulle, sir, you are preaching to the converted, I will kiss him on his first visit!' He had answered quite off the cuff and I could only admire this man who had been pretty well-off and who was now ruined, but for whom being ruined didn't mean a thing. For four years, he had thought about it a lot and understood that freedom is worth more than that». Marcel Ouimet went on to say: «We had only been in France for five days, but it could be said, especially for us French-speaking Canadians, that we had always been there. Normandy, this Normandy where we always want to go back home, as the song goes, after all, it is a little like home, especially when some of our guys have made it their final resting place under this rich soil that their ancestors left to go and found the New France. Yes, for us French Canadians, it was a bit of a homecoming».

Bernières-sur-mer

1 et 2. Sur cette célèbre photo prise par le lieutenant Gilbert Milne, nous voyons des éléments des *Stormont, Dundas and Glengarry Highlanders (9th Brigade)* débarquant d'un LCI (L), arrivés après 11 h 40. On remarque « la grande maison normande » (l'un des deux points de repère avec le clocher de l'église). On aperçoit aussi la gare qu'on reverra plus loin. On remarque aussi le pont d'assaut placé par la *N° 1 Troop* pour sortir de la plage. (APC.) Actuellement, la « maison normande » est bien visible mais l'ancienne gare disparaît derrière des constructions. Le front de mer a aussi été recouvert d'immeubles. (EG/Heimdal.)

9

3 et 4. Craignant des actions de sabotage ou de franc-tireurs de la part des Français, il fut décidé de regrouper la population civile devant la « maison normande ». (APC.) La « maison normande » est toujours là. (HDL.)

5 et 6., 7 et 8. Des prisonniers allemands sont regroupés et fouillés près de la « maison normande ». (APC et HDL.)

9. D'autres sont aussi regroupés sur la quai près de la gare en regardant vers le sud. (APC.)

10. La « grande maison normande » était précédée d'une autre « maison normande » aujourd'hui disparue. (APC.)

11. Vue cette fois vers le nord, vers la mer, l'ancienne gare et la « maison normande » actuellement. (HDL.)

1 and 2. On this famous photograph taken by Lieutenant Gilbert Milne, we see elements of the Stormont, Dundas and Glengarry Highlanders (9th Brigade) disembarking from an LCI (L), having arrived after 11.40. Notice the "big Norman house" (used as a landmark, along with the church steeple). We also see the station which we shall see again later on. Also notice the assault bridge set in place by N° 1 Troop to exit the beach. (APC.) Today the "big Norman house" can still clearly be seen but the old station is out of sight behind other buildings. The sea front has also been built up. (EG/Heimdal.)

Between 09.10 and 09.30, the tanks and 105 mm self-propelled Priest guns of the 14th Field Artillery Regiment and 19th Field Regiment came ashore. They linked up with the Chaudières before advancing inland. Four Priests in a row were hit by an 88 mm gun 1,500 meters to the south; the gun was stormed by three Sherman tanks loaded with infantry. By 10.30 the self-propelled guns were in position south of Bernières.

But now, vehicles piling up in a tremendous traffic jam on the shore were trying to extricate themselves from the narrow streets of Bernières and push on inland. On board HMS Hillary, the commander of the 3rd Canadian Infantry Division, General Keller, tried to get an exact picture of how things were pro- gressing, for the whole operation hinged on these decisive moments! He waited to hear the progress of the two brigades already ashore (7th and 8th), in order to decide where to land the followup brigade, the 9th Infantry Brigade, which was due to land

Retrouvons le témoignage de Marcel Ouimet : « *Les premiers français que j'ai vus en France, ce sont ceux de Bernières, des Normands pour la plupart, quelques Parisiens aussi qui étaient venus à la plage pour les vacances. Ce sont eux, leurs femmes et leurs filles qui ont lancé des fleurs à nos troupes, comme elles défilaient dans les rues. Pourtant, au cours de la nuit, ils n'avaient pas beaucoup dormi et, pour plusieurs, le débarquement signifiait la perte complète de leurs biens matériels. Mais, tout de même, ils se montraient heureux, ils trouvaient la force de sourire et de crier : "Vive l'Angleterre, vive le Canada, vive l'Amérique !" Certains de nos soldats répondant : "Vive la France !" (...) Le récit de ces souffrances* (endurées pendant l'occupation), *je devais l'avoir moins d'une demi heure après mon débarquement, d'un Normand que je ne nommerai pas parce qu'il a un fils prisonnier en Allemagne, mais dont le nom est bien français et bien canadien aussi* (en fait Paul Martin d'après le témoignage communiqué à l'auteur par son fils, celui qui était alors prisonnier) *(...) "Et que pensez-vous du général de Gaulle, ai-je demandé subitement ?" Mon interlocuteur normand, un homme de soixante ans, droit comme un "I", ancien artilleur pendant la Grande Guerre, coiffé d'un béret, vêtu de ses vêtements les moins propres parce qu'il avait dû passer la nuit à l'abri et qu'il avait tout perdu au cours du bombardement, me regardait en souriant : "Le général de Gaulle, mais monsieur vous parlez à un convaincu, je l'embrasserai à sa première visite !" Sa réponse avait été spontanée et je ne pouvais qu'admirer cet homme qui avait connu une certaine opulence, qui se trouvait aujourd'hui ruiné mais pour qui la ruine ne voulait rien dire. Pendant quatre années, il avait médité et compris que la liberté vaut encore plus cher.* » Plus tard, Marcel Ouimet dira : « *Nous ne sommes en France que depuis cinq jours mais on dirait, surtout pour les Canadiens de langue française, que nous y avons toujours été. La Normandie, cette Normandie que l'on veut toujours revoir, comme le dit la chanson, après tout, c'est un peu chez nous, d'autant plus que certains de nos gars y dorment leur dernier sommeil sous ce sol riche que leurs ancêtres ont quitté pour aller fonder la Nouvelle France. Oui, nous Canadiens de langue française, nous avons eu un peu l'impression de revenir.* »

Entre **9 h 10** et **9 h 30**, les chars et les canons automoteurs *Priest* de 105 mm du *14th Field Artillery Regiment* et du *19th Field Regiment* sont à terre. Ils font leur jonction avec les *Chaudières* pour la progression vers l'intérieur. Quatre *Priest* sont touchés successivement par une pièce de 88 mm située à 1 500 mètres au sud ; cette pièce est prise d'assaut par trois chars Sherman chargés de fantassins. Ces canons automoteurs sont en position au sud de Bernières à **10 h 30**.

Mais, maintenant, les véhicules s'entassent sur la bande littorale en un formidable embouteillage, tentent de s'extraire des petites rues de Bernières pour progresser vers l'intérieur. A bord du HMS *Hillary*, le général Keller, qui commande la *3rd Canadian Infantry Division*, tente d'avoir une vue précise de l'évolution de la situation, tout se joue dans ces heures décisives ! Il attend de connaître la progression des deux brigades déjà à terre (la 7e et la 8e) pour savoir où débarquer la brigade de réserve, la *9th Infantry Brigade*, qui doit débarquer entre H + 4 et H + 6 (soit environ entre midi et 14 heures). En fonction de l'évolution de la situation, le général Keller porte son choix sur la plage de Bernières mais il ne sait pas encore que cette plage va être saturée par les encombrements car la *Navy* ne l'a pas informé qu'elle vient de fermer « *Nan Red* », la plage de Saint-Aubin ! Les embouteillages de sorties de plages vont vite devenir le problème majeur des Alliés pour le Jour J, avec

des milliers de véhicules se déversant en même temps sur le continent sur une bande côtière encore étroite, drainée par un réseau assez dense de routes peu larges.

La **9th Brigade** débarque alors. Le correspondant de guerre Munrœ, qui se trouve là, écrira : « *Le débarquement de la 9e Brigade commence dans cette pagaille... Les routes sont bloquées par des soldats zélés qui sont impatients d'aller de l'avant. Heureusement, les Allemands ne bombardent pas la localité.* » Le général Keller débarque à son tour à Bernières à **12 h 45**, accompagné de divers officiers dont le *Brigadier* R.A. Wyman, commandant la *2nd Armoured Brigade*. Le général Keller se rend alors compte de la confusion et exige aussitôt qu'une avance rapide ait lieu.

Finalement, les *Chaudières* ne pourront avancer sur **Bény-sur-mer** qu'**après 12 heures**, avec l'appui de chars du *A Squadron* du *Fort Garry Horse*. Cette localité, premier objectif de la 8e Brigade, ne pourra être prise qu'en milieu d'après-midi. Quant aux *Queen's Own*, ils poursuivent la progression vers le sud-est et, à **17 h 30**, avec l'aide du *B Squadron* du *Fort Garry Horse*, ils atteignent **Anguerny** tandis que la *D Company* du QOR se bat dans **Anisy**, à dix kilomètres de la côte, unité canadienne la plus en pointe !

Nan Green : Courseulles

La **7e Brigade**, l'autre brigade de la vague d'assaut, commandée par le *Brigadier* H.W. Foster, va débarquer de part et d'autre de l'estuaire de la Seulles face à de solides positions allemandes formées par trois « nids de résistance » (voir pages 42 à 45). Là encore, cette brigade débarquera avec deux bataillons d'assaut, chacun d'eux étant soutenu par un escadron de chars DD et des chars spéciaux. Mais l'un de ces bataillons sera accompagné d'une compagnie du troisième bataillon sur son aile droite.

A l'est de la Seulles, sur *Nan Green* face à Courseulles et au Wn 29, le **Regina Rifle Regiment**, commandé par le lieutenant-colonel Matheson, débarquera avec deux compagnies, la *B Company* à gauche (à l'est) et la *A Company* à droite vers l'estuaire. Elles seront soutenues par le *B Squadron* (*Major* Duncan) du *1st Hussars*, les chars spéciaux du *4th Team*, des AVREs du *26th Squadron* des *Royal Engineers* et des chars du *22nd Dragoons* (B *Squadron*) pour la *B Company*, du *3rd Team* pour la *A Company*. Les chars spéciaux du *26 RE* et du *B Squadron* se répartissent ainsi entre les compagnies d'assaut de la 7e Brigade, trois *Troops* du *B Squadron* du *22nd Dragoons* par équipe (*Team*), soit le *4th Team* pour la *B Company* des *Reginas*, *3rd Team* pour la *A Company* des *Reginas*, *2nd Team* pour la *A Company* des *Winnipegs*, et *1st Team* pour la *D Company* des *Winnipegs*.

La 7e Brigade devra affronter une pièce de 88 mm, une de 75 mm et deux autres sur les flancs, trois pièces de 50 mm, douze encuvements pour mitrailleuses, deux encuvements pour mortiers de 50 mm. Les chars DD et les chars spéciaux seront nécessaires pour réduire toutes les pièces dont la plupart sont protégées par des casemates en béton.

Peu après **8 heures**, dans leurs LCAs, les deux compagnies d'assaut du *Regina Rifle Regiment* sont face à la plage de Courseulles. Sur la droite, la **A Company** n'a pas l'appui escompté, aucun char DD - ils ont tous coulé - aucun char Centaur des *Royal Marines*, en arrière dans leurs LCTs, comme les chars Churchill du Génie. En fait, les 19 chars DD ont été lancés dans une mer houleuse à 4 000 yards (3 600 mètres) du rivage. Le char du *Major* Duncan, qui com-

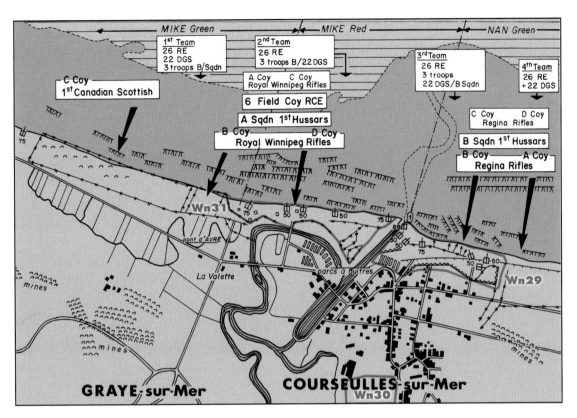

Courseulles : monument à la mémoire des _Royal Winnipeg Rifles_. (Heimdal.)

Courseulles : commemorative monument on the sea front.

between H + 4 and H + 6 (i.e. from around noon to 14.00 hours). Seeing how the situation looked, General Keller chose the beach at Bernières, little knowing at this time that the beach was going to become completely congested, as the Navy failed to inform him that it has just closed «Nan Red», the beach at Saint-Aubin! Bottlenecks at beach exits soon became a major headache for the Allies on D-Day, with thousands of vehicles all pouring onto the continent at the same time along a still narrow strip of coast, with a fairly dense network of narrow roads leading off.

The 9th Brigade now came ashore. The war correspondent Munroe, who was there, wrote: "the landing of the 9th Brigade began amid such chaos…The roads were blocked by eager soldiers wanting to press on quickly ahead. Fortunately, the Germans did not bombard the area.» General Keller in turn landed at Bernières at **12.45**, along with various officers, including the 2nd Armoured Brigade commander, Brigadier R.A. Wyman. Seeing how confused the situation had become, General Keller immediately ordered a rapid advance.

Finally, the Régiment de la Chaudière were not able to advance on **Bény-sur-Mer** until **after 12.00 hours**, with the tanks of the Fort Garry Horse's A Squadron in support. This locality, the 8th Brigade's first objective, held out until mid-afternoon. Meanwhile, the Queen's Own continued advancing south-east and with the assistance of B Squadron of the Fort Garry Horse, they reached **Anguerny** at **17. 30**, as D Company QOR, the leading Canadian unit, was fighting at **Anisy**, ten kilometers in off the coast!

Nan Green: Courseulles

The other brigade in the assault wave, **7th Brigade** under Brigadier H.W. Foster, landed on either side of the mouth of the Seulles against some powerful German positions formed by three «pockets of resistance» (see pages 42 to 45). This brigade also came ashore with two assault battalions, each with a squadron of DD tanks and special tanks in support. But one of these battalions was accompanied by a company of the 3rd Battalion on its right flank.

To the east of the Seulles, on Nan Green facing Courseulles and Wn 29, **the Regina Rifle Regiment**, commander Lieutenant-Colonel Matheson, came ashore with two companies, B Company on the left (to the east) and A Company on the right towards the river mouth. They were supported by the 1st Hussars, B Squadron (Major Duncan), the special tanks of the 4th Team, the AVREs of the Royal Engineers 26th Squadron, and the tanks of the 22nd Dragoons (B Squadron) for B Company, and the 3rd Team for A Company. The special tanks of 26 RE and B Squadron were thus shared among the assault companies of the 7th Brigade, three Troops of 22nd Dragoons, B Squadron per team, i.e. 4th Team for the Reginas B Company, 3rd Team for the Reginas A Company, 2nd Team for the Winnipegs A Company, and 1st Team for the Winnipegs D Company.

The 7th Brigade had to face one 88 mm gun, one 75 mm gun with two more in flanking positions, three 50 mm guns, twelve pillboxes housing machine-guns, and two with 50 mm mortars. The DD tanks and special tanks would be needed to silence all these guns, most of which were protected by concrete casemates.

Shortly after **08.00 hours**, in their LCAs, the Regina Rifle Regiment's two assault companies came opposite the beach at Courseulles.On their right, the support for **A Company** failed to materialize, with no DD tanks - they had all sunk - no Royal Marines Centaur tanks, which had fallen behind in their LCTs, as had the engineers' Churchill tanks. Actually, 19 DD tanks had been launched in heavy seas 4,000 yards (3,600 meters) offshore. First Hussars B Squadron commander Major Duncan's tank sank immediately. The 14 tanks that did not sink came in too far to the east and so were unable to support Major Grosch's A Company which had to tackle casemate H 612 housing an 88 mm gun, and casemate H 677 housing a 75 mm gun. The first of these two was protected by machine-guns and barbed wire, and proved especially hard to silence; they had to await the arrival of the Centaur and Churchill tanks with their Petards to put it out of action (Block 1); this was done at **09.45** with heavy losses. The Germans contrived to re-occupy positions that had already been stormed, by slipping through a network of tunnels, thereby causing the Canadians all kinds of problem in rear.

175

mande le *B Squadron* du *First Hussars,* coule aussitôt. Les 14 chars qui ne coulent pas arrivent trop à l'est et ne pourront donc appuyer cette *A Company* du *Major* Grosch qui doit affronter une casemate H 612 abritant une pièce de 88 mm et une casemate H 677 abritant une pièce de 75 mm. La première, protégée par des mitrailleuses et des barbelés, sera particulièrement dure à réduire ; il faudra attendre l'arrivée des chars Centaur et des chars Churchill avec leurs *Petards* pour en venir à bout *(Block 1)*, ce qui sera fait à **9 h 45** avec de lourdes pertes. Un réseau de tunnels aidera les soldats allemands à réoccuper les positions déjà prises d'assaut, ce qui causera bien des problèmes sur les arrières des troupes canadiennes.

La **B Company** du *Major* Peters débarque sur la gauche mais n'aura pas les mêmes problèmes ; elle se trouve à l'est du nid de résistance et, là, l'opposition est faible ; d'autant plus que les chars DD et les chars spéciaux sont déjà sur la plage. Courseulles a été quadrillée par les Canadiens en douze « blocks » ; déjà la *B Company* a nettoyé le *Block 2* puis progresse sur le *Block 3* alors que les chars AVRE ont ouvert des brèches dans le front de mer où se ruent les chars DD, dont le « Bucéphale » du sergent Leo Gariépy, et quelques chars Centaur. Ils appuient le nettoyage des différents blocs d'habitation de Courseulles. La *B Company* est dans la ville et nettoie le *Block 8*.

Les deux compagnies de renfort (**C Company** et **D Company**) des *Reginas* arrivent alors. Mais la marée a monté et les péniches vont subir de lourdes pertes sur les obstacles de plage. Ainsi, cinq LCAs de la *D Company* (*Major* Love) heurtent des obstacles minés ; il y a plus de soixante pertes sur la plage. Le *Major* Love est tué, seuls 49 survivants de cette compagnie pourront poursuivre le combat.

Et bientôt, la *C Company* arrive à son tour dans le centre de Courseulles et nettoie les *Block 9, 10* et *11.* Puis le PC du bataillon s'installe au centre du bourg. La *B Company* vient de nettoyer le *Block 4* et est envoyée sur le *Block 12*, vers l'église et la sortie sud de Courseulles. Derrière le château se trouve le Wn 30 qui est défendu par des mortiers et des mitrailleuses, il sera réduit par les chars. Le prochain objectif sera le village de Reviers. Il est **10 h 30.** Mais, pendant ce temps, la *A Company* est toujours retenue près de la plage, près de son premier objectif, le *Block 1* où le combat reprend régulièrement à cause du réseau de tunnels qui permet à la résistance allemande de s'accrocher. Il faudra l'appui des chars et des lance-flammes pour en venir à bout, vers 13 heures seulement ! 80 Allemands seront capturés à Courseulles, beaucoup plus ont été tués ou blessés, d'autres se sont repliés vers le sud. Vers **11 heures**, les deux compagnies de renfort, C et D, sont arrivées à **Reviers**, suivies par le PC du bataillon. Pendant ce temps, la *B Company* termine le nettoyage de Courseulles, chassant des snipers jusque dans le clocher de l'église ; elle rejoindra à son tour Reviers vers **15 heures.** La *A Company* n'y parviendra que trois heures plus tard.

Mike Beach : Graye-sur-mer

A l'ouest de l'estuaire de la Seulles, *Mike Red Beach* est dominée par des dunes défendues par le Wn 31, coincé entre le méandre de la Seulles et la mer. C'est là que doit débarquer la *B Company* des *Winnipegs.* Plus à l'ouest, au-delà du redoutable Wn 31, sur *Mike Green Beach,* ce sont encore des dunes, des barbelés, une zone marécageuse puis le village de Graye-sur-mer, derrière des champs de mines. C'est là que doit débarquer la *D Company* des *Winnipegs.*

Elle est appuyée sur sa droite par la *C Company* du *1st Canadian Scottish*. Ces trois compagnies d'assaut seront soutenues par les chars DD du *A Squadron* du *First Hussars,* la *6th Field Company RCE* et par les chars spéciaux du *2nd Team* sur *Mike Red* et du *1st Team* sur *Mike Green.*

A **7 h 49**, les deux compagnies d'assaut des **Royal Winnipeg Rifles**, les *Little Black Devils* (les « Petits Diables noirs ») du lieutenant-colonel Meldram, sautent de leurs LCAs dans un mètre d'eau. Mais elles sont seules. A cause d'une erreur de navigation, il n'y a aucun char avec eux. Des changements dans les plans retardent l'arrivée des chars DD. Des erreurs de navigation retardent les LCTs amenant les chars spéciaux ; ils n'arriveront que dans 30 minutes. Sur la gauche, près de l'estuaire, la **B Company** débarque directement face au Wn 31 et une salve d'obus de mortiers s'abat sur les LCAs et une vingtaine d'hommes est perdue avant même le débarquement. Sur la plage, il faut avancer sous la mitraille jusqu'aux positions en béton ; les *Black Devils* les attaquent à la grenade et au Sten Gun et mènent de durs combats au corps à corps face à un adversaire déterminé. Puis six chars Sherman DD sortent enfin de l'eau, pris à partie par deux pièces de 75 mm et de 88 mm sous casemate. Les pertes sont très lourdes : 48 tués et 85 blessés, sur un effectif initial de 160 hommes. Finalement, à **11 heures**, le gros des chars DD du *A Squadron* est débarqué directement sur la plage depuis les LCTs. La *B Company* aura eu les plus lourdes pertes ; seuls son chef, le *Captain* Gower, et 26 hommes seront encore en état de combattre à la fin du Jour J. Pour l'instant les survivants quittent les dunes, passent le pont métallique franchissant la Seulles et nettoient le hameau de La Valette.

La **D Company** aura moins de problèmes. Elle débarque à l'ouest du Wn 31 et traverse rapidement la plage, ouvre un passage dans les champs de mines de La Valette et nettoie Graye-sur-mer. Cette progression rapide va permettre aux compagnies de renfort, la **A Company** et la **C Company** de rejoindre leurs premiers objectifs. Elles vont alors dépasser la *D Company.* La *C Company* rejoint **Banville**. La *A Company* se dirige sur **Sainte-Croix-sur-mer** où elle rencontre une forte résistance.

Plus à l'ouest, la **C Company** du **1st Canadian Scottish**, a été rattachée aux *Winnipegs* pour réduire au silence une casemate abritant un canon de 75 mm dangereux pour *Mike Beach.* Mais la *Navy* a déjà réglé le sort de cette pièce lorsque les *Cannucks* débarquent et ils peuvent ainsi continuer vers leur second objectif : le château de Vaux défendu par des Russes de l'*Ost-Bataillon 441.* Le combat au pistolet-mitrailleur et à la grenade cause une douzaine de pertes dans les rangs des *Cannucks.* Vers **9 h 30**, le reste du *1st Canadian Scottish Regiment*, avec son chef le lieutenant-colonel Fred Cabeldu, débarque à son tour et suit le chemin pris par la *C Company* des *Winnipegs.* A la sortie des dunes, il faut franchir une zone marécageuse pour rejoindre le hameau de La Valette. Un char AVRE du *1st Team* a sombré là et des rouleaux de fascines ont été placés sur cette épave pour assurer un point de franchissement ; ce char restera enfoui là sous la route jusqu'en 1976. Il sera alors dégagé par le Génie britannique, restauré et mis en place pour témoigner de cette journée historique et du rôle qui fut alors le sien. A La Valette, les *Cannucks* établissent le contact avec les *Winnipegs* de la *B Company.* Leur objectif est maintenant **Sainte-Croix** qu'ils finiront de dégager avec la *C Company* des *Winnipegs* qui y est engagée, ainsi que nous l'avons vu ci-dessus.

Suite page 181

Major Peters' **B Company** landed to the left, encountering nothing like the same problems; this was east of the pocket of resistance where there was little opposition, particularly as the DD and special tanks were already on the beach. The Canadians divided Courseulles into twelve «blocks»; B Company had already cleared Block 2 and was advancing on Block 3 as AVRE tanks opened breaches in the sea front through which the DD tanks poured, one of which was Sergeant Leo Gariépy's «Bucéphale», along with some Centaur tanks. They provided support as various residential blocks were cleared in Courseulles. B Company was in the town and cleared Block 8.

The two Regina followup companies (**C Company** and **D Company**) then arrived. But it was high tide and the landing craft sustained heavy losses on the beach obstacles. Thus, D Company (Major Love) had five LCAs run into mined obstacles; there were over sixty casualties on the beach. Major Love was killed, and only 49 survivors of this company were able to carry on fighting.

Soon, C Company in turn reached the center of Courseulles and cleared Blocks 9, 10 and 11. Then the battalion HQ was set up in the town center. B Company has just cleared Block 4 and was sent to deal with Block 12, near the church and the road out of Courseulles on the south side. Behind the château, Wn 30, defended by mortars and machine-guns, was silenced by the tanks. The next objective was the village of Reviers. The time was **10.30**. Meanwhile however, A Company was still pinned down near the beach, close to its first objective, Block 1, where the fighting kept starting up again owing to the network of tunnels which enabled the defending Germans to hang on. It took supporting tanks and flame throwers to finish the job, and then not until around 13.00 hours! 80 Germans were taken prisoner at Courseulles, with many more killed or wounded, others falling back towards the south. At around **11.00 hours**, the reinforcements, C and D companies, arrived at **Reviers**, followed by the battalion HQ. Meanwhile, B Company finished clearing Courseulles, even winkling out snipers from the church steeple; it too went on to reach Reviers, at around **15.00 hours**, three hours ahead of A Company.

Mike Beach: Graye-sur-Mer

To the west of the mouth of the Seulles, Mike Red Beach was dominated by sand dunes defended by Wn 31, wedged between the bend in the Seulles and the sea. This was where the Winnipegs B Company was to land. Further west, beyond the formidable Wn 31, on Mike Green Beach, there were more dunes, barbed wire, a marshy area and then the village of Graye-sur-Mer, behind some minefields. This was where the Winnipegs D Company was to land. Its right flank was covered by 1st Canadian Scottish, C Company. Supporting these three assault companies were the DD tanks of First Hussars A Squadron, the 6th Field Company RCE and the special tanks of 2nd Team on Mike Red, and of 1st Team on Mike Green.

At 07.49, the two assault companies of the Royal Winnipeg Rifles, Lieutenant-Colonel Meldram's Little Black Devils, jumped out of their LCAs into a meter of water. But they were alone. Owing to an navigational error, they had no tanks with them. A change of plans had delayed the arrival of the DD tanks. Navigational errors had held up the LCTs bringing in the funnies, which would not get ashore for another 30 minutes. On the left, close to the river mouth, B Company came ashore right opposite Wn 31 and a salvo of mortar shell came raining down on the LCAs, inflicting some twenty casualties even before they had landed. On the beach, the men had to advance through a hail of bullets up to the concrete positions; these the Black Devils

1. Ce char DD du *First Hussars*, coulé le 6 juin 1944, a été récupéré en 1970, restauré et installé à Courseulles comme monument commémoratif.

2. Ce char AVRE du *1st Team* de la *6th Field Company*, enfoui à la sortie de *Mike Beach*, a été dégagé et restauré en 1976, installé à Graye-sur-mer témoignage du débarquement. (Heimdal.)

1. This First Hussars DD tank, sunk on 6 June 1944, was recovered in 1970, restored and set up as a commemorative monument at Courseulles.

2. Buried at the exit from Mike Beach, this AVRE tank belonging to the 6th Field Company's 1st Team was dug up and restored in 1976, and set up as a D-Day memorial at Graye-sur-Mer. (Heimdal.)

attacked with grenades and Sten guns in a hardfought hand-to-hand battle with a determined enemy. Then six Sherman DD tanks finally emerged from the waves to come under attack from two casemated 75 mm and 88 mm guns. Very heavy losses were sustained, with 48 killed and 85 wounded, out of an initial force of 160 men. Finally, at 11.00 hours, the bulk of A Squadron's DD tanks were landed by their LCTs directly onto the beach. B Company sustained the heaviest losses; by the end of D-Day only its commander, Captain Gower, and 26 men were still in fighting condition. But for now, the survivors left the dunes, crossed the metal bridge over the Seulles and cleared the hamlet of La Valette.

D Company had an easier time of it. It landed to the west of Wn 31 and had soon crossed the beach, opened a passage through the minefields of La Valette and cleared Graye-sur-Mer. This quick progress enabled their reinforcements, A Company and C Company, to reach their prime objectives, overtaking D Company as they went. C Company moved on to Banville. A Company headed towards Sainte-Croix-sur-Mer where it encountered stout resistance.

Further west, 1st Canadian Scottish, C Company was attached to the Winnipegs in order to silence a casemate housing a 75 mm gun that was posing a threat to Mike Beach. But the Navy had already taken care of this gun by the time the Cannucks came ashore and so they could carry straight on towards their second objective: Vaux castle, defended by the Russians of Ost-Bataillon 441. The Cannucks lost a dozen men in the ensuing battle, fought with Sten guns and grenades. At around 09.30, came the turn of the rest of the 1st Canadian Scottish Regiment, commanded by Lieutenant-Colonel Fred Cabeldu, to land and they followed behind the Winnipegs C Company. To get out of the sand dunes, they had to cross some marshland on the way to La Valette. A 1st Team AVRE tank had come to grief there and bundles of fascines were placed over the wreck to use it as a steppingstone; this tank remained concealed there under the road until 1976, when it was dug up by British Engineers, restored and set up as testimony to this historic day and the role it played in it. In La Valette, the Cannucks managed to link up with the Winnipegs of B Company. Their new objective was Sainte-Croix, which they helped to clear with the Winnipegs C Company already operating there, as saw we earlier.

See page 181

Courseulles.

1. L'embouchure de la Seulles, en avant du port, après le débarquement canadien. Les *Reginas* ont débarqué à droite (à l'est) et les *Winnipegs* à gauche de cet estuaire. (APC.)

2. Le même endroit un an plus tard, on aperçoit au premier plan un tobrouk pour mitrailleuse. (CP via Ph. Wirton.)

3. Au même endroit mais un peu plus en arrière, se dresse encore la pièce de 50 mm qui défendait l'entrée du port. Son bouclier en acier a reçu plusieurs impacts. Elle se trouvait à l'origine dans un encuvement. (EG/Heimdal.)

4. Photo aérienne montrant le secteur de débarquement du *Royal Winnipeg Rifles* à Graye-sur-mer *(Mike Beach)*. On reconnaît bien ici la boucle de la Seulles qui se jette dans l'avant port de Courseulles. (IWM.)

5 et 6. Vue des quais du port de Courseulles le 7 juin ; des péniches débarquent leurs cargaisons directement dans le port. Dès le 8 juin, le port remis en état va permettre de débarquer jusqu'à 2 000 tonnes par jour. (APC.)

7. Actuellement, des marinas ont remplacé les bâtiments aperçus sur les photos précédentes. (HDL.)

8 et 9. Ces photos sont prises depuis la place centrale, en regardant vers le nord-ouest. On aperçoit un parc sur la droite remplacé maintenant par un parking. (APC.)

10. Actuellement. On aperçoit dans le fond l'entrée du château ; le Wn 30 se trouvait sur la gauche. (EG/Heimdal.)

1. The mouth of the Seulles, ahead of the harbor, after the Canadian landing. The Reginas came ashore to the right (to the east), the Winnipegs to the left of the river mouth. (APC.)

2. The same spot a year later, notice a tobruk machine-gun emplacement in the foreground. (CP via Ph. Wirton.)

3. On the same spot, but a little further back, the 50 mm gun which defended the harbor is still standing. Its steel shield has received a number of impacts. It was originally in a pit. (EG/Heimdal.)

4. Aerial photo showing the Royal Winnipeg Rifles landing sector at Graye-sur-Mer (Mike Beach). Here the bend in the Seulles flowing into Courseulles inner harbor is clearly recognizable. (IWM.)

5 and 6. View of the quayside at Courseulles harbor on 7 June, with landing craft unloading their cargoes directly in the harbor. As of 8 June, the port was back in operation, unloading up to 2,000 tons a day. (APC.)

7. Today, marinas have replaced the buildings seen in the previous photos. (HDL.)

8 and 9. These photos were taken from the main square, facing north-west. Notice a park on the right, where a car park now stands. (APC.)

10. Today. Notice the château entrance in the background; Wn 30 was on the left. (EG/Heimdal.)

Courseulles, place centrale.

1. Venant de la rue de la mer (voir photo « 5 »), les chars Sherman atteignent la place centrale puis obliquent à gauche dans la rue Emile Héroult, en direction de Bernières, vers l'est. (APL.)

2. Actuellement, on reconnaît bien la place centrale. Mais, à gauche, le grand parc a disparu, remplacé par un parking et des bâtiments inesthétiques rompant l'harmonie de cette place. (EG/Heimdal.)

3. Dans le prolongement de la photo précédente, voici l'angle sud-est de cette place traversée par des véhicules canadiens. (APC.)

4. Aujourd'hui, dans cette partie de la place, rien n'a changé. (EG/Heimdal.)

5. Un DUKW et des véhicules divers remontent vers la place centrale depuis la côte par la rue de la Mer. On aperçoit sur la droite le parc aperçu sur les photos 8 de la page 178, 9 de la page 179 et 1 de cette page. (APC.)

6. Aujourd'hui. (EG/Heimdal.)

Courseulles, main square.

1. Coming from the beach road (see photo "5"), Sherman tanks reach the main square then fork left into the Rue Emile Héroult, heading east to Bernières. (APL.)

2. Today, the main square is easily recognizable. But on the left, the big park has gone, to make way for a car park and some unsightly buildings that spoil the square's overall effect. (EG/Heimdal.)

4

3

3. Extending on from the previous photo, this is the south-east corner of the square with Canadian vehicles passing through. (APC.)

4. Today, nothing has changed in this part of the square. (EG/Heimdal.)

5. A DUKW and various other vehicles move up from the sea towards the main square along the Rue de la Mer. Notice on the right the big park seen in photos 8 on page 178, 9 on page 179 and 1 on this page. (APC.)

6. Today. (EG/Heimdal.)

L'avance vers les objectifs du Jour J

Le *Brigadier* Harry Foster, commandant de la **7th Brigade**, signale à **12 heures** au navire de commandement HMS *Hilary* que le secteur *Mike-Nan Beach* qui lui était attribué est maintenant complètement dégagé. Sa brigade va poursuivre sa progression dans l'après-midi. Après Sainte-Croix-sur-mer, le *1st Canadian Scottish* continue sur **Creully** et **Colombiers-sur-Seulles** (le QG de la brigade y sera installé), atteint aussi à partir de Banville par les *Winnipegs*. Conjointement, *Cannucks* et *Winnipegs* continueront sur **Pierrepont**, atteignant la première ligne d'objectif du Jour J, la ligne *Elm*. Cette ligne est dépassée jusqu'aux abords de **Camilly**. Mais la ligne *Oak*, second objectif, placée sur la voie ferrée Bayeux-Caen, légèrement au sud de la RN 13, ne sera jamais atteinte aujourd'hui par des unités de la *Second British Army*. Les *Reginas* arrivés à Perriers, avancent jusqu'à **Fontaine-Henry** où ils passeront la nuit. Mais des chars du *B Squadron* des *First Hussars*, engagés sur le plateau à l'ouest de cette localité, sont confrontés à des pièces de 88 mm ; six chars Sherman sont détruits.

A l'est, dans le secteur de la **8th Brigade** et de la **9th Brigade**, les *Chaudières* atteignent **Bény-sur-mer** et **Basly**. Quant aux *Queens*, comme nous l'avons vu, ils arrivent à **Anguerny** et des éléments de la 9e brigade arrivent à **Anisy** et **Villons-les-Buissons**, avance profonde en direction de Caen. Bien plus, dans le secteur de la 7e Brigade, à partir de Camilly, le lieutenant Mc Cormick du *First Hussars* atteint sans opposition la RN 13, en reconnaissance profonde, sans rencontrer d'opposition. Le front a explosé, il n'y a quasiment plus personne dans ce secteur avant l'arrivée des renforts allemands. Il aperçoit les hangars de Carpiquet. Il fait demi-tour dans Secqueville, rencontrant quelques Allemands surpris. Il faudra un mois de durs combats pour arriver à Carpiquet alors qu'en cette fin de journée du 6 juin cet objectif était à portée de tir. La résistance déterminée des Allemands dans les positions côtières, les terribles embouteillages à la sortie des plages auront coûté cher sur le programme et bien que les Canadiens aient eu une meilleure progression que celle des Britanniques dans le secteur *Sword*, toute progression s'arrête en fin de journée, elle ne reprendra que demain matin face à la montée en ligne des blindés allemands.

Ce 6 juin 1944, les pertes des unités relevant du commandement de la *3rd Canadian Infantry Division* s'élèvent à **961 hommes** dont 319 tués. Les pertes les plus lourdes auront été subies par les *Queen's Own Rifles of Canada*, soit 143 hommes dont 61 tués, puis les *Royal Winnipeg Rifles* avec 128 hommes dont 55 tués et le *North Shore Regiment* avec 125 hommes dont 33 tués, le *Regina Rifle Regiment* avec 108 pertes dont 42 tués, le *Régiment de la Chaudière* avec 105 pertes dont 16 tués.

(1) Ce texte, quasi intégral avait été publié dans le n° 94 de *39/45 Magazine*, avec l'autorisation de *Radio Canada*. On pourra s'y reporter.

The advance towards the D-Day objectives

At 12.00 hours Brigadier Harry Foster, commander of the 7th Brigade, signalled to his command ship HMS Hilary that the Mike-Nan Beach sector allocated to him was now completely clear. His brigade continued to advance during the afternoon. After Sainte-Croix-sur-Mer, the 1st Canadian Scottish carried on to Creully and Colombiers-sur-Seulles (where the brigade set up its HQ), which the Winnipegs also reached coming from Banville. Together, the Cannucks and Winnipegs moved on to Pierrepont, reaching the first line of their D-Day objective, the Elm line. They carried on over this line almost to Camilly. But on D-Day, the Second British Army units failed to achieve this second objective, the Oak line, along

the Bayeux-Caen railway line, slightly to the south of the N 13 highway. The Reginas having arrived at Perriers, advanced to Fontaine-Henry, where they spent the night. But the First Hussars B Squadron, after engaging tanks on the plateau to the west of that locality, were confronted by some 88 mm guns, and six Shermans were knocked out.

To the east, in the the 8th Brigade and 9th Brigade's sector, the Chaudières reached Bény-sur-Mer and Basly. As for the Queens Own, as we saw, they got as far as Anguerny and elements of the 9th brigade reached Anisy and Villons-les-Buissons, spearheading the advance on Caen. Better still, in the 7th Brigade's sector, starting from Camilly, Lieutenant McCormick of First Hussars, reconnoitring deeply, reached the N 13 highway without meeting any opposition. The front had disintegrated, and there was hardly anybody in this sector until German reinforcements came onto the scene. He could see the hangars at Carpiquet airfield. He turned back at Secqueville, meeting a few surprised Germans. It took a whole month of hard fighting to take Carpiquet, an objective that had been within firing distance on the evening of 6 June. The stout resistance put up by the Germans in the coastal positions, and the disastrous bottlenecks at the beach exits were to play havoc with the battle plan, and although the Canadians made better progress than the British in the Sword sector, no further progress could be made at the end of the day; and tomorrow would be another day as German tanks came up to the front line.

On this 6 June 1944, those units under 3rd Canadian Infantry Division command lost a combined total of 961 men including 319 killed. The Queen's Own Rifles of Canada suffered the heaviest losses, i.e. 143 men including 61 killed, followed by the Royal Winnipeg Rifles with 128 casualties including 55 killed, and the North Shore Regiment with 125 men including 33 killed, the Regina Rifle Regiment with 108 losses including 42 killed, and the Régiment de la Chaudière with 105 losses including 16 killed.

(1) The reader may wish to consult an almost complete version of this text previously published in issue n° 94 of 39/45 Magazine, with permission by Radio Canada.

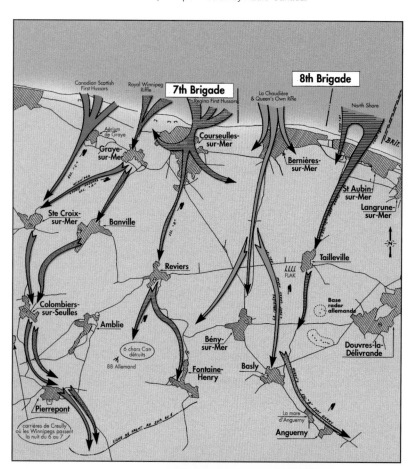

Gold Beach

7

Le secteur de *Gold Beach* s'étend sur seize kilomètres (dix miles) mais toute sa côte occidentale est constituée de falaises surplombant la mer. Cependant, ce secteur dispose d'une baie où sera installé un port artificiel, un *Mulberry,* et d'un port de débarquement, Port-en-Bessin. Ce sont donc des objectifs essentiels qui seront pris depuis les seules plages disponibles, à Asnelles *(Jig Beach)* et à Ver-sur-mer *(King Beach),* l'objectif principal au soir du Jour J étant la ville de Bayeux, important carrefour routier. Le débarquement se fera avec la *50th Northumbrian Division* du *Major General* Graham, considérablement renforcée. Ainsi, au soir du Jour J, 25 000 hommes auront débarqué sur ces deux plages.

L'assaut initial se fera avec deux brigades d'infanterie (exceptionnellement, la division dispose de quatre brigades pour le Jour J, voir pages 82 à 84). A l'est, sur *King Beach*, la *69th Infantry Brigade* engagera le *6th Green Howards* et le *5th East Yorkshire*. A l'ouest, sur *Jig Green* (à l'est d'Asnelles), la *231st Infantry Brigade* engagera le *1st Hampshire,* près des Roquettes (attaqué par le *1st Dorset)* pour prendre le Wn 36 puis obliquera vers Le Hamel et le Wn 37 installé dans la partie balnéaire d'Asnelles.

Duel d'artillerie avec la batterie de Longues

Mais, alors que la *Force G* approche de la côte, à l'ouest du secteur, la batterie de Longues (Wn 48,

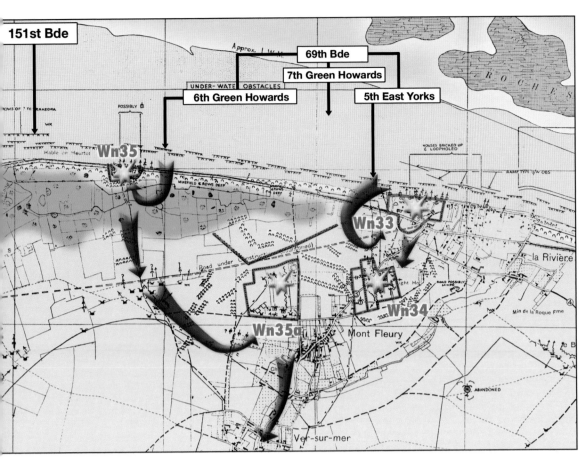

4./HKAA 1260) ouvre le feu sur la flotte alliée à **6 h 05** alors qu'elle a subi les tirs du croiseur français *Georges Leygues* dès 5 h 37 puis celui de l'*USS Arkansas*. Elle a répliqué au destroyer US *Emmons* puis au croiseur français *Montcalm*. Maintenant la *Force G* lui offre plus de cibles et elle met en difficulté le navire de commandement, le H.M.S. *Bulolo* qui doit lever l'ancre et se replier. Le H.M.S. *Ajax* s'attaque alors à la batterie et, à 11 000 mètres de distance, un duel s'engage et la batterie doit cesser le feu à 6 h 20. Mais, à 7 heures, elle reprend ses tirs, cette fois contre les Américains débarquant sur *Omaha Beach*. Le H.M.S. *Ajax* et le H.M.S. *Argonaut* unissent leurs moyens pour la faire taire et trois des quatre pièces de 15,2 cm sont alors réduites au silence. La dernière continuera de tirer jusqu'à 17 heures contre les navires et les plages de débarquement.

King Beach : Ver-sur-mer

La **69th Brigade** (*Brigadier* Knox) approche avec deux bataillons de front : les **5th East Yorkshires** à gauche (à l'est) face à La Rivière (la partie balnéaire de Ver, les **6th Green Howards** à droite (à l'ouest) face au Hable de Heurtot (Wn 35). Les chars DD du **4th/7th Dragoon Guards** appuieront cette attaque, le *C Squadron* pour les *East Yorks* et *B Squadron* pour les *Green Howards*. Derrière suit le bataillon de renfort *(follow-up battalion)*, le **7th Green Howards**, qui sera appuyé par le *A Squadron* des *Dragoon Guards*. Les chars DD doivent quitter leurs LCTs à H-50 mais, à cause de l'état de la mer, les LCTs les amèneront jusqu'au rivage ce qui contribuera à encombrer les plages. Arrivent aussi les chars spéciaux : chars *Flails* du *C Squadron* des *Westminster Dragoons* pour déminer et AVREs du *81st Squadron* du *6th Assault Regiment R.E.*

A la Rivière, le débarquement commence bien mais, peu après l'arrivée des chars, un canon de 88 mm placé sous une casemate H 677, dans le **Wn 33**, prend la plage de *King Beach* en enfilade, deux chars spéciaux sont aussitôt détruits. C'est le chaos. Mais un char *Flail* des *Westminster Dragoons* s'approche de la casemate et réussit à envoyer trois obus dans l'embrasure ; elle est réduite au silence. Puis un appui de l'artillerie navale sur l'arrière du Wn 33 réduit la vigilance des défenseurs et permet aux *East Yorks* de franchir le front de mer et de pénétrer dans les positions, de les réduire progressivement. Le Wn 33 est pris à 8 h 30 ; 45 prisonniers sont rassemblés mais l'assaut a coûté aux *East Yorks* la perte de 90 hommes, tués ou blessés, dont six officiers. Une compagnie du bataillon a par ailleurs contourné le Wn 33, grimpé sur le plateau et a pris le **Wn 34**, la petite position installée autour du phare du Mont Fleury ; elle y fait 30 prisonniers.

A l'ouest, le **6th Green Howards** (lieutenant-colonel Robin Hastings) débarque au Hable de Heurtot où elle est reçue par les tirs venant du **Wn 35** ; une compagnie de volontaires russes, la *3./441*, y est installée. Mais l'arrivée des chars réduit cette position au silence, et la motivation de ces Russes n'était peut-être pas aussi forte que celle des Allemands. Trois AVREs, sous le commandement du *Captain* King, aidés par les fantassins de la **A Company** ont eu raison des positions bétonnées. Sous le commandement du *Major* Lofthouse, la **D Company** des *Green Howards* franchit alors le marais sur l'unique chaussée, évite le fossé antichar sur sa droite et escalade le plateau en ligne droite jusqu'à la batterie du « Mont Fleury » (*3./HKAA 1260,* voir pages 14, 15 et 51). C'est là qu'intervient efficacement l'un des chefs de section, le CSM Stan Hollis, qui se fera remarquer une première fois pour son courage (voir page 190) et recevra la prestigieuse *Victoria Cross*. Cette position est rapidement

Vue aérienne de *King Beach* sur laquelle on voit nettement le fossé antichar creusé au pied de la batterie du Mont Fleury où s'illustra le CSM Hollis. On remarque déjà une intense circulation sur la route qui traverse ce fossé puis longe la batterie. (IWM.)

An aerial view of King Beach clearly showing the antitank ditch dug at the foot of the Mont Fleury battery where CSM Hollis fought outstandingly. Already we note heavy traffic on the road running across the ditch and along the battery. (IWM.)

231st Brigade

nettoyée ; les artilleurs étaient encore abasourdis par le bombardement subi, douze impacts du H.M.S. *Orion* seront relevés sur les casemates. Maintenant les deux autres compagnies du bataillon, la **B Company** et la **C Company** débarquent à leur tour et peuvent rapidement avancer vers l'intérieur après le rapide dégagement des sorties de plage. La *B Company* progresse alors vers le sud-ouest pour nettoyer les petites positions bétonnées (voir pages 188 et 189) qui courent au long de la crête de Meuvaines. Quelques combats ont lieu là. La *C Company* occupe une hauteur (la cote 52) à l'ouest de Ver et la progression reprend en direction de **Crépon**. La localité est atteinte mais un PC allemand s'y trouve et surtout, au sud-ouest de la localité, une batterie d'artillerie (la *5./1716*, quatre pièces tchèques de 10 cm). Arrivé à Crépon, le lieutenant-colonel Hastings est pressé d'arriver à Saint-Léger, sur la RN 13. Il veut éviter un coûteux combat de rue dans la localité : les compagnies B et C la contourneront, la *D Company* du *Major* Lofthouse restera pour la nettoyer. Le *Major* donne alors ses ordres à ses chefs de section, il faudra faire juste ce qu'il faut pour ouvrir la route (« *Just do the minimum necessary to open the road for us to use.* ») Le *Sergeant Major* Hollis a pour objectif la ferme à la sortie sud-ouest de la localité (voir page 191). Elle est vide, à l'exception d'un jeune garçon qui va le guider. Il sort du jardin face à un champ de rhubarbe ; il y a des Allemands de la *5./1716* avec leurs quatre pièces de 10 cm. Il prend un PIAT et emmène sept à huit hommes dans le champ de rhubarbe, en rampant vers la batterie. Tous ses hommes sont touchés. Le PIAT ne marche pas et les canons ouvrent le feu sur les bâtiments agricoles. Repli. Mais il finira par neutraliser les pièces, ce qui lui vaudra la *Victoria Cross*.

Le **7th Green Howards** a, entre-temps, débarqué à **8 h 20**. Il traverse Ver-sur-mer, abandonné par les Allemands et atteint la batterie de Mare Fontaine (*6./1716*) au sud-est de la localité. Les artilleurs allemands ont été démoralisés par le bombardement et se rendent. On dénombrera 87 douilles d'obus autour des pièces tchèques de 10 cm. Sur la plage, les canons automoteurs du *124th Field Artillery Regiment* sont maintenant prêts à appuyer la progression de la *69th Brigade* vers l'intérieur.

Cette progression a lieu par Crépon mais aussi par **Creully** où quatre chars des *Dragoon Guards* sont perdus en traversant la Seulles. Vers **16 heures**, les Allemands mènent une contre-attaque avec dix canons d'assaut de la *1352. Panzerjäger-Kompanie*, des éléments du *Füsilier-Bataillon 352* et du *I./915*.

Les Britanniques plient sous l'assaut entre Bazenville et Villiers-le-Sec mais les Allemands doivent à leur tour se replier sur Saint-Gabriel (au sud-ouest de Creully), à 21 h 35. Regroupées autour de Ducy-Sainte-Marguerite à 22 h 35, ces forces allemandes ne compteront plus que six canons d'assaut et 90 hommes mais elles auront ralenti la progression de la *69th Brigade*. Au sud-est de Tierceville, le *7th Green Howards* aura établi la jonction avec les Canadiens des *Royal Winnipeg Rifles*.

Jig Beach : Asnelles

A l'ouest, la **231st Brigade** débarque aussi avec deux bataillons de front. Mais alors que le **1st Hampshire** devait débarquer près du Hamel (Asnelles) pour prendre le **Wn 37**, à l'ouest, et les **1st Dorset** à l'est pour prendre le **Wn 36** (« La cabane des Douanes » au hameau des Roquettes - voir page 52), les deux bataillons vont débarquer côte à côte dans le secteur des Roquettes. Mais il y a plus grave, des chars ne seront pas au rendez-vous. Seulement deux des seize LCTs amenant les chars Centaur arriveront à temps.

Les compagnies **A** et **B** du **1st Dorset** débarquent à **7 h 30** près des **Roquettes** et doivent longer la plage vers l'ouest pour atteindre le Wn 36, sous les tirs de 75 mm provenant de la casemate H 612 de la position Wn 37 du Hamel. Le *C Squadron* des *Sherwood Rangers*, qui appuie le bataillon, a perdu sept chars. Les chars spéciaux connaissent eux aussi des problèmes : un char *Flail* des *Westminster Dragoons (6th Assault Regt. R.E.)* saute sur une mine que son fléau n'avait pas fait exploser, le char AVRE qui le suit est bloqué dans la sortie de plage, un autre char *Flail* s'enlise, l'AVRE qui le suit est détruit par un obus. Finalement, le Wn 36 sera pris et nettoyé par la **C Company** arrivée avec la deuxième vague. La *B Company* établira un rideau défensif autour du terrain conquis tandis que les compagnies A et D vont progresser vers l'intérieur. Elles avancent tout d'abord vers le sud et sont à **Meuvaines** à **9 h 30** puis elles obliquent vers l'ouest, passent au sud d'Asnelles par les positions allemandes du Petit-Fontaine et du Puits Hérode, en partie abandonnées et tenues par des Allemands du *I./196*. Ces deux compagnies arrivent alors au sud d'**Arromanches**, appuyées par des blindés du *Nottingham Yeomanry*. Les pertes du bataillon s'élèveront aujourd'hui à 128 tués dont quatre officiers.

A l'ouest, le **1st Hampshire** va connaître de graves difficultés. Les compagnies **A** et **D** débarquent à

The Gold Beach sector stretched for ten miles (16 km) but its entire western section consisted of cliffs overhanging the sea. However, this sector had a bay where an artificial harbor, codenamed Mulberry, was to be built and it also had a port of discharge at Port-en-Bessin. So these were vital objectives that were achieved from the only available beaches, at Asnelles (Jig Beach) and Ver-sur-Mer (King Beach), the principal objective for D-Day evening being the town of Bayeux, an important crossroads. The landing was carried out by the considerably reinforced 50th Northumbrian Division under Major General Graham. Thus, by D-Day evening, 25,000 men had been brought ashore on these two beaches.

The initial attack was carried out by two infantry brigades (the division had four brigades, specially for D-Day, see pages 82 to 84). In the east, on King Beach, the 69th Infantry Brigade committed the 6th Green Howards in front of Wn 35 held by a company of Russian volunteers at Le Hable de Heurtot, subsequent objectives being the Mont Fleury battery (3./HKA 1260 - see pages 14 and 15) and the Mare Fontaine battery (Wn 32, 6./AR 1716 - see page 10), and then Crépon. In the west, on Jig Green (east of Asnelles), the 231st Infantry Brigade committed of the 1st Hampshires near Les Roquettes (1st Dorset) to seize Wn 36, and then fork off towards Hamel and Wn 37 in the seaside sector of Asnelles.

King Beach : Ver-sur-Mer

The 69th Brigade (Brigadier Knox) came in with two battalions side by side: the 5th East Yorkshires on the left (to the east) off La Rivière (the seaside section of Ver), the 6th Green Howards on the right (to the west) off Le Hable de Heurtot (Wn 35). Supporting this attack were the DD tanks of the 4th/7th Dragoon Guards, C Squadron for the East Yorks and B Squadron for the Green Howards. Then came the follow-up battalion, the 7th Green Howards, with the Dragoon Guards A Squadron in support. The DD tanks were scheduled to leave their LCTs at H-50 but, because of the state of the sea, the LCTs brought them in to the shore, thus adding to the congestion on the beaches. The funnies were also brought in: flail tanks for the Westminster Dragoons C Squadron for mine clearing operations, and the AVREs of the 6th Assault Regiment R.E., 81st Squadron.

At La Rivière, the landing got off to a good start but, shortly after the tanks arrived, an 88 mm gun placed in casemate H 677 of strongpoint Wn 33, began to enfilade King Beach, immediately destroying two special tanks. This caused havoc. But a Flail tank belonging to the Westminster Dragoons went up to the casemate and managed to fire three shells through the embrasure, silencing the gun. Then supporting naval artillery fire to the rear of Wn 33 distracted the defenders' attention, enabling the East Yorks to cross the sea front and penetrate inside the positions, and gradually neutralize them. Wn 33 was captured at 08.30; 45 prisoners were taken, but the attack had cost the East Yorks 90 men, killed or wounded, including six officers. Meanwhile, one of the battalion's companies had worked its way round Wn 33, climbed onto the flat ground and taken Wn 34, the small position set up around the lighthouse at Mont Fleury, where it took 30 prisoners.

To the west, the 6th Green Howards (Lieutenant-Colonel Robin Hastings) landed at Le Hable de Heurtot to be greeted by fire coming from Wn 35, operated by a company of Russian volunteers, 3./441. But the arriving tanks silenced the position, and these Russians were perhaps not as highly motivated as the Germans were. Three AVREs under Captain King,

assisted by the infantry of A Company dealt with these bunkers. With Major Lofthouse in command, the Green Howards D Company then took the only road across the marshy area, avoiding the anti-tank ditch to the right and climbing up onto the flat ground to head straight for the "Mont Fleury" battery (3./HKAA 1260, see pages 14, 15 and 51). This is where one of the platoon commanders intervened so effectively, CSM Stan Hollis, who was first distinguished for his bravery (see page 190) and was awarded the prestigious Victoria Cross. This position was quickly mopped up; the artillerymen were still deafened by the bombardment they had received, with twelve hits from H.M.S. Orion counted on the casemates. The battalion's two other companies, B Company and C Company, in turn came ashore and they were able to make quick progress inland now that the beach exits had been rapidly cleared. B Company moved off south-west to mop up the small concrete positions running along Meuvaines ridge (see pages 188 and 189), where there were a few firefights. C Company occupied the high ground (Hill 52) to the west of Ver and the advance started up again towards Crépon. On entering this locality, a German HQ was discovered and not only that but an artillery battery to the south-west (5./1716, four Czech 10 cm guns). Having reached Crépon, Lieutenant-Colonel Hastings was anxious to get to Saint-Léger, on the N 13 highway. He wanted to avoid a costly street battle and so B and C companies by-passed it, leaving D Company under Major Lofthouse to mop up. The Major then issued orders to his platoon commanders, "Just do the minimum necessary to open the road for us to use". Sergeant Major Hollis's target was the farm on the south-west edge of the village (see page 191). It was empty, except for a young boy who showed him the way. He came out of the garden to face a field of rhubarb; here were some Germans of 5./1716 with their four 10 cm guns. He took a PIAT and went off along with seven or eight men into the rhubarb field, crawling up to the battery. All his men were hit. The PIAT failed to go off and the guns opened fire on the farm buildings. Retreat. But in the end he neutralized the guns, thus earning the Victoria Cross.

Meanwhile the 7th Green Howards had landed at 08.20. They passed through Ver-sur-Mer, abandoned by the Germans, and reached the Mare Fontaine battery (6./1716) to the south-east of the village. The German artillerymen were demoralized by the bombardment and surrendered. 87 spent shell cases were counted around the Czech 10 cm guns. On the beach, the 124th Field Artillery Regiment's self-propelled guns were now ready to lend support to the 69th Brigade as it advanced inland.

The advance passed through Crépon and also through Creully where four Dragoon Guards tanks were lost while crossing the River Seulles. At around 16.00 hours, the Germans launched a counter-attack with 1352. Panzerjäger-Kompanie, elements of Füsilier-Bataillon 352 and of I./915 armed with ten assault guns. Under this attack the British fell back between Bazenville and Villiers-le-Sec but the Germans were also forced back to Saint-Gabriel (south-west of Creully), at 21.35. As they mustered around Ducy-Sainte-Marguerite at 22.35, the German forces were down to six assault guns and 90 men, but they had held up the 69th Brigade's advance. South-east of Tierceville, the 7th Green Howards managed to link up with the Canadians of the Royal Winnipeg Rifles.

Jig Beach : Asnelles

To the west, **the 231st Brigade** also came ashore two battalions abreast. But whereas **the 1st Hamp-**

Les *Royal Marines* du *47th RM Commando* débarquent de leurs LCAs sur *Jig Beach* encombrée par les LCTs qui ont amené les chars spéciaux. A gauche, un bulldozer pousse un chariot chargé de fascines. (IWM.)

Royal Marines of the 47th RM Commando disembark from their LCAs on Jig Beach congested with the LCTs that brought in the special tanks. On the left, a bulldozer is pushing a truckload of fascines. (IWM.)

7 h 35 à l'ouest des Roquettes et obliquent vers l'ouest en direction du **Wn 37** (Le Hamel) mais elles sont clouées au sol par des tirs violents venant de cette position intacte malgré les bombardements de l'aviation et de la marine, particulièrement depuis le sanatorium, vaste bâtiment au milieu de la position, depuis une casemate H 612 armée d'un canon de 75 mm et depuis divers tobrouks armés de mitrailleuses. Le lieutenant-colonel Smith, qui commande le *1st Hampshire*, est blessé deux fois près de la plage ; il sera évacué. Les observateurs d'artillerie sont aussi touchés, les postes de radio détruits. Vingt minutes plus tard, les compagnies de renfort (**C, D**) sont arrivées à leur tour, prises sous les tirs. Le chaos est total. Le canon de 75 mm a déjà détruit deux chars *Flail*, le *B Squadron* des *Sherwood Rangers* a perdu quatre chars et trois autres s'enlisent. Un char *Flail* (*sergeant* Lindsay) du *B Squadron* des *Westminster Dragoons* a été détruit après avoir ouvert un passage dans les dunes. Le *Major* Martin, qui commande en second le bataillon a pris le commandement mais il est blessé à son tour et est remplacé par le *Major* Warren (qui sera tué deux heures plus tard par un sniper). L'attaque reprend à **13 h 45**. La *B Company* contournera Asnelles par le sud et prendra la position par l'ouest, à **16 heures** seulement, après des combats acharnés. Pendant ce temps-là, la *D Company* a contourné Asnelles, nettoyé le Wn 38 à Saint-Côme-de-Fresné, puis la station radar et arrive en fin de journée à l'est d'Arro-

manches où l'unité entre dans la soirée rencontrant peu de résistance. Dans la soirée, le *1st Hampshire* compte ses pertes : 182 tués et de nombreux blessés. Par ailleurs, le troisième bataillon de la brigade, le **2nd Devons**, débarque à **8 h 15**. L'une de ses compagnies va renforcer les *Hampshires* dans leur attaque sur le Hamel, le reste du bataillon a progressé jusqu'à Ryes, sur la route de Bayeux. La *C Company* a fait une incursion vers la Rosière (route d'Arromanches à Bayeux).

Les Commandos

Le **47th RM Commando** du lieutenant-colonel Phillips débarque à H + 90 à l'est du secteur de la *231st Brigade* mais quatre de ses quatorze LCAs sont perdus (dont celui du *Captain* Wood), trois par des mines et un par des tirs d'obus. Quand les *Royal Marines* se rassemblent derrière les Roquettes, 4 officiers et 68 hommes (sur 445) sont portés manquants, la plupart des armes lourdes ont été perdues. Le lieutenant-colonel Phillips manque aussi à l'appel et le *Major* Donnell prend le commandement et se dirige vers l'église d'Asnelles au milieu d'un formidable embouteillage mais le gros de ses *Royal Marines* n'y arrive qu'à **13 h 50**. Le *47th RM Commando* se met alors en route vers Port-en-Bessin, son objectif. Mais, en raison des retards, il n'arrivera en fin de journée qu'à la côte 72, près de la route menant de Bayeux à Longues après être passé à La Rosière en évitant

Suite page 192

shires were to land near Le Hamel (Asnelles) to take **Wn 37** to the west, and **the 1st Dorsets** to the east to take **Wn 36** («the Customs shed» at the hamlet of Les Roquettes - see page 52), the two battalions landed side by side in the Roquettes sector. But more seriously, most of the tanks did not come in with them. Only two of the sixteen LCTs bringing the Centaur tanks arrived in time.

The 1st Dorsets **A** and **B** companies landed at **07.30** near **Les Roquettes** and had to move west along the beach to reach Wn 36, coming under fire from a 75 mm gun from casemate H 612 of strongpoint Wn 37 at Le Hamel. The Sherwood Rangers C Squadron supporting the battalion lost seven tanks. The funnies too were in trouble: a Flail tank belonging to the Westminster Dragoons (6th Assault Regt. R.E.) was blown up by a mine which its flail had failed to set off; the AVRE tank following it was blocked in the beach exit, another Flail tank got stuck in the sand, and the AVRE behind it was knocked out by a shell. In the end, Wn 36 was captured and cleared by **C Company**, which had come in with the second wave. B Company set up a defensive curtain around the conquered terrain while A and D companies moved off inland. They first advanced southwards, reaching **Meuvaines** by **09.30**; they then forked off to the west, passed south of Asnelles by the partly abandoned German positions of Petit-Fontaine and Puits Hérode, held by the Germans of I./196. These two companies then arrived south of **Arromanches**, with the tanks of the Nottingham Yeomanry in support. The battalion's losses on D-Day numbered 128 killed, including four officers.

To the west, **the 1st Hampshires** encountered serious difficulties. A and D companies landed at **07.35** west of Les Roquettes and forked off west towards **Wn 37** (Le Hamel) but were pinned down by heavy shellfire coming from this strongpoint still intact in spite of the aerial and naval bombardments, particularly from the sanatorium, a huge building in the middle of the position, from casemate H 612 armed with a 75 mm gun, and from various tobruks armed with machine-guns. The 1st Hampshires commander, Lieutenant-Colonel Smith, was twice wounded close to the beach and had to be evacuated. The artillery spotters were also hit, and their wireless sets destroyed. Twenty minutes later, the follow-up companies **(C, D)** arrived in turn, and were caught in the fire. It was utter chaos. The 75 mm gun had already knocked out two Flail tanks, and the Sherwood Rangers B Squadron had lost four tanks with three others bogged down. A Flail tank (Sergeant Lindsay) belonging to Westminster Dragoons B Squadron was destroyed after opening up a passage through the dunes. The battalion's second-in-command, Major Martin, had taken over command but he too was wounded and replaced by Major Warren (himself killed by a sniper two hours later). The attack was resumed at **13.45**. B Company by-passed Asnelles via the south and took the position from the west, but not until **16.00 hours**, after a fierce battle. Meanwhile, D Company by-passed Asnelles, cleared Wn 38 at Saint-Côme-de-Fresné, then the radar tracking station, arriving at day's end east of Arromanches, where the unit entered that evening, meeting little resistance. In the evening, the 1st Hampshires counted its losses: 182 killed and a great many wounded. Also, the brigade's third battalion, **the 2nd Devons**, came ashore at **08.15**. One of its companies came to reinforce the Hampshires in their attack on Le Hamel, while the rest of the battalion pressed on as far as Ryes, on the Bayeux road, C Company making an incursion towards La Rosière (Arromanches to Bayeux road).

Un char *Flail* des *Westminster Dragoons* mis hors de combat sur *Gold Beach*. Les chars spéciaux ont subi de lourdes pertes dans le secteur. Sur *Jig Beach*, entre autres, un char *Flail* a sauté sur une mine que son fléau n'avait pas fait exploser. (IWM.)

A Flail tank belonging to the Westminster Dragoons knocked out on Gold Beach. The funnies sustained heavy losses in this sector. On Jig Beach, one Flail tank was blown up by a mine that it had failed to set off with its flail. (IWM.)

The commandos

Lieutenant-Colonel Phillips landed at H + 90 with his **47th RM Commando** to the east of the 231st Brigade's sector, but four of his fourteen LCAs (including Captain Wood's) were lost, three to mines and one to shellfire. When the Royal Marines mustered behind Les Roquettes, 4 officers and 68 men (out of 445) were reported missing, and most of the heavy weapons had been lost. Lieutenant-Colonel Phillips was also missing so Major Donnell took over command and headed off towards the church at Asnelles amid tremendous congestion, although most of his Royal Marines did not come ashore until **13.50**. The 47th RM Commando then set off towards its objective, Port-en-Bessin. But, because of the delays, by nightfall it had got no further than Hill 72, near the road leading from Bayeux to Longues, after passing close to La Rosière but evading any contact with the enemy. Lieutenant-Colonel Phillips finally caught up with his unit the next morning and the attack on the strongpoints at Port-en-Bessin was launched on the evening of the 7th, the positions finally falling on the morning of the 8th.

The other brigades

The division's two other brigades started landing at **11.00 hours** on the best cleared beach, which was King Beach. By noon, the entire division was on dry land. **The 151st Brigade** (Brigadier Senior), with the 90th Field Artillery Regiment R.A. in support, advanced in two groups on their objective, the N 13 highway. To the east, the 6th Durham Light Infantry and a Squadron belonging to the 4th/7th Dragoon Guards, marched on Crépon, Villiers-le-Sec, and as far as **Esquay-sur-Seulles**, near the N 13 road. To

See page 192

1

Saint-Côme   Asnelles

2

3

Wn35

Hill 52

Meuvaines

position

4

6

Meuvaines, vestiges de la position fortifiée (Wn 35b, voir page 48) sur la crête dominant Asnelles et les Wn 35, 36 et 37. Cette position sera enlevée le 6 juin par la *B Company* du *7th Green Howards* après des combats au corps à corps. Les Allemands avaient édifié là une ligne de petites casemates en béton. Les vestiges sont actuellement en terrain privé à l'ouest de Cré-

5

Ver

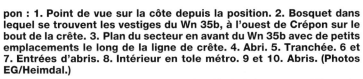

pon : 1. Point de vue sur la côte depuis la position. 2. Bosquet dans lequel se trouvent les vestiges du Wn 35b, à l'ouest de Crépon sur le bout de la crête. 3. Plan du secteur en avant du Wn 35b avec de petits emplacements le long de la ligne de crête. 4. Abri. 5. Tranchée. 6 et 7. Entrées d'abris. 8. Intérieur en tôle métro. 9 et 10. Abris. (Photos EG/Heimdal.)

Meuvaines, the remains of strongpoint Wn 35b (see page 48) on the ridge overlooking Asnelles and Wn 35, 36 and 37. This position was captured on 6 June by the 7th Green Howards B Company after hand-to-hand fighting. Here the Germans had set up a row of concrete pill-boxes. The remains now lie on private land west of Crépon: 1. View of the coast from the position. 2. Copse in which lie the remains of Wn 35b, west of Crépon on the edge of the ridge. 3. Map of the sector forward of Wn 35b with small emplacements along the line of the ridge. 4. Shelter. 5. Trench. 6 and 7. Shelter entrances. 8. Underground railway sheet metal interior. 9 and 10. Shelters. (Photos EG/Heimdal.)

La Victoria Cross du CSM Hollis
CSM Hollis' Victoria Cross

Le 6 juin, le *Company Sergeant-Major* Stanley Elton Hollis commande une des sections de la *D Company* (commandée par le *Major* Lofthouse) du *6th Green Howards*. Ce jour-là, le CSM Hollis se distingue par deux fois ce qui lui vaudra une décoration rare et prestigieuse, la *Victoria Cross,* la seule attribuée le 6 juin 1944 en Normandie. La première action a lieu à la batterie du Mont-Fleury, là il nettoie au Sten Gun et à la grenade, deux casemates *(pillbox)*, contribuant à ouvrir la route menant à Ver depuis la plage et à protéger la vie de ses camarades. Plus tard, à Crépon, le *Major* Lofthouse lui confie le nettoyage d'une partie du village. Il entre dans une ferme (1 et 2 p. 191), aperçoit une batterie allemande depuis une porte de jardin (3 et 4) et l'attaque avec un PIAT, tandis que tous ses hommes sont touchés autour de lui. Il contribuera à la destruction de cette batterie et sauvera la vie de deux de ses hommes.

On 6 June, Company Sergeant-Major Stanley Elton Hollis commanded a platoon of the 6th Green Howards D Company (commander Major Lofthouse). On that day, CSM Hollis distinguished himself twice to earn a rare and prestigious decoration, the Victoria Cross, the only one awarded in Normandy on 6 June 1944. His first action took place at the Mont-Fleury battery, where he cleared two pillboxes with a Sten Gun and grenades, thus helping to open up the road from the beach to Ver and protect his comrades' lives. Later, at Crépon, Major Lofthouse detailed him to clear part of the village. He entered a farm (1 and 2 p. 191), spotted a German battery from a garden gate (3 and 4) and attacked it with a PIAT, while all his men around him were hit. He contributed to the destruction of this battery and saved the lives of two of his men.

6

7

1. On 7 June, in the southern part of the village of Ver-sur-Mer, on the Crépon road, a British captain takes charge of two German prisoners belonging to a Flak unit. (IWM.)

2 and 3. Today. A signpost to Crépon recalls one painted by the British on the house in this photo. (EG/Heimdal.)

4 and 5. Photo taken on 6 June by Sergeant Parkinson, on the way out from Ver-sur-Mer on the Crépon road, the road taken by the 6th Green Howards and CSM Hollis. (IWM.) Today, the place is still recognizable. (EG/Heimdal.)

6 and 7. In Crépon, on 7 June, British soldiers repair electricity wires on the corner of a house. (IWM.) Today, nothing has changed. (EG/Heimdal.)

1. Le 7 juin, dans la partie sud du village de Ver-sur-mer, sur la route de Crépon, un capitaine britannique prend en charge deux prisonniers allemands appartenant à une unité de Flak. (IWM.)

2 et 3. Aujourd'hui. Un panneau indique la direction de Crépon, direction qui avait été peinte par les Britanniques sur la maison que nous voyons sur cette photo. (EG/Heimdal.)

4 et 5. Photo prise le 6 juin par le *Sergeant* Parkinson, à la sortie de Ver-sur-mer en direction de Crépon, route suivie par le *6th Green Howards* et le CSM Hollis. (IWM.) Aujourd'hui, les lieux sont bien reconnaissables. (EG/Heimdal.)

6 et 7. Dans Crépon, le 7 juin, les soldats britanniques remettent en état des fils électriques à l'angle d'une maison. (IWM.) Actuellement, rien de changé. (EG/Heimdal.)

1

3

4

2

1. La ferme de la famille Lahaye, à gauche à la sortie sud-ouest de Crépon. 2. M. Lahaye devant la ferme, son frère a guidé le CSM Hollis. 3. Sortie du jardin de la ferme, une balle avait frappé l'encadrement de la porte, à droite, près du CMS Hollis. 4. Les pièces d'artillerie allemandes se trouvaient dans cette direction. (EG/Heimdal.)

1. The Lahaye family farm, on the left leaving Crépon via the south-west. 2. M. Lahaye in front of the farm, his brother has shown CSM Hollis the way. 3. Coming from the farm garden, a bullet hit the door frame on the right, next to CMS Hollis. 4. The German artillery guns were in this direction. (EG/Heimdal.)

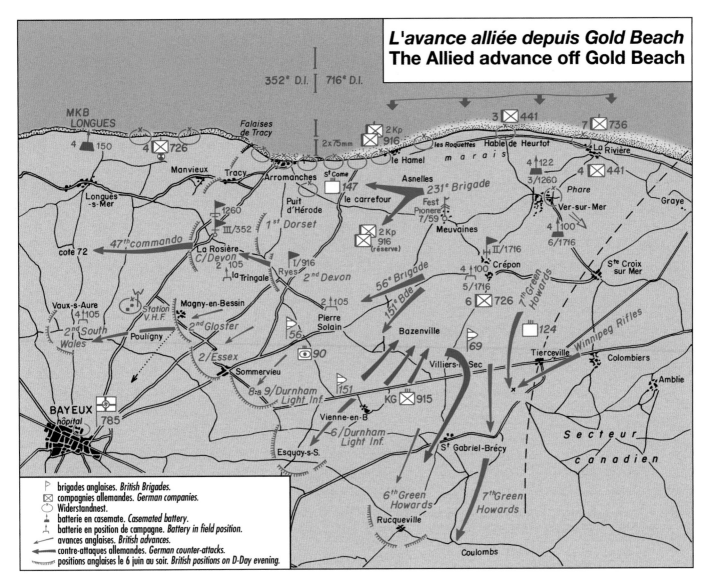

L'avance alliée depuis Gold Beach
The Allied advance off Gold Beach

brigades anglaises. *British Brigades.*
compagnies allemandes. *German companies.*
Widerstandnest.
batterie en casemate. *Casemated battery.*
batterie en position de campagne. *Battery in field position.*
avances anglaises. *British advances.*
contre-attaques allemandes. *German counter-attacks.*
positions anglaises le 6 juin au soir. *British positions on D-Day evening.*

tout contact avec l'ennemi. Le lieutenant-colonel Phillips ne rejoindra son unité que le lendemain matin et l'assaut sur les positions de Port-en-Bessin sera lancé dans la soirée du 7, elles ne tomberont que le 8 au matin.

Les autres brigades

Les deux autres brigades de la division vont débarquer à partir de **11 heures** sur *King Beach*, la plage la mieux dégagée. A midi, la division aura débarqué en totalité. La **151st Brigade** (*Brigadier* Senior) soutenue par le *90th Field Artillery Regiment R.A. (artillerie)* avance en deux groupes ayant pour objectif la RN 13. A l'est, le *6th Durham Light Infantry* et un *Squadron* du *4th/7th Dragoon Guards*, marchent sur

Crépon, Villiers-le-Sec, jusqu'à **Esquay-sur-Seulles**, à proximité de la RN 13. A l'ouest, le *9th Durham Light Infantry*, ainsi que le *8th D.L.I.*, avance sur la route menant de Crépon à Bayeux, jusqu'à **Sommervieu**, d'où on aperçoit les flèches de la cathédrale de Bayeux, la ville est proche. Plus à l'ouest, la **56th Brigade** (*Brigadier* Pepper) avance au nordouest de Bayeux. Le *2nd Essex* marche à droite du *9th D.L.I.* Le *2nd Gloster* s'arrête à **Magny** pour la nuit, il enverra des patrouilles jusqu'à Saint-Vigor, faubourg de Bayeux. Le *2nd South Wales Borderers* trouve la station V.H.F. de Pouligny incendiée par les Allemands et prend le pont de **Vaux-sur-Aure**, à proximité de Bayeux à 23 h 50. Ainsi, le 6 juin au soir, malgré les retards, les objectifs sont presque atteints dans ce secteur. Les troupes entreront dans Bayeux le 7 juin à l'aube.

the west, the 9th Durham Light Infantry, and also the 8th D.L.I. , advanced on the Crépon-to-Bayeux road until they came to **Sommervieu**, from where the spires of Bayeux Cathedral can be seen, the town is that close. Still further west, **the 56th Brigade** (Brigadier Pepper) advanced north-west of Bayeux. The 2nd Essexes were positioned to the 9th D.L.I.'s right. The 2nd Glosters stopped for the night at

Magny, sending out patrols as far as Saint-Vigor, a suburb of Bayeux. The 2nd South Wales Borderers located the V.H.F. station at Pouligny to which the Germans had set fire, and took the bridge at **Vaux-sur-Aure** near Bayeux, at 23.50. Thus, on the evening of 6 June, despite the delays, the objectives had almost been attained in this sector and troops entered Bayeux at dawn on 7 June.

Conclusion

La contre-attaque de la 21. Panzer-Division

A **15 heures**, les chars du *Staffordshire Yeomanry* interviennent enfin. Leur chef, le lieutenant-colonel Eddie, engage son *B Squadron* sur la crête de Périers qui est finalement prise. Le *C Squadron* est lancé sur Beuville où il parvient, rejoint par une compagnie du *2nd K.S.L.I.* et les mitrailleuses des Carriers du *2nd Middlesex*. Vers **15 h 15**, d'autres éléments du *2nd K.S.L.I.* et une batterie antichar *(17/43 Battery)* du *7th Field Regiment* arrivent aussi à Beuville. Le flanc droit (ouest), à découvert, est protégé par les canons antichars de 17 livres.

Mais un groupement blindé de la *21. Panzer-Division* arrive maintenant dans ce secteur. Il est signalé autour de Lebisey vers **16 heures**. En effet, à 10 h 45, le chef du *LXXXIV. AK*, le *General der Artillerie* Marcks, se trouve au PC du *Generalleutnant* Richter (chef de la *716. ID*). Devant l'évolution de la situation, il modifie ses ordres ; la contre-attaque, qui devait avoir lieu contre la tête-de-pont aéroportée à l'est de l'Orne, est en grande partie réorientée à l'ouest de ce fleuve, au nord de Caen, en direction de *Sword Beach*. Le IIe bataillon du régiment de chars de la division, la *II./Panzer-Regiment 22* se retrouve alors en tête et les blindés se préparent à traverser l'Orne à Caen alors que survient le bombardement de 13 h 30 sur la ville. Trois groupements tactiques sont constitués :

- Le **Kampfgruppe von Oppeln,** sous les ordres de l'*Oberst* von Oppeln Bronikowski, est constitué des chars de la *I./22* (sans sa 4e compagnie aux ordres du *Major* von Luck à l'est de l'Orne), des chars de la *II./22* (des chars Somua S 35 et cinq Panzer IV seulement par compagnie), le Ier Bataillon *(gepanzert,* sur véhicules blindés semi-chenillés) du *Pz.-Grenadier-Regiment 125* (moins sa 3e compagnie), la 1re compagnie du bataillon du Génie *(Panzer-Pionier-Bataillon 220)*, le IIIe Groupe du régiment d'artillerie *(III./Panzer-Artillerie-Regiment).* - Le **Kampfgruppe Rauch,** sous les ordres du lieutenant-colonel Rauch, est formé du Ier bataillon *(I./192)*, de l'état-major et des 9e, 10e compagnies du *Panzergrenadier-Regiment 192*, de la 2e compagnie du bataillon du Génie et du IIe groupe du régiment d'artillerie. Un troisième groupement tactique est constitué, le **Kampfgruppe Luck,** sous le commandement du *Major* von Luck, mais il est engagé à l'est de l'Orne, contre la tête-de-pont aéroportée et ne concerne pas cette étude.

Et, en effet, après bien des retards et des détours, la 5e compagnie de la *II./Panzer-Regiment 22* parvient aux environs de **15 heures** (14 heures pour les Britanniques) entre Lebisey et Biéville. Les 2e et 3e compagnies *(I./22)* parviennent à **16 heures** (15 heures) à proximité des hauteurs de Périers-sur-le-Dan. Ainsi, par manque d'initiative, les Britanniques ont laissé les panzers arriver, mais, à cause de retards répétés, ceux-ci n'arrivent que maintenant. Les deux offensives vont se télescoper ! Les deux *Kampfgruppen* de la *21. Panzer-Division* sont maintenant sur leurs bases de départ mais certains de leurs éléments sont encore en marche d'approche. A proxi-

The 21.Panzer-Division counter-attacks

At **15.00 hours**, the Staffordshire Yeomanry's tanks finally went into action. Their commander, Lieutenant-Colonel Eddie, engaged B Squadron on Périers rise, which was finally taken. C Squadron was launched against Beuville, which it reached, to be joined by a company of 2nd K.S.L.I. and the machine-guns and carriers of the 2nd Middlesexes. At around **15.15**, further elements of 2nd K.S.L.I. and an anti-tank battery (17/43 Battery) belonging to the 7th Field Regiment also arrived at Beuville. The exposed right (west) flank was covered by the 17 pound anti-tank guns.

But now an armored group of 21.Panzer-Division arrived in the sector. It was reported in the Lebisey area at around **16.00 hours**. At 10.45, the commander of LXXXIV. AK, General der Artillerie Marcks, was at the HQ of Generalleutnant Richter (commander of 716. ID). Given the turn of events, he issued fresh orders; the counter-attack, which was to have been launched against the airborne bridgehead east of the Orne, was mostly redirected to the west of the river, north of Caen towards Sword Beach. The 2nd battalion of the division's tank regiment, II./Panzer-Regiment 22, then found itself out in front as the tanks prepared to cross the Orne at Caen at the time the city came under bombardment, at 13.30. Three battlegroups were set up:

- **Kampfgruppe von Oppeln**, under Oberst von Oppeln Bronikowski, comprised the tanks of I./22 (without its 4th company commanded by Major von Luck east of the Orne), the tanks of II./22 (Somua S 35 tanks and just five Panzer IVs per company), Ist Battalion (gepanzert, on armored half-tracked vehicles) of Pz.-Grenadier-Regiment 125 (minus its 3rd company), the 1st Company of the engineers battalion (Panzer-Pionier-Bataillon 220), the 3rd Group of the artillery regiment. (III./Panzer-Artillerie-Regiment).
- **Kampfgruppe Rauch**, under Lieutenant-Colonel Rauch, comprised the Ist Battalion (I./192), the staff and 9th, 10th Companies of Panzergrenadier-Regiment 192, the 2nd Company of the engineers battalion and the 2nd Group of the artillery regiment. A third battlegroup was set up, **Kampfgruppe Luck**, under the command of Major von Luck, but it was committed to the east of the Orne, against the airborne bridgehead, and so is not relevant to this study.

As it turned out, after many delays and detours, 5th Company of II./Panzer-Regiment 22 arrived between Lebisey and Biéville at around **15.00 hours** (14.00 hours for the British). 2nd and 3rd Companies (I./22) arrived at **16.00** (15.00) near the high ground at Périers-sur-le-Dan. Thus, for want of initiative, the British had let the Panzers come, but, owing to repeated delays, they had not arrived until now. The two offensives collided! Both Kampfgruppen of 21. Panzer-Division were now on their starting lines but some of their elements were still marching up. Near Caen, six Panzers (including five command tanks) were destroyed by eight Typhoons.

Near Périers-sur-le-Dan, General der Artillerie Marcks joined Generalmajor Feuchtinger, as the Allied armada could be seen in the distance. Redfaced with anger, the corps commander blamed Feuchtinger for

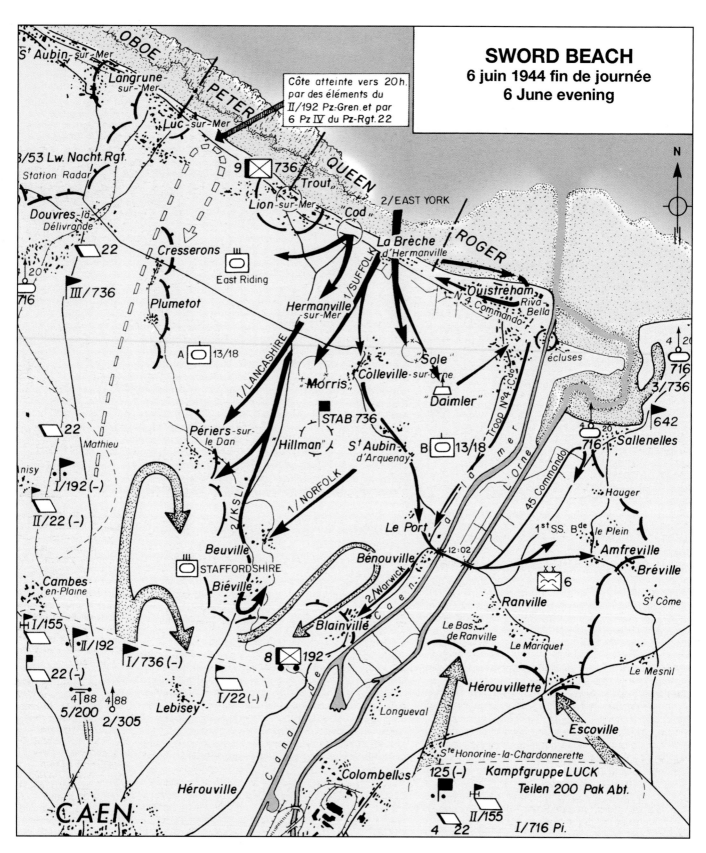

La **21. *Panzer-Division*** va contre-attaquer jusqu'à la côte dans la brèche existante entre les secteurs de **Juno Beach** et de **Sword Beach** mais devra se replier dans la soirée. Echec de cette contre-attaque allemande mais aussi échec britannique face à Caen. (Heimdal.)

***21. Panzer-Division** counter-attacked right to the coast through the breach between the Juno and Sword Beach sectors but had to fall back later that evening. A failed German counter-attack, but the British thrust towards Caen too had failed. (Heimdal.)*

mité de Caen, six panzers (dont cinq de commandement) sont détruits par huit Typhoons.

Près de Périers-sur-le-Dan, le *General der Artillerie* Marcks rejoint le *Generalmajor* Feuchtinger, alors qu'au loin se profile l'armada alliée. Rouge de colère, le chef du corps d'armée rend Feuchtinger responsable de ces retards. Marcks prend alors les opérations en mains et dit à von Oppeln : « *Oppeln, mon ami, si vous ne réussissez pas à rejeter les Anglais à la mer, je crois bien que nous aurons perdu la guer-*

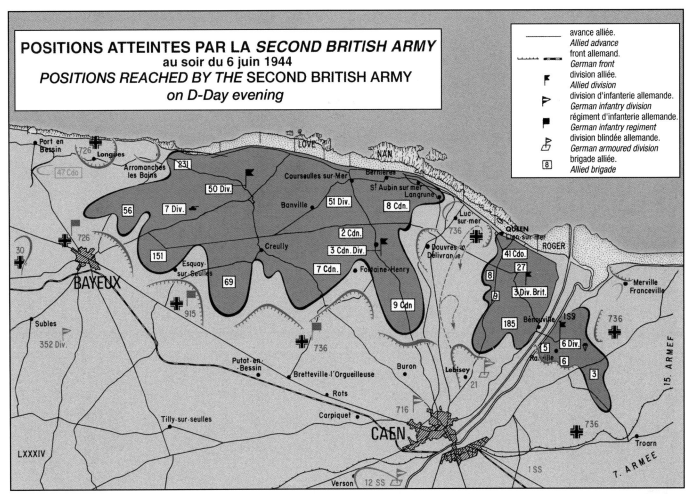

re. » Ainsi, le sort de cette guerre dépend des 98 panzers de von Oppeln... Les deux *Kampfgruppen* passent à l'attaque à 16 h 20/15 h 20. L'*Oberst* von Oppeln-Bronikowski, son état-major et la *5./22*, vingt-cinq chars, avancent face aux Britanniques qui ont eu le temps d'installer leurs canons antichars comme nous l'avons vu.

Alors que le *2nd K.S.L.I.* combat dans Biéville, deux Panzer IV de la *I./22* (*Hauptmann* von Gottberg) sont touchés vers **16 h 45** à l'ouest de ce village par les chars du *Staffordshire Yeomanry* et les pièces antichars. Le *A Squadron* du *Staffordshire* repousse des panzers tandis que le *B Squadron* se met en position autour de Périers. Alors que les panzers sont mis en échec devant Biéville face à un solide verrou, à l'ouest, quatorze Panzer IV de la *II./22* arrivent jusqu'à Douvres-la-Délivrande, rejoints par des éléments du *I./192*. Ce groupement tactique, qui s'est glissé entre les têtes de pont de *Juno Beach* et de *Sword Beach*, parvient jusqu'à la côte et arrive à **Luc-sur-mer** vers **20 heures** avec six panzers. Mais, à 21 h/20 h, une armada de planeurs (opération *Mallard*) survole le secteur avant d'atterrir près de Saint-Aubin-d'Arquenay. Ce groupement tactique craignant une opération sur ses arrières, préfère se replier. Plus à l'est, dans le secteur de Périers et de Biéville, treize panzers ont été perdus dans plusieurs contre-attaques ; l'attaque est suspendue. La *21. Panzer-Division* a échoué mais a bloqué la route de Caen à la *3rd Infantry Division*. Et, déjà, une autre division blindée arrive en renfort ; le 6 juin au soir, les premiers éléments de la *12. SS-Panzer-Division Hitlerjugend* s'installent à l'ouest de Caen près de l'abbaye d'Ardenne. La Bataille de Caen va durer un mois, elle sera terrible, particulièrement pour la population civile, durement touchée au milieu d'une ville en partie rasée.

the delays. Marcks then took charge of operations and told von Oppeln: «Oppeln, my friend, if you fail to throw the English back into the sea, I fear we shall have lost the war.» Thus, the fate of the war hinged on von Oppeln's 98 Panzers ... Both Kampfgruppen moved onto the attack at 16.20/15.20. Oberst von Oppeln-Bronikowski, his staff and 5./22, twenty-five tanks, advanced on the British, who, as we have seen, had had time to set up their anti-tank guns.

While 2nd K.S.L.I. was fighting in Biéville, to the west of the village, two Panzer IVs of I./22 (Hauptmann von Gottberg) were hit at around **16.45** by the Staffordshire Yeomanry's tanks and by anti-tank guns. The Staffordshires A Squadron repulsed the Panzers while B Squadron took up position around Périers. While the Panzers were firmly checked forward of Biéville, to the west, fourteen Panzer IVs of II./22 reached Douvres-la-Délivrande, where they were joined by elements of I./192. This battlegroup, which slipped between the Juno and Sword beachheads, advanced right up to the coast, arriving at **Luc-sur-Mer** with six Panzers at about **20.00 hours**. But, at 21.00/20.00, an armada of gliders (Operation Mallard) flew over the sector before landing near Saint-Aubin-d'Arquenay. Fearing an operation to its rear, the battlegroup preferred to withdraw. Further east, in the Périers and Biéville sector, thirteen Panzers were lost in several counter-attacks, and the attack was called off. 21. Panzer-Division had failed, but still barred the road to Caen for the 3rd Infantry Division. And already, another armored division arrived in reinforcement; on the evening of 6 June, leading elements of 12. SS-Panzer-Division Hitlerjugend took up quarters to the west of Caen near Ardenne Abbey. The battle for Caen was to last a month, and a fierce battle it proved, especially for the hard hit civilian population amidst the partly razed city.

Au soir du 6 juin, la tête-de-pont de la *Second British Army* est solide et a presque atteint ses objectifs : Bayeux et la RN 13 sont à portée. Mais il existe encore une brèche entre les secteurs de *Juno Beach* et de *Sword Beach* et Caen n'a pas été atteinte. (Heimdal.)

On the evening of 6 June, the Second British Army's beachhead had been firmly established and had almost achieved its objectives: Bayeux and the N 13 highway were within striking distance. But there was still a gap between the Juno and Sword Beach sectors, and Caen had not been reached. (Heimdal.)

Suite/See page 200

Langrune, le 7 juin.

Nous retrouvons le *48th RM Commando* à Langrune. Le lieutenant-colonel Moulton a reçu l'ordre d'en finir avec le Wn 26 (voir pages 163, 166/167). Il reçoit deux M10 Canadien et un char Sherman plus efficaces que les deux Centaurs. Ce reportage du lieutenant Handford montre l'attaque menée dans la rue du colonel Harival. Un Centaur progresse (1) précédé d'un TD M10 (2 et 3). Appuyé à une clôture, le lieutenant-colonel Moulton observe le M10 prêt à dépasser l'épave du Centaur détruit la veille (4). La rue est maintenant bien calme (5). A proximité sont installés des Commandos (6). (IWM et HDL.)

Langrune, 7 June.

Here we find the 48th RM Commando at Langrune. Lieutenant-Colonel Moulton has received orders to finish off Wn 26 (see pages 163, 166/167). He received two Canadian M10s and a Sherman tank, which were more effective than the two Centaurs. This reportage by Lieutenant Handford shows the attack launched in the Rue du Colonel Harival. A Centaur advances (1) behind a TD M10 (2 and 3). Lieutenant-Colonel Moulton leans on a fence observing the M10 as it makes to overtake the wreck of the Centaur destroyed the previous day (4). The street is pretty quiet by now (5). There are some Commandos nearby (6). (IWM and HDL.)

Langrune le 7 juin.

1. et 2. Ces deux photos de soldats allemands tués près d'une position n'avaient pas été jusqu'à présent localisés avec précision. Elles ont aussi été prises par le lieutenant Handford avec cette légende : « *Dead Germans left behind after our commandos had deared a strong point on 7th June 1944 near Langrune-sur-mer.* » Il s'agit donc d'Allemands tués sur la position réduite par le *48th RM Commando* à Langrune le 7 juin, la résultante de l'assaut présenté à la page précédente. (IWM.)

3 et 4. Un témoin civil, André James, nous montre l'endroit exact où se trouvait l'abri en béton, maintenant recouvert par le bitume, où ces Allemands ont été tués.

5. Leurs camarades ont eu plus de chance. Sur cette autre photo du lieutenant Handford, trente-deux prisonniers (dont un officier) sont alignés le long d'un mur à Langrune, dans un jardin près de la rue du capitaine Pool. (IWM.)

6. Puis des prisonniers, qui faisaient partie de la 9./736, descendent de la rue du Maréchal Foch. Là encore, la rue a peu changé depuis. (IWM.)

Langrune, 7 June.

1. and 2. To date these two photos of German soldiers killed near a position had not been precisely localized. They too were taken by Lieutenant Handford with this caption: "*Dead Germans left behind after our commandos had cleared a strong point on 7th June 1944 near Langrune-sur-Mer.*" So they were Germans killed at the strongpoint silenced by the 48th RM Commando at Langrune on 7 June following the assault presented on the previous page. (IWM.)

3 and 4. A civilian eye-witness, André James, shows us the exact spot where stood the concrete shelter now tarmacked over, and where these Germans were killed.

5. Their comrades were luckier. On this other photo by Lieutenant Handford, thirty-two prisoners (including one officer) are lined up along a wall in Langrune, in a garden near the Rue du Capitaine Pool. (IWM.)

6. Now prisoners, who had belonged to 9./736, file down the Rue du Maréchal Foch. Here again, the street has changed little since. (IWM.)

199

Bibliographie

La masse de documents publiés sur ce secteur est énorme, nous ne donnerons donc ici que quelques repères essentiels. En ce qui concerne l'opération navale, on se reportera à *Invasion Europe* et plus particulièrement au volume *Landings in Normandy June 1944* et à sa pochette de cartes, publié par le HMSO à Londres en 1994. Pour avoir un aperçu général, on se reportera à l'album *Overlord* (bilingue) publié par les Editions Heimdal en 1993. *Une ville trop loin* de Joël Tanter, aux Editions Corlet, donne un aperçu assez détaillé du secteur de *Sword Beach*. Les Editions Osprey viennent par ailleurs de publier deux fascicules *D-Day 1944*, l'un consacré à *Sword Beach* (y compris la tête-de-pont aéroportée) et l'autre à *Gold Beach* et *Juno Beach*. En ce qui concerne la contre-attaque allemande, les Editions Heimdal ont publié à la fin de l'année 2002 un ouvrage de référence consacré à la *21. Panzer-Division*. Et on se reportera aux multiples historiques régimentaires ou monographies sur les unités britanniques.

Errata

The photo on page 23, does not show the mouth of the Caen ship canal at Ouistreham Riva-Bella. The negative of this picture made after the fighting cliché was printed the wrong way round. It actually shows the mouth of the Seulles at Courseulles, as immediately becomes clear when viewed from the right side.

Bibliography

The mass of published documents on this sector is truly huge, so we shall only indicate a few reference works. As regards the naval operation, the reader is referred to Invasion Europe *and more particularly to the volume* Landings in Normandy June 1944 *with its map case, published in London by HMSO in 1994. For a general presentation, see the bilingual album,* Overlord, *published by Editions Heimdal in 1993. Une ville trop loin (A city too far) by Joël Tanter, published by Editions Corlet, gives a farily detailed picture of the Sword Beach sector. Also, Les Osprey Publishing have just brought out two D-Day 1944 booklets, one on Sword Beach (including the airborne bridgehead), the other on Gold Beach and Juno Beach. On the German counter-attack, at the end of 2002 Les Editions Heimdal published a reference work devoted to* 21. Panzer-Division. *The reader is also referred to the many regimental histories or monographs on British units.*

Le 6 juin 1944, la ville de Caen est écrasée sous les bombes, 2 000 civils vont trouver la mort et 400 autres le 7 juin Place de la Gare. Ce bombardement, inutile sur le plan militaire, sera une effroyable tragédie humaine, témoignage de l'horreur de la guerre.

On 6 June 1944, the city of Caen was crushed under bombs, 2 000 civilians were killed and another 400 on 7 June in the Place de la Gare. This bombardment, serving no military purpose, was a terrible human tragedy and a reminder of the horror of war.

Achevé d'imprimer sur les presses de l'imprimerie Néo Typo
2ᵉ trimestre 2003